核不拡散から核廃絶へ

軍縮国際法において信義誠実の義務とは何か

はしがき

　国連総会の要請を受けて国際司法裁判所は、核兵器の威嚇と使用について審理した結果、その違法性を認める勧告的意見を出した。この意見のなかで、国際司法裁判所は、核軍縮交渉を誠実に遂行し、かつこれを完結させる義務が存在すると、全員一致の見解を表明した。およそ14年まえ、1996年7月8日、ハーグの法廷においてであった。

　これ以降、ニューヨークで開催される国連総会は毎年、この勧告的意見のフォローアップと称する決議を採択して、核軍縮交渉において信義誠実の義務が履行されることを追求してきた。非同盟運動の宣言を支持するマレーシアは、去年秋この決議案を上程するさい、この勧告的意見が核軍備撤廃の分野で重要な貢献であり続けており、また核兵器の完全廃棄を求める道徳的議論に説得力を与えていると述べた。

　今回、本書を企画し刊行する主な動機を与えたのは、国際反核法律家協会の最近の活動である。とくに次の2冊の出版である。ひとつは、ウィーラマントリー会長の序文をつけた『法的覚書』[1]である。これには「核兵器の全面的廃絶に導く誠実な交渉」という表題がついている。もうひとつは、『核軍縮の法的義務』[2]である。これには上記の勧告的意見を出したさい、国際司法裁判所の所長をつとめたベジャウィ判事の講演をおさめている。

　この2冊を全訳することから本書の企画は動きだしたが、2010年春のNPT再検討会議の開催を控えた現在、核不拡散と核廃絶をめぐる情勢全般に思いをいたすとき、さらに視野を広げて現状と課題を考察する必要を感じた。そこで、編著者の論稿をふくめて「核不拡散条約から核兵器全廃条約へ」と題する柱を構成する諸文献を収めることにした。また、「国連・自治体・NGOの提言」という柱をたてて、ここに平和市長会議の議定書や国際反核法律家協会の決議なども収めた。

本書の書名は、『核不拡散から核廃絶へ』とすることにした。そもそも核不拡散、核軍縮および原子力の平和利用、この3本柱の均衡ある運用をおこなうことが核不拡散条約の建前である。だが、条約運用の歴史を顧みると、実は核兵器国は核不拡散と核軍縮のバランスを崩してきた。核の水平的不拡散の方向が曲がりなりにも強く実施された反面、核軍縮とりわけ核軍備撤廃の要請は押さえこまれてきた。このバランスを回復するうえでも、核軍縮の柱を強調する必要がある。しかしながら、核不拡散条約には内在する本質的な矛盾があり、これによって核廃絶への展望は不確実なものである。そこで、核兵器の全面的廃絶の展望を明確かつ確実にするために、核兵器全廃条約の締結が要請されることになる。この点を、本書の題名が示唆するようにしたつもりである。

2010年1月16日

浦田　賢治

註

1　Good Faith Negotiations Leading to the Total Elimination of Nuclear Weapons : Request for an Advisory Opinion from the International Court of Justice, Legal Memorandum, Foreword by Judge C.G. Weeramantry, Written by International Association of Lawyers Against Nuclear Arms, & International Human Rights Clinic, Human Rights Program, Harvard Law School. Published by International Human Rights Clinic, Human Rights Program, Harvard Law School, 2009. Second printing by Signature Book Printing, 〈http://www.signature-book.com 〉 ISBN:978-0-9796395-5-7
2　Mohammed Bedjaoui, Karima Bennoune, Dieter Deiseroth, Elizabeth J. Shafer, Legal Obligation To Nuclear Disarmament ? Published by Books on Demand GmbH, Norderstedt, 2009. ISBN:978-3-8370-9885-3

凡 例

・原著論文中のイタリックあるいは下線による強調部分は、訳文ではともに太字で記した。
・原著論文の註には脚注のものと文末註のものがあるが、文末註に統一した。また註の書式は著者によって異なるが、原著のままとした。
・〔 〕は編者または訳者による註釈であることを示す。

本書で使用した略語

ABM　対弾道ミサイル・システム制限条約：Anti-Ballistic Missle Treaty
AI　アムネスティ・インターナショナル：Amnesty International
AMINOIL　アメリカン・インディペンデント石油会社：American Independent Oil Company
BWC　生物兵器禁止条約：Biological Weapons Convention
CBM　信頼醸成措置：Confidence-Building Measure
CD　ジュネーブ軍縮会議：Conference on Disarmament
CND　核廃絶キャンペーン：Campaign for Nuclear Disarmament
CTBT　包括的核実験禁止条約：Comprehensive Test Ban Treaty
ENDC　18カ国軍縮委員会：Eighteen-Nation Committee on Disarmament
FMCT　兵器用核分裂性物質生産禁止条約（カットオフ条約）：Fissile Materials Cut-off Treaty
GCD　全面的かつ完全な軍縮：General and Complete Disarmament
HSFK　ヘッセン平和と紛争研究財団：Hessische Stiftung Friedens- und Konfliktforschung
IAEA　国際原子力機関：International Atomic Energy Agency
IALANA　国際反核法律家協会：International Association of Lawyers Against Nuclear Arms

ICJ　国際司法裁判所：International Court of Justice
ICNND　核不拡散・核軍縮に関する国際委員会：International Commission on Nuclear Non-Proliferation and Disarmament
IHL　国際人道法：　International Humanitarian Law
INESAP　拡散に反対する技術者と科学者の国際ネットワーク：International Network of Engineers and Scientists Against Proliferation
IPPNW　核戦争防止国際医師会議：International Physicians for Prevention of Nuclear War
ISAF　国際治安支援部隊：International Security Assistance Force
LCNP　核政策法律家委員会：Lawyers Committee on Nuclear Policy
MNWC　モデル核兵器条約：Model Nuclear Weapons Convention
MPI　中堅国家構想：Middle Powers Initiative
NATO　北大西洋条約機構：North Atlantic Treaty Organization
NGO　非政府組織：Non-Governmental Organization
NNWS　非核兵器国：Non-Nuclear Weapon State
NPR　核態勢見直し：Nuclear Posture Review
NPT　核兵器の不拡散に関する条約（核不拡散条約）：Nuclear Non-Proliferation Treaty
NWS　核兵器国：Nuclear Weapon State
OSCE　欧州安全保障協力機構：Organization for Security and Co-operation in Europe
PSR　社会的責任を求める医師会議：Physicians for Social Responsibility
SALT　戦略兵器制限条約：Strategic Arms Limitation Treaty
START　戦略兵器削減条約：Strategic Arms Reduction Treaty
WHO　世界保健機関：World Health Organization
WMD　大量破壊兵器：Weapons of Mass Destruction
WTO　世界貿易機関：：World Trade Organization

目 次

はしがき …… 3

第1部　核不拡散条約から核兵器全廃条約へ

2010年NPT再検討会議と核兵器全廃条約　　　浦田賢治 …… 12
　1．はじめに／12　2．NPT再検討会議の歴史的位置づけ／13　3．NPT再検討会議の2009年準備委員会／18　4．2010年NPT再検討会議をめぐる課題／20　5．核兵器全廃条約の締結に向けて／23　6．核時代における世界法／28　7．おわりに／30

核廃絶のための条件の創出：英国の政府文書を読む　　　浦田賢治 …… 37
　1．はじめに／37　2．外務省文書「核兵器廃絶の条件創出」／37　3．内閣文書「2010への道程」／40　4．考察／44　5．おわりに／49

核軍縮と全面軍縮を目指す国際法上の義務　　　ピーター・ワイス …… 54

オバマ大統領と核兵器のない世界：対談　　　デイビッド・クリーガー、
　リチャード・フォーク …… 62

第2部　核兵器の全面的廃絶に導く誠実な交渉：国際司法裁判所に対する
　　　　勧告的意見の要請　法的覚書

序文　C・G・ウィーラマントリー …… 90

謝辞 …… 94

第Ⅰ部　導入と背景 …… 95
　第1章　なぜ再び国際司法裁判所に問い直すのか？／95　第2章　国際司法裁判所における勧告的意見の手続／98　第3章　1996年7月8日のICJの勧告的意見／102　第4章　ICJの勧告的意見と核不拡散条約／105

第Ⅱ部　現在の議論 …… 111
　　第5章　第6条の実施に関する異なる立場／111　　第6章　核兵器条約／116

第Ⅲ部　ICJへの再質問 …… 120
　　第7章　信義誠実の義務／120　　第8章　ICJに質すべき法律問題／124

付録1　提案されている国連総会決議／130
付録2　1996年7月8日の勧告的意見（NPT第6条関連部分の抜粋）／133
付録3　2000年再検討会議最終文書における13項目の措置／136

第3部　核軍縮の法的義務

序文　ディーター・ダイスロート …… 152
　　Ⅰ 前置き／152　　Ⅱ 1996年の国際司法裁判所の決定／154　　Ⅲ 国際司法裁判所に対する新たな要請／158

国際法、信義誠実、そして核兵器の廃絶　モハメド・ベジャウィ …… 162
　　Ⅰ 勧告的意見の内容 …… 164
　　　　1. 武力紛争の適用法／164　　2. 裁判所による確定不能の判断／166　　3. この確定不能からの唯一の出口／166　　4. 有用な「注記」／167　　5. 裁判所が対処しなければならなかった難問／167　　6. 法を宣言して、裁判不能に陥る危険を冒すか？／169
　　Ⅱ 勧告的意見から学ぶべき教訓 …… 171
　　　　1. 裁判所は、核兵器の使用を禁止する人道法を含む武力紛争法の関連性を認めた／171　　2. 裁判所はいわゆる「クリーン」な核兵器を考慮しないことを認めた／173　　3. しかし、「クリーン」な兵器は裁判所を汚染した／175　　4. 勧告的意見主文(2)E後段の挿入について考えられるある理由／176　　5. 世界法廷は全員一致で、核軍縮交渉を誠実に遂行しかつ完結させる義務の存在を認めた／177
　　Ⅲ 交渉しかつ完結させるという二重の義務 …… 178
　　　　1. 誠実に交渉する義務の条約上および慣習法上の根拠／178　　2. 核軍縮を誠実に交渉する義務——定められた行動をとる義務／181　　3. 核軍縮を誠実に交渉する義務——特定の結果を達成するために定められた行動をとる義務／183

Ⅳ　NPT第6条に「信義誠実」が付加されたことの意義 …… 187
　　　　1. 条約一般における「信義誠実」付加の意義／187　　2. NPTに特定した場合の「信義誠実」の意義／190
　　Ⅴ　信頼醸成 …… 196

核兵器と国際人権法の交差：誠実な核軍縮交渉義務への合意
　　カリマ・ベノウネ …… 208
　　Ⅰ　序説 …… 208
　　Ⅱ　人権法と核軍縮 …… 209
　　　　a. 規約人権委員会と生命に対する権利／209　　b. 武力紛争における生命に対する権利／211　　c. 国連人権小委員会の貢献／214　　d. NGOと核兵器／216　　e. 核兵器と経済的、社会的および文化的権利／218　　f. 平和に対する権利／220
　　Ⅲ　女性の人権と核兵器 …… 221
　　Ⅳ　国際法における人権と信義誠実 …… 223
　　Ⅴ　結論 …… 226

誠実な交渉：NPT第6条の核軍縮義務および国際司法裁判所への再質問
　　エリザベス・J・シェファ …… 233
　　Ⅰ　NPT第6条の核軍縮義務についての誠実な交渉 …… 233
　　　　1. 歴史的史料およびさまざまな伝統に見られる信義誠実の概念／233　　2. 国際仲裁による解釈、および国際司法裁判所（ICJ）に提訴された事件における誠実な交渉／238　　3. 重要な文書：信義誠実に関する成文法上の根拠／241　　4. 信義誠実とNPTの交渉史／241　　5. NPT第6条の誠実な交渉義務／242
　　Ⅱ　フィヨルドを越えて：核軍縮義務への契約的アプローチを越える文脈的アプローチとNPT第6条の誠実な遵守 …… 247
　　　　1. クリストファー・フォードによるNPT第6条に対する批判／247　　2. フォードの主張に対する信義誠実という文脈からの反論／248　　3. NPT第6条に基づく誠実な交渉の必要を評価するうえで、契約的アプローチよりも優れた文脈的アプローチ／253

国際法の効用と機能　ディーター・ダイスロート …… 258
　　Ⅰ　はじめに …… 258
　　Ⅱ　コントロール手段としての権力、市場、モラル、法 …… 259

  Ⅲ 合法性の効用と「モラル」 …… 262
  Ⅳ 結論 …… 266
    1．非難することと恥を感じること／266 2．国連総会と国際司法裁判所／267 3．国家が、国際司法裁判所の義務的管轄権に服するための第一歩／269 4．国内裁判所による国際法違反事例の取り扱い／272 5．まとめ／286

第4部　国連・自治体・NGO の提言

ヒロシマ・ナガサキ議定書：2020 年までの核兵器廃絶の実現に向けた核不拡散条約（NPT）の補足 …… 292

国際連合と核兵器のない世界における安全保障:東西研究所における講演　パン・ギムン国際連合事務総長 …… 294

国際反核法律家協会総会で採択された決議:
  2009 年 6 月 26 日、ベルリン …… 300

国連 DPI/NGO メキシコ会議の提言 …… 301

決議 1887（2009）:
  2009 年 9 月 24 日、安全保障理事会第 6191 回会合にて採択 …… 307

解題：核拡散から核廃絶へ

 軍縮義務の形成と展開：「誠実な核軍縮交渉」と「核兵器全廃条約」
  山田寿則 …… 315
  1．はじめに／315 2．国連憲章と軍縮義務／317 3．全面完全軍縮の議論と核不拡散条約／318 4．ICJ 勧告的意見と核軍縮誠実交渉・完結義務／321 5．核兵器全廃条約の主張と核軍縮義務の展開／326 6．おわりに／331

参考文献 …… 339
索引 …… 345
あとがき …… 348
編著者・執筆者・訳者の紹介 …… 350

第1部

核不拡散条約から核兵器全廃条約へ

2010年NPT再検討会議と核兵器全廃条約

浦田 賢治

1　はじめに
2　NPT再検討会議の歴史的位置づけ
3　NPT再検討会議の2009年準備委員会
4　2010年NPT再検討会議をめぐる課題
5　核兵器全廃条約の締結に向けて
6　核時代における世界法
7　おわりに

1．はじめに

　題して『地球の生き残り：解説・モデル核兵器条約』という書物を一昨年夏に刊行した[1]。本書は、包括的でかつ段階的な核兵器全廃条約の締結に向けて、市民社会による新たな外交活動をすすめようと提唱した作品である。

　では、このような核兵器廃絶論からみれば、2010年春の核不拡散条約（NPT）再検討会議というものは、歴史的にどう位置づけたらいいのか。次に、NPT再検討会議の2009年準備委員会は、どういう成果と問題点を残したか。さらに、今年春のNPT再検討会議をめぐる課題は、なんだろうか。これらの論点を検証したあと、核兵器全廃条約の締結に向けた論点を提起してみたい。核時代における世界法という課題も、それに連なる。おわりに代えて、将来にむけた断想を記す。これが、本稿の構成である[2]。こうした記述によって、核不拡散条約から核兵器全廃条約へという方向づけを試みる。これが、本稿の課題である。

2．NPT再検討会議の歴史的位置づけ[3]

2-1　概観　核不拡散条約（NPT）の締約国は、国連憲章に次いで多い。キューバが2002年11月に加入し、現在189カ国が締約国であり、インド、パキスタン、およびイスラエルのみが非締約国である。NPTには2種類の締約国がある。①核兵器の保有を認められ、その廃絶の交渉を公約している国家と、②核兵器の取得を禁止されている国家である。NPTはこの2種類の国家を容認している唯一の安全保障協定である。

NPTは1968年7月1日に署名が開始され、1970年3月1日に発効した。日本は1976年に加入した。NPTは、当初の有効期間は25年間だったが、1995年に無期限に延長された。したがって2010年3月にはいると、NPTの発効後40年を経過したことになる。NPTの歴史は、その普遍化という基準に照らすと、署名から発効までの時期、発効後の25年間、そして無期限に延長されてからの15年という、3つの時期にわけることができる。

2-2　起源から発効まで　まずこの条約の起源、言い換えればその背景と提唱、その交渉から署名・発効に至る時期の特質を見ておこう。

この条約の締結は、1958年に、アイルランドの外務大臣、フランク・エーケン（Frank Aiken）が提唱したといわれている[4]。その背景にあったのは、東西冷戦の厳しい状況の深化である。戦後いち早く、1946年1月24日に採択された国連総会決議1（I）があり[5]、これによって原子力委員会が設置され、そこに米国がバルーク案を、ソ連がグロムイコ案を示して議論が行われた[6]。だが両者の妥協をはかることができず、朝鮮戦争のさなか、同委員会は1952年1月に解散していた。核兵器国を多数かかえるようになると世界の安全性が脅かされるという強い懸念があった。米ソ間の冷戦関係を抑止する力は脆弱だと認識されていた。米ソ以外に核兵器国が増えるのは、世界全体の安全保障を危うくする。なぜなら、誤算の危険の増大、事故あるいは権限逸脱による使用、ならびに核兵器を使った小さな紛争が拡大するからである。

1960年までに核兵器の実験をおこなった国は、米英仏ソの4カ国だった。中国がこれに加わるのはそのあと1964年である。

　時に1961年12月4日、国連総会は全会一致で、「核兵器を保有する国家の数の増加は切迫した状態にある」ことを明言し、このような事態を阻止するための「国際協定の締結を確実」にするようすべての国家に求める、アイルランド提案の決議を採択した[7]。1965年夏、合衆国およびソ連は、ジュネーブの18カ国軍縮委員会（ENDC）に条約草案を提出した。この草案は、単に非核兵器国による、また非核兵器国への核兵器の移譲による核兵器の取得だけを禁止するものだった[8]。

　その年の秋（1965年11月19日）、国連総会により採択された決議[9]は、合衆国およびソ連の草案内容をはるかにしのぐもので、条約が基づくべき原則を定式化した。ブラジル、ビルマ、エチオピア、インド、メキシコ、ナイジェリア、スウェーデンおよびアラブ連合共和国（エジプト）により提案され、93対0（棄権5）で採択された。この決議は「次の主要な原則に基づく」条約を交渉するようENDCに要求した。

a 条約は核兵器国または非核兵器国に、直接・間接のいかんを問わず、たとえいかなる形態の核兵器であれ、その拡散を許すような抜け道を一切設けないこと。
b 条約は核兵器国と非核兵器国の相互的な責任と義務の受入れ可能な均衡を具現すること。
c 条約は、全面的かつ完全な軍縮、特に核軍縮の達成を一歩前進させるものであること。
d 条約の実効性を確実にする、容認でき実行可能な規定であること。
e 条約のいかなる規定も、各国の領域内での完全非核化を確実にするための地域条約を締結する国家集団の権利に不利な影響を及ぼさないこと。[10]

　これらの原則に従って交渉が進行するなかで、合衆国およびソ連により提案された取得および移譲の禁止規定に、2つの基本的な規定が追加され

た。原則(b)[11]と(c)[12]を踏まえて、第6条に規定されている核軍縮を交渉する誓約がそのひとつであった。この規定は、「核軍備競争の早期の停止および核軍備の縮小撤廃に関する効果的な措置につき、ならびに厳重かつ効果的な国際管理の下における全面的かつ完全な軍備の縮小撤廃に関する条約について、誠実に交渉を行うこと」を各NPT締約国に義務付けている。原則(b)を踏まえた第4条は、非核兵器国に対する平和目的の核エネルギーの研究、生産および使用に関する援助について公約したものだった。核兵器の取得および移譲に関する禁止は、第1条および第2条に規定されている。さらに第3条では、非核兵器国は、核分裂性物質の兵器転用を防止する国際原子力機関（IAEA）主導の「保障措置」を受け入れることに合意した。保障措置は核兵器国には適用されない。第4条は核兵器国を、1967年1月1日以前に核兵器またはその他の核爆発装置を製造しかつ爆発させた国、すなわち合衆国、ソ連（その後継者であるロシア）、英国、フランスおよび中国と定義している。最初の3カ国はNPT発足当時からの締約国である。フランスおよび中国は、20年後までNPTには加入しなかった。この2カ国が加入したとき、NPTの核兵器保有5カ国の構成は、第2次世界大戦の戦勝国である国連安全保障理事会の常任理事国と同じ構成になった。第10条は、一定の手続を経て条約から脱退することを締約国に認めている。

2-3 「二重の基準」と再検討会議での進展　1970年に発効した後25年間の運用と問題点については省略せざるを得ないが、インドはNPTに加盟しない態度を表明しつつ、すでに1974年に核実験をおこなっていた[13]。とりわけ問題なのはイスラエルであって、世界に公表することなく、西側核兵器国の技術的支援によって核実験をおこない、核武装をすすめた[14]。このことが重大であるのは、米合衆国の歴代政権が、この事実を認めるばかりか強く支持してきた点である。そもそもNPTはその文言上、核兵器国と非核兵器国を差別するが、そればかりでなく、さらに運用上も非加盟国について、イスラエルとその他の諸国（イランや北朝鮮を含む）を差別するという「二重の基準」を用いてきた。この「二重の基準」は、法の支配における「クリーン・ハンド」の原則[15]に反するものであって、その根

本的な是正がなければ、NPT 体制そのものの正統性を失わせるはずである。

しかしながら非核兵器国の立場からみて、NPT は 1995 年の再検討会議の諸決議に基づき、それに忠実に運用されるなら、この条約にも新たな意味を与えて、核兵器縮小撤廃と原子力の平和利用を実現する過程に移行するかにみえた。その理由は、こうである。1995 年、条約の無期限延長を承認させるために、核保有国は従来の態度を改め、「核不拡散および軍縮の原則と目標」と題する文書を採択した。その中で、① 1996 年を期限とする包括的核実験禁止条約（CTBT）の交渉、②核兵器としての基準を満たす分裂性物質の生産禁止に関する「交渉の早期開始および早期締結」、ならびに③「核兵器廃絶という究極的目標の下に、世界的な核兵器削減に向けての体系的かつ前進的な努力の核兵器国による確固たる遂行、およびすべての国家による、厳重かつ効果的な国際管理の下における全面的かつ完全な軍備縮小の確固たる遂行」、この 3 点を公約した[16]。

また、国際司法裁判所（ICJ）は 1996 年の勧告的意見で、核軍縮の誠実な交渉とその完結の義務を明示した。しかも NPT 第 6 条のこれまでの解釈をのり越えて、核廃絶の義務という内容を認めたものだった[17]。核廃絶の義務が NPT に基礎をおく実定国際法上の義務と解されるので、非核兵器国の立場からみて、NPT の規範的意義が新たに注目された。ときに NPT に加盟する国が増加し、その普遍性を強めていた。

だがその後 NPT 体制にとっての 2 つの挫折——1998 年のインドとパキスタンの核実験、および 1999 年の米国上院による CTBT 批准拒否——があった。しかしながら、アイルランドをふくむ新アジェンダ連合が、1998 年に結成され、核兵器のない世界を求める「新アジェンダの必要性」を宣言した。1998 年および 1999 年、軍縮措置を明確に示し、また「核兵器の廃絶に至る交渉を、遅滞なく誠意を持って遂行し、完結する」よう求める国連総会決議を提案した。新アジェンダ諸国の影響力は、2000 年再検討会議の冒頭において、核兵器保有 5 カ国の次の共同声明（NPT 史上初めてのことである）により実証された。「われわれは、引き続き条約に基づくす

べての義務の遂行に無条件に全力を傾ける所存である」、また「われわれの核兵器は、いかなる国家をもその攻撃目標とはしていない」と共同声明は記している（2000 年常任理事 5 ヵ国声明）。「明確に」（unequivocally）という言葉は、核兵器国に「核兵器備蓄の完全廃棄の達成、交渉参加のプロセス促進を明確に約束」（2000 年新アジェンダ諸国の作業文書）させようと迫る新アジェンダ諸国の意欲に対して、これを承認するものだった[18]。

新アジェンダ諸国は、核兵器国の声明には満足せず、核兵器備蓄の廃棄のみならず一連の軍縮措置に対する公約をも要求した。会議の終了までに、新アジェンダ連合諸国と核兵器国は成果の基礎となった個別の交渉を行った。このような展開は、核軍縮を達成するための 13 の「体系的かつ漸進的努力のための実際的な措置」に関する最終文書の中心的な一節にもっとも明確に示されている[19]。

2-4 逆流から反転へ　だが、2001 年の 9.11 事件をはさんで NPT 体制にとって大きな逆流が生まれた。2005 年 NPT 再検討会議で、ブッシュ政権下の合衆国は、NPT 軍縮義務の遵守に関する 1995 年および 2000 年の国際公約を反故にしようとする態度をしめした。この会議では、2000 年再検討会議の最終文書（「核廃絶の明確な約束」や 13 項目の実施措置を含む）の確認もできず、3 つの主要委員会（核軍縮、非核地帯、原子力平和利用）のすべてで合意文書の作成もできないまま、会議は終了した[20]。

しかしながら冷静にみると現在、NPT は核兵器国と非核兵器国の義務の対称性を備えており、また第 6 条は、法的拘束力を持つ協定に組み込まれた特定の措置により、透明性、検証および非可逆性という基準に従って果たされるべき締約国の義務を定めることが認められている。したがって核兵器国、特に合衆国は、特定の分野とくに包括的核実験禁止条約（CTBT）の交渉およびカットオフ条約（FMCT）の締結で進展がみられないこと、それだけでなく、とりわけ軍縮を核兵器に関する国家計画および政策における推進力になし得なかったことを深刻に反省することがもとめられている。2010 年会議の開催は、核兵器廃絶を目指す新たな潮流の出現によって、NPT 体制の崩壊を防ぎ、さらにこれを抜本的に強化する重要な機会

となっている[21]。

３．NPT再検討会議の2009年準備委員会

ここでは、2010 年 NPT 再検討会議の第 3 回準備委員会をとりあげ、その分析と展望について検討する。2009 年 5 月に開催された第 3 回準備委員会を 2009 年準備委員会と別称する。

3-1　レベッカ・ジョンソンの分析　2009 年準備委員会は、ニューヨークの国連本部で、5 月 4 日から 15 日まで、加盟 189 国のうち 134 国の代表が出席して開催された[22]。その成果をどのように捉えたらいいだろうか。まずもって、レベッカ・ジョンソンによる分析を紹介しよう。彼女は『アームズ・コントロール・トゥデイ』(Arms Control Today)誌の 2009 年 6 月号に論文「2010 年にむけて高まった展望」を掲載したが、その結語の冒頭で、以下のように述べている[23]。

> 2010 年再検討会議に向けた勧告に合意できないことがわかったことから、外交官の間では、この準備委員会は手続的には成功だったが、実質的には失敗だったと批判するものもいた。こうした評価はこの準備委員会の役割と意義のいずれについても誤解している。この準備委員会の主な役割は 2010 年 NPT 再検討会議の土台を設定することだった。その必須部分のひとつは、議題、役員および背景文書を決定することだった。今回の会合はこれを立派に成し遂げた。またこの準備委員会のもうひとつの重要な機能は、各国の政府にさまざまな期待や争点を気づかせて、来る再検討会議までの数カ月間にそれらの諸問題への対処を可能にすることだった。

彼女は、つぎのように続けている。

> そこで論議されたすべての関連する諸問題のなかに、再検討会議が成功するか失敗するかをきめることになりそうな問題が 3 つある。準備委員会で明らかになったのは、核軍備の縮小撤廃および中東に関す

る関与を前進させるため、ならびに（条約の）遵守と履行の諸問題をより効果的に取り扱うNPT体制の機関を強化するために、実際的な諸措置を開発する必要があることが明確に認識されたことである。これらの諸問題を確認しかつ討議するための主たる仕組みが準備委員会議長の勧告案だった。これらの諸問題を適度に協調的でかつ前向きな文脈のなかで提起したことによって、準備委員会は有用な役割を果たした。

彼女は、さらにつぎのように述べている。

　オバマはNPTに直接メッセージを届けることによって、「核兵器のない世界の平和と安全」を追求するという公約を繰り返し、それによってNPTの信頼性と有効性への信認を回復することを希望した。アメリカのこうしたより建設的な接近方法は、明らかに、2009年準備委員会の行動と成果に好ましい影響を及ぼした。その積極的な効果はジュネーブ軍縮会議（CD）においても感じとられており、2週間後、CDは11年余の麻痺状態に終止符を打って検証可能な兵器用核分裂性物質生産禁止条約に関する交渉をふくむ作業計画に合意したのであった。

以上3つのパラグラフは、レベッカ・ジョンソンが記述したことである。彼女は、イギリスの民間組織であるアクロニム軍縮外交研究所の執行理事である。彼女は長年にわたってNPT体制の運用状況をつぶさに観察してきた。今回の論文では、長い序説のあと、＊議題と手続での合意、＊実質問題についての事前検査、＊2010年への教訓、という論点を取り上げており、＊長い結語で締めくくっている。こうした実績と丹念な叙述からして私は、ここに紹介した彼女の分析と展望はこれを信頼して注意深く検証するに値するものと考える。

3-2　核兵器国の態度　2009年準備委員会では、その閉会にあたり5月15日、国連安保理事会常任理事国である5つの核兵器国（米ロ英仏中）が、4項目からなる共同文書を発表した[24]。

このうち第2項目では、つぎのように言っている。われわれの代表団は、すべてのNPT加盟国が共有する義務である核軍備縮小撤廃に向けて努力するというわれわれの永続的かつ明確な公約を再び確認する。われわれは、米国とロシアによる戦略兵器削減条約（Strategic Arms Reduction Treaty）に取って代わる協定を締結するという決定を歓迎するとともに、包括的核実験禁止条約（Comprehensive Nuclear-Test-Ban Treaty）の発効促進およびジュネーブ軍縮会議における合意された作業計画のもとでの分裂性核物質カットオフ条約（Fissile Material Cutoff Treaty）の交渉をふくむその他の諸措置にたいする最近の取り組みの強化を歓迎する。

　また第3項目では、つぎのように述べた。国際原子力機関（IAEA）をいっそう強化するため、また国際的な義務を負う諸国による十分な遵守を保証するため、行動が必要であることに同意する。NPTは、平和的目的のために原子力を利用するすべての締約国の権利と、また拡散防止の保証措置を講じるそれら締約国の義務とを反映している。われわれ代表団は、NPT第4条の履行を支持すること、また拡散リスクを低減する方途によって原子力の平和的利用を拡大する見込みのある提案をさらに開発すること、を公約として共有する。

　その言い分は、たしかに耳ざわりがいい。だが、その共同文書でのべた実質的な成果は芳しくない。たとえば、米ロ交渉による戦略兵器削減について、核時代平和財団のデイビッド・クリーガーは、いたく失望したと率直な感想を表明している[25]。また、今後の課題は山積している。たとえば、キューバ、イランなど非同盟諸国や発展途上国側からは、米ロなどの核兵器システムの解体と、非核兵器国を核攻撃しない拘束力ある約束が、改めて要求された[26]。

4．2010年NPT再検討会議をめぐる課題

4-1　考察の基本的視点　すでにのべたように、2010年NPT再検討会議の土台は、2009年準備委員会によって設定された、議題、役員および背

景文書を決定した。実質的には、核軍縮すなわち核軍備縮小撤廃の新たな原則と目標、およびその進行を加速する行動計画について合意すること、これが成否の鍵である。こうした内容を盛り込んだ合意文書を会議で採択することできるか否か、これが評価の基準である。だが、こうした合意文書の採択自体は核兵器の廃絶と直接結合するものではない。したがって、今回の NPT 再検討会議が核兵器の全廃にむけた地球的規模での政治過程を飛躍的に深化させることに寄与するかどうか、このことこそ重要である。

　この観点からして、毎年の国際連合総会の討議と決議や欧州議会の決議があり、また NGO や有識者会議の声明、平和市長会議など自治体と民間団体の諸活動、各国政府のさまざまな動きがある[27]。これらはいずれも、それぞれの意味で重要な価値がある。とくに地球規模あるいは国家規模でなされる草の根の活動こそ世論の形成におおきな影響力をもっている。とりわけ下から上に向け反核の要求を突きつける住民や市民による活動の展開が、核支配体制の担い手たち（核支配の産官学複合体）に衝撃をあたえ、核軍縮にむけた政策の実施につながっていくだろう[28]。

4-2　MPI の文書を読む　こうした考察の視点を自覚したうえで、ここでは特に、中堅国家構想（MPI）の文書（ブリーフィング・ペーパー、2009 年 10 月）[29] に注目してみたい。MPI の主張の核心は、現在すでに行動計画となっている諸措置の履行が、核兵器廃絶を達成する意図を明白かつ本質的に示すものでなければならないということである。これはきわめて重要な点である。そこで扱われた事項の骨子は、次のとおり。まず、2009 年末までに出される予定だった米国の「核態勢見直し」（NPR）について立ち入って論じている。次いで安保理決議 1887 によって支持された諸措置に焦点を当て、つぶさに論じている。さらに、現在の米ロの核兵器削減交渉を吟味している。最後に、核兵器のない世界のための仕組みの構築に関しても考察している。

　こうして MPI の文書は、中堅諸国家がオバマ政権に対して、次のような内容をもった要請を行ってほしいと勧告している。

①「核態勢見直し」は核兵器の役割を低減させなければならない。とりわけ対抗戦力ドクトリンや対抗価値ドクトリンを拒絶すること。また、「拡大抑止」に関する諸協定を核兵器の役割拡張を正当化する根拠としないこと。

②包括的核実験禁止条約（CTBT）について条件つき承認にすること、すなわち核兵器複合体を守りかつ拡大し、改良型や新設計の弾頭を設計し製造する選択肢を残し、運搬手段を近代化するという条件をつけ、取引きしようとしていることに反対すること、ならびに、すべての核実験場の閉鎖を要求すること。

③軍事計画の外にある既存の核物質を兵器取得のために使用することを包括的に防止し、核軍縮を促進する核分裂性物質生産禁止条約（FMCT）に向けて交渉を行うこと。

④核燃料バンクの設立を支援し、核燃料サイクルのグローバルな多国籍化に向けて取り組み、国際再生可能エネルギー機関に加盟し、これを支援すること。

⑤中東に核兵器、生物兵器、および化学兵器のない地帯を創り出すためのイニシアチブに関する合意を NPT 再検討会議において達成するために取り組むこと。

⑥ IAEA 追加議定書を NPT 遵守の標準とすることに再検討会議が合意するよう支持すること。

⑦米国とロシアが戦略兵器削減条約（START）後継条約に関する交渉テーブルに戻ったことに賛意を表し、核廃絶に導く多国間の削減を促進するような、さらなる 2 国間の削減に向けた約束を再検討会議において行うよう要求すること。

⑧持続可能かつ検証可能で拘束力のあるグローバルな核兵器廃絶のための条約あるいは諸合意の枠組みに関する協議と交渉の開始を再検討会議において約束するよう、強く要求すること。[30]

　ここでまず注目したいのは、国会議員や外交官、法律家などの経歴を有する人材を含む MPI という市民社会組織が、カナダ、スウェーデンなど

新アジェンダ連合諸国や日本、韓国などを含む中堅諸国家の政府関係者に勧告活動をおこなっていることである[31]。

またその趣旨は、核超大国である米国のオバマ政権に対して要請を行ってほしいと勧告していることである。ここには、専門家による民間外交の実践例がしめされている。またその内容には、核兵器廃絶のための条約交渉の開始が含まれている。その条約あるいはもろもろの合意の枠組みは、持続可能かつ検証可能で拘束力のあるグローバルな性格をもっている。しかも、その協議と交渉の開始を再検討会議において約束するよう、オバマ政権に強く要求することになっている。

そこで節を改めて、この問題について考察しよう。

5．核兵器全廃条約の締結に向けて

5-1　3つの次元　国連安保理の決議第1887号は、オバマ政権によって草案が提起され、増補修正のち、2009年9月24日に採択された。その前文の第1節で「核兵器のない世界のための条件を創出する」という安保理の決意を述べている[32]。

この問題についてたとえば、このMPI文書を立ち入って読んでみよう。この文書は、核兵器のない世界の創出について論じる前提として、次元を異にする3つの事柄をとりあげ、それぞれについて説明している。第1の次元は、国家戦略において核兵器の役割を低減することであり、また非核保有国に対する核兵器の不使用を保証することである。第2の次元は、ただちに世界の安全を高め、核兵器のない世界の諸要素を確立する措置についてである。そのなかには、国連安保理決議1887で言及された包括的核実験禁止条約（CTBT）、核分裂性物質生産禁止条約（FMCT）などを含む。さらに、核燃料の生産と供給の多国間規制や非核兵器地帯：中東と北東アジア、さらに、核物質防護、および安保理決議1887で支持されたその他の措置を含んでいる。第3の次元が、核保有国が保有する核兵器の量的制限であり、これは検証を伴う削減である[33]。

5-2 条件をつくりだす こうした事柄の区別と論理的な記述を示した上で、この MPI 文書は、核兵器のない世界をつくりだす課題について論じている。それは 7 つの節に及ぶが、そのなかから、いくつかを紹介してみよう。

まず国連安保理サミットで、何人かの首脳が核兵器を世界的に禁止し廃絶する条約に対する支持を表明したことである。たとえば、フィッシャー大統領は NPT が当面は国際秩序の中核であり続けるとした上で、「オーストリアは高度な検証機構を備えた核兵器全廃条約というアイデアを支持する」と述べた。中国の胡錦濤国家主席は、「国際社会は適切なときに、核兵器の完全禁止に関する協定の締結を含む、段階的行動から構成される実行可能な長期的計画を開発すべきだ」と述べた（31 節）[34]。

これら首脳の言説は、本質的には単にレトリックにすぎないと評価する向きもあるだろうけれども、しかし国際舞台で国家元首が行なった提言でもあるからして貴重である。このように素直に受け止めることにしよう。

また、グエン・ミン・チェット大統領はベトナム代表として、サミットに向けた非同盟運動の政策文書を支持し、「核兵器の全廃につながる核軍縮」を求める、継続する「人類の切迫した要求」を訴えた。そして「国際的な核軍縮協定についての交渉を早期に開始すること」を要求した（31 節）。

私は、この言説が非同盟運動の政策文書を支持しつつ、核兵器全廃条約の締結にむけた交渉の開始を要求した点を高く評価したい。

そうした要求はまた、市民社会によっても広く支持されている。たとえば、2009 年 9 月 9 日から 11 日に及んだ国連広報局登録 NGO の会議で採択された文書がある。メキシコシティ宣言「平和と発展のための軍縮を」と題するこの文書は、安保理の首脳サミットに先立ち、メキシコ政府代表によって安保理のメンバーに配布された（32 節）[35]。

5-3 核兵器全廃条約をめぐる争点 さらに、核兵器全廃条約の締結の課題に関して、次の 2 点を紹介しておこう。

第1点は、国連軍縮担当上級代表であるセルジオ・ドゥアルテの指摘である。彼は、2009年9月18日、次のように明言した。

　　私は知っている——ある人々は、他の問題がまず先に解決されるまで核軍縮での重要な前進を先延ばしにする必要があると主張してきた。またある人々は、戦争の問題の解決や世界平和や世界政府の実現をまず強く訴えようと言う。さらに他の人々は、まず核兵器の拡散や核テロリズムの脅威をゼロにしよう、そうすればわれわれは核軍縮の課題に取りかかることができると言う。そしてさらに別の者は、核兵器が存在し続ける限り核軍縮における本当の進展は不可能だろう——もし過去にあったとすれば、これは決して外れることのない予言である——と言う。このような処方箋は核軍縮の達成はおろか不拡散や核テロリズム防止という他の重要な目標さえも危険にさらす結果になる、と私は確信する（34節）。[36]

　ドゥアルテ氏のこの言明は、問題の焦点を明確にしており、いわば核不拡散派と核廃絶派とを分けるひとつの分水嶺を示している。核不拡散派は拡大抑止派と重なっているだろう。この文脈で強調するなら私は、核兵器のない世界に向けた条件をつくりだすという安保理決議の約束（前文第1節）が、核軍縮の先送りを承認するものと理解されてはならないと言っておきたい。

　さて第2点に進もう。核兵器の完全廃棄を達成するには、次の点が必要である。たとえば、このMPI文書は、言っている。

　　相互に補完しあう軍備管理と軍縮であって、それらは宇宙配備システム、ミサイル迎撃システム、および非核戦略攻撃システムに特に関連するものである。しかしながら、疑問の余地ない真実は、核軍縮を人質にして包括的非軍事化やそれに類似したグローバルな安全保障環境を要求してはならないことである。2000年の核兵器廃棄に向けた明確な約束は、全面的かつ完全な軍縮という究極目標に関する公約とは切り離されたものであり、国際司法裁判所はNPT第6条が、まさ

に包括的軍縮ではなく、「あらゆる点での核軍縮」に関して交渉を完結させることを要求している、と全会一致で結論付けている (35 節)。[37]

全面完全軍縮と核軍縮の関係について、MPI の文書がこう述べているのは、まことに正当な認識であり、しかも今日の時点でも適切な判断であると言える。

なお、MPI は 2010 年 1 月にもブリーフィング・ペーパーを発表している [38]。この文書は、中堅国家構想 (MPI) とカーター・センター (The Cater Cetner) が主催し、2010 年 1 月 21 日と 22 日に両日、米国アトランタで実施される専門家協議会での主催者側による説明のために用意された。来る NPT 再検討会議に参加する中堅国家の外交官など専門家たちに向け情報提供する目的でもって書かれた文書である。MPI の 2010 年 1 月文書は、「地球規模でなされる約束：NPT による軍縮の実現を」と題している。この文書は、それに先行した 2009 年 10 月文書の基調を受け継いでおり、したがって、①核兵器の役割の低減、②核軍縮の過程、③現在の世界をより安全にし、かつ核兵器のない世界のための諸要素を構築する諸措置、という 3 本柱でもって構成されている。この②核軍縮の過程に、D「廃棄のための法的枠組み」という節をもうけ、そこに 7 項にのぼる措置をしめしている。その最後の項 (36 項) では、次のように言っている。

> 中堅諸国家は、NPT 再検討会議が、次の公約を採択するように力を発揮すべきである、すなわち地球規模での核兵器の廃棄に関する、持続的で検証可能であり、かつ強制できる諸手段に関する条約あるいは枠組みについて、その準備作業、討議および交渉の開始を公約することである。[39]

ここには、今回の NPT 再検討会議が核兵器の全廃にむけた地球的規模での法的過程を深化させることに寄与する提言が示されている。このことが、法的観点からすればとくに重要である。

5-4　**安保理決議 1887 の読み方**　ここで冷静に、次の点を検討しておく必要がある。国連安保理決議 1887 の第 5 項は、次のように記述している。

NPT 第 6 条に従い、同条約の当事国に対して、核軍備の削減および軍縮に関連する効果的な措置について、また厳格かつ効果的な国際的な管理の下で全面的かつ完全な軍縮に関する条約について誠実に交渉を行うことを求め、すべての他の国家に対してこの努力に参加することを求める。[40]

　この決議 1887 の含意は、何だろうか。この内容には、どんな意味と問題点があるのか。アメリカの国際法学者で、核政策法律家委員会の執行理事であるジョン・バロースは、9 月 23 日付けの文書に次のように書いた。安保理で採択される決議 1887 は、オバマ演説で示された核不拡散と核兵器のない世界実現という諸目標に向けてなんらかの貢献をするだろう。しかしながら、いかなる意味でも、(核軍備縮小撤廃への) 構造転換をもたらすものではないだろう、と[41]。その論旨を要約すると、「核兵器のない世界の平和と安全を追求する」というオバマのプラハ公約を実行するためには、現存する核兵器国が核兵器に依存することをやめて、その全廃に至る過程を開始しなければならない。しかしながら決議 1887 には、こうした大胆な構想は含まれていない、ということである。

　私も、この分析結果に共感する。たとえば、国連憲章のもとで核軍備の縮小撤廃をめざすべく安保理の責任をはたすこと、核軍縮義務を履行するため安保理を改革し付属機関を設置することなどが、一切含まれていない。これとは対照的に、不拡散と核テロリズム対策では詳細な定めがなされている。決議 1887 は、オバマ政権が既存の軍備管理政策の諸課題を追求することをしめしている国際文書のひとつであるに過ぎないと読めるのである。視点をかえて論じるなら、NPT 第 6 条の枠組みを超える構想が不可欠なのであり、それを表現した条約あるいは国際合意文書が必要だということである。核不拡散条約体制の今日的意義を認めた上で、それを超える核兵器全廃条約の締結に向け勇気をもって舵をきること、こうした発想の抜本的な飛躍が必要である。本書の表題は、このことを表している。

6. 核時代における世界法

6-1 ピーター・ワイスのベルリン講演 さて、こうした発想の抜本的な飛躍を唱導する努力のひとつを紹介しよう。ピーター・ワイスは、国際反核法律家協会（IALANA）の共同創設者のひとりであるが、IALANA ドイツ支部などが主催し、昨年 2009 年 6 月 27 日、ベルリンのフンボルト大学で開催された会議で講演した[42]。彼の講演は、冒頭で、「法による平和？」について書かれた書物をあげた。まず、戦前ウィーン大学などで活躍し、その後アメリカで国際法論を展開したハンス・ケルゼン（Hans Kelsen）の著作『法による平和』（1944）をあげた[43]。つぎに、オーストリア・ハンガリー生まれのルイス・ソーン（Louis Sohn）の著作『世界法による世界平和』（1958）[44] をあげた。だが講演が結びに近づいたところで、ピーター・ワイスは次のように述べた。

核兵器「ゼロに進む」政治的意思が検討されなければならない。2007 年 1 月『ウォール・ストリート・ジャーナル』紙上の 4 人衆論説以来これまで、新たな情報はかならずしも悪くない。しかしながら、今年 10 月にでるという「核態勢見直し」で、オバマ政権が拡大抑止の公約を維持して、米ソそれぞれ、1000 発、その他の核兵器国は数百発の核兵器保有を了とする、こういった提言にとどまるなら、これよって、イランや北朝鮮を説得することはむずかしいだろう。

さらにいわく。では、何をなすべきか？ たしかに、一連の中間段階論がある。CTBT、FMCT、START などがそうである。これらの措置は重要だが、しかしながら核兵器のない世界を生み出す真剣な努力の出発点では決してありえない。核兵器全廃条約について討議する国際会議の開催が、その出発点である。それこそ国連事務総長パン・ギムン（Ban Ki-moon）が示唆したことだし、そしてまた市民社会が要求すべき事柄である。

このようにピーター・ワイスは、わが意をえたとばかりに、国連事務総長がモデル核兵器条約に言及したことを援用した。さらに進んでピーター・ワイスは、核時代における世界法の構想に言及した。

いわく。1000発ではゼロが2つ多い。10発にすることがわれわれの目標だし、早ければ早いほどいい。機は熟している。こう言って、最後にピーター・ワイスは、1961年9月25日国連総会でなされたJ・F・ケネディの演説から、つぎの言葉を選びとった。「大衆を殲滅する時代の世界大戦をとるよりも、この自己決定の時代にあって、われわれは世界法を選択する。」

6-2　緩やかな世界法　では、世界法に言及することは、現在どういう意味合いを持っているのか。

　私が知る限り、古典的な世界法の理論によると、世界法とは強制執行力を有し、個人に対して強制執行されるものだけが「法」である。言い換えれば、それは地球規模の立法府が制定し、かつ地球規模の法廷と地球規模の警察が執行するものに限られる。それは、現存する不適切な国際「法」や国連を基礎にした弱い集団安全保障体制のなかに見出されるものではない。これは厳格な世界法の主張といってよい[45]。

　しかしながら、こうした古典的な世界法の理論とは異なる、新たな主張が今日ではなされている。私は、いまこの点を強調しておきたい。かつての世界政府論者や世界連邦主義たちの厳格な世界法の主張は半世紀を経ていて、いまではいわば修正主義者によって批判されており、今日の世界法の理論は多様化している。この緩やかな世界法理論の主張によれば、「法による世界平和」という文言における「法」とは、地球規模の立法府の存在と作用を必要としない。いわく、短期的にも長期的にも、法による世界平和を確保するもうひとつの方法が存在する。たとえば、＊人権の最大限尊重、＊国連平和隊の創設（註：これは武装した部隊ではあっても、軍事目的を果たす軍隊ではない）、＊経済的正義を実現するための貿易と金融の規制、さらに、＊グローバリストが長年主張してきたその他の改革、といったことの蓄積による、という。

　こうして、われわれは、ほとんど自覚していないけれども、純粋な一群の「国際法」に至る途上にある。その時々に、一歩ずつ、一片ずつではあ

るが、法や規範をひとつずつ付け加えることによって、法による世界平和に至る、その途上にすでにいる。それは、われわれの眼の前で、一群の真の「世界法」へと漸次生成しつつある、というのである[46]。

確かに伝統的な世界法の信奉者からは、それは「法」の基本概念から逸脱した誤謬であると論駁されるだろう。また、仲裁できない国際紛争は戦争による以外に解決できないという力の信奉者からは、それは甘い理想論として拒絶されるかもしれない。しかしながら、発想を転換すると、広い意味での国際社会による話合いで解決できない国際紛争は、いまや存在しないと考えるほかない。そうならば、戦争という手段に訴えるという選択肢がなくなる。国連憲章は、すでにそうさだめている。その集団的安全保障体制のあり方を一歩すすめて、さらに「法」による世界平和にむけて進む。また、この立場からすれば、個別的あるいは集団的自衛権の行使が許される場合も、きわめて厳格に解釈されることになる。たとえば米国のアフガニスタン爆撃やイラク爆撃は、国連憲章 51 条の解釈からしても、違法であるということになる[47]。

このように発想すれば、世界の人々が日々の生活のなかで平和の諸条件をつくる活動に参加すること、このことが重要だと強く認識することになる。そうなると、実は核時代だからこそ、核兵器の使用が許されないと考え、核兵器のない世界をつくる条件の創出と整備に積極的に参加しなくてはならない、このような判断をすることにすすむ。そのひとつが、今年春開催の NPT 再検討会議にかかわる活動である。

7．おわりに

いま一度、安保理決議 1887 を読み直してみよう。前文第 1 節は、述べている。「安全保障理事会は、国際的な安定を推進する方法において、またすべての国の安全が損なわれないことの原則に基づいて、核兵器の不拡散に関する条約（NPT）の目標に従い、すべての国のためのより安全な世界を追求し、また核兵器のない世界のための条件を創出することを決意

し」、とある[48]。

　では、核兵器の不拡散に関する条約（NPT）の目標に従うとは、どういうことか。この文言の意味については、NPT 第 6 条の解釈をめぐる論争の歴史がある[49]。不拡散優先派と核軍縮優先派との橋渡しをするのが、国連事務総長の役割だと言われたこともあった[50]。現在もし拡大抑止論が全面完全軍縮に関する条約締結を核軍縮に対して優先させるとするなら、「あらゆる側面における核軍縮」に関して交渉を完結させることは、永遠に未完の外交交渉事項にとどまらざるをえない。とすれば、単純素朴に NPT の目標に従うことは、核兵器のない世界の状況を生み出すうえで、障害となる。

　他方、東西冷戦後 20 年余りを経たいま、核廃絶論の主張の根拠もまた、改めて省察と再構築を必要としているだろう[51]。大量戦略爆撃による相互確証破壊の論理が必ずしも強い説得力をもたなくなったからである。この文脈で、低線量被曝の被害を与える核兵器といえども、被爆の体と心と生活に重大な負の影響をおよぼすことを解明した原爆症集団訴訟の成果は、これをいままさしく確認し、これを人類の普遍的な知的財産として登録する作業が重要であろう[52]。

　思い起こせば、核兵器は絶対悪だという思想（湯川秀樹）が存在する[53]。核兵器を使う戦争は人類絶滅をもたらすからだ。小さな核兵器を用いてなされる戦闘も、連鎖反応によって必ず核戦争に拡大するという論理（ベジャウィおよびウィーラマントリー）も、生き続けている[54]。核兵器の使用が戦後アメリカ帝国の軍事的政治的な基礎だったとすれば、もうひとつの核の超大国といわれたソ連の場合はどうだろう。この帝国が 70 余年の寿命をおえて崩壊した事実は、20 世紀の負の遺産を象徴しているともいえよう。「核兵器で平和が保たれている」という核抑止論がまことしやかに宣伝されてきた[55]が、核軍拡メカニズムが蔵している内部矛盾はいっそう深刻化している[56]。米国発の経済危機は、核の産軍複合体を平和転換（コンバージョン）するほかないという論理あるいは道筋を示唆しているのではないか。

こうした立場に立ち返ってみると、オバマのプラハ演説や安保理決議1887 はレトリックであるということが見えてくる。したがって、世界政治の現実を変革する指針としては効用の点でも機能の面でも、限界があることに思いいたる[57]。そうすると、2010 年 NPT 再検討会議で達成できる一定の成果を展望するとともに、その限界も視野にいれることができるだろう。なるほど、核兵器全廃条約の締結を緊急課題だと位置づけた IALANA のベルリン決議[58]の意義が、ここから見えてくる。そこで今一度、考えてみる。人類社会の未来に希望を見出そうと希求するなら、その希求する意思こそ、いま生きている人間にとっての光である。核兵器全廃条約の締結は人類の将来にとって希望の光である。「光あるうち光の中を歩め」[59]。この言葉は、希求し続ける人類の意思を象徴しているのではなかろうか。

　だが現実政治に立ち返り、そこで役立つ理性の力に思い及ぶとき、正確な認識が必要である。それは「核兵器のない世界のための条件を創出する」決意という言葉で表現された安保理決議の含意である。そこでいう決意とはなにか。このことについて、なにがしか省察してみよう。これが、次の課題である。

註

1　浦田賢治編訳『地球の生き残り：解説・モデル核兵器条約』（日本評論社、2008 年）。書評の例：梅林宏道『核兵器・核実験モニター』2008 年 9 月 1 日号、池田眞規『法と民主主義』同年 8・9 月号 72-73 頁、藤田久一『図書新聞』同年 9 月 27 号。なお、モデル核兵器条約の原語は、Model Nuclear Weapons Convention: MNWC。

2　この NPT 再検討会議について、参照を乞う。浦田賢治「2010 年 NPT 再検討会議と核兵器条約の具体化：英国外務省文書を読む」『長崎平和研究』2009 年 4 月，No.27, 32-41 頁。また、同著「2010 年 NPT 再検討会議と核兵器条約の具体化・再論：英国内閣文書を読む」『日本の科学者』2009 年 12 月号 22-27 頁。さらに、同著「国際反核法律家たちは、なにをしようとしているか？」『自由と正義』（日本弁護士連合会発行）2009 年 11 月号 109-118 頁。本稿は、これらの論稿をもちいて作成されている。

3　John Buroughs et al. eds, Rule of Power or Rule of Law ?, Apex Press, 2003 は、国際法を無視する米合衆国の政策を分析したものである。この書物の翻訳を含む日本版が刊行されている。浦田賢治編訳『力の支配から法の支配へ：オバマは核問題で国際法体制を再構築できるか』（憲法学舎発行、日本評論社発売、2009 年）。本稿は Elisabeth J. Shafer が

執筆した「第 2 章 核不拡散条約」を参考にした。
4 Mohamad I. Shaker, The Nuclear non-proliferation treaty: Origin and implementation, 1959-79, London: Oceana Publications, 1980.Vol.Ⅰ, p. 3, pp. 5-8.
5 UN GA resolution 1(I)24 January 1946. The United Nations and disarmament, 1945-1985 / United Nations Department for Disarmament Affairs. New York : United Nations, 1985, pp. 1-2.
6 Shaker も、バルーク案とグロムイコ案に言及する。前掲註 4 Shaker, pp. 224, 479-481.
7 UN GA resolution 1665(XVI)4 December 1961. See, Shaker, supra note 4, pp. 24-33.
8 前掲註 3 浦田賢治編訳『力の支配から法の支配へ』103 頁。
9 UN GA resolution 2028(XX)19 November 1965. See, Shaker, supura note 4, pp. 35-66.
10 UN GA resolution 2028(XX)19 November 1965. See, Shaker, supra note 4, p. 37. Shaker の 3 冊からなる著作は、これら a から e にいたる各事柄について逐次記述している。
11 原則 b について。See, Shaker, supra note 4, pp. 52-57.
12 原則 c について。See, Shaker, supra note 4, pp. 57-58；553-648.
13 See, Shaker, supra note 4, pp. 813-833.
14 See, Shaker, supra note 4, pp. 833-840.
15 Clean hands doctrine. See, Black's Law Dictionary, 6th Edition, West Publishing, 1990, p. 250.
16 参照、藤田久一・浅田正彦編『軍縮条約・資料集（第 3 版）』有信堂高文社、2009 年、59-61 頁。
17 Legality of the Threat or Use of Nuclear Weapons, Advisory Opinion of 8 July 1996, 105F, ICJ Reports 1996, p. 267. この ICJ 勧告的意見全文の邦訳を収録するものとして、ジョン・バロース著（浦田賢治監訳、山田寿則＝伊藤勧訳）『核兵器使用の違法性：国際司法裁判所の勧告的意見』（早稲田大学比較法研究所叢書 27 号）2001 年がある。また、同意見の抜粋訳は本書 133 頁以下で読むことができる。
18 2000 年 NPT 再検討会議については、リーチング・クリティカル・ウィル（Reaching Critical Will）のウェブサイトを参照。〈 http://www.reachingcriticalwill.org/legal/npt/2000index.html 〉
19 2000 年 NPT 再検討会議最終文書については、藤田・浅田、前掲書、65-66 頁参照。
20 2005 年 NPT 再検討会議については、黒澤満「2005 年 NPT 再検討会議と核軍縮」『阪大法学』56 巻 6 号（2005 年 8 月）、267-311 頁参照。
21 2010 年 NPT 再検討会議とそれに至る準備委員会の状況については、以下の 2 つのウェブサイトを参照。国連軍縮室
〈 http://www.un.org/disarmament/WMD/Nuclear/NPT_Review_Conferences.shtml 〉、リーチング・クリティカル・ウィル
〈 http://www.reachingcriticalwill.org/legal/npt/2010index.html 〉。
22 Rebecca Johnson, Enhanced Prospects for 2010: An Analysis of the Third PrepCom and the Outlook for the 2010 NPT Review Conference, June 2009,
〈 http://www.armscontrol.org/act/2009_6/Johnson 〉
23 P5 Non-proliferation Press Release (15/05/2009)
〈 http://ukunarmscontrol.fco.gov.uk/resources/en/pdf/17075878/p5nptpressrelease 〉
24 P5 Non-proliferation Press Release (15/05/2009)

〈 http://ukunarmscontrol.fco.gov.uk/resources/en/pdf/17075878/p5nptpressrelease 〉
25　See, David Krieger, "The Joint Understanding: Disappointing Progress on Nuclear Disarmament," July 6, 2009,
〈 http://www.wagingpeace.org/articles/2009/07/06_krieger_joint_understanding.php 〉
関連して、「2009 年における世界の核兵器の数量と所在」と題するハンス・クリステンセン（Hans M. Kristensen）による報告がある。米ロは冷戦後事実上、どの程度、核兵器の保有量を削減してきたか、冷戦中の数値をこれに投入すれば、現在までの削減推定値を読み取ることができる。Status of World Nuclear Forces 2009
〈 http://www.fas.org/programs/ssp/nukes/nuclearweapons/nukestatus.html 〉
26　See, Colum Lynch, Developing Nations Seek Assurances on Nuclear Arms, Washington Post, May 16, 2009．
27　これらの動きは、ピースデポ・イアブック刊行委員会企画・執筆『核軍縮平和：イアブック：市民と自治体のために』高文研（各年刊）に詳しい。
28　フォークとクリーガーによる対談、本書 62 頁以下参照。
29　MPI Briefing Paper: "Making Good on the Promises: From the Security Council Summit to the 2010 NPT Review" October 2009,〈 http://www.middlepowers.org/mpi/pubs/Making_Good.pdf 〉.
30　冒頭の要約にまとめられている。See, supra note 29, pp. 3-4.
31　2009 年 12 月の MPI 代表団による日本訪問については、たとえば以下を参照。外務省プレスリリース（平成 21 年 12 月 9 日付）「中堅国家構想（MPI）訪日団による岡田外務大臣表敬」〈 http://www.mofa.go.jp/mofaj/press/release/21/12/1209_02.html 〉.
32　本書 307 頁および 314 頁編者註 1。
33　第 1 の次元は A において、第 2 の次元は B において、そして第 3 の次元は C において論じられている。See, supra note 29, pp. 5-6; 6-11;11-12.
34　See, supra note 29, pp. 12-13. なお、この国連安保理サミットの議事録としては以下を参照。UN Doc. S/PV.6191, available at〈 http://www.un.org/Deps/dhl/resguide/scact2009.htm 〉.
35　See, supra note 29, pp. 13. メキシコシティ宣言は、本書 301 頁以下を所収。
36　See, supra note 29, pp. 13-14.
37　前掲註 17『核兵器使用の違法性―国際司法裁判所の勧告的意見』（早稲田大学比較法研究所叢書 27 号）2001 年、257 頁。
38　MPI Briefing Paper: "A Global Undertaking: Realizing the Disarmament Promise of the NPT, Briefing paper for the Atlanta Consultation III: Fulfilling the NPT", January 21-22, 2010, available at〈 http://www.gsinstitute.org/mpi/pubs/Atlanta_Briefing_Paper_2010.pdf 〉.
39　Supra note 38, p.14.
40　本書 310 頁。
41　John Burroughs, Press Advisory, September 23, 2009, Security Council Summit on Nuclear Weapons: What the resolution does and does not say.
〈 http://lcnp.org/pubs/UNSCPress%20Advisoryfin.pdf 〉
参照、浦田賢治：「国際反核法律家たちは、なにをしようとしているか？　核兵器条約の締結と国際司法裁判所への再提訴」『自由と正義』（日本弁護士連合会発行）2009 年 11 月号 109-118 頁。

42 Peter Weiss,The International Law Obligation for Nuclear and General Disarmament, IALANA News, no.2, July 2009, pp. 6-9.
〈 http://lcnp.org/pubs/IALANA2009/IALANA%20News%20July%202009.pdf 〉本書 54-61 頁。

43 Hans Kelsen, Peace through law, Chapel Hill:University of North Carolina Press, 1944.

44 Grenville Clark & Louis B. Sohn, World peace through world law, Cambridge, Mass：Harvard University Press, 1958.

45 James T. Ranney, World Peace Through Law: Rethinking an Old Theory and a Call for a UN Peace Force, 2009, p.1.
〈 http://www.globalsolutions.org/files/general/WPTL_Jim_Ranney.pdf 〉.

46 なお、日本でも国際法学者の間では世界法研究の必要性が以前から認識され、国際法学会とは別に、世界法学会が設立され活動を続けている（1965 年に世界法研究会として発足し後に学会に改組された）。世界法学会のウェブサイトは以下のとおり。
〈 http://wwwsoc.nii.ac.jp/jawl/aisatsu.html 〉

47 C・G・ウィーラマントリー著（浦田賢治編訳）『国際法から見たイラク戦争』（勁草書房、2005 年）に示したウィーラマントリー判事の見解を参照。なお参照、アフガニスタン爆撃について、〈 http://www.mdsweb.jp/doc/822/0822_45p.html 〉。また、イラク爆撃について、〈 http://afghan-tribunal.3005.net/〉。

48 本書 314 頁にしめした編著者の訳文による。

49 See, Shaker, supra note 4. 最近の文献として、Shaker, "The Evolving International Regime of Nuclear Non-Proliferation", Recueil des Cours, tome 321, 2006, pp. 9-202. また、黒澤満『軍縮国際法の新しい視座』有信堂、1986 年、165 頁以下を参照。NPT 再検討会議における文書、議事録等は以下の国連軍縮部の NPT に関するウェブサイトを参照。
〈 http://www.un.org/disarmament/WMD/Nuclear/NPT.shtml 〉

50 前掲註1『地球の生き残り：解説・モデル核兵器条約』23-24 頁。

51 リチャード・フォークの見解。本書 71,83 頁。

52 ドネル・W・ボードマン（Donnel W. Boardman）著（肥田舜太郎訳）『放射線の衝撃：低線量放射線の人間への影響（被爆者医療の手引き）』PKO 法「雑則」を広める会発行、2009 年 4 月第 2 刷（通算第 4 刷）PKO 法「雑則」を広める会発行 ; J.M.Gould & B.A.Goldman 著（肥田舜太郎・斉藤紀訳）『死にいたる虚構：国家による低線量放射線の隠蔽』2009 年 10 月第 3 刷（通算第 5 刷）PKO 法「雑則」を広める会発行（いずれも、非売品）。原爆症集団訴訟における原告側の医師団等による低線量被曝の研究成果を認めた高等裁判所の判決がある。たとえば、判例時報 2011 号 8-107 頁、10 頁。

53 『湯川秀樹著作集』第 5 巻「平和への希求」岩波書店、1989 年。

54 "Dissenting Opinion of Judge Weeramantry", ICJ Reports 1996, pp. 469-470. 邦訳として「ウィーラマントリー判事の反対意見」、バロース、前掲、305-306 頁。ベジャウィの本書での見解も。本書 172 頁。

55 置塩信雄「核軍拡の経済的メカニズム」非核の政府を求める会編『核軍拡の経済学』（大月書店、1989 年）19 頁。

56 前掲書 206-211 頁参照。なお今後、ベノウネ論文の末尾の、次の記述の意味を検証することにしたい。「2003 年に、『戦争防止グローバル・アクション』が世界の軍事予算を算出してみたところ、世界のすべての政府は総額で 1 分あたり 100 万ドルを軍事に使

い、つまり 1 日あたり合計 10 億ドルを使っていることが明らかとなった。アメリカの核計画に費やされた費用だけに目を向けると、シュテファン・シュヴァルツ（Stephen Schwartz）とジョセフ・シリンシオーネ（Joseph Cirincione）によれば、1940 年から 2005 年までで 7.5 兆ドルにのぼるものであった。」本書 219 頁。なお "Nuclear Weapons Budget" に次のウェブサイトがある。〈 http://betterworldlinks.org/[MilitaryBudget] 〉。"The US Military Industorial Complex" について次のウェブサイトがある。〈 http://www.Monviolence.Org/〉。しかしながら、留意しなければならない事実は、核兵器の解体と廃棄処理についての構想や計画、それに伴う経費の見積りなどである。その点については、今後さらに調査・検討したい。

57　この点で、ベジャウィの次の言説は含蓄が深い。「核軍縮でもっとも重要な措置は、国連の外でなされてきた。これまで以上に今日、重要なことは、現実的かつ合理的な予定表をともなった核軍縮の一体的過程を民主的かつ一貫して進める際に、国連にもっと決定的な役割を認めることだ。」本書 202-203 頁。

58　本書 300 頁。

59　トルストイ著（原久一郎訳）『光あるうち光の中を歩め』新潮社、1974。核時代の世界について比喩を求めるなら、「王の帰還」に到るまでを描いた、トールキン著（瀬田貞二、田中明子訳）『指輪物語（3 部作）』東京：評論社, 1992 がある。John R.R. Tolkin, The Lord of the Rings, three volumes, London: George Allen & Unwin Ltd,1954-55. Humphrey Carpenter, J.R.R.Tolkin: A Biography, London:George Allen & Unwin Ltd, 1977.

核廃絶のための条件の創出
英国政府の政策文書を読む

浦田 賢治

1　はじめに
2　外務省文書「核兵器廃絶の条件創出」
3　内閣文書「2010への道程」
4　考察
5　おわりに

1．はじめに

　国連安保理事会は、2009年9月24日、オバマ大統領や鳩山首相などの首脳が出席して、決議1887を採択した。29項目からなる本文を導入する前文第1節に、核兵器のない世界実現のための前提となる条件の創出を決意したと書き込んだ。この年初めに、英国外務省は政策文書を発表し、決議1887と同じ趣旨の文言を用いて時宜にかなった提言を行った（2009年1月発表）。2010年NPT再検討会議にのぞむ英国の方針と計画が手際よく記述されている。そこで、この外務省文書およびこれに続く英国内閣の政策文書を素材として、その提言の意味を分析することにする。とくに核兵器全廃条約を締結するという展望と関連づけて、「核兵器廃絶のための条件をつくる」という提言の意味と問題点を考察したい[1]。

2　外務省文書「核兵器廃絶の条件創出」

2-1　2つの政策文書
　① 英国首相ゴードン・ブラウンは、英国議会に対し、2010年NPT再検

討会議への道程計画を提出したと発表した。2009年7月16日付けの文書によってである[2]。2009年1月に発表された外務省の政策文書に続くものである。内閣の政策文書は「2010への道程」と題するもので、本文は6章編成、分量は50頁にまとめられている。まず「首相による序言」が置かれ、つぎに本文は、公式の要約（第1章）で始まり、核問題：英国政府の戦略的目的（第2章）、英国および地球規模における民生用原子力の安全な増大（第3章）、核物質の安全保障と核テロリズムへの対抗（第4章）、不拡散と軍縮（第5章）、国際的なガバナンス（統治）とIAEA（第6章）へと進んでいる。最後に、「要約：2010年NPT再検討会議に至る英国の活動」がついている。

② 英国外務省文書は、「核の黒い影を消し去る：核兵器廃絶の条件をつくる」と題する（英国外務省文書）[3]。この文書は、ミリバント外相が「はしがき」を書き、全9章で構成されている（全60頁）。当面2010年NPT再検討会議にむけて、アメリカの核の傘のもとにある諸国の人々を説得する狙いをもって、慎重に作成されている。しかも、世界的視野をもち長期的展望についても語っている[4]。この文書（以下、英国外務省文書と略称する）はモデル核兵器条約（MNWC）に言及したうえで、これを受け入れず、自らの考えかたをだしている。

2-2 **英国外務省文書** この文書は、新たな脅威論、核兵器廃絶の条件論、および長期的政策課題という、3つの部分に分けて考察することが適切だと考える。このうち、まず核兵器廃絶の条件論を要約すると、次のとおりである。

2-3 **3つの条件と6つの提言** 外務省の政策文書では、3つの条件群と6つの具体的措置が示されており、これらは、潜在的には今後数年以内に実現可能な諸条件を創出する一助として提示されている。次のとおりである[5]。

第1の条件は、原子力平和利用が拡大しつつあるのと同時に核兵器がより多くの国やテロリストに普及することを防止する厳密な手段・方法（いわゆる核兵器の蔓延防止手段）である[6]。第2の条件は、最小限の核軍備お

よび核兵器にたいし厳重かつ検証された誓約を課す国際的な法制的枠組みである[7]。そして第3の条件は、安全保障を強化する方途によって、少数の核兵器から核兵器ゼロへと前進する課題について解決策を見出す（いわゆる核兵器ゼロへの前進策）である[8]。

そして、ここ数年のうちに達成する具体的な措置（短期的政策課題）として、つぎの6点がしめされている。

措置（1）さらなる核兵器の拡散を防止するとともに、核不拡散条約のすべての締約国の間において、さらなる前進の方途が拡散防止と安全強化のためのより厳しい施策、および、望む国にたいする実際的支援を含むかかる施策の強力な実施を含まねばならないとの合意を確保する。

措置（2）国際原子力機関（IAEA）との協力のもと、民生用原子力産業の開発を望む国にたいして、安心と安全を保障する方途で、かつ、核兵器蔓延のリスクを最小限にとどめる方途によって、このような産業開発を行うように援助する。

この2つの措置は、条件1「核兵器の蔓延防止手段」に含まれるものである。

措置（3）アメリカとロシアそれぞれの核軍備全体のさらなる大幅な削減に関する米ロ間の交渉と合意。これは、その他の核兵器保有国によるそれぞれ自国の核戦力を絶対的最小限にまで削減し、その水準を維持するための努力によって補完されなければならない。イギリスおよびフランスはこれまでに大幅な削減を実施してきている。しかし、中国、インド、パキスタンは自国の核軍備を拡大しつつあると信じられている。

措置（4）包括的核実験禁止条約（CTBT）を発効させ、すべての核兵器実験爆発を禁止し、それによって核兵器の質的開発を抑制する。同条約の発効を可能にするには、いまなお9カ国が批准しなければならない。

措置（5）核分裂性物質カットオフ条約（FMCT）にかんする交渉を無条件に開始し、かつ、進展させる。これは、核兵器の削減を不可逆にするための一助として、また、核兵器の地球規模の禁止を監視する将来の体制の中核部分を構成するメカニズムの多くを確立するために、決定的に重要で

ある。イギリスは、いまなおこの交渉の開始を妨害している国々にたいし、その立場を再検討するよう促している。

　これら3つの措置は、条件2「国際的な法制的枠組み」に含まれるものである。

　措置（6）核兵器を保有する国々が自国の核軍備を削減し、究極的に確実に廃棄するとともに、核兵器の再度の出現を防止するとした場合、解決が必要となる多くの複雑な政治的、軍事的、技術的、制度的な諸問題を調査研究する。核兵器5カ国（および近い将来、その他の核兵器国もふくめて）の間の戦略対話がその土台を築くために必要である。イギリスは、いかにして核軍備の縮小撤廃を検証するかについての草分け的作業を進めており、信頼醸成を討議するための核兵器国会議を2009年中に開催するよう提案している。

　この措置は、条件3「核兵器ゼロへの前進策」としてある[9]。

2-4 長期的な政策課題　今後数年以内をこえ、より長期的に取り組む課題についても記述がある。

　① 主要国間の政治的関係を改善する。これらの諸国の間の核交戦が考えられないところまで相互の信頼と理解を構築する。長期にわたる紛争は、紛争とテロの主な原因を除去するため、解決の必要がある。[10]

　② 核兵器の制限または禁止が他の分野すなわち化学兵器、生物兵器、通常兵器の軍備競争を挑発しないことを確保する方途を検討する。[11]

　③ 核兵器の地球規模の禁止を執行し、かつ、核兵器のない世界における国際安全保障を維持するため集団的安全保障取り決めを締結する。これは、おそらく、国際諸機関の改革・強化および全体としてのルールに基づく国際体制を必要とするであろう。[12,13]

3．内閣文書「2010への道程」

3-1 短期的な政策課題　内閣文書「2010への道程」の重要な柱は、短期的な政策課題の視点からすれば、つぎの3章である。英国および地球規模

における民生用原子力の安全な増大（第 3 章）[14]、核物質の安全保障と核テロリズムへの対抗（第 4 章）[15] および不拡散と軍縮（第 5 章）[16] である。

「2010 への道程」の記述では、「2010 NPT 再検討会議にむけた英国の活動」と題する要約がある。それによると、4 つに分説してある。(1)民生用原子力の安全な拡大を確保すること、(2)核の安全保障（保全）という挑戦的課題にたいし強力な対応を確保すること、そして(3)核の拡散を防止し、多国間軍縮のための条件を創設するということである。(4) これらの作業すべてを支持するため、英国は国際ガバナンスおよび国際原子力機関（IAEA）の役割を強化する作業を行う[17]。

外務省文書の記述と重複するものがあるが、それをいとわず、「2010 への道程」には具体的で新たな提言がなされているので、この点に注目してみたい。

(1) 民生用原子力の安全な拡大を確保する点では、つぎのような提言がなされる。

＊英国は、イギリス国民が平和的目的に使われる核技術を確保することにひきつづき関与する。費用効率のいい民間核技術の開発を推進するために——それは兵器生産計画に使われてはならない——、核科学の超高級センターを発足させる。費用効率のいい、しかも拡散しにくい核技術の開発を推進するためである。このセンターは、国内的にも国際的にも、重要かつ困難なこの仕事に焦点を定めて、学界、産業、および政府の間での協働を強めることになる。政府は、このセンターにたいして、最初の 5 年間に、2000 万ポンド（2000 万 ×153 円＝約 30 億 6000 万円）を支出する。

＊分離されたプルトニウム貯蔵の長期的管理に関する英国の選択肢を評価する諸要因を設定する。またこれに続いて、今年夏に、もうひとつの討議文書をだすが、それは最終決定を行う手続きを定めるものである。そして、

＊英国の核燃料保証（Nuclear Fuel Assurance）の開発を完成し、かつ 2009 年 9 月に IAEA へのわれわれの提案を提出する。

(2) 核の安全保障（保全）という挑戦にたいし強力な対応を確保する点である。これは、核安全保障（保全）を地球規模の核枠組み（NPT など）の第 4 の柱として樹立するための作業を行うことを意味する。つぎのような提言がなされる。

＊すべての核物質は安全に保持されなければならない。それがテロリスト・グループや敵性国家の手にわたることがないようにするためである。英国は、核の安全保障がグローバル規模の核枠組み（NPT など）において、民生用原子力と並んで、第 4 番目の柱にならなければならないと、確信する。

＊より強大な核の安全保障（保全）を求める勢いは増大しており、それはオバマ大統領が来年春の核安全保障首脳会議の開催を公表したことと連動しており、英国はこの首脳会議を全面的に援助する。核物質が消失したり、あるいは盗まれたりする危険を減らすことを手助けするために、もし他の国が手助けを求めるならば、連合王国はいかなる国にたいしても、核安全保障を改善する手助けをすると申し出るものである。

＊英国の防衛手段を改善する目的をもって、英国政府はまた、原子兵器機構（Atomic Weapons Establishment : AWE）にたいして、デジタル鑑識および探知の世界をリードする能力を維持するために、300 万ポンド（約 4 億 5900 万円）を上乗せして提供するものである。

＊核物質の防護に関する条約の修正条項を批准する。そのため、関連する動議をただちに国会に提出することによってこの手続を開始し、かつ他国をして同様に行動するよう激励する。

(3) 核の拡散を防止し、多国間軍縮のための条件を創出する点で、つぎのような提言がなされる。

＊今後のさらなる軍縮を可能にするために必要な信頼醸成措置について討議するため、2009 年 9 月 3 日および 4 日に、承認された核兵器国による会議を主催する。

＊欧州連合（EU）の軍縮行動計画を推進するため、他の同盟諸国とともに作業を行う。

＊CTBT の発効を追求し続ける。
＊緊急事項として、FMCT に関する交渉を進めるために作業を行う。
＊中東の非大量破壊兵器地帯について前進するために、ロシアおよびその他の国際的当事国とともに作業を行う。

(4) これらの作業すべてを支持するため、英国は国際ガバナンスおよび国際原子力機関（IAEA）の役割を強化する作業を行う。つぎのような提言がなされる。
＊新任の事務総長および国際加盟国と提携して、IAEA の組織的な改革を目指す強固な計画を開発する。
＊英国の支援プログラムを大いに活用するように IAEA を激励する。この支援プログラムには、在任中の、および新任の安全措置査察員の訓練を強化すること、ならびに
＊世界の貧困削減を目指す千年紀の開発目標に関する IAEA の作業を、英国はどうしたらよりいっそう効果的に支持できるかということについて検証する[18]。

3-2 中・長期的な政策課題　「2010 への道程」の公式要約は、30 項目で構成されている[19]。そのなかで、中・長期的な政策課題として、次のような記述がふくまれている。

「戦略的文脈」(1.10) では、いう。「われわれが主張すべき核の問題とは、核兵器のさらなる拡散の危険を冒すことなく、増大する原子力の利用を、いかにして、われわれが確保するかである。このことと関連して、現存する核兵器に関して、いかにして地球規模での軍縮にむけて前進するか、ということである。」[20]

「英国の取り組み方」(1.14) では、4 本の柱をたてる。①民生用原子力、②核物質の保全、③不拡散と軍縮、④国際規模での統治である。そのうえで「不拡散と軍縮」(1.22-1.25) の見出しでは、いわゆる 3 段階の過程を主張する。①透明性とコントロール、②軍備の削減、③ゼロへの諸段階である。このゼロへの諸段階では、つぎのように述べる。「安全保障の諸条件

を構築し、核兵器のない世界への最後の段階にはいることと連結する技術的困難を克服すること、それには、いかにして、核兵器を安全に撤退し、かつ解体するかという事柄がふくまれている。(1.24)」さらに、「国際規模での統治」(1.26-1.29) 見出しのなかに、次の1項がある。英国は「来るNPT再検討会議での合意にむけて特定の論点を提起するが、それには、IAEAが核分裂性物質の安全のために果たす必要がある緊要な役割をこれまで以上に十分に行なうことを援助すること、および、核エネルギーが、国際レベルでの貧困に関して千年紀発展目標 [21] で国際的に合意した事柄の一部として持続可能なエネルギー供給する点で、どのように助けになりうるかということ、この2つが含まれる。(1.29)」[22]

4．考察

4-1 新たな脅威論 外務省文書では、新たな脅威について、要約すると次のようにのべていると解する。すなわち、核兵器は、相変わらず、潜在的に地球上の安全保障に対するもっとも破壊的な脅威である。冷戦終結以降、核兵器の危険を減らすという点では重要な進展がみられた。しかし新たな核の脅威がいま台頭しつつある。核兵器がイランや北朝鮮などの国やテロリストに広がるリスクをめぐって不安が高まっている。さらに、われわれは、気候変動やエネルギー安全保障をめぐる当然の理由により原子力の復興が生じており、こうした現象が、いっそう核拡散に繋がりやすい核技術のこれまでよりさらに大幅な普及につながることのないよう警戒しなければならない。核兵器の地球規模の禁止を実現するには、核抑止力によりカバーされているすべての人々（世界人口の半分を上回る）にたいして、かれらの安全が核兵器に頼るよりも核兵器のない世界においてより強まるであろうとの確信を与える条件の創出こそが必要である [23]。

このように要約して特に支障ないとすれば、こうした新たな脅威論の考察にすすむことになる。そのためには、核兵器と原子力という複合した事物を、さまざまな観点から、いくつかの要素にわけて考える必要がある。これは分析的考察ということである。

そこで、外務省文書で言及している観点についてみれば、すくなくとも3つの観点について、すでに政策文書があることに留意する必要がある。まず「気候変動やエネルギー安全保障」という言葉で示される地球環境の保持の問題がある[24]。次に「イランや北朝鮮などの国やテロリスト」という言葉に示される国際テロリズムとの闘いの問題がある[25]。さらには「核抑止力による安全」という言葉で語られる国防・安全保障という問題が含まれている[26]。それぞれの領域について、英国政府の見解をしめした政策文書がでていることが、重要な意味を持っている。

ところで、2009年1月の外務省の政策文書にさきだって発表された従来の基本政策がある。ブレア政権時の基本政策をブラウン政権の基本政策が継承している側面と、これを修正あるいは転換している側面を分析することが必要である。しかしながら、その継承と転換という視点から分析をしようとする場合にも、核問題はとくに高度に慎重な取り扱いがなされる領域に属する。したがって、当該政策の当局者あるいは専門家でない者には、わかりにくいことがきわめて多いことに十分留意しなければならない。

4-2 短期的課題への批判　英国および地球規模における民生用原子力を安全に増大させることが、戦略上主だった政策である。このことは、気候変動への対応やエネルギー安全保障のために重要であるとされてきた。しかし、こうした構想には、エコロジストや人権派、核廃絶論者をふくめて、長年にわたる批判がなされてきた。

① 気候変動への対応策では、気候変動枠組条約（1992年）に基づく気候変動に関する政府間パネル（IPCC）の活動があり、これはノーベル平和賞を受賞した。だが、気候変動論の科学的根拠への批判も強い[27]。「クリーンエネルギー」としての核融合技術の可能性が主張されるが、その安全性はまだきわめて不確実ではなかろうか。

② 核物質を保全し核テロリズムに対抗する策では、キッシンジャーの限定核戦争論[28]が政策論の前提とされており、核テロリズムの脅威はニュールック戦略以来の米対外政策の結果生じたものである。では、核抑止論

に基づく対抗システムは、果たして政治的かつ道義的正当性の検証にたえるのだろうか[29,30]。

③ 不拡散と軍縮を同時に進める策では、英米安全保障情報協会がNATOの戦略概念に核態勢をふくめるというコメントがあり、とくにアメリカの戦術核兵器をヨーロッパで前方展開する必要はないと主張していることが注目される[31]。イギリスで論争中のトライデント更新問題に言及していない点に関して、核廃絶キャンペーン（CND）による持続的な批判がある[32]。

4-3　中・長期的な課題について　：モデル核兵器条約

外務省文書は地球規模の核兵器廃絶の条件整備について、ここ数年以内になされる具体的措置と、それ以降の、より長期的な課題を提示した。こうした観点から、モデル核兵器条約（MNWC）にも言及したうえで、これを受け入れず、みずからの対案を示している。たとえば、第6章「国際協定」で、言っている[33]。オバマ大統領が包括的核実験禁止条約の批准を求めていること、核分裂性物質カットオフ条約問題での検証の重要性、また核物質貯蔵の廃絶と管理の問題を指摘する。ついで、核兵器全廃にいたる即時可能な措置として、核兵器庫に外国査察員をおき核の安定と安全を確保する管理条約を締結すること提言している。これらは核兵器廃絶のための一定の条件をつくるものである。こうした条件整備をすすめるまえに、核兵器全廃交渉の即時開始を要求しているモデル核兵器条約は時期尚早である。言葉だけでは世界から核兵器を取り除くことはできない、というのである[34]。

これに対する応答は、要するに次のとおりである。この条約が単なる言葉にとどまるなら、それによって世界から核兵器を取り除くことはもちろんできない。それは、そのとおりであるが、しかしそれは事柄の一面だけをいうものである。事柄の成否の条件を論じるなら、必要条件と十分条件について論じる必要がある。考えてみると、地球規模の核兵器廃絶を行うという人類の生存の希望をかかげ、その政治意志を具体的に決めること、このことこそ核廃絶事業を成功させるための前提条件である。だからして、

この前提条件は、モデル核兵器条約（MNWC）という成文（言葉、テキスト）によって明示される必要がある。確かに、この条約だけでは十分でない。しかし、この条約は必要条件のひとつだと応答することになる。パン・ギムン国連事務総長の講演も、モデル核兵器条約に肯定的な言及を行っている[35]。

4-5　内閣文書「2010 への道程」の考察　レベッカ・ジョンソンは、この内閣文書が発表された時点で、英国政府の姿勢を肯定的に評価し、つぎのように述べていた。

> 英国政府は核兵器のない世界への支持を表明してきたし、「軍縮の実験室」になるという興味深い見解も表明している。英米間の協力がさらに進めば、それは核軍縮検証の技術的課題に取り組むとともに、他の核兵器国——NPT の外に留まっている諸国をふくめて——を核兵器依存から遠ざかる道へと誘ううえでも、指導性を発揮するであろう。[36]

はたして内閣文書は、このような期待に応えるものかどうか。

長期的な政策課題に焦点をあてて「2010 への道程」の特質を考察する場合、次の２つの点（a および b）に注目するのが適切であろう。

(a)　第２章「核問題：英国政府の戦略的目的」の冒頭にある一節は、題して「戦略的概観：21 世紀における原子力」という。このパラグラフは、つぎのように述べている。

> 原子エネルギーは 21 世紀のもろもろの挑戦に応えるために、死活的に重要な役割をはたさなければならないと、英国政府は確信する。原子力は、気候変動とエネルギー供給安全保障との間の内的に関連したもろもろの挑戦に対応し、成功を収める統合された諸要素の一部でなければならない。しかし原子力は、つぎのような国際的な確信がある場合にだけ、この役割を果たすことができる。すなわち、原子力の拡大が核兵器のさらなる拡散の危険、または安全保障の欠如の危険を

激増させない場合である。

こう述べて、次のように続けている。

> この安全保障の欠如は、世界をテロリズムによる核攻撃にたいしてますます脆弱にするであろう。今世紀の単一最大の脅威だと論議されているもの——気候変動——と取り組むさいに、われわれは前世紀後半期の最大の関心事を再び呼び起こす危険を犯してならない。それは核兵器の使用である。(2.1) [37]

この一節の記述によって、私は，この内閣文書全体のイデオロギー上の核心を端的につかむことができるように感じる。それは、英国政府の戦略的目的が、21世紀における原子力の確保だと打ち出されていることに集約される。核兵器国と非核兵器国のすべてに協働をよびかけるにもっともふさわしい観念である。そしてその手段は、核の安全保障をふくむ諸措置から構成されることになる。その核心は、テロリストによる核の脅威に対して地球規模で対処しようという観念である。

つぎに注目するのは、(b) 核の拡散を防止し、多国間軍縮のための条件を創設するという点である。「2010への道程」は要するに、つぎのようにいう。

核兵器の拡散に対処するため緊急行動が要請されていることを、英国政府は認識している。政府文書「2010への道程」は、不拡散と多国間軍縮において前進することを可能にする段階的手法を定めている。第一段階では、現在の兵器の能力に関する透明性を高める諸措置がとられなければならない。なぜなら、これら兵器の拡散を防止するために、われわれはよりいっそうの統制を加える必要があるからである。第2段階は、核保有量を検証可能な形でかつ多国間において削減することである。最後の段階では、われわれは地球規模で作業をしなければならない。一方で、核兵器のない世界を可能にする安全保障の諸条件を充足するとともに、他方で核兵器の完全廃絶と結合した技術的かつ政治的な挑戦において勝利しなければならない。[38]

ここでは核兵器廃絶への道を含む、包括的かつ段階的手法でなく、単なる段階的手法がとられている。したがって核兵器のない世界を可能にする作業は、3 つの段階からなる過程の最後の段階に位置づけられている。しかも、時間枠を伴った工程表がまったく示されていない。この考え方では、2010 年 NPT 再検討会議で緊急にもっとも重視されるのは、核の安全保障（保全）であって、これを核体制の第 4 の柱として承認し創設することであろう。核兵器のない世界を実現する核兵器条約に関する誠実な交渉開始といった具体化の作業は、当面の課題とされない。かえって、核抑止力が依然として必要であり、かつ維持されなければならないと言う論調が強くなっている。たとえば、最近発表されたキッシンジャーやシュルツたちの論調においてそうである[39]。

5．おわりに

5-1　思考様式の革命的な転換はなされているか？　核兵器の地球規模の禁止を実現するには、核抑止力によりカバーされているすべての人々（世界人口の半分を上回る）にたいして、かれらの安全が核兵器に頼るよりも核兵器のない世界においてより強まるであろうとの確信を与える条件の創出こそが必要である。こういう発想がなされていることを、さきに紹介した。

　ここでは、「気候変動やエネルギー安全保障」という言葉で示される地球環境の保持、「イランや北朝鮮などの国やテロリスト」とい言葉に示される国際テロリズムとの闘い、あるいは「核抑止力による安全」という言葉で語られる国防・安全保障という問題が含まれている。

　だがいま、それぞれについて、私がここで立ち入った分析を示すことは難しい。知的な能力の点でも、また時間と紙数の制約からしても、そうである。しかしながら、ここには重要な論点の指摘があることは、私にも感じられる。それは、どういう意味においてか？　端的に言えば、まずもって、「核兵器に頼るよりも、核兵器のない世界において安全が、より強まるであろうとの確信を与える条件の創出」という課題提起の仕方である。

この手法が英国政府の手で取り組む政策上の課題として提起されている点である。しかも、その課題の解決へのひとつの道筋が、従来から累積されてきた成果をふまえて具体的な形でしめされているように思われる[40]。これ自体は一定の重要な意味をもっている。

しかし核軍縮交渉史の見地から省察すると、現在の政治的外交的文脈において、この命題をどう読むかということが大切になる。あらためて想起すると、核時代の発端の時点で、国連総会第1号決議に基づく国連安全保障理事会メンバーとカナダで構成された原子力委員会は、無残にも機能停止状態に終わった。なぜか。原子兵器の禁止を主張するグロムイコ案と、そうではなく、原子兵器の国際管理を主張するバルーク案とが妥協をゆるさない対立にとどまったからである。以来、為政者の頭のなかには、この破綻の構図が冷戦期中も冷戦後においても連綿と存続してきた。だから、部分的核軍縮や軍備管理が日常的な仕事になってきた。

こうした歴史的文脈において「条件の創出」という難題をうけとめ、その解決の思考様式を観察する場合、この命題には、ある種の逆説（パラドックス）が暗示されているように考えられる。すなわち、片や、「核兵器のない世界」への肯定的な評価を提示し、これを求めるという理性的認識の筋道を示してある。だが、それは為政者が被治者にしめす美しい修辞的文言（レトリック）にすぎないのではないか。だから、他面では「確信を与える条件の創出」作業に伴うきわめて困難な見通しを示している。地球の運命にかかわる死活的難題の解決策についてその学術的政治的な根拠を示し、難題を解決する政策体系をつくり、これをグローバルに達成すること、そうした諸「条件の創出」は、そんなになまやさしい仕事ではない。仮に条件創出の蓋然性があると考えても、それはひとつの世代だけで達成されるような短期的な事業ではありえない。とすれば、政府の政策文書がまずもって選択する道は、「核兵器と人間が共存する世界」でのガバナンス（統治）である。核抑止論がその論理的な支柱のひとつである。政策形成者たちによるこうした従来型の思考方法は、ラッセル・アインシュタイン宣言にしめされたところの、思考様式の革命的な転換の提言をまだ、ま

ったく受け入れていない[41]。

5-2 **IALANA 提言の観点でみる** 2010 年 NPT 再検討会議をめぐる雰囲気は 2005 年の会議の場合とは対照的に明るいと言われてきた。オバマのプラハ演説の一節に象徴されるように、「核兵器のない世界」の将来像が語られた[42]。これが全世界のひとびとの心に響き、これに賛意を表する政府高官たちの大合唱ともいうべき見解表明がなされてきた。だが将来像は政策ではなく、また政治的現実に必ずしもならない。したがって、核兵器のない世界の実現は、「全体的かつ恒久的な核兵器撤廃を達成する条約の締結」[43] を必要としている。そのための誠実な交渉の開始が必要である。この IALANA 提言が、2010 年再検討会議によって、正式にうけいれられるだろうか。

この見地から評価する場合、英国政府文書は、問題解決のための思考様式が IALANA 提言とは異なるように読める。いく種類かの核兵器規制条約について、学術的な研究や検討は始める。だが、その交渉にすすむことは、時期尚早だという[44]。英国政府文書が打ち出した目標は 21 世紀の原子力の確保であり、その核心はテロリストによる核の脅威に対して地球規模で対処しようという観念である。

註

1 本稿は、次の 2 つの文献を用いながら、さらに立ち入った考察を行なったものである。浦田賢治「2010 年 NPT 再検討会議と核兵器条約の具体化：英国外務省文書を読む」『長崎平和研究』2009 年 4 月, No.27, 32-41 頁。同著「2010 年 NPT 再検討会議と核兵器条約の具体化・再論：英国内閣文書を読む」『日本の科学者』2009 年 12 月号 22-27 頁。
2 The Road to 2010 : Addressing the nuclear question in the twenty first century Presented to Parliament by the Prime Minister, July 2009, Cm 7675.[The Road to 2010]
3 Lifting the Nuclear Shadow:Creating the Conditions for Abolishing Nuclear Weapons; A Policy Information Paper by The Foreign & Commonwealth Office, 2009. [Lifting the Nuclear Shadow]
4 その背景のひとつは、米国元老級 4 名が、2007 年 1 月 4 日と翌年 1 月 15 日、『ウォール・ストリート・ジャーナル』紙で「核兵器のない世界」の実現を目指し、NPT 体制の強化に役立つ、ただちにとるべき具体的措置を提唱したことである。ニクソン政権時の国務長官ヘンリー・キッシンジャー、レーガン政権時の国務長官ジョージ・シュルツ、

クリントン政権時の国防長官ウィリアム・ペリー、それに元上院議員サム・ナンの 4 名である。ブラウン英国首相を含む NATO 加盟諸国の首脳やこれに準ずる高官たちの支持演説も続いていた。こうした政治的文脈のなかで、この文書は、ブラウン英国首相の方針を具体化するという趣旨で作成された。David Miliband,Forward, Note3, p. 3.

5 A U.K. government policy information paper released by the Foreign and Commonwealth Office sets out a six-point plan on creating the conditions for abolishing nuclear weapons. [A six-pointplan]〈 http://www.fco.gov.uk/en/global-issues/weapons/nuclear-weapons/disarmament lifting-the-nuclear-shadow 〉
6 Note 3, Lifting the Nuclear Shadow, pp. 15-30.
7 Note 3, Lifting the Nuclear Shadow, pp. 31-35.
8 Note 3, Lifting the Nuclear Shadow, pp. 36-44.
9 Note 5, A six-point plan, op. cit.
10 Note 3, Lifting the Nuclear Shadow, pp. 36-44.
11 Note 3, Lifting the Nuclear Shadow, pp. 44-47.
12 Note 3, Lifting the Nuclear Shadow, pp. 45-50.
13 Note 5, A six-point plan, op.cit.
14 Note 2: The Road to 2010, pp. 15-24.
15 Note 2: The Road to 2010, pp. 25-29.
16 Note 2: The Road to 2010, pp. 30-41.
17 Note 2: The Road to 2010, p. 50.
18 Op. cit.
19 「戦略的文脈」、「2010 NPT 再検討会議」、「英国の接し方」、「英国および世界規模での民生用原子力」、「核の保全」、「不拡散と軍縮」、「国際規模での統治」、「2010NPT 再検討会議とそれ以降」に及んでいる。
20 Note 2: The Road to 2010, p. 6.
21 UN Millennium Development Goals 〈 http://www.un.org/millenniumgoals/ 〉
22 Note 2: The Road to 2010, p. 9.
23 Note 2: The Road to 2010, pp. 5-8.
24 Meeting the Energy Challenge:A White Paper on Nuclear Power, Command Paper 7296, January 2008.
25 Persue Prevent Protect Prepare: The United Kungdom's Strategy for Countering International Terrorism, Command Paper 7547, March 2009.
26 The Future of the United Kingdom's Nuclear Deterent, Command Paper 6994, December 2006.
27 See, recent blog (2 february 2010) by George Monbit, Climate change email scandal shames the university and requires resignations, Monbiot.com; Monbiot-Plimer Debate, et. al.
28 H・A・キッシンジャー著（佐伯喜一校閲）『核兵器と外交政策』、日本外交学会、1958 年。
29 See, John L. Gaddis, Strategies of containment : A Critical Appraisal of Postwar American National Security, New York : Oxford University Press, 1982.
30 See, Steve Hewitt, British War on Terror : Terrorism and Counterterrorism on the Home Front

Since 9-11, Continuum, February, 2008. なお、レーガン政権・ブッシュ政権による核抑止論に対する批判の一例として、Francis A. Boyle & Philip Berrigan, The Criminality of Nuclear Deterrence, Clarity Press, 2002 (Crescent News, Malaysia : 2007).

31 British American Security Information Council, Mind the Gap [PDF], January 2010. 〈 http://www.basicint.org/pubs/pubindex.htm 〉
32 Campaign for nuclear disarmament, don't pre-empt disarmament talks with Trident replacement, 10 July 2009.
33 Note 3: Lifting the Nuclear Shadow, pp. 31-35.
34 Note 3: Lifting the Nuclear Shadow, p. 34.
35 本書297頁。
36 Rebecca Johnson, Enhanced Prospects for 2010: An Analysis of the Third PrepCom and the Outlook for the 2010 NPT Review Conference, June 2009, 〈 http://www.armscontrol.prg/act/2009_6/Johnson 〉.
37 Note 2: The Road to 2010, p. 11.
38 Note 2: The Road to 2010, pp. 30-41.
39 How to Protect Our Nuclear Deterrent by Shulz, Perry, Kissinger and Nunn,The Wall Street journal,January 19,2010: Maintaining confidence in our nuclear arsenal is necessary as the number of weapons goes down.
40 参照、大量破壊兵器委員会著（西原正・日本語版監修）『大量破壊兵器：廃絶のたの60の提言』（岩波書店、2007年）。なお付け加えて、①オーストラリア政府が設置した独立の委員会の報告をあげておこう。通称キャンベラ委員会（Canberra Commission）の報告である（1996年8月提出）。Report of the Canberra Commission on the Elimination of Nuclear Weapons（PDF）,〈 http://www.draft.gov.au/cc/index.html 〉.②日本とオーストラリア両政府が共同運営した国際委員会「核不拡散・核軍縮に関する国際委員会（ICNND）」の報告書がある（2009年12月提出）。Eliminating Nuclear Threats - A Practical Agenda for Global Policymakers, Report of the International Commission on Nuclear Non-Proliferation and Disarmamaent, Gareth Evens and Yoriko Kawaguchi, 〈 http://www.icnnd.org/reference/reports/ent/index.html 〉.
41 ラッセル・アインシュタイン宣言（Russell Einstein Manifesto 1955）の一節は、「核兵器のない安全保障」（第8章）の枕詞として引用されている（Note 3, Lifting the Nuclear Shadow, P. 45）。だが時間枠を明示した核兵器の全面廃棄を行うという政治的意思決定をする前に、①政治関係、②通常兵器や非核大量破壊兵器、③集団安全保障という条件が達成される必要があるという。なお、ラッセル・アインシュタイン宣言は、湯川秀樹、朝永振一郎、阪田昌一編著『平和時代を創造するために　科学者は訴える』（岩波新書、1963年）に資料として掲載されている。
42 プラハ演説についての解読の一例として参照、浦田賢治「アメリカ合衆国の道義的責任」デラーほか著（浦田賢治・日本版編訳）『力の支配から法の支配へ』（日本評論社、2009年）12-23頁。
42 ベルリン決議　本書300頁。
43 Note 3: Lifting the Nuclear Shadow, P. 34.

核軍縮と全面軍縮を目指す国際法上の義務

ピーター・ワイス

　私はベルリンでみなさんに講演するアメリカ人として、「法による平和」を主題とするこの会議について、ドイツ語圏の世界と米合衆国とのあいだに存在する興味深い結びつきをみいだしております。「法による平和」という題名をつけた最初の、そしておそらく唯一の書物は、ハンス・ケルゼン（Hans Kelsen）が1944年に出版しました。彼は、私とおなじく、ウィーンで仕事をはじめましたし、また米合衆国で精神的な緊張を強いられました。この書物で彼は、ベルサイユ条約第227条についていくぶん不満げに語っております。というのは、この条項は、戦争を始める行為が国際社会の道徳に反するものとさだめているけれども、戦争を始める行為は国際法に反するものであること、このようにいっそう適切に記述されるべきだと書いているからです。

　これとよく似た題名、すなわち「世界法による世界平和」という題名をつけたもう1冊の書物が1958年に出版されており、この書物もまた国際法の古典になりました。その共著者のひとりはルイス・ソーン（Louis Sohn）でして、彼は1914年オーストリア・ハンガリー帝国で生まれ、後にハーバード大学の法科大学院のとても著名な教授になり、しかも米合衆国国務省の法律顧問になりました。本書の序説は述べています。もし国際連合憲章がヒロシマ・ナガサキへの原爆攻撃のまえでなく、それ以後に起草されていたならば、憲章はまったく異なったものになっており、したがって再び核の大惨事という恐怖を繰り返すことを防ぐことができるように修正された条項をさだめたであろう、と。

　第3の例は、「法による平和？　崇高な実験の失敗」という題をつけて、昨年（2008年）『ミシガン・ロー・レビュー』誌に発表された論文です。

共著者のひとりはジョーン・ヨー（John Yoo）でして、その書き出しは、エーリッヒ・マリア・レマルクの、『西部戦線異状なし』と題する第1次世界大戦の小説ですが、その結論はつぎのとおり。両大戦間の法による平和運動は本書で描写されている戦争での殺戮を防ごうとしたけれども、失敗した。なぜなら「民族の自己利益の順応性についての非現実的な想定があり、かつ法の実効性についての過信があったからである。」さてこの記述はとくに驚くほどのことではありません。そもそもジョーン・ヨーは、最近オバマ大統領が公表したブッシュ時代の拷問覚書の主たる執筆者だからです。この拷問覚書は拷問について再定義し、したがって戦時捕虜に関するジュネーブ条約はグアンタナモの収容者には適用されないと主張したからです。

　これら歴史的覚書で背景説明をおこなったので、われわれは、私が名づけた主題、すなわち「核軍縮と全面軍縮を目指す国際法上の義務」という主題にすすむことができます。核拡散防止条約の第6条は、つぎのように述べております。「各締約国は、核軍備競争の早期の停止および核軍備縮小撤廃に関する効果的な措置につき、ならびに厳重かつ効果的な国際管理の下における全面的かつ完全な軍縮に関する条約について、誠実に交渉を行うことを約束する。」第6条に記述されている2種類の軍備縮小撤廃、すなわち核軍縮と全面軍縮は、互いに依存しあう関係にはないということに注意しなければならない。核不拡散条約の名称には、全面的かつ完全な軍縮（GCDと略称）への言及がないし、またこの条約のあまたの条項が核軍縮の履行について言及していない。米合衆国は、さらに、記録によれば、核不拡散条約の交渉がなされた際に、全面的かつ完全な軍縮は核軍縮がなければ達成できないのに、全面的かつ完全な軍縮は核軍縮に先行すべき条件ではないと言明しました。

　第6条に全面的かつ完全な軍縮（の文言）があることは、事実上、もぐりであり、招かれざる客であります。にもかかわらず、それはそこに存在するし、またそれは、技術的な意味では、全面的かつ完全な軍縮にむけた誠実な交渉をする継続的な義務を意味します。もちろん、全面かつ完全な

軍縮を扱った多数の決議や勧告（たとえば、1961 年のマックロイ・ゾーリン協定）が存在しており、また個別の兵器（たとえば、化学兵器、生物兵器、地雷、過度に傷害を与える兵器）を扱ったいくつもの条約が存在します。しかしながら、偶然に持ち込まれたとしか思えない核不拡散条約第 6 条の文言だけが、全面的かつ完全な軍縮を条約上の義務だと創設した唯一のものです。事実、世界共同体は、1960 年代にこの概念についてちょっと戯れたあと、全面的かつ完全な軍縮には背を向けてきました。

核兵器に関しては、状況はまったく異なっています。というのも、それは誰もが推察できるように、有史以来発見された武器のなかでもっとも残虐でかつ破壊的な武器です。たとえば、核兵器のこうした諸側面を示す諸条約があります。核兵器の数量制限に関しては、戦略兵器削減条約（START）やモスクワ条約があり、地域については ペリンダバ条約〔アフリカ〕、ラロトンガ条約〔南太平洋〕、トラテロルコ条約〔ラテンアメリカ〕、宇宙条約、南極条約があります。

また、われわれには、国際司法裁判所が示した 1996 年の勧告的意見があります。そこにはつぎのような重要な判断がふくまれております。

> 核兵器の威嚇または使用は、武力紛争に適用される国際法とりわけ国際人道法の原則および規則の要件、ならびに、核兵器を明示的に扱っている条約その他の約束に基づく特定の義務と、両立するものでなければならない。（全員一致：105 項(2)D）

> 核兵器の威嚇または使用は、武力紛争に適用される国際法の規則、そしてとりわけ人道法の原則および規則に一般的に違反するであろう。……（しかしながら）裁判所は、国際法の現状および裁判所が利用しうる事実の諸要素から考えると、国家の存立そのものが危険にさらされている自衛の極端な状況において、核兵器の威嚇または使用が合法であるか違法であるかについて確定的に結論を下すことができない。（7 票対 7 票、所長の決定投票による：105 項(2)E）

> 厳重かつ効果的な国際管理の下において、あらゆる点での核軍縮に

導く交渉を誠実に遂行し、かつ完結させる義務が存在する。(全員一致：105項(2)F)

　この勧告的意見に対する批判は、一般的違法性という判断の例外をなす105項(2)Eにみられる極端な状況という言葉使いを指摘しています。だがこの批判は正当ではない。まず、問題の言葉使いは、いわゆる裁判不能（non liquet）である、すなわち例外があるかないかの決定において熟慮のうえで判断をしめさなかったのです。第2に、この105項(2)Eおよびこれに先行する105項(2)Dにあるように、「人道法の原則および規則」を強調していることは、例外の可能性を否定しています。この意見は、いわゆる司法積極主義者である判事グループが新たな法を創造した事例ではありません。この判断は、慣習および条約の両者に含まれた人道法の原則および規則に基礎を有したのであって、それは国連総会によるこの勧告的意見の要請に先立つことはるか以前から存在したものです。

　　人道法の基本原則は、基本的に以下のとおりであった。
　　文民の目標と軍事目標を区別できない兵器は決して使ってはならない。
　　戦闘員に不必要な苦痛を与えることは禁止される。
　　文民および戦闘員は、依然として、確立した慣習、人道の原則および公共の良心の命令から生ずる国際法の諸原則の保護および支配の下におかれる（マルテンス条項）。

　裁判所は、これらの原則を「侵すことのできないもの」と呼びましたし、かつまた、これらの原則は核兵器と「両立しえない」と述べました。このことは、ヒロシマおよびナガサキに投下された爆弾と比べてより小さな爆発力しかもたない兵器にあてはめてもなお真理でありましょう。今日現存している核兵器は往時のそれに比べるとはるかに破壊力をましていますが、そうした核兵器について、このことがいっそう真理だということを認識するためになんら想像力を発揮する必要はありません。

　何人かの批評家たちは、国際司法裁判所の勧告的意見は「単なる勧告に

すぎない」といって、これを退けようとしてきました。しかしこのことは、勧告的意見を示す権限をあたえられた世界最高の裁判所が判断をくだした国際法の有権的解釈の受け止め方としては奇妙なやりかたです。勧告的意見は、それ自体では、国連憲章第 94 条にもとづいて安全保障理事会がとる強制措置の根拠にはなりえないので、この意味で、拘束力がないかもしれません。にもかかわらず、勧告的意見は国際法の問題に関する有権的な解釈であることによって影響力があるのでありまして、それは安全保障理事会の決議の基礎となりえますし、またその決議違反については安保理事会が強制行動を行うことがありえます。もちろん、些細な問題点はあります。安全保障理事会の決議は、5 つの常任理事国のうちいずれかの国によって拒否権が発動されることがありえます。まさにニカラグア事件で、米合衆国がそうしました。ですから、具体的訴訟での国際司法裁判所による決定は、勧告的意見とくらべて必ずしも拘束力がつよくないのです。したがって、勧告的意見は、その内容を遵法するように求める安全保障理事会決議による媒介的措置によって拘束力をもちうるのです。

　要約すると次のようにいえます。総体としての核軍備縮小撤廃を追求するため誠実に交渉する義務、すなわちすべての国家に課された義務は、疑問の余地がなくかつ侵すことができません。しかしながらその義務履行の強制は「5 大国」のうちの 1 国または複数国の拒否権によって、または単になにもしないことによって、妨げられています。

　この問題の厳密に法的な諸側面については、ここまでにしておきましょう。しかしながら、政治生活の事実はといえば、こうです。政治家の話には、それをたぶんに粉飾している「法の支配」への絶え間ない服従が宣言されておりますのに、実定法はそれ自体では、それが反映している価値やそれが宣言している特別の目標を確保する能力がないのです。ですから、必要なのは、核兵器を「ゼロにする」こと、反核の世界指標をあるがままに受け取ること、こうしたことを目指す政治的意志を検証することであります。

　これにかんして言えば、最近のニュースすべてが悪いわけではありませ

ん。2007年1月、『ウォール・ストリート・ジャーナル』紙上のあの論文、すなわち共和党政権の2人の元国務長官歴任者と高齢な2人の民主党政治家とが、核兵器のない世界を実現しようと呼びかけた論文、これが公表されて以来、少なくとも米合衆国では、リベラル派と進歩派だけの課題ではなく、政治戦線を超絶した課題として核廃絶について語ることができるようになりました。それ以降、著名度には多少の違いがあるとしても数百人の人々が、政治の諸領域のあらゆるところから、「核の全廃をもとめる」呼びかけに署名しました。これに似た呼びかけは、地球の数多くの箇所からなされました。常に核兵器のない世界を求めてきた非核兵器国からばかりでなく、それ以外の核兵器国や「核の傘」の下にある諸国からも、さらに国際連合の事務総長や国連総会の現在の議長からも、なされました。これに加えて、オバマ大統領のプラハ演説がなされまして、そこで彼は核兵器のない世界を目指すという公約を確認しました。こうして核兵器廃絶をめぐる風向きは近年かなり変わったといっていいでしょう。この公約はまた、NPT再検討会議の準備委員会に参加した34カ国すべてによって確認されました。この準備委員会は5月4日から15日までニューヨークにある国連で開催されまして、5年目ごとに開催されるNPT再検討会議の議題を準備しました。次のNPT再検討会議は来年5月5日から28日まで〔のち5月3日からの4週間に変更された〕、再びニューヨークで開催されます。2009年準備委員会の雰囲気は2005年再検討会議の雰囲気とはきわめて対照的でして、2005年再検討会議はブッシュ政権によってうまく妨害されてしまい、2000年再検討会議の到達点を撤回させるためにだけ成果をあげました。もしこれを成果とよぶことができるならば、という留保つきですけれども。今回オバマ大統領は2009年準備委員会にメッセージを送って、核兵器のない世界を求める「具体的措置」をとると約束しました。マケイン上院議員でさえも6月3日米合衆国上院にたいして、「核兵器のない世界」と題する声明をだしました。しかしながら、ワシントンでいま準備中であって、今年10月にはでることになっているという「核態勢見直し」の内容がどういうものになるか、みまもることになります。

　これらすべてが市民社会にたいする重大な挑戦です。冷戦期には、核に

よる大虐殺の危険は真剣にうけとめられました。書籍や映画、示威行動があって、核兵器を取り除くことは、数年間、公的関心の頂点あるいはそれに近いところにありました。しかしこれらすべての大衆行動が達成したのは、一定のレベルまで核兵器の数を凍結することでしたが、しかしその数は世界の男、女、子どもをみな、いくども殺戮するのに十分なレベルにあったのです。今日では、逆説的に、公衆の過半数以上が核兵器が役立たずであり、しかも抑止は欺瞞にすぎないと理解していますが、しかしこの問題について何かしようという意欲をもった人々の数は以前よりも少なくなっています。多くの反核論者が唱える念仏言葉は「1000 発まで減らせ」ですし、またこの数は今年末に期限が切れることになっている戦略兵器削減条約（START）の合意を更新するためなされる交渉で米合衆国とロシアによって合意されるかもしれません。あたかも、核兵器が現在の拡大抑止論に従って、米ロいずれかの国で使用されても、1000 発というのはものの数ではないかのようです。あたかも、ロシアおよび米合衆国の貯蔵庫に 1000 発を、またそれ以外の 6 つの核兵器国ではいずれも数百発を維持し続けても、北朝鮮およびイランを、そしていまは誰も知らない幾つもの国家を、自前の核兵器を製造するのでなく、製造しないように説得できるかのようです。

そこで、何をすべきか？　反核論議の大きなうねりはほとんどみな、一連の中期的措置を主張する形をとっている。そのなかのもっとも重要なのは、包括的核実験禁止条約（CTBT）の批准、兵器用核分裂性物質生産停止条約（FMCT）の交渉、戦略兵器削減条約 START の後継条約です。これらの措置は確かに重要ですが、しかし核兵器のない世界を生み出す真剣な努力の出発点では決してありえません。核兵器全廃条約についての討議を始める国際会議の開催が、その出発点であります。それこそ国連事務総長パン・ギムン国連事務総長が示唆したことだし、そしてまた市民社会が要求すべき事柄であります。

1000 発ではゼロが 2 つ多い。10 発にすることがわれわれの目標です。早ければ早いほどいい。機は熟しています。今こそ、その機会です。この

機会をのがしてはなりません。法はわれわれが機会を捉えるのを助けることができます。1961 年 9 月 25 日、国連総会でなされた J・F・ケネディの演説では、こういっています。「大衆を殲滅する時代の世界大戦をとるよりも、この自己決定の時代にあって、われわれは世界法を選択する。」

出典 Peter Weiss, "The International Law Obligation for Nuclear and General Disarmament". Berlin, June 26, 2009. On the Web at 〈 http://lcnp.org/pubs/IALANA2009/Berlin%20Talk%20PW2.pdf 〉.

オバマ大統領と核兵器のない世界：対談

デイビッド・クリーガー
リチャード・フォーク

クリーガー 前回核兵器問題を議論する目的でお会いしたのは、まだブッシュ政権の最後の年でした。私たちの対談では、核の破局的危機に直面していることに焦点を当てました。破滅に向かっているのか、それとも転換に向かっているのか、このことがじっくり話し合われました。現在ブッシュ政権は退場し、オバマ政権が取って代わっております。これまでオバマ大統領は、ブッシュ政権が遂行してきたものとは異なる基調にたち、またこれと異なる一連の目標を反映するいくつもの声明を発表してきました。本日あなたと探求したい問題は、つぎのとおりです。われわれは、オバマ政権により提案されている変革をどの程度まで真剣に受け止めるべきか。あなたは、これらの変革を破滅から転換への本格的な方向転換だとお考えですか。

フォーク 私の考えでは、いまは核兵器にかかわるさまざまな問題を考察するこれまでにない絶好の機会であり、また同時にきわめて込み入った、複雑な時期に差し掛かっております。オバマ大統領がこれまで示してきたこの種の修辞的リーダーシップ、特に4月5日のプラハでの演説を快く受け入れることが間違いなく適切であると、私は考えています。これが単なる修辞上のポーズではなく、大統領が演説で述べているように、核兵器のない世界という目標に向かって具体的な措置を講ずるための真摯な約束を表明したものだと期待しないわけにはいかない。しかし同時に現実的な目に見える結果について少なくとも私をいささか悲観的にさせる2つの別の要因も考慮すべきです。ひとつは、潜在的な核兵器国としてのイランとの絶えることのない確執でして、これは暗黙の前提、すなわち依然として一

部の国家が核兵器の保有を許され、他方その他の国家が保有を禁止されている世界がこれからも存在し続けるであろうということについての確執です。私の見方からすれば、（大統領演説が）完全に核兵器のない中東を求める呼びかけ、あるいは中東においてすでに存在している核兵器国を考慮した上での、イランとイスラエル両国に対する呼びかけ、これらと相俟っていれば、まったく次元の異なる確執となるであろうものなのです。しかし私の知る限り、そのような意向はまったく見られないのです。

　2つ目の懸念は、核兵器支配体制の官僚制の根っこが政府構造内に依然としてどの程度まで深く根付いているかということです。そして、当たらずとも遠からずという留保をつけていえるのは、この官僚制の根っこはオバマ大統領の修辞的発言をある程度踏まえた道を進んではいるものの、実際には世界の、特に合衆国の核兵器備蓄の維持・安定化に狙いを定めているということです。この意味で、これは一部の国家が核兵器を保有し、おそらく大きな危険が核兵器を保有しない国家から発生するという世界の地政学的な構造を維持することになるのです。核兵器の継続的な存在によってもたらされるこのような難関に関連して、これは基本的に受け入れることができない、支持できない世界秩序の概念だ、と考えております。

　クリーガー　あなたは重大な懸念を持ち出されました。これらの懸念を探求すべきだと思います。私は「2010年NPT再検討会議」の「2009年準備委員会」から帰ってきたばかりです。そこで私が気づいたことのひとつは、中東の多くの国家が、1995年に核不拡散条約（NPT）が無期限延長されたとき、同時に、NPTのすべての加盟国側に、中東の非核地帯化を目指して努力する誓約が存在していた、こういう事実に注目していたことです。これらの中東諸国は、かれらの見解では、条約の無期限延長は、中東の非核地帯化を含む、その時点でなされた別の約束の履行を条件としたものだ、と主張しております。だから私はこの問題は今後ますます注目を浴びる問題になるものと考えております。というのは、この地域には十指に余る国家が存在していて、自国で核エネルギー計画を追求したいと望んでおり、その遂行の際に支援を求めるようこれらの国家に指示しているNPT

第6条に言及しているからです。核兵器に関して中東地域は、依然として世界中できわめて不安定な地域のひとつです。

　私も次の点で、あなたの意見に賛成です。合衆国と世界の他の指導的な国家が、イスラエルの核兵器には触れることなく、他方イランの計画を凍結させようとすること、これは重大な問題であるという点です。オバマ大統領が率いる新政権が何を進めようとしているのかを解釈するひとつの方法は次のとおりです。大統領は修辞上は、合衆国が核兵器のない世界を求めているという印象を与えるのに相応しい発言をしているが、しかし実際にはどうかといえば、大統領は二重の基準でなく単一の基準を用いて、われわれが潜在的な敵対国あるいは友好国とみなしている国家に対処することに伴う困難な決断を下す、そういう覚悟がまだできていない、それどころか決断を下すまでにはほど遠い状態にあるということです。もしオバマ政権の目的が不拡散であるならば、それは次の場合にしか達成できないであろうことは明らかです。すなわち、二重の基準を排除して、合衆国と他の核兵器国が、妥当な期限内に核兵器のない世界へ実際に歩を進めるというNPT第6条の義務を真摯に遂行すること、このことを行動によって示すことです。

　フォーク　きわめて説得力のあるお話ですが、プラハの演説においてすら、私がこの演説から読み取れる限り、この二重の基準という問題に対する懸念のひとかけらも見当たらないのです。イスラエルの新首相が合衆国を訪問し、2国間の将来の関係にかかわる議論が行われたときにも、両首脳はイランとパレスチナについて語り合いましたが、進んで地域の非核地帯化という問題を持ち出そうという動きはありませんでした。また合衆国がイランに核兵器という選択肢を放棄するよう圧力を掛けることを望むのであれば、イスラエルの保有する核兵器についてなにか手を打つようイスラエルに対して圧力をかけるのでしょうが、そのような動きもありませんでした。地域の観点からすれば、イスラエルをイランより大きな脅威とみなすことはきわめて納得できることです。イスラエルは、これまでに数回にわたり隣接する国家を攻撃してきました。核兵器を引き続き保有し、1973

年戦争の際には、明らかに核攻撃の態勢を整えたこともありました。それにもかかわらず、核兵器の保有に関する限り、一種の暗黙の了解を与えられてきました。だからこそ、これは重要な問題であり、議会が明らかに取り上げたがらない、またマスコミがまったく議論の対象にしたがらない、ましてや二重の基準あるいは核兵器にかかわる査察からのイスラエルの免除という問題を強く求めることなどまったく念頭にない。したがってこのような厄介な問題を提起することは、われわれ市民社会の任務なのです。市民社会からする独立した発言が、これらの問題を効果的に取り上げない限り、他の場所で取り上げられることはまったくない、というのが私の見解です。

　クリーガー　私も同意見です。問題は、中東の非核地帯化とその地帯へのイスラエルの加盟を呼びかけるよう、オバマ大統領に要請すべきか。われわれの努力をこの点に集中すべきなのか。それともモスクワとの新しい戦略兵器削減条約交渉といったより大がかりな措置を講ずることにその努力が向けられるべきなのか、ということになります。合衆国とロシアは世界の核兵器の大半を保有しております。だからこそ、この分野での大幅な進展がこの時点で図られる可能性が大きいのではないかと考えられます。ブッシュ政権下での8年間、それ以外の問題が行き詰まり状態に置かれてきました。それには、包括的核実験禁止条約、核分裂性物質カットオフ条約、無防備な核物質を非国家過激分子がその掌中に収めることによる潜在的な脅威が含まれます。いくつかのより困難な問題へと進む前に、このような問題での大幅な進展を図る余裕が現在はあるように考えられます。中東の非核地帯化、ならびに北朝鮮、韓国、日本および中国にかかわる懸念に対応するための北東アジアの非核地帯化が、上記のより困難な問題の範疇に入るのではないかと考えております。現在の段階で、核兵器ゼロに向けて実際に歩を進める際に、どの問題にわれわれは集中すべきか、どの問題を後回しにできるのか、といったきわめて多くの現実的な問題が存在しております。少なくともブッシュ政権とクリントン政権の大半の時期にわれわれが直面していた状況と比較すれば、現在はある程度進展を図るための機運が見られるように考えられます。

フォーク　そうです。保守派が合衆国における安全保障政策を牛耳っていた時期に阻害されてきた核兵器削減と安定化、こういった方向への移行を支持する主張がなされるべきだと思います。しかし、こうした困難な問題は、上記の他の問題と平行して提起されない限り、今後決して提起されることはないだろうと確信しております。それに、中東はきわめて容易ならぬ状況にあり緊急に対応する必要に迫られており、またインド・パキスタン地域、中央・南アジアそしてあなたが言及された朝鮮半島も、かなり緊急に対応しなければならないものと考えております。

　次にとるべき措置に関する議論に必ず必要とされるひとつの観点は、上記のような紛争地域について話し合うことです。なぜなら、これらの地域が、深刻な破壊をもたらしかねない一触即発的な問題を突き付けているからです。パキスタンが過激派の指導者によって支配されるという可能性も否定できません。このような展開になれば、インドは極度にその神経を尖らせ、核兵器国間の最初の戦争が容易に勃発することさえ想像するに難くありません。だから私は、オバマ政権のこの初期の段階で、このような一般的な非核化措置が優先されるべきか否か、自分を納得させることができないでいます。このような措置が支持されるべきことは確かですが、しかしこの段階でこれらの措置だけに政治課題を独占させることは、戦術的にも戦略的にも誤りであるというのが私の見解です。

　クリーガー　プラハの演説でオバマ大統領は、核兵器のない世界への移行が重要だと述べておりますが、しかし切迫感をもってなされねばならないとは、実は表明しておりません。大統領は、次のような趣旨のことを述べております。「私は世間知らずではない。このためには長い年月が必要となるであろう。私の生きている間に実現できないかもしれない」。このような緊急性の欠如が、懸念の原因となっていることは確かです。それは、いまだに先の見えない未来のある時点まで終極の目標を引き延ばすことになるからです。この見解は、キッシンジャー、シュルツ、ペリー、ナン、その他の元政府高官が明確に述べている見解と、類似した見解でもあります。これらの元政府高官は、核兵器のない世界はすばらしいものではある

が、その言葉を借りれば、「山の頂上」を見ることはできないと考えているのです。

フォーク そのことついては、いささか同意しかねる点があります。オバマのプラハ演説に具体的に表明された将来を展望したアプローチと、キッシンジャー、シュルツ、ペリーおよびナンの提唱にみられる核兵器の地位に関するきわめて現実主義者的な評価との間には、違いがあると考えます。皮肉なことに、かれらの場合には、現段階での核兵器廃絶（の提唱）を合衆国にとって利益になるものとみなしています。核兵器の拡散は、現行の核不拡散体制では封じ込めることが不可能だと考え、心配しているのです。核兵器は第2次世界大戦以降アメリカの安全保障利益に役立ってきたが、さらに、核兵器が拡散することは、これまで核兵器が与えてきたすべての利益を無効にするであろうと考えているのです。そもそもキッシンジャーは、ソ連との対決状況のなかでの核兵器に関して言えば、合衆国の軍事的優越性への依存を擁護することを基盤とした政策顧問としてその経歴を始めました。かれは「限定的核戦争」という冷戦時の考え方を支持していたのです。私は、キッシンジャーがその世界観を変えたとは思っておりません。キッシンジャーは、現実主義者的な観点から、合衆国の軍事的優位性は、核兵器のない世界においても、現在より抑制されることは少ないと見て取ったのだと思います。

クリーガー それでは、核兵器のない世界においても、合衆国が脅威にさらされることは少ないことになりませんか？　核兵器がもたらす軍事力の不均衡が存在するからですね。

フォーク その通りです。

クリーガー キッシンジャーたちが現実主義者的な観点から、核軍縮を考察しているという点で、あなたの意見に賛成です。彼らの最大の懸念は、核兵器が結果的に過激派グループの手に落ちて、合衆国の都市の破壊をもたらし、国家に対して甚大な被害を与える可能性があることだと思います。

フォーク 米国以外の他の多くの国家が核兵器を獲得することを目撃し

たくないと願っているが故に、彼らは拡散について心配しております。それは、合衆国が海外の利益を追求する際に、特に軍事介入が伴う場合、これまで以上に慎重にならざるを得なくなるからです。だから、攻撃に対する脆弱性というのは部分的な側面に過ぎないのであって、さらなる拡散が起こった場合、危険にさらされる合衆国を有利な立場に置くことになる軍事力の不均衡という側面も合わせて持っているのです。

　クリーガー　それにしても、彼らが、これは比較的迅速に成し遂げられることだと明確に表明あるいは示唆している点が、どうにも理解に苦しむ点です。「平和市長会議」は、2020年までに核兵器のない世界の実現を求める計画を進めております。現時点においては、キッシンジャーのグループは、山の頂上へ到達するためのベースキャンプの設営について述べているに過ぎません。一定の時期までに目標を達成することに関しては一切述べておらず、何が必要となるのかを検討するためにさらに突っ込んでこの件を探求することすらしておりません。現状から核兵器ゼロに到達するための真剣な努力が重ねられるとしたら、元高級官僚たちの世界観か、あるいはオバマの世界観か、いずれに基づき努力が推進されるにしても、2つのことがどうしても必要になります。必要とされる2つのことは、まず修辞上の約束を越えて実際の行動に訴える政治的意志です。そして2つ目は、アメリカの指導力ということになります。アメリカが指導的役割を担わなければ、経済上の理由からやむなく核兵器への依存体制を変更することが有り得るとしても、それ以外の理由でロシアがその政策を変更する気配を示すことはあり得ないでしょう。その他の核兵器国も核兵器ゼロの方向に移行することを余儀なくされることもないでしょう。ですから、実際の出発点は、合衆国が、オバマの修辞的提案から、核兵器の数量（的削減）のみならず、どのように核兵器に対応すべきか、核兵器を戦略上の見地からどのようにみなすべきか、そして軍事的にどの程度まで核兵器に依存すべきか、こういった問題を含む現実的な措置へと移行すること、それがわれわれを核兵器のない世界へより近づけてくれることになると理解しているのですが。

フォーク　その通りです。あなたがご指摘の点は、当然指導者としての立場にある合衆国が支持するすべての措置と関連している動機づけ、これを評価するための優れた方法であることは間違いないと思います。合衆国が指導力を提供するという使命感を持っているのか否か、この点について私はそれほど確信しているわけではありません。廃絶という目標に向けての現実的な推進力としてもっとも成功する確率の高いお膳立ては、他の核兵器国が相互補完的な展開をすることではないか、と考えております。なぜなら、このような（相互補完的な）展開が、一種の勇気付けを新しく創出すること、それだけでなく、国際政治上合衆国に対してより強固な地盤をあたえるために、地球規模のチェスボード上で駒を動かすアメリカの一種の戦術、キッシンジャー流の手といったものではないか、そういう他の国家の疑念を晴らすことにもなるからなのです。したがって、私は米国以外の核兵器国を世界的な規模での非核化過程によりいっそうかかわらせることを、大いに強調したいと思うのです。たとえば、オバマのプラハ演説にある意味で応答する他国の指導者たちの演説を聞いて思いますのは、いまよりも大規模に他国の市民社会の覚醒を促し、動員を図ることはすばらしいということです。それは今が絶好の機会だ、正真正銘の機会だということを理解させることに役立ちます。市民社会の雰囲気が、私の見る限り、合衆国においてすら、依然として消極的なのですが、そうであるかぎり、核兵器ゼロに向けての大幅な進展は見込み薄だと考えられます。（もっとも）安定化、管理、核兵器の偶発的な使用の危険性の低減、あるいはおそらく核兵器を非国家行為者に対してより安全にすること、そして基本的に管理政策上のイニシアチブに向けてのある程度の進展、こういったことは見られるでしょう。

　下から上に突き上げる運動がなければ、上意下達の政府機構に深く根付いている核兵器体制に挑戦することなど有り得ないと、私は強く信じております。オバマ大統領の政治姿勢は、圧力に対応するひとつの姿勢にほかならないのでありまして、大統領が社会内部の力関係だとみなしているもの、そこから一歩踏み出すため自ら進んで政治的に大きな危険を冒すとい

った姿勢ではありません。重要な公職の任命、経済危機への対応の仕方、パレスチナ・イスラエル紛争に対する対応の仕方を含めて、大統領がこれまでにやってきたすべての事柄において、このような姿勢を示してきたと思います。これらすべての分野において、大統領は、その発言は別ですが、きわめて危険度の低い、レベルの低い戦略を採用しているのです。

クリーガー あなたのご意見から次のような重要な問題が生ずることになります。この問題についておっしゃっているような市民運動を巻き起こす可能性があるか否かという問題です。言うまでもなく、これこそが「核時代平和財団」(the Nuclear Age Peace Foundation) が存在している理由であり、われわれはこのような運動を創出するために 27 年間努力を積み重ねており、さらなる努力を続けております。オバマの発言が幾分われわれの仕事を楽にしてくれたと感じております。それは、この発言が人々になんらかの希望が生ずるかもしれない可能性に気付かせてくれたからです。ブッシュ時代にも、また程度の差はあるもののその前のクリントン時代にも、われわれは絶望に向かって傾く天秤に乗っていました。絶望に向かって変化しているとき、人々を活動に巻き込むことはきわめて困難です。オバマの発言のおかげで、われわれは下から上に突き上げる運動を構築する、より良い機会に恵まれたことになります。しかし、ご存知のように、人々を直接核問題と対峙させること、人々が核問題に対して効果的な発言力を行使できるのだと信じさせること、これは困難な課題でもあります。ほぼ 30 年にわたりこの種の問題にかかわってきたわれわれのような市民グループですら、政策に対して強力な影響力を行使できるのだと確信することは、それほど易しいことではありません。なぜなら、ひとつには、あなたが前に触れられたように、確立した官僚機構と関連する理由が存在するのでして、それはこの問題に介入し、核兵器の維持について、支配的とまでは言えないにしても、少なくともある程度の優越性を確保しようと求めている機構の問題です。

フォーク その通りだと思います。困難でしょうが、その困難さを乗り越えない限り、われわれは希望的観測という狂熱に対して自らを防御しな

ければならなくなります。なぜなら、この種の問題については、社会内部に意見を修正しようとする必要かつ十分な雰囲気が存在しない限り、意味のある変革を成し遂げることはきわめて困難だからです。あなたのご指摘のように、ある程度まですでにこのような雰囲気はかもし出されておりますが、達成までの道程はまだはるか先まで続いていると思います。これは現段階では一般市民の重要な検討課題ではないのです。より直接的で、差し迫った問題だと思われるその他の問題が存在するのです。過去において、核問題が短い期間でしたが注目を浴びたとき、その注目が顕著であった理由は、結局希望ではなく恐怖から生じたものでした。政治上の中心人物の希望が、変化の基盤としてどの程度強力であるのか、私には分かりません。また懸念を明確に示すものの、多くの場合変化をもたらす行動につながることのない恐怖についても、よく分かりません。いつ、どこで変化が起こり、いつ、どこで変化が実際に起こらないかを考えたとき、(それは)ある種の特筆すべき市民社会の動員に大きく左右されるのではないか、つまり、政府に圧力を掛け、責任ある立場にある政府高官のこの種の問題に対する理解と解釈の仕方、さまざまな政策上の選択肢の政治的な成果に対する検討方法を変更させることができるものではないか、と考えられます。

クリーガー 一般の人は、(核支配体制に下から挑戦することは)自ら推し進めるべき自己利益の問題であることを理解することが必要です。しかし、この問題が複雑であることが、一般のアメリカ市民と他の国家の一般市民にとって、核兵器について何が自分たちの利益に適うのか、これに関して情報に基づく決定を下すことを間違いなくきわめて困難なものにしていると思います。重要な心理学上の問題が登場してきます。ひとつは、長期間存続しているのですが、核兵器が実際に人々を保護しているという誤った感覚です。核兵器が実際には自分たちを保護していないことを人々が理解するためには一歩立ち止まって考えねばならない、それほどに(この感覚は)、核兵器にかかわる官僚機構によりきわめて巧妙に売り込まれてきたものです。実際には、核兵器を保有する国家にたまたま居住している場合には、核兵器は自らとその家族を核反撃にさらすことになるのです。コインの裏面では、オバマのような人物が訪れて、核兵器のない世界へ移行し

たい、それがアメリカ人と世界の人々の利益に深くかかわるのだと言ったら、核兵器は自らの利益に適うものでないことをすでに薄々感じていた人々は、即座に態度を軟化させることでしょう。このような人々は、大統領がこの問題に気付き、それについて何か手を打つつもりだと言っているからには、この問題が適切に対応されているのだと理解してしまうのです。彼らは、われわれがこの問題に点検済みの印を押して、他の直接的かつ差し迫った問題、つまり経済や健康管理といった、より具体的な他の問題に進むことが許されるのだと考えてしまうのです。

フォーク そうです。おっしゃっていることは、この問題にかかわる課題と困難性を記述する優れた方法だと思います。われわれ自身がこの修辞的契機を現実の政治プロジェクトに変更させようと努力すること、これにかかわっていて、何がそれを成し遂げるための最良の方法であるのか、これを見出すよう挑戦されているのです。オバマ大統領の修辞的契機を、また形は異なるがキッシンジャーのグループによってわれわれに与えられたこの修辞的契機を、どのように受け止めるべきなのか、またこの契機を修辞以上のもの、すなわち核兵器の廃絶でもって締めくくることになる現実的過程を描く政治プロジェクトに（どのようにして）変えていくべきなのか。仮にこの政治プロジェクトが意味のあるものならば、なぜ遠い将来においてのみ達成可能なものとして扱われる必要があるのか、私が理解でき納得できる根拠はありません。仮に達成されるとしたら、人間の一世代の枠内という意味のある時系列の中で実現され得るものです。この政治プロジェクトによって、信頼可能な軍縮過程の検証、信頼の醸成、信用の構築、査察と検証のための国際機関の尊重および経験の積み重ねが可能となります。核兵器ゼロに対する約束がどれほど本気なものであるのか、これを検証するためのひとつの方法は、現状から抜け出し、望ましい状態へと移行する過程を見出し、具体化することです。核兵器ゼロがまったく抽象的な目標に止まる限り、この目標へ向けて講じられる小規模な措置については、たとえこれらの措置が安定化という観点からすればそれほど小規模なものと言えないにしても、疑問を抱かざるを得ないのです。政治指導者によって採択され、一般市民によく知られてきた核兵器ゼロのための有力な工程

表（ロードマップ）がなければ、われわれが政策に対して強力な影響力を行使できると確信することはそれほど容易なことではないのです。私は、このような小規模な措置が核兵器の廃絶の方向に、われわれを導いてくれるだろうとは考えておりません。

クリーガー 工程表は、国家が本気であるか否かを試すリトマス試験紙だと思います。核兵器のない世界を望んでいると言ったからには、論理的な次の段階は、現状からそこまでどのようにして到達するかを考え出すことになるはずです。このことは市民社会グループによって成し遂げられております。化学兵器および生物兵器を禁止する条約と類似する「モデル核兵器条約」を苦心して作り上げております。最近私自身の好奇心を満足させるために、時間枠に関する工程表を作ってみました。外端はきわめて緩やかな時間枠になっておりますが、おおよそ17年から多分20年になるのではないかと考えております。

しかし、同時に、適切な政治的意志と指導性をもってすれば、核兵器の廃絶は、いまより不正行為がはるかに少ない状態で、10年という時間の枠内で達成できるでしょう。いかなる国家の国民も、核兵器のない世界のほうがより安全だという理解に裏付けられた願望、核兵器ゼロへ移行したいという真摯な願望があれば、比較的早期に実現可能なのではないかと考えております。ある程度の調整が必要となるでしょう。また一部の国家が、結果的に最強の通常兵器を保有する国家によって威嚇されることのないように、国際システムを変更することについての議論が沸騰することでしょう。しかし、生きとし生けるものすべてとまでは言わないまでも文明の破壊を、核兵器が引き続き脅かすことのない国際システムを構築する、少なくともそういう結果に終わるものと考えます。そうした議論が、この政治プロジェクトを進めるための聡明な出発点であるように考えられます。

フォーク 私もそうだと思います。それでも「核時代平和財団」のような組織はどこにその重点を置くべきかという質問を投げかけたいと考えます。すなわち、主に全面核軍縮過程のための枠組と支援を進展させるべきなのか、それとも非核過程における初期の措置、それはうまくゆけば初期

の措置を経てさらに先へ進むことができるという推進感を醸成することになる初期的な措置ですが、これに対する支援を強化・奨励すべきなのかということです。核兵器ゼロという目標が単に修辞的なものに過ぎないのか、あるいは自ら進んで政治的に戦い取るものであるのか、このことを試す一種のテストを、オバマ大統領にたいして与えることになるなんらかのきわめて明確な指標が必要ではないかと私は感じております。私は支持されるべきものとしての工程表を重視しておりまして、合衆国が国策の手段として核兵器を使用する裁量権について、その早期かつ主に象徴的な意味での、その放棄を待ち望んでいますが、それはこのような理由からです。それはまた、合衆国による「先制不使用」の宣言が、オバマによる核軍備制限の復活、核軍縮の推進の主張についてのきわめて重要な確認になるであろうと私が感じている理由でもあります。さらに、「先制不使用」誓約は、合衆国が国策の手段として核兵器を使用するのではなく、工程表の最終地点に達するまで、究極的生き残りのため利用可能な状態にしておく手段として一時的に保持するに過ぎない、こういう確固たる約束をすれば、他の核兵器国がわれわれの陣営に参入するのを促すことになるでしょう。

クリーガー いかなる状況においても合衆国は、核攻撃に対する報復だけに限定して核兵器を使用することを公に約束する、言い換えれば先制使用しない政策を採択することになれば、核兵器の軍事的重要性を減らす方向に向けて実際上の指導力を明らかに示す、その重要な一歩となることでしょう。すべての国家の軍事政策で核兵器の重要性がひとたび十分に低減されれば、実際上の廃絶に向けた次の措置を講ずることは、より容易になるものと考えられます。現在、中国は「先制不使用」(No First Use) 政策を採用しておりまして、実際にこの政策は、核弾頭を運搬装置から取り外すことによって裏付けてられております。核兵器を使用するには、まず核弾頭を取り付けねばならない。中国は、いかなる状況においても、核兵器を先制使用することはないという確定的な政策を採択しているのです。インドも同様な声明を発表しております。したがって、9カ国の核兵器国のうち2カ国が、すでにこのような立場を採択しているのです。ある時点で、旧ソビエト連邦もこのような立場を採択しました。だが、合衆国が同様の

立場を採択することを拒否したため、また旧ソビエト連邦は通常軍事力を失いつつあったこともあり、「先制不使用」の誓約を撤回してしまいました。中国およびインドに組みして、「先制不使用」を宣言し、英国、フランス、イスラエルおよびパキスタンを含む米国の勢力下にある他の諸国に同様な立場を採択するよう促すことは、オバマ政権の指導力を示す重要な領域となるものと考えられます。工程表が間違いなく辿ることになる画期的な措置になるものと思います。

フォーク きわめて説得力に富む発言だけに、なぜこれまでにこの提案がなされなかったのか、どうしても質問しないわけにいかなくなりました。核兵器のない世界に心から精魂を傾けているのであれば、このような措置が当然講ぜられるべきだと主張することは道徳的、法的そして政治的観点から容易なはずです。さらに、1996年の国際司法裁判所の勧告的意見から判断しても同じことが言えます。また広島と長崎を思い起こし、核兵器を使用すること、あるいはその使用を検討・計画することが、人間の見地から何を意味することになるのかを考えれば、核兵器の役割に関するいかなる種類の道徳的熟慮から判断しても同じことになります。ですから、もしこのような宣言に向けて行動を起こすことを拒否し、あるいは行動に訴えられなかった場合、オバマ大統領が、意識的であれ無意識的であれ、展開したすべての発言は、事故によるあるいは偶発的な核兵器使用を回避する、または非国家行為者の手に核兵器が分散することを防止するという目的の下に、世界の核兵器保有の安定化を、実は図るための青写真だったのではないか、こういう疑念を必然的に招くことになります。そこに望ましい目標があることは疑いありませんが、それらの安定化策と核兵器廃絶のためのプロジェクトとを、混同してはならないのです。オバマ政権の実質的な約束は軍備制限からさらに一歩を進める軍縮だという表示がオバマ政権からなされるまでは、大統領の未来を見据えた発言に対するわれわれの情熱を強化するため圧力を掛け続けるべきです。

クリーガー オバマ大統領が先制使用政策の意味を必ずしも理解していない可能性もあります。先制不使用という問題は大統領のいかなる陳述に

も登場していない、このことから判断すると、おそらく先制使用の分野は大統領が本格的に取り組んだことのない領域なのかもしれません。オバマ政権は、ロシアとの2国間交渉、核不拡散条約の強化、無防備な核物質の集結そしてテロリストの核兵器獲得の防止、これらをより重視してきました。しかしオバマ大統領のような聡明な人物でさえ、先制使用を可能にする政策をとっていることがどのように重大なことを意味するのか、このことを十分に考察しなかった可能性が有り得ると考えられます。大統領は先制攻撃 (preemptive use) を可能にする政策が、誤った政策であることは理解するであろうと思いますが、先制使用 (first use) の意味を十分理解しているのかどうかについては一抹の不安が残ります。

フォーク 見落としと無知の問題であるならば、このような事態は、社会全体に対して、そして願わくはワシントンの指導者にたいして、より深い理解をするように反核活動家が伝えねばならない十分な根拠を与えることになります。すでに申しているように、これは、核兵器に対するオバマの新しいアプローチの唱導の背後にある真の意図がどのようなものなのか、これを試すきわめて良質なリトマス試験紙ではないかと考えております。「先制不使用」政策を容認することは、核兵器に関する過去のアメリカの政策からの決定的な離脱になるものと考えられます。そして他の核兵器国に対して、合衆国は、今後核兵器をその軍事計画の基盤にするつもりは一切ない、こういうきわめて強力な信号を発信することにもなるものと考えられます。合衆国が「先制不使用」政策を採択するまでは、敵対者の核兵器獲得を阻止する努力によって、また核兵器保有とさらなる開発に対する非難から友好国を保護する努力によって合衆国が何をもくろんでいるか、このことに関して曖昧な点が必然的に残されることになります。一見明白に、核不拡散という目標に反してインドが核兵器国に新規加入した、このことに対してあたかも褒美を与えているように思われるのですが、ではどのような意味があって核技術に関して積極的にインドと提携するのでしょうか。このような展開は、核兵器に関する限り、地政学的な外交政策手段はなお健在であり、それが健在である限り、合衆国が、いまだにその核兵器政策に対する過去のアプローチから決別あるいは断絶していないと

いうことを確認することになります。もしこれが実情であるとしたら、今は（オバマ政権の核政策にたいして）応援ではなく、警戒し批判すべき時だということになります。

クリーガー　あなたが触れられた事柄の大半は、特に合衆国が核物質と技術を周知の核兵器拡散国へ供給するという合衆国とインドとの協定は、主にブッシュ政権下で起きたことです。オバマ大統領がそれに追従する意図があるのか否か、それを判断するのは少々時期尚早ではないでしょうか。

「先制不使用」の政策をとること、これが核兵器のない世界への移行について合衆国が本気になっていることを世界に向け強力な信号として送ることになる、という点では意見が一致していると思います。さらに、もうひとつの信号は、合衆国がイスラエルの核兵器について沈黙を破り、中東の非核地帯化についてより前向きの姿勢を取ることだ、という点でも意見が一致していると考えます。

フォーク　私が重要と考える 3 つ目の点は、他国の政府と共同して、あるいは合衆国単独で、いずれか形でもいいのですが、核兵器のない世界へと導いてくれる過程の概要を描いた工程表を開発するという真摯な約束です。

クリーガー　ちょうどその点に触れようかと思っていたところです。オバマ大統領がプラハの演説において求めた行動のひとつが、「核保安国際サミット」(a Global Summit on Nuclear Security) でした。この国際サミットを呼びかけたとき、大統領の発言の核心は、合衆国が核テロの阻止を望んでいるということでした。仮にこの核保安地球サミットを拡大することができれば、真に価値のあるプロジェクトになるのではないでしょうか。合衆国は、9 カ国の核兵器国を含め、このような国際サミットのために必要とされる世界の諸国家を呼び集めるだけの召集力を持っております。これらの国家は、実際には、9 カ国の掌中にある既存の核兵器の規模、事故、拡散の可能性そして核兵器がもたらすすべての他の安全保障上の問題を含め、核兵器にかかわる安全保障上の問題をあらゆる側面から考えることが

可能となります。これには「先制不使用」といった核政策問題も含めることができるかもしれません。もし核保安国際サミットを拡大することができれば、適切な信頼醸成措置と不正行為に対する保証と相俟って、段階的、検証可能、非可逆的かつ透明性の高い核兵器の廃絶へと導いてくれる新しい条約にまで、われわれを到達させる工程表を開発する共同の努力を開始する場に、この会議を実際にかえることができるのではないかと考えられます。

フォーク 焦点が分散した場合には、このサミットからは何も生まれてこないだろうといった議論を展開することによって、この国際サミットをテロリスト問題に限定させるようとして、大きな圧力が掛けられるのではないか、こういう一抹の不安があります。(そこで、)これをめぐる議論のなかに、国連体制の役割を加えること、また可能であれば地域的な諸国家集団を加えること、さらに同時に自国の政府と関連して、市民社会のグループに何ができるのか、こうしたことを考察するのが重要だと考えます。冷戦末期の段階で生まれた重要な成果のひとつは、ヨーロッパにおいて国家という枠組を超えた平和運動が生まれたことでした。この運動は、東欧諸国で抵抗勢力が試みた政治活動に対して強力かつ建設的な影響力を持っており、しかも市民社会の動員を通して構築されたのです。それは、しばしば下からの緊張緩和と言い表されている一種の協力関係を樹立しましたが、一般市民の反体制の風潮が、抜本的な変革のために他のとりうべき機会を活用できる状況を創出しました。他のとりうべき機会の中でもっとも顕著なものとして登場したのが、ミハイル・ゴルバチョフ(Mikhail Gorbachev)統治下のソビエト連邦における新しい形のリーダーシップでした。まったく予想していなかった重大な変化が起こり始めたのです。核兵器廃絶運動が具体化していく条件を念頭に置いて、オバマ大統領が核兵器の役割に関する全体的な対話の中に差し挟んだ、この種の修辞上の提言(イニシアチブ)を強化するよう、努力する必要があります。

クリーガー 大統領の発言は、市民社会に対してひとつの焦点、以前には市民社会に存在しなかった焦点を与えてくれました。私が現在苦闘して

いる問題は、次のとおりです。われわれはどのような形でこの焦点を活用することができるのか。われわれはどの程度までこの発言を大統領側の真摯な約束として受け入れることができるのか。また、たとえ政権側の意図というよりはむしろそれが修辞であったとしても、どのようにして、このように掻き立てられた期待からオバマ政権は撤退することはできないと声を大にして主張することで奮起して、大統領の発言を支持するよう市民社会に協力を求めることができるのか、ということです。われわれは未だに、どのようにしてこの問題により多くの人々をかかわらせるよう、より効果的に促すことができるのかという問題、またどのようにしてこの問題の重大さとそれに関与する必要性に対して人々を覚醒させたらよいのか、こういった問題に直面しております。ある程度基本的なレベルでは、すでに大半の人々が、核兵器のない世界のほうが現状よりももっと良い状態になるであろうということには同意すると思います。問題は、どのようにして、この問題に対して自ら何がしかの手を打つように、これらの人々をかかわらせるかです。また、単に指導者に従うのではなく自らのペースで考えてこの問題に取り組ませるか、ということです。このためにはきわめて能動的な市民と真に機能している民主主義体制が必要となるでしょう。「核時代平和財団」は、民主主義は本来機能するものであり、もっとも良い状態であれば間違いなく機能するものだということ、また人々は自分自身にとって重要な問題には気が付くものであり、自らの利益に反する行動を必ずしもせず、自らの利益に適う形で行動する道を見出すものだ、こういうことを前提にして設立されたものです。われわれの任務は、引き続きより多くの人々の注意を喚起するとともに、核兵器のない世界はすべてのアメリカ人ばかりか世界の全人民の共通の利益であるという理念に対するより高い熱意を創出することではないかと思います。

　フォーク　まったくその通りだと思いますが、ただし次のことを認識しておく必要があります。民主主義がもっとも機能しない領域が国家安全保障政策にかかわる分野であること、このことは第2次世界大戦に端を発して、長年にわたる冷戦時代を経て強められ、さらに9・11後強化されてきたのですが、何十年にもわたり基本的に軍事国家であったことが民主主義

が功を奏しないことに拍車をかけている、ということです。このような状況下で、これまで目撃されてきたことは、世界で軍事力を行使することを最優先して組織されている政府機構が継続しているということです。もちろんずいぶん昔の話になりますが、アイゼンハワーは大統領辞任演説で、軍産複合体について警告を発しました。今から 50 年も前のことです。しかし現在でも、わが国の軍事予算は巨額でして、それは全世界の軍事予算の合計に匹敵するほどでありますから、これはきわめて異常なことではないかと考えられます。最近のゲーツ (Gates) 国防長官の発言を引用すれば、アメリカ海軍は、それに続く世界 13 カ国の海軍力を合わせたものよりも強力だとのことですが、このような不均衡な状態にあっても、さらにそれを強力にする必要があるという、これは異常なことだと言いたいのです。オバマのような指導者は、この巨大で反民主主義的な、軍事化された官僚機構と対峙していること、核兵器廃絶に組みするというオバマの提言を現実の政治プロジェクトにすると明確化した場合、この軍事体制からの敵意に満ちた反発をおそらく受けるであろうこと、これらのことを理解しておく必要があります。同時に、このような反発手段は、実はオバマの指導力と合衆国の指導力とを大幅に強化することになりますが、しかしまず間違いなく国家安全保障の官僚体制、その立場を擁護するマスコミおよび特定シンクタンク等のネットワークとの激しい葛藤を伴うことでしょう。この確立した軍国主義は、核兵器のない世界に至る道程に横たわるきわめて厄介な障害になっております。一般市民が正確な情報を与えられていないこと、というよりはむしろ抜本的な変更を望んでいないことは、隠れた、責任を負わない権力機構の問題なのです。漸進的な変化は受け入れられるが、抜本的な変革を求めることは、きわめて厄介な官僚側からの抵抗を必然的に招くことになるのです。

クリーガー オバマのプラハ演説直後にそのようないくつかの事例を目撃しております。オバマは空想にふけっている、核兵器のない世界に関するオバマの考え方は幻想に過ぎない、このような世界を達成する可能性は皆無である、自分たちが現実とみなしているものへ立ち戻る必要がある、こういう立場を取る多くの意見が出されております。この人たちが考えて

いる現実とは、わが国は抜きん出た軍事大国であり、そうあり続けるべきだ、核兵器はその優勢を保持するために必要不可欠だという前提に基づいております。しかし、オバマの修辞およびプラハ演説は、官僚エリートについてはいざ知らず、大多数のアメリカ人に受け入れられたものと考えられます。成功を収めるために、オバマがおそらくする必要があるのは、軍部にいる自分の立場の支持者たちの協力を求めることではないでしょうか。このことは可能であると考えられます。影響力ある特定の人物を知っているわけではありませんが、文民の官僚とは対照的に、軍部の指導者は、核兵器が合衆国国防の観点からして有用だと考える傾向にはないものと考えられます。

フォーク　はい。そうだといいですね。事態の成り行きを見守る必要がありますね。この種のより建設的な反応を引き出し、この種の修辞を更新することによってプラハでの修辞をどの程度深められるのか、またそれを履行する意図が本気だという証拠をどの程度示すことができるのか、見極める必要がある。この問題がオバマの政策課題に十分反映されるのか否か。われわれは過去にアメリカの指導者が、本気で核兵器の廃絶を話し合う善意の努力をしたことを思い起こす必要があります。ジミー・カーターはノートルダム (Notre Dame) での演説でそうしました。大統領就任の直後に、政権にある期間中に、核兵器を廃絶するための努力を毎日重ねるつもりだと述べている。しかし、国家安全保障機関からの反発がきわめて強力であった。そのため、カーターはこの課題を完全に放棄してしまい、まったく反対の方向へと進んでしまったのです。つまり、中東でソ連から挑発された場合に備えて、核兵器使用のほとんどまぎれもない威嚇であった大統領指令 59 を発したのです。これが冷戦期間中であったことは言うまでもありません。次に、レーガン、あのレーガンですら、レイキャビク会談で、彼とゴルバチョフが、戦略核兵器を完全に廃絶することに合意する直前まで達していたように思われるのに、レイキャビク会談後に反発を受ける羽目に陥ったのです。彼がワシントンに帰るやいなや、核兵器の役割と国家利益に対するその重要さについてはまったくの素人だと、民主・共和両党派によって激しく攻撃されたのです。ですから、われわれはまず、核兵器

ゼロが最優先の政策であるのか否か、次に『ウォール・ストリート・ジャーナル』や他の所から出る確実な反発が、十分脅威を感ずるようなものであるか否か、これを見極める必要があります。たとえ反発を受けても、オバマは核軍縮目標を明示的に放棄することはないでしょうが、しかしこれ以上核兵器体制に挑戦するつもりはないという意図を示唆することはありうることです。

クリーガー もうひとつの信号は、おそらく開始されたばかりの米ロ交渉から発信されるものとなるでしょう。2002 年ブッシュによって締結された最後の協定は、現在履行の途上にありますが、それぞれの配備済み戦略核兵器を、いずれの陣営においても 1700 から 2200 の範囲内に削減するという協定です。プーチンとブッシュの協定に基づけば、配備態勢を解除された戦略核兵器は、貯蔵されるか（この場合には、戦略核兵器の核心部分が貯蔵されることになる）、あるいは解体され破壊されるか、いずれかの選択が可能になっております。備蓄される核兵器の数量には一切制限がありません。ブッシュ・プーチン協定は、配備済み戦略核兵器のみをその対象にしており、したがって備蓄可能な数量に関してはまったく制限がありません。現在、ロシアの場合と同様に、米国でも若干数の核兵器が解体のため待機しておりますが、両国は備蓄戦略核兵器とみなされる一定数の他の核兵器も保有しております。数量計算の方法は、依然として未解決のままになっております。戦略、戦術および備蓄をすべてひっくるめてひとつの全体的な数量にすべきか、あるいは種類別の数量にすべきか、この点が未定の状態にあります。ブッシュの計画によれば、ひとつの上限（2200）が特定されていましたが、これは戦略核兵器のみを対象としたものだったのです。他の数量、たとえば核兵器の総数量については、特定されておらず、また知られておりません。このような数量は、計算の対象になっておりません。核兵器の数量計算は 1 種類にすべきだと思います。それぞれの国家に対して同じ計算方式が適用されるべきです。この計算方式には、備蓄と配備済みの核兵器の両方を含める必要があります。

フォーク そのことは、米国以外の核兵器国と関連して、たとえいかな

る種類の軍縮過程であれ、その信頼性（確保）にとって本質的に重要だと思われます。

　クリーガー　新規の交渉がどのような形で数量を扱うかについてはまだ不明ですし、合意されている現在の数量を実際に大幅に下回るものになるかどうかも不明です。次の納得できる措置は1000あるいはそれ以下まで削減することだと提案している人も多くいますが、オバマ政権については1500だと言及されているのを耳にしたことがあります。もしこの1500という数量であれば、最小限度の追加的な削減措置となるおそれがあります。より全体的な図式において、重要なのは数量ではなく、むしろ核兵器ゼロを達成するための政治的意志の表明であることを考えた場合、このような種類の漸進主義あるいは数量自体をどの程度重視すべきなのかよく分かりません。同時に、もし削減がそれほど大規模のものでないことが判明すれば、安定化に向けての努力を続けていて、アメリカの核支配の継続を望んでいる官僚が、おそらくオバマよりも核問題をその掌中に収めていることになり、私はこれを警告の信号だと受け止めるでしょう。

　フォーク　国家安全保障の政策分野では、永続的な官僚体制の強み、すなわち説明責任がなく、有力なマスコミとのネットワークをもつことを考えれば、どこまで指導力が通用するのかが必ず問題となります。だからこそ、可能な限り市民社会を動員することを通して、官僚体制に対する対抗可能な圧力を結集することが重要であると感じるのです。問題は、冷戦時に時折存在していたような実在する恐怖というものを欠いた状況で、この種の国家安全保障問題で市民社会を動員することが可能か否か、ということになります。アメリカあるいはヨーロッパの一般市民が、核戦争の兆しに極度におびえたとき、世論の動向は、非核の提案（イニシアチブ）と展望を支持する方向へと変化したのです。

　クリーガー　しかし、一般市民は、重要性のより低い目標のためにも動員されたことがありました。この前は、最小主義的な要求である核の凍結を目的に動員されたのです。核兵器の規模の拡大を単に阻止しようとするに過ぎないものでした。私が元気付けられていることのひとつは、市民社

会から一歩踏み出して元政策立案者たちが、そしてオバマ政権の場合には大統領の段階で、核兵器のない世界のことで、少なくも議論を進めており、あたかも本格的な可能性があるかのように話し合われていることです。あなたは、カーターとレーガンを取り上げ、彼らの大統領在職中のある時点で核兵器のない世界を本気で考えていたと述べられました。どちらの場合も、大統領は本気でそう望んでいましたが、2人を取り巻く顧問たちと官僚制に妨害されたのです。いまの時点での情報に基づく推察をしなければならないとしたら、オバマを取り巻く顧問たちと官僚制によって、核兵器のない世界への移行でのオバマの自由裁量を制約するため、本格的な試みがなされただろうということになります。

フォーク オバマの演説は、たとえば、プラハではなく、陸軍士官学校(ウエスト・ポイント)の卒業式あるいは合衆国内でなされていたとしたら、より大きな反響を呼んだと思いますか。

クリーガー 的を射た質問ですね。オバマはこの問題を国際的な問題とみなしたため、プラハを選択したものと考えられます。世界中の人々からの反響を得られる問題とみなしていたと考えます。しかし、たとえば、オバマが空軍士官学校で演説をしていたとしたら、演説と核兵器廃絶に対するオバマの表明された願望は国内でより高い注目を浴びていたことでしょう。士官学校生も演説に好意的に応えたのではないかと思います。

フォーク 空軍士官学校での演説なら、きわめて建設的なものになっていたことでしょう。反核活動家の目標のひとつは、ある種の追加演説が、合衆国内で、出来ることなら国家安全保障関連の場所で行われるよう促すことだ、こういう示唆をすることになりませんか。このような企ては、世界の世論向けの修辞的なアピールから一歩踏み出し、その意図が本物であることを伝えることになるのではないでしょうか。オバマはそうなるだろうと思っておりますが、われわれには単にアメリカの国益の擁護者であるばかりでなく国際的な公益に献身している大統領が存在していると信ずる、より確かな根拠を示すことにもなるでしょう。

クリーガー　交渉者たちが現在米ロ会談について調整しております。したがって、オバマ大統領がこれらの交渉について一般市民に話す必要が出てくるでしょう。達成された進展とこれらの交渉により新しい条約が達成されるのを見届けたいと望んでいることを一般市民に訴える際に、オバマはこの機会を利用して、この会談は核兵器のない世界へ向けての一歩であり、ほんの一歩にしか過ぎないことを改めて表明することが可能です。長年にわたり交渉らしき交渉のなかった後の交渉と同じように重要なことは、わが国の人々が、この進展を核兵器ゼロへ向かう途上の単なる次の一歩であるとみなす必要があります。私は大統領がそう表明するのを目撃したいと思いますし、士官学校生の前でもそう表明するのを見たいものだと願っております。空軍士官学校ほど大統領に適した聴衆を他に考えることができません。

　フォーク　多かれ少なかれ空軍士官学校に匹敵するようないくつかの場所がありますが、合衆国内、特に安全保障関連の場所で表明することが、これがオバマの大統領としての正真正銘かつ主要な約束であることをきわめて明確に表明することになるのでないかと思います。

　クリーガー　合衆国における軍国主義をより幅広く考察するために対話を深めるとき、核兵器と現在アフガニスタンで進行中の兵員増強とはどのような関係にあるのかを問う必要があります。さらなる考察と探求が必要だと考えます。さらなる考察と探求が必要なもうひとつの問題は、核不拡散条約に組み込まれております。それはいわゆる平和利用の核技術、特に原子力発電所を世界中に拡張する際の援助の約束です。ここに浮上してくる問題は、次のとおりです。この援助の約束が実際に核兵器ゼロへの移行と両立するのか否か、原子力発電所から生ずる核兵器拡散の危険性がきわめて低い状態を維持しながら、核兵器ゼロへの移行は可能だ、このように諸国が安心できるように核分裂性物質を十分に管理する、実行可能な監視の手段があるか否かということです。

　フォーク　このことを納得できる形で行うためには、まず対等な国家を

対等に扱うことが必要なのではないか。言い換えれば、一部の旧核兵器国の核分裂性物質を核兵器に転換する能力を保持しつつ、一方でそれ以外の国家は完全な核燃料サイクルを開発する権利がないと主張することは支持できないということです。

クリーガー　核兵器廃絶に関連するこのような主要な地球規模の問題について結果を出そうとすれば、二重の基準が、国際システムから廃棄されねばならないことは規定の事実であると考えます。

フォーク　しかし二重の基準は、核時代の体制に深く根付いております。

クリーガー　核エネルギーに関するさらに重大な問題は、世界の数多くの国家が核エネルギー開発を進めたいという根強い願望をもっていることではないかと思います。これはひとつには、これらの国家は核エネルギー開発が高度な技術的成果を証明することになると信じているからです。原子力が比較的低コストで国家のエネルギー需要を満たすことができるという、単なる宣伝用の主張を受け入れているのです。これが核エネルギーについての正しい理解だとは私は考えておりませんが、広く受け入れられているのです。2009年のNPT再検討会議準備委員会に出席していたとき、核エネルギー技術の拡散という考え方を公然と非難する国家は皆無でしたし、また大半の国家が依然として熱狂的にこのような考え方を受け入れていました。

フォーク　価格の上昇を伴う石油の締め付けと供給不足の予測があり、これが太陽エネルギーおよび風力エネルギーの寄与度に対する疑念と相俟って、核エネルギーに対する反対論を勝ち目のない戦いにしているのだと思います。あなたが核エネルギー能力の拡散を阻止することは不可能だと、私は考えております。なしうることは、軍事開発のための転用をさらに困難にするための、安全確保と監視をする巨大機構をつくること強く主張することです。このことですら、核兵器国による相互非核化への移行がなければ、達成は難しいでしょう。

クリーガー　高濃縮ウランの生産と使用を無条件に中止し、高濃縮ウラ

ンの現存する貯蔵を原子力発電所用の低濃縮ウランに転換すること、国際チャレンジ査察を伴う保全機構（セイフガード）を設立すること、そしてプルトニウムのあらゆる再処理を含む、すべての核分裂性物質を管理すること、こうした必要があります。これは大掛かりな企てになるものと考えられます。核兵器のない世界を達成するという取組を現在よりはるかに難しいものにするおそれがあります。

フォーク 途方もなく困難でしょう。他国に強要したいと考えているものと同種類の規制基準を合衆国のような国家に受け入れさせることは、きわめて難しいでしょう。相互性の原則が作動しなければ、なんら有意義なことは達成できないでしょう。

クリーガー このような二重の基準には、われわれは完全に慣れております。オバマに再び立ち戻りますが、オバマは善良なパパであり、こういった意味で二重の基準についてはある程度理解しているに違いありません。オバマが基本的なレベルで二重の基準を理解しているとすれば、おそらく国際政治にそのことを適用できるのではないでしょうか。

フォーク オバマは公平と公正というレベルで理解しているかもしれませんが、彼はパワーゲームには熟練した人物でもあります。平和団体からの十分に強力な反対圧力を感じない限り、彼は自分が指導者として功を奏することのできる唯一の方法は、この二重構造、すなわち二重の基準構造に従うことだという結論を下す可能性もあります。この二重の基準構造は、何世紀にもわたり、特に核クラブの構成国がこのような最高の地政学上の地位の象徴（ステータス・シンボル）として影響力を及ぼしてきた核時代において、国際政治で取られてきたやりかたにきわめて深く根付いております。

クリーガー 私は、建設的な雰囲気でこの対話を締めくくりたいと思います。オバマの陳述が単に修辞的なものにすぎないと判明しても、私はそう考えておりませんが、彼が市民社会の期待感を高揚し、市民社会を元気付けて、何十年もの間われわれが体験してきた機会、とりわけ核兵器時代

を終焉させるいかなる機会と比べて、いま、大きな機会が訪れていると確信させました。この期待感が、これまでにも増して大規模な一般市民の支持に変わり、またオバマ政権側では逆戻りできないと判明する行動指針に転化することを希望します。

出典　David Krieger and Richard Falk, President Obama and a Nuclear Weapons-Free World: A Dialogue, Peace & Conflict Review（UN University for Peace）, Volume 4, Issue 1, Fall 2009, pp. 59-72

第2部

核兵器の全面的廃絶に導く誠実な交渉
国際司法裁判所に対する勧告的意見の要請

核兵器の全面的廃絶に導く誠実な交渉
国際司法裁判所に対する勧告的意見の要請
法的覚書

序文
謝辞
第Ⅰ部　導入と背景
　　第1章　なぜ再び国際司法裁判所に問い直すのか？
　　第2章　国際司法裁判所における勧告的意見の手続
　　第3章　1996年7月8日のICJの勧告的意見
　　第4章　ICJの勧告的意見と核不拡散条約
第Ⅱ部　現在の議論
　　第5章　第6条の実施に関する異なる立場
　　第6章　核兵器条約
第Ⅲ部　ICJへの再質問
　　第7章　信義誠実の義務
　　第8章　ICJに質すべき法律問題
付録1　提案されている国連総会決議
付録2　1996年7月8日の勧告的意見（NPT第6条関連部分の抜粋）
付録3　2000年再検討会議最終文書における13項目の措置

序　文

　万一戦争において核兵器がふたたび使用された場合、広島や長崎のような報復能力のない格好の目標に対する使用とは似ても似つかぬものとなるであろう。

　核兵器が拡散しているので、新たな核兵器の使用は、ヒロシマとナガサ

キが、戦争により引き起こされたそれ以前のすべての被害や破壊を卑小な存在に化したように、ヒロシマとナガサキを卑小な存在に化すような（きわめて大）規模の被害と破壊をもたらす一連の核交戦の口火を切るものとなるであろう。国際司法裁判所 (ICJ) が、1996 年 7 月 8 日の核兵器による威嚇または核兵器の使用の合法性に関する勧告的意見において全員一致で明確に指摘したように、空間と時間のいずれにおいても封じ込めることが不可能なこの兵器は、すべての文明と地球の全生態系を破壊する潜在能力を有しているのである[1]。

それゆえに、核兵器の全面的廃絶の結果、はじめて生ずる、このような可能性の排除ほど急を要する使命はあり得ないのである。世界の最高の裁判所の全員一致の宣言は、この目標に達するまでの道筋を明らかに示している。これは、全人類の未来の上に不気味に立ち込めているこの脅威の廃絶のためにわれわれが保持するもっとも強力な手段のひとつである。

この手段を自由に駆使することにより、単に道徳上の義務であるばかりでなく法的な義務でもある、この兵器の全面廃絶に協調的かつ前向きに近づくことができるのである。

この勧告的意見に明確に述べられている重要な法的義務をあらゆる点で遵守することはとりわけ重要であり、それゆえに、ここで述べられたことの解釈あるいは適用については、いささかの不明確さも存在してはならないこともきわめて重要なのである。

国際法学できわめて明確に述べられている結論からして、すべての専門分野およびすべての国家による、あらゆるレベルでのこの危険要因の排除のための緊急な行動が求められる。この勧告的意見の実施は、申渡し以降、毎年国連総会が、厳重かつ効果的な国際管理の下におけるあらゆる点での核軍縮に導く交渉を誠実に遂行し、かつ完成させるという、裁判所が定式化した義務に注意を注いできたように、国際関心事項なのである。

ICJ は、何世紀も経て国際法に融合したきわめて古い時代の原則を述べたのである。3000 年も前に、古代の法制度は、高度に破壊的とされてい

る兵器の使用を強制的に非合法化していたのである[2]。何世紀にもわたり、世界の文化と文明は、戦争において文民と戦闘員とを区別できない兵器、ならびに残虐かつ不必要な苦痛を引き起こす兵器の使用を禁止してきたのである。

あらゆる点での核軍縮に導く交渉を誠実に遂行するというこの義務のいかなる側面についても、いささかの疑いが存在することも、あるいは存在し続けることも許されてはならないのである。すべての核兵器国および国家に課せられるべきものとして、ICJ により詳細に述べられている国際法および信義誠実の原則に関するもっとも重要な義務は、どのような形であれ、弱められたり、緩和されたりすることは、あくまでできないのである。すべての国際義務および条約を支えているこの根本的な原則を、どのような形であれ、明確にすることは、裁判所により示された行動方針の遂行という軌道にすべての関係国を乗せることに資することになるであろう。

裁判所がこの義務をきわめて明確に定式化してから 10 年以上が経過している。しかし、引き続き核兵器を開発し、その備蓄を維持するという積極的な意向を目撃しているのである。さらに、いたるところに核の危険が拡散していることも目撃しているのである。このような拡散により、日毎に核兵器が、どこかで誰かに使用されるかもしれない危険性が高まっているのである。現代の通信技術が原因で、核兵器の組み立てに必要な技術がより容易に入手可能になったことを含む、増大の一途をたどる多くの危険要因を詳細に述べることは可能である。これら危険要因のすべては、厳重かつ効果的な国際管理の下における核軍縮をもたらすための協調的な地球規模での共同の努力によって初めて克服可能となるのである。

国際および国家の最高レベルでの最近の発言は、全面的廃絶という目標が幻想ではなくて手の届くところまできているという世界的な期待感を高めている。これらの発言の中に、パン・ギムン（潘基文）国連事務総長により 2008 年 10 月に発表された軍縮の進展を図るための 5 項目提案[3]、2009 年 4 月 5 日のプラハでの「核兵器のない世界の平和と安全保障を追求するアメリカの確約」に関するオバマ合衆国大統領のはっきりとした声明[4] が

含まれている。

　核のない世界という目標が完全に達成可能だという事実にからして、裁判所により描かれている道筋を細心の注意を払って進まねばならないことが、よりいっそう必要になってきたのである。2010年の核不拡散条約再検討会議は、この目標を追求するまたとない機会を提供しているのである。

　核不拡散条約の第6条、同条約締約国による2000年の再検討会議で合意された第6条を履行するための13項目の措置、およびICJの勧告的意見は、信義誠実という概念を伴っている。現在進行している核軍備の近代化は、全面的核軍縮に向けての誠実な交渉の必要性と重要性を浮き彫りにしている。

　この『法的覚書』に含まれている決議案および準備に注ぎ込まれた徹底的な研究・調査は、もっとも念入りな研究と注目に値するものである。

C・G・ウィーラマントリー判事
国際反核法律家協会会長
2009年4月30日

謝　辞

　この法的覚書は、国際反核法律家協会（International Association of Lawyers Against Nuclear Arms; IALANA）とハーバード・ロー・スクールにおける人権プログラムの国際人権クリニックとの共同プロジェクトの成果である。IALANA 会長であり国際司法裁判所（ICJ）元次長であるクリストファー・G・ウィーラマントリー判事に序文を寄せていただいた。

　IALANA からは、フォン・ヴァン・デン・ビーセン（Phon van den Biesen）とジョン・バロース（John Burroughs）が編著者として参加した。ヴァン・デン・ビーセンはアムステルダムで活動する国際経験豊かな弁護士であり、IALANA の副会長（元事務局長）である。バロースは、ニューヨークに本部を置き、IALANA の国連窓口でもある、核政策法律家委員会（Lawyers Committee on Nuclear Policy）の執行理事である。

　国際人権クリニックからは、ボニー・ドチャーティ（Bonnie Docherty）法学担当講師（クリニック指導員）が編著者として参加した。クリニックの学生であるウラディスラフ・ラノヴォイ（Vladyslav Lanovoy）、ジョバンニ・メジャ（Giovanni Mejia）、およびアン・シダーズ（Anne Siders）もまた著者である。

　IALANA 側からの意見は、ピーター・ワイス（Peter Weiss、IALANA 副会長であり元会長）、ピーター・ベッカー（Peter Becker、IALANA 事務局長）、ディーター・ダイスロート（Dieter Deiseroth、IALANA ドイツ支部の学術評議会員）およびアラン・ウェア（Alyn Ware、ニュージーランド、ウェリントンにある IALANA 太平洋事務所所長）から寄せられた。国際人権クリニック側からタイラー・ジャンニーニ（Tyler Giannini、クリニック所長で法学担当講師）が、詳細な論評を寄せた。

　ハーバード・ロー・スクールの人権担当弁護士リー・ベイカー（Lee Baker）とエミリー・イノウエ（Emily Inouye）は、注、構成、様式について作業した。人権プログラムの連絡担当局長マイケル・ジョーンズ（Michael Jones）は表紙とレイアウトを担当した。人権プログラムのプログラム・アシスタントのアニー・バーンドソン（Annie Berndtson）はレイアウト作業を補助した。

　本書印刷についてはプラネットフード基金から財政援助を得た。IALANA はここに記して深く感謝の意を表する。

第Ⅰ部　導入と背景

第1章　なぜ再び国際司法裁判所に問い直すのか？

　国際司法裁判所（ICJ）は、1996年に、核兵器がもたらす危険性を克服する鍵は誠実に軍縮を交渉する法的義務にあると判断した。このICJの判示にもかかわらず、10年以上もの間、諸国によるこの義務の履行はほとんど進展していない。また、要求されている行動の内容についても、諸国の間には強い反対意見がある。この進展がないことに気づき、事態の緊急性を強調して、核兵器のない世界を達成する努力を再び開始するよう求める各国高官たちの主張もある。いまICJに再び問い直し、軍縮という大事業のための指針を獲得し、この法的義務が効果的に実施されることを確保するときである。

　1996年7月8日の勧告的意見において、ICJは全員一致で次のように結論した。「厳重かつ効果的な国際管理の下におけるあらゆる点での核軍縮に導く交渉を誠実に遂行し、かつ完結させる義務が存在する」[5]と。ICJは、主に、核兵器の不拡散に関する条約（NPT）第6条を解釈しており[6]、この条文は各締約国に対して、「核軍備競争の早期の停止および核軍備の縮小に関する効果的な措置につき、ならびに厳重かつ効果的な国際管理の下における全面的かつ完全な軍備縮小に関する条約について、誠実に交渉する」ことを義務づけている[7]。

　10年以上を経ても、核兵器保有国は、NPT当事国であれ非当事国であれ、核戦力を永久に維持することを計画してその準備をしており、軍縮交渉についてはほとんど何の進展もみられない。また、この諸国はその安全保障ドクトリンにおいて核兵器の役割を減らしているわけでもない。なかには、ジュネーブ軍縮会議や国連総会、NPTの再検討プロセスといった枢要な国際的フォーラムにおいて核軍縮交渉を妨げる国もある[8]。

2006 年、ハンス・ブリクス率いる大量破壊兵器（WMD）委員会は、事態の緊急性を強調して、次のように述べた。「NPT の核兵器国は……NPT で彼らに要求されているように『誠実に交渉』しているのではないことは容易に見て取れる」と[9]。同委員会は「核兵器国が NPT 上の彼らの軍縮義務を履行せず、1995 年と 2000 年の再検討会議でなされた軍縮へのさらなる約束を実行しない結果としての〔NPT の〕信頼性の喪失」[10] を指摘した。

　新たな諸国と非国家行為主体による核兵器の取得を防止するためにも、緊急の行動が必要とされている。新たな諸国への核兵器の拡散は、予想されたように、なお継続している。拡散は、現実のものであれその虞であれ、国家間の緊張を高めることで、世界の平和と国際システムを危うくする。この力学は、NPT が非核兵器国（NNWS）による核兵器の取得を禁止していることの重要性を証明するものであり、そして、この取得の禁止は第 6 条に規定される軍縮義務と緊密に結びついている。

　2006 年に大量破壊兵器委員会報告書が公表されて以降、権威ある人々が、現在の事態の重大さを強調して、軍縮の課題を生き返らせようと呼びかける声明を数多く公表している[11]。たとえば、2008 年 10 月には、パン・ギムン国連事務総長が次のように述べている。

　　ほとんどの国家は、核の選択肢を採らず、核不拡散条約上の約束を遵守してきている。しかし、核兵器の保有を地位の象徴（ステータス・シンボル）と考える諸国もある。また、核兵器が核攻撃からの究極的抑止力を提供すると考える諸国もあり、これがいまなお推定で 2 万 6000 発も残存している理由である。

　　残念ながら、核抑止論（ドクトリン）は伝染性をもつことが証明されている。このことが不拡散をより困難にし、かえって、核兵器の使用のあらたな危険性を生み出している。

　つづいて、事務総長は、核軍縮と不拡散を進展させるための 5 項目の提案を行った。その最初の項目で、彼は次のように述べている。

私は、すべての NPT 当事国、とくに核兵器国に対して、核軍縮に導く効果的な措置に関する交渉を遂行するという同条約上の各国の義務を履行することを要請する。

　各国は、相互に強化しあう別個の文書からなる枠組みに関する合意によってこの目標を追求することもできる。あるいは、長らく国連で提案されてきた、強力な検証システムにより裏づけられた核兵器条約の交渉を検討することもできる。コスタリカとマレーシアの要請に基づき、私はすべての国連加盟国に対してこのような条約の草案を配付している。これは、良い出発点となるものである。

　核を保有する大国は他の諸国とともに、唯一の多国間軍縮交渉機関であるジュネーブ軍縮会議において、この問題に積極的に携わるべきである。世界はまた、米国とロシアによる、大幅かつ検証可能な形での各自の軍備の削減を目標とする2国間交渉の再開を歓迎するだろう。[12]

　NPT の軍縮義務を履行するための枠組みまたは条約についての交渉を求める事務総長の呼びかけは、1996 年に ICJ が勧告的意見を発表して以来、毎年大多数の賛成によって採択されている国連総会決議[13]に合致したものである。この決議は、「核兵器による威嚇または核兵器の使用の合法性に関する国際司法裁判所の勧告的意見のフォローアップ」と題するものであり、核軍縮義務に関する ICJ の結論を歓迎し、核兵器を禁止しかつ廃絶する条約に導く多国間交渉の開始を呼びかけている。これらの決議にもかかわらず、交渉を開始する多国間フォーラムは設置されていない。また、1995 年と 2000 年になされた NPT での約束も実現していない。

　加えて、核兵器を保有している国は、核軍縮義務を履行していないとの見解を受け容れていない。ロシアと米国の大統領は、最近、核兵器のない世界という目標を再確認し、この方向に向けての2国間でのさらなる削減その他の措置を支持した[14]。しかし、彼らは、地球規模での核兵器の廃絶に導く多国間交渉の開始に合意したわけではないし、そのような廃絶を達成する期限を約束したわけでもなく、その議論さえしていない。この2国

を含む核兵器国は、断片的な核兵器の規制を追求することで国際法上の各自の軍縮義務を満たしていると主張しているのである。

　こうした見解の対立と実施の不履行が存在するので、核軍縮義務の履行が要求する国家行動とは何か、このことについての明確な指針が世界にとって必要である。1996年の勧告的意見でICJが言及した「以前から約束されている完全な核軍縮」[15]は、政治的な約束（a political commitment）であるばかりでなく、法的拘束力のある約束（a binding legal undertaking）でもある。

　したがって、国連の主要な司法機関たるICJに対して、核軍縮義務の実施方法についての現在の対立を解決するに十分かつ必要な法的指針を明確化することを求めるべきである。ICJは、この〔核軍縮の〕約束を実現するための見識を国際社会に提供すべきである。

　この『法的覚書』は、背景を説明する第Ⅰ部からはじまる。第2章では、勧告的意見一般について記述し、第3章では1996年の勧告的意見の要約を述べる。第4章では、NPTを紹介したうえで、第6条で規定されている核軍縮に導く誠実な交渉に関する2つの義務についてのICJの判示を分析する。第Ⅱ部では、この義務に関して引き続き対立が存在することを説明する。第5章では、第6条を履行するためにNPT当事国によってなされた集団的な約束の実施に関する討議を検討し、第6章では、諸国が核兵器条約を交渉していないことを明らかにする。第Ⅲ部では、ICJへの再度の問い直しを呼びかける。第7章では、誠実な交渉のための法的要件と、この要件が第6条とどのように関係するかを説明する。第8章では、結論として、ICJに対して、核兵器の全面的廃絶に導く誠実な交渉の要件を明確化することを要請する国連総会決議を提案しかつ詳述する。

第2章　国際司法裁判所における勧告的意見の手続

　国際司法裁判所（ICJ）は、勧告的意見の手続を通じて核軍縮交渉義務について指示を与えることができる。国連の6つの主要機関のひとつ[16]と

して、ICJ には 2 つの役割がある。①争訟事件において国家間の紛争を審理し裁判することであり、②勧告的意見の事件において、法律問題に関する意見を示すことで国連とその加盟国に法的指針を提供することである[17]。

争訟事件手続は、ICJ で裁判を受けることができる国にのみ限定されている[18]。ICJ は、関係国が何らかの方法で ICJ の管轄権を明示的に承認した場合にのみ、争訟事件を扱うことができる。この手続により ICJ は判決を下すが、この判決は訴訟当事国を拘束し、かつ国連憲章に定める条件に従って執行される[19]。

勧告的意見の手続は、争訟事件のように特定国に対する判決には至らないが、法律問題に関しては重要である。ある場合には、勧告的意見のほうが判決よりも重要となる。争訟事件は、特定国家間の紛争を処理するが、勧告的意見は国家が構成する国際社会一般に適用される法原則についての権威ある解釈を示す。

勧告的意見の手続では、意見を要請する国連機関が、ICJ に対して国際法上の問題について指針を与えるよう求める。この手続では、国連のある種の財政事項の処理といった実務的な法律問題や、世界全体にとってきわめて重要なより幅広い争点をめぐる問題を扱うことができる。国連総会が勧告的意見を要請するとなれば、後者の範疇に入る問題を中心的な考慮事項とするのがより適切である。勧告的意見の権威は、ICJ で裁判を受けることができるすべての国家が原則として勧告的意見の手続にも参加することができるという事実により高められる[20]。このように、国際社会は、当該法律問題について見解を示すことができるのであり、ICJ は意見を形成するにあたりそれを考慮することになる。

勧告的意見は、いずれの特定の国家に対しても、拘束力をもたず[21]、また直接に執行できるものではないが、ICJ は、多くの勧告的意見の事件ですべての国家または個別の国家について特定の義務が存在することを言明してきた[22]。西サハラ事件の勧告的意見において、グロ（Gros）判事は次のように述べた。

ICJ がある法律問題について勧告的意見を与える場合、ICJ は法を宣言しているのである。拘束力が欠如しているからといって、この司法的作用が、選択次第で活用したり活用しなかったりできる法律相談へと変形するわけではない。勧告的意見は、付託された問題に適用されうる法を決定したものである。[23]

こうして、条約または慣習法の解釈に関して、ICJ の勧告的意見は、世界における国際法についての最高の裁判所によって発表されるものであって、法律問題について権威をもって国際社会を指導するものなのである[24]。

ICJは、勧告的意見の発表を拒否できるか？

ICJ 規程によれば、ICJ は勧告的意見を与えることができる。このことは、ICJ が勧告的意見の発表の可否について裁量権をもつことを示唆している[25]。しかし、ICJ 自身は、原則として勧告的意見の要請を拒否する裁量権は行使すべきではないとの立場をとってきている。というのも、ICJ の司法的役割のなかでも、この側面は国連への関与そのものにあたるからである[26]。したがって、ICJ は、裁量権を理由に勧告的意見の発表を拒否したことは一度もない。

ICJ は、まれに他の理由を用いて、勧告的意見を与えないことを正当化してきた。ICJ は、世界保健機関（WHO）が付託した核兵器の問題については勧告的意見を与えることができないと判断したが、この判断は許容性の問題としてなされたのであった。ICJ は、この特定の問題が WHO の活動の範囲外にあるので、WHO はこれについて要請する資格がないと判断した[27]。また ICJ は、問題が一定の限られた諸国家にのみ関係しており、同諸国が ICJ による関与を望んでいない場合には、勧告的意見の付与を断ることがある。歴史的には、このような事例として具体例がただ 1 例あり[28]、そして、断ることができると考える者もいたが、ICJ はこのような拒否事由の例外的状態にあるとは示さなかった例がいくつか存在する[29]。

多くの場合、諸国は、ICJ に質問された問題が優れて政治的性質をもつ

ことから、その特定事件について ICJ は勧告的意見を発表するのを差し控えるべきだと主張してきた。ICJ は、いずれの事件においても、この立場を採用せず、実際は、反対の立場をとってきたようにみえる。ICJ は、1980年、このような事件において次のように述べた。

> 政治的考慮が際立っている事態においては、国際組織が、討議中の事項に関して適用されうる法原則について ICJ の勧告的意見を得ることが、とりわけ必要となることがある。[30]

これ以来、ICJ は、1996年の核兵器勧告的意見[31]を含めて、類似の考察を繰り返し行ってきている。質問された問題が法的争点を提示する限り、ICJ はその結論に政治的効果が生じうるからといって〔意見の付与を〕差し控えたりはしないだろう。

諸国の役割

諸国は、勧告的意見を要請する決定に導く過程の一部を構成する。国連憲章は、国連総会および安全保障理事会ならびに他の国連の内部機関および専門機関に対して勧告的意見を要請する資格を与えている[32]。これらの機関は、各自の規則に従って勧告的意見を要請する決定をしなければならない。総会については、諸国の単純多数があれば、ICJ の意見要請を支持するに十分である。勧告的意見を要請する国連機関が、できる限り速やかに ICJ の判断を得る必要があると認める場合には、要請の際にそのように示すことができる。この場合、ICJ は手続を促進するために措置をとることになる[33]。

実際の勧告的意見の手続においては、国家は、紛争当事国としてではなく、国際社会の構成員として行動し、質問された問題に関連する情報および見解を ICJ に提供する。これは、陳述書の形態および／または、ICJ が弁論を聴取することを決定した場合には、口頭陳述の形態で ICJ に提出することができる。

諸国にはこの手続に参加する義務はないが、参加しないことにより勧告

的意見の権威が減じられることはないことを理解しておくべきである。代わりに、不参加により、ICJ が諸国の見解を考慮する可能性が奪われることになる。また、勧告的意見の手続に参加する国家は、他の参加国が行なった声明について意見を述べる資格をもつことになる[34]。

非国家行為主体の役割

ICJ には、国際組織に対して、ICJ で裁判を受けることができる国家と同じ資格で情報提供を求める裁量権がある[35]。ICJ は、この権限を国家間の公的国際組織に関するものとして解釈してきた。たとえば、最近の壁事件〔イスラエルが占領したパレスチナ人居住区との間に通行を遮断する壁を築いた事件〕に関する勧告的意見では、ICJ は 2 つの国際組織、アラブ連盟とイスラム会議機構に対して意見を提出することを認めた[36]。

ICJ は、市民社会の諸団体が国家間の公的国際組織と同じように情報を提供する資格をもつとは考えてはいない。しかし、ICJ は、実務規則 12 (Practice Direction XII) によって、非政府組織（NGO）に対して、勧告的意見の事件で陳述書および文書を提出するための小さな扉を開いてきた[37]。これらの提出文書は法廷文書（file）を構成しないが、判事および手続に参加する国家がこれを利用することはできる。

第 3 章　1996 年 7 月 8 日の ICJ の勧告的意見

ICJ は、すでに一度、核兵器の問題一般について勧告的意見を出している。国連総会は、ICJ に対して次の問題に取り組むことを要請した。「核兵器による威嚇または核兵器の使用は、国際法上いかなる状況下においても認められているか？」1996 年 7 月 8 日に発表された勧告的意見の大部分は、この問題に正面から取り組んだが、ICJ はまた、誠実に核軍縮を交渉する義務についても取りあげた。

勧告的意見における判断の概要

この勧告的意見において、ICJ は、主に国際人道法における核兵器によ

る威嚇または核兵器の使用の合法性の問題を分析した。ICJ は、全員一致で、「武力紛争に適用される」規則、「特に国際人道法の原則および規則の要件」は、他の種類の武力による威嚇または武力の行使に適用されるのとまったく同じく、核兵器にも適用される、と結論した[38]。ICJ は、核兵器とは「原子の融合または分裂からエネルギーを得る爆発装置」であるとしたうえで、「この過程は、まさにその性質により、現在ある核兵器の場合、膨大な熱とエネルギーを放出するばかりか、強力で長期にわたる放射線をも放出する」ことに着目している[39]。つづいて ICJ は、「これらの特徴のゆえに、核兵器は潜在的に破滅的なものである。核兵器の破壊力は、空間にも時間にも閉じこめておくことができない。核兵器は、あらゆる文明と地球上の生態系の全体とを破壊する潜在力をもっている」と述べた[40]。ICJ は、この核兵器の特徴に照らして、核兵器の使用は、国際人道法の「要件の尊重とは、実際、ほとんど両立できないように思われる」と判断した[41]。これとの関連で、ICJ は、①文民の目標と軍事目標とをつねに区別することの要請、②戦闘員に対して不必要な苦痛を与えることの禁止、この2つを特に強調した[42]。

また、ICJ は、一方で人権法と環境法、他方で国際人道法、この両者の関係を分析した。ICJ は、国際人道法が特別法として優先すると記した[43]。同時に、ICJ は、人権法と環境法は武力紛争時にも停止しないと判断している。これらの法は、均衡性と必要性といった一般原則を決定する際の要素として働くことで、武力行使（use of armed force）に対する重要な制限となる[44]。換言すれば、これらの法の全体は、いかなる武力行使についてもその合法性の敷居を引き上げることになる。

ICJ による理由づけは、想定されるいかなる核兵器による威嚇または核兵器の使用も違法であるとの結論にほとんど不可避的に至るもののように思われたが、ICJ はこの結論を導くには至らなかった。しかし、その反対の結論を導いたのでもなかった。ICJ は、次のように述べた。

> 低威力でより小さい戦術核兵器の「クリーンな」使用も含めて、一定の状況において核兵器の使用が合法であると主張する国のなかで、

次のことを示す国はなかった。それは、もしかかる限定的使用が実行可能であるとすれば、かかる使用を正当化する正確な状況は何かということ、また、かかる限定的使用が、高威力の核兵器の全面的使用に拡大しがちではないか否かということである。[45]

実際、この手続において核保有諸国は、核兵器による威嚇または核兵器の使用がある状況下では合法となる証拠を示すことができなかった。また、この核保有諸国はこの勧告的意見以降もこの立場を証明してはいない。

ICJは、2つの立場のバランスをとった。すなわち、核兵器の使用は国際人道法と「ほとんど両立できない」ように思われると述べつつ、しかしまた、「核兵器に訴えることがいかなる状況においても違法であるとの見解の妥当性について判断する」ことはできないとも述べた[46]。ICJは、「国家の存立そのものが危険にさらされている自衛の極端な状況において、核兵器の威嚇または使用が合法であるか違法であるかについて確定的に結論を下すことはできない」と結論した[47]。

要請されていない質問に対する回答

1996年の勧告的意見に関する国連総会の要請では、誠実に核軍縮を交渉する義務については訊ねられていなかった。これは、NPT第6条に定められているが、ICJは、「要請された問題のもうひとつの側面」としてこれに取り組んだ[48]。この勧告的意見による分析は、ICJが質問された問題を広い視点から見ていることを示している。ICJは、提出された問題には「国際関係における武力による威嚇または武力の行使、**軍縮プロセス**および国際法の漸進的発達を含む総会の活動および関心の多くの側面との関連がある」と述べた[49]。

ICJは、核兵器による威嚇または核兵器の使用の問題が提起する「優れて困難な争点」に着目して、次のように述べた。

　　長期的には、核兵器ほどの破壊的な兵器の法的地位に関して意見の対立が続けば、国際法が、そしてそれと共に、それが支配しようとす

る国際秩序の安定性が、悪影響を被ることになるのは必至である。したがって、現状に終止符を打つことが重要である。すなわち、以前から約束されている完全な核軍縮は、そういった結果を得るもっとも適切な手段と思われる。[50]

第4章　ICJの勧告的意見と核不拡散条約

1996年の勧告的意見において、ICJは、NPT第6条に基づき核兵器の廃絶を交渉する義務を分析した。同条は、条約を可能とした核兵器国（NWS）と非核兵器国（NNWS）の妥協の表れであることから、同条約において枢要な役割を果たしている。ICJは、第6条がすべての当事国に対して2つの厳格な義務を課しており、当事国に対して核軍縮に関する交渉を誠実に遂行するだけでなく、完結させることを要請していると判断した。同条の文言と起草過程の分析は、ICJの結論を支持している。

NPTの起草過程

1945年に米国が原子爆弾を投下した4年後、ソ連が同国初の原子爆弾を爆発させ、英国がすぐそれに続いた[51]。核兵器がもたらす巨大な脅威に対応して、1957年、国連は核エネルギーの平和利用を監視するために国際原子力機関を設立した[52]。それでも、1960年代の初頭には、フランスと中国が核兵器を保有するに至った[53]。さらなる措置の必要性を認めて、1961年、国連総会は核兵器の移譲を禁止する国際協定の創設を支持するアイルランド決議を採択した[54]。

その後、18カ国軍縮委員会（ENDC）[55]、ソ連および米国が、最終的にNPTとなるものについての交渉に着手した[56]。1967年までに、ソ連と米国は当初の不一致点をおおむね解消し、ENDCに同一条約案を提出した[57]。この条文には、NPT第1条および第2条における不拡散に関する中心的な規定が含まれていた。第1条は核兵器国が他の国家に対して核兵器を移譲することを禁止し、第2条は非核兵器国が核兵器を受領しまたは製造することを禁止している[58]。

その後の交渉で、1968 年 1 月の条約草案に新たな条文が含められることとなった[59]。遵守検証手続に関する保障措置規定が第 3 条に登場した[60]。また、この草案には第 4 条も付加され、同条では、平和的目的のために原子力を利用する締約国の権利が保護されている[61]。1968 年 1 月草案は、NPT の実行可能性にとりきわめて重要な、非核兵器国の懸念に取り組む規定を第 5 条、第 6 条および第 7 条に導入した。ここでは、それぞれ非核兵器国のために平和的核爆発の利益を保護し、締約国に対して核軍縮に導く交渉を誠実に遂行することを義務づけ、および地域的な非核地帯に合意する国家の権利を承認している[62]。

　にもかかわらず、多くの非核兵器国は、この草案を核兵器国側に対して緩やかであって、均衡性を欠くものだと批判した。さらなる多国間交渉の後、1968 年 3 月、ソ連と米国は、前文で包括的核実験禁止に言及し、第 6 条を強化した新たな共同条約案を作成した[63]。ENDC は、同年 4 月下旬にこの条約案を国連総会に提出した[64]。さらに微調整を行なった後 1968 年 6 月 12 日に、総会は、NPT を推奨する決議を賛成 94、反対 4、棄権 21 で採択した[65]。NPT は、1970 年 3 月に発効し、2009 年 1 月現在の締約国数は 189 である[66]。

勧告的意見の手続における陳述

　第 6 条は NPT の交渉過程では最後に合意された規定のひとつであるが、1996 年の勧告的意見の手続においては新たな注目を集めることとなった。同条は次のように規定している。

　　　各締約国は、核軍備競争の早期の停止および核軍備の縮小に関する効果的な措置につき、ならびに厳重かつ効果的な国際管理の下における全面的かつ完全な軍備縮小に関する条約について、誠実に交渉を行うことを約束する。[67]

　国連総会は ICJ に対する要請の中で第 6 条については特に訊ねなかったが、勧告的意見の手続ではいくつかの国家が同条について陳述した。

諸国の陳述書は第6条に対する支持があることを実証している。ドイツ、オランダおよびニュージーランドなどの諸国は、同条の義務が国家的、地域的および地球的規模で重要性をもつことを強調した[68]。メキシコとナウルを含む他の諸国は、NPT の差別的性格を強調して、第6条の義務が「締約国の権利・義務間のバランスを維持する」可能性のある方法を構成していると言及した[69]。核兵器国のなかでは、唯一英国が同条をとりあげ、「核兵器国は、第6条で述べられているように、核軍縮に関する効果的な措置につき誠実に交渉を遂行する自国の約束（commitment）を再確認する」と述べた[70]。

ICJ の弁論では、少数の国がより実質的に誠実に交渉を遂行する義務をとりあげた。イランは、「核不拡散条約第6条と安保理決議 984 の双方での『誠実な』の文言の挿入は、誠実な交渉には高い価値があることを示している」という事実に特に言及している[71]。これに関連して、イランの補佐人は北海大陸棚事件判決における ICJ の理論に注意を促した。ICJ は、同判決において「当事国は、合意に至るという目的をもって交渉を開始する義務がある」と判示していた[72]。

マレーシアとオーストラリアもまた、第6条と核軍縮の重要性について見解を述べた。マレーシアは「核兵器国が核兵器の廃絶のための時間枠について約束せず、先制使用の選択肢でさえ放棄しないのであれば、さらなる拡散がすすみ、地球と人類すべてにとり脅威となりうる核の大惨害の危険性の高まる可能性がある」と述べた[73]。オーストラリアは「核兵器国を含むすべての国家は、慣習国際法上、完全な核軍縮の約束に反する行動をとることを禁じられている」と説明した[74]。オーストラリアのギャレンス・エバンズ元外相は、このような義務が意味するのは、諸国が新型核兵器を導入したり、現存する備蓄兵器を洗練させたり、未来永遠に核軍備の維持を確保しようとする行動をとったりすることはできないということだと主張した[75]。オーストラリアはまた、合理的な時間枠内で核兵器の完全な廃絶を達成するために、5つの核兵器国すべてが関与する実際的な核削減計画の必要性を強調した[76]。

第6条に関するICJの判断

ICJもまた、第6条をとりあげた。国際法上の行動の義務〔実施・方法の義務〕と結果の義務との区別に基づき、ICJは、全員一致で、誠実に核軍縮を交渉する同条の義務は完全な核軍縮に導く交渉を遂行することとこれを完結させること、これら2つの側面をもつ義務であると判示した[77]。換言すれば、同条は行動（交渉）と結果（あらゆる側面での核軍縮）の両方を要求しているのである[78]。

ICJは、この義務はNPT締約国に「正式に関わる」とする一方で、この問題は伝統的にすべての国家に関わっていることを強調している。「全面完全軍縮、特に核軍縮についての現実的な探求にはすべての国家の協力が必要である」と述べている[79]。また、「国際社会のほぼ全体」が核軍縮に関する国連総会諸決議には関与していることにも留意している[80]。ICJは直接的に取り組まなかったが、この理由付けからすると、核軍縮義務がNPT非締約国に適用される可能性が残っている。

ICJは第6条を詳細に分析してその判断を正当化しているわけではないが、同条の文言を子細に読むことによって、同条は2つの側面をもつ義務を課しているとの立場が支持される。条文ではとくに「誠実に交渉」を行うことに言及しており、これは一見したところ行動〔の義務〕の側面に関係している。第6条が「効果的な措置」に焦点を当てていることは、結果についてもまた義務づけているとのICJの結論をとりわけ裏づけている[81]。交渉の最後に付加された「早期の」との文言には、同じ含意がある[82]。この文言は、交渉に時間的制約を付すことで、停止という結果が現実に達成されなければならないことを示唆する。

NPTの軍縮規定の複雑な交渉過程をみると、第6条が2つの側面をもつ義務であるとのICJの理解がさらに支持される。また、この交渉過程は、非核兵器国が、この義務を同国に課せられた核兵器を開発も取得もしないという第2条の義務を埋め合わせるものとして重視していたことを示している。

1967 年 8 月草案以前から、非核兵器国は核軍縮を要求する規定を強く主張していた[83]。ソ連と米国はこれに応じて、1967 年 8 月草案の前文に「可能なもっとも早い時期」での「核軍備競争の停止」の要求を挿入した[84]。これに対応して、メキシコが、核兵器国に対して現存する貯蔵兵器と運搬システムの廃絶を含む、特定の軍縮措置に向けて「誠実に交渉を行なう」よう求める条約本文の規定案を提出した[85]。1968 年 1 月の米ソ案は、メキシコ修正案のいくつかの文言を編入して、締約国に対して核軍備競争を終結させる合意につき、および「全面的かつ完全な軍縮」条約につき「誠実に交渉を遂行する」よう求めた。他方で、個別に列挙された核軍縮措置は省略された[86]。いくつかの非核兵器国は、メキシコ修正の部分的編入では第 2 条と均衡するには不十分だと考えて、これを冷ややかに受けとめた[87]。

　非核兵器国が最終的に拒否したのは、核兵器国があらゆる結果の義務を免れることを黙認することであった。NPT 交渉において ENDC でのエジプト代表団の一員であったムハマド・シェーカー (Mohamed Shaker) は、NPT 交渉を説明して、こう述べている。「誠実に交渉する義務は……その含意を広く解釈することなくしては……認められなかった」のであり、「この交渉とはそれ自体が目的ではなく、具体的結果を達成する手段であると一般的には考えられていた」と[88]。第 6 条とその「誠実に交渉」を行う義務の挿入は、象徴的な身ぶりを超える意味をもつものであった。NPT 本文にこの誠実義務を挿入することで非核兵器国は、後に ICJ が明確にしたように、「厳重かつ効果的な国際管理の下におけるあらゆる点での核軍縮」を強制する条約を追求したのである[89]。全体として、核兵器国と非核兵器国とのやり取りが示しているのは、第 6 条は次のような合意を表しているということである。すなわち、ここで核兵器国は遂行すべき特定の行為様態に関して一定の自由を得る代わりに、第 6 条の目的を達成するという戦略を採用することに同意したのである。

　ある見解は、ICJ の勧告的意見と本条約の分析から離れて、単に交渉を行うだけで第 6 条の要請を満たすことができると主張する[90]。この解釈は、第 6 条と、その他の NPT の条項とを区別しようとする。他の条項は、締

約国が「約束」（undertakes）した作為・不作為の内容を明確にしているのであり、これに対して第6条は「追求することを約束した」内容を明確にしているという[91]。この理解はまた、米ソが第6条交渉中に特定の軍縮措置を拒絶したことを結果の義務の確固たる拒絶だと解釈している[92]。

　このような第6条の理解は、同条の文言、そしてNPTへのコンセンサスを生み出すために同条が果たした役割を的確に認識していない。NPTの他の条項と同じく、第6条ははっきりと、締約国が、この場合には核軍縮を実現する義務を「約束する」と述べている。効果に関わる文言と「早期の」との文言は、この義務が結果を要求していることを含意している。また、第6条を拒絶する見解は、核兵器国と非核兵器国との妥協を大きく無視するものである。NPTは「戦略的取引」であって、非核兵器国は核兵器を取得しないことに同意し、核兵器国は核兵器の廃絶を交渉することに同意した[93]。したがって、NPT本文に第6条が挿入されたこととその言い回しは、単なる象徴的努力を超えるものとなった。ICJが結論したように、第6条の全体像には、核軍縮を交渉するだけではなく核軍縮を達成する義務が含まれているのである。

第Ⅱ部　現在の議論

第5章　第6条の実施に関する異なる立場

　ICJ は、第 6 条の義務には 2 つの性質、すなわち核兵器の廃絶を交渉することとそれを達成することとがあるとを明確に述べた。だが、この義務の両側面を諸国がどのようにして満たすべきかについては説明しなかった。NPT 発効以来、諸国はこの規定の実施に必要な措置については合意していない。今やほとんどすべての国家が、この条約は完全な核軍縮の実現を要求していると認めているにしても[94]、この結果〔完全な核軍縮〕が要求する実施行為は何かについては争いがあり、この結果達成に向けてはほとんど進展がみられない。したがって、ICJ に対して、第 6 条に立ち戻り、結果に到達する完全な実施のために締約国がとらねばならない行動について詳細に説明するよう要請するべきである。

　7 回におよぶ NPT 再検討会議[95] は、この条約の実際的解釈・適用と格闘してきたが、その結果は、第 6 条義務の履行方法について諸国間の対立が継続していることを示している。1975 年と 85 年の再検討会議で採択された最終文書は、異なる立場を強調しており、この対立は適切な第 6 条の実施をめぐりいまだに存在している[96]。米国とソ連は、2 国間での兵器制限・削減諸条約の交渉と実施で十分第 6 条を遵守していると主張したが、多くの非核兵器国は、第 6 条の実施は兵器の制限または管理を超える行動を要求していると主張した。とりわけ冷戦終結以前では、包括的核実験禁止条約がきわめて重要視された。この論争は 1980 年[97]と 1990 年[98]の 2 つの再検討会議での最終文書への合意を妨げることとなった。諸国は 1995 年と 2000 年の 2 つの再検討会議で、ついにコンセンサスにより特定の行動計画に合意した。しかし、2005 年の再検討会議では、軍縮を NPT の主要な 3 本柱[99]のひとつとして位置づけつつも、2 カ国が先に採択された 2000 年のコンセンサスを拒否したことが主な原因となり、最終文書を作

成するに至らなかった[100]。

核兵器を規制する諸条約

核兵器国（NWS）は、しばしば、核軍縮または軍備管理に関する2国間または多国間条約の交渉および実施により第6条を遵守していると主張した[101]。このような諸条約はさまざまな争点を規制している。すなわち、許容される貯蔵核弾頭または配備核弾頭の数と種類、許容される運搬システムまたは防衛システムの種類、許容される実験手続、そして核兵器の配置場所である（1970年以降の核兵器に関する諸条約の一覧表については、115頁のコラムを参照）。核兵器国は、この諸条約の批准と遵守を第6条の「厳重」かつ「完全」な実施であるとし[102]、また、STARTなどの米ソ（米ロ）諸条約の前文では、締約国は「〔NPT〕第6条における戦略攻撃兵器に関する約束を想起して」いる[103]。

しかし、今日まで、米ソ〔米ロ〕間の諸条約が、核兵器の全面的廃絶を自覚的に目的とする過程のなかで約束されたことはない。また、米ソ〔米ロ〕間の諸条約は、NPTが明確に意図しており（第4章参照）、国連の立場に合致するこの目的を達成してはいない。セルジオ・ドゥアルテ（Sergio Duarte）軍縮問題担当国連上級代表が説明するように、国連は、全面完全軍縮を大量破壊兵器（生物、化学および核兵器）の完全な廃絶と通常兵器の規制の両方を含むものと考えている[104]。

1995年と2000年の再検討会議行動計画

第6条の義務を履行するには、核兵器を規制するだけの条約で十分であるとの核兵器国の立場は、いまや少数派である。1995年と2000年には、諸国はコンセンサスにより第6条の軍縮義務を実施する別の取り組みを発展させた。NPTの25周年に際して、1995年の再検討延長会議はNPTの有効期間を決定するとともに[105]、その実施を見直した[106]。すべての核兵器国と非核兵器国からなる会合であるこの会議において、NPTを無期限に延長することが投票なしで決定された[107]。また、この会議は、核不拡散と軍縮のための原則と目標に関する決定を採択した[108]。核軍縮の原則

は、次のことを含む第6条実施のための「行動計画」を規定している。

a) 1996年までの包括的核実験禁止条約の完成
b) 核兵器のための分裂性物質の生産を停止する条約の交渉の即時開始および早期妥結
c) 核兵器国による、核兵器の廃絶を究極的な目標とした、地球規模での核兵器を削減するための体系的かつ前進的努力の断固たる追求、およびすべての国による、厳重かつ効果的な国際管理の下における全面的かつ完全な軍縮の断固たる追求。[109]

10年後の2005年再検討会議において、英国はこれらの措置を完全に支持すると述べ[110]、フランスは1995年の行動計画は「フランスの基本的な指標となった」と主張した[111]。

2000年再検討会議は、ICJ勧告的意見発表の4年後であり、1995年の軍縮の原則を再確認し、第6条下の核軍縮に向けた13項目の実際的措置によってこの原則を彫琢した[112]。この13項目の措置は、1995年の行動計画を繰り返し、包括的核実験禁止条約（項目1および2）と核分裂性物質生産禁止条約の交渉（項目3）を求めている。13項目のうち6つは核兵器国に向けられており、START Ⅱの批准（項目7）、一方的軍縮措置（項目9）および米・ロ・IAEA間の3者交渉といった核兵器国がすでに2000年に追求していた措置を含んでいる。核兵器国に向けられた他の2項目は、軍事計画からの分裂性物質の除去（項目10）および核兵器に関する透明性の向上と戦略的依存の低減（項目9）を要求している。

この13項目の諸措置はまた、「核軍備の**全面的廃絶**を達成するという核兵器国の明確な約束」（項目6、強調引用者）を確認している。核軍縮を促進するために、諸措置はこの問題を扱う下部機関をジュネーブ軍縮会議に設置することを諸国に委ね（項目4）、また、すべての国による第6条実施に関する定期的報告の提出（項目12）と検証能力の開発（項目13）を要求することで軍縮能力を構築する措置を含んでいる。この諸措置では、究極の目標は「全面的かつ完全な軍縮」であると述べている（項目11）。（13項

目の完全なリストは 136 頁以下、付録 3 を参照）[113]

この 13 項目の措置は、核軍縮に向けてとりうる措置の包括的リストではないが、行動の基準を提供している。実際、1995 年の原則と目標および 2000 年の 13 項目の措置は、条約法に関するウィーン条約第 31 条の「後にされた合意」であって、第 6 条の解釈および適用の基準を提供しているとの有力な主張がある[114]。両文書とも締約国の会合でコンセンサスにより採択されている。13 項目の措置にはまた、通常の NPT 最終文書の内容・文言とは顕著な断絶がみられ、締約国に対して特定の行動を規定している。さらに、2000 年最終文書では「会議は……第 6 条……を実施するため……次の実際的な措置に合意する」とされている[115]。

2000年以降

2000 年には諸国はコンセンサスでの文書に合意したが、2005 年には実施をめぐる異なる立場が再び表面化した。この会議での行き詰まりは、2000 年の最終宣言を 2000 年から 2005 年までの再検討の基礎および基準として受け容れることにフランスと米国が反対したことによる。これは、これまでの NPT 再検討会議の歴史にはなかったことである[116]。

さらに、13 項目の措置は明確でかつ多くが特定的なものであったにもかかわらず、NPT 締約国はこれをほとんど実施してこなかった[117]。CTBT は発効していない。諸国はジュネーブ軍縮会議においてその義務を個別的にも集団的にも果たしていない[118]。そこには核軍縮を扱う下部機関は設置されていない。1995 年の原則と目標は分裂性物質生産停止条約の即時交渉開始を求め、13 項目の措置は 2005 年までにジュネーブ軍縮会議でこの条約交渉の妥結を求めたが、交渉はまったく行われていない。とりわけ核兵器国の行動は 13 項目の措置の要請を満たしていない[119]。核兵器国は貯蔵を削減したとはいえ、核兵器と運搬システムを維持し、更新し、近代化している[120]。米ロは検証と不可逆性の原則を削減に適用していない。核兵器国は一般的にその安全保障政策における核兵器の役割を低減させていないし、なかにはこの役割を拡大している国さえある。

コラム・核兵器に関する諸条約

海底非核化条約（Sea-Bed Treaty、1971年）　12海里の沿岸水域を越える海床に核兵器の設置を禁止する英国、米国およびソビエト連邦を含む多国間協定

対弾道ミサイル・システム制限条約（Anti-Ballistic Missile Treaty、1972年）　核兵器攻撃に対する防衛手段として使用可能な弾道弾迎撃ミサイル・システム数を制限する米ソ間の協定

核戦争防止に関する米ソ間の協定（Agreement Between the United States of America and the Union of Soviet Socialist Republics on the Prevention of Nuclear War、1973年）　核戦争回避のために必要と考えられる行動規範を示し、核戦力に訴える前に対話を求めている協定

戦略兵器制限諸条約（Strategic Arms Limitation Treaty Agreements）:SALT I（1972年）およびSALT II（1979年）　米ソにより保有される核運搬システム数の凍結（SALT I）およびその後のシステムの削減（SALT II）を結果としてもたらす米ソ間の協定。SALT IIは、交渉されたが発効はしなかった。

中距離核戦力全廃条約（Intermediate-Range Nuclear Forces Treaty、1987年）　500〜1000キロの射程距離を有する中距離核ミサイルを全廃するための米ソ間の協定

戦略兵器削減条約（Strategic Arms Reduction Treaty、START I、1991年）　戦略運搬システム数およびそれに対応する米ソ両国の管理下にある核弾頭数の削減を求める米ソ（ロシア）間の協定

包括的核実験禁止条約（Comprehensive Test Ban Treaty）　核兵器の実験を禁止することになる多国間条約。1998年に署名開放されたが、発効のために必要とされる国家による批准が未だになされていない。フランス、ロシアおよび英国はCTBTを批准している。中国は、1998年に条約に署名したが、批准はまだである。米国は1996年に署名したが、1999年に上院により批准の承認が拒否されている。

戦略攻撃能力削減条約（Strategic Offensive Reduction Treaty、2002年）　実戦配備の戦略核弾頭数を、2012年までに、それぞれ最低1700、最高でも2000発までに削減するための米ロ間の協定。この協定は、備蓄全体の削減を求めておらず、また検証措置も含んでいない。

同時に、非核兵器国の大多数は、引き続き第6条を実施する行動を求めている。2005年の再検討会議において、ナイジェリアは2国間および多国間の軍縮は「完全な核軍縮に至るのなら意味を持ちうる」と主張した[121]。2010年再検討会議のための準備会合において、非同盟運動は、彼らが第6条の「核兵器国による不遵守」とみなしている「垂直的拡散の傾向」に着目し、「核軍縮に向けた前進速度の緩慢さ」と「核兵器国による行動の欠如」に懸念を表明した[122]。同様に、非核兵器国の別の連合体である新アジェンダ連合は、核兵器の近代化と「核抑止ドクトリン」信仰の継続に「深刻な懸念を抱いている」[123]。核兵器国が完全な軍縮を誠実に交渉していないことが、非核兵器国の諸連合がこれらの声明を出し、全面的核軍縮に導く交渉を最終的にかつ現実に開始することを引き続き求める動機となっている。核兵器国は、現在（第6条を）遵守しているとの立場を変えそうにないが、しかし、ICJによるさらなる指針を受けるとなると別である。ICJに対して、第6条の軍縮義務の正確な意味、とりわけ原則と目標および13項目の措置を履行しないことがNPTおよび1996年の勧告的意見で規定された誠実に交渉する義務に違反しているかどうかを明確にするよう要請すべきである。

第6章　核兵器条約

　完全な核軍縮を達成する第6条の義務を履行する別の方法として核兵器条約の創設を提案する諸国もある。この提案は、ICJの勧告的意見と密接な関係があり、幅広くかつ高いレベルでの支持を得ている。しかし、13項目の措置と同じく、諸国はほとんどこの実現に向かってはいない。

　1996年から毎年、国連総会は1996年の勧告的意見をフォローアップする決議を採択している。2008年には、賛成127、反対30、棄権23でこの決議を採択した[124]。その主文第1項では第2条の義務が行動の義務〔実施・方法の義務〕と結果の義務であるとのICJの結論を歓迎し、第2項では、総会は次のように規定している。

すべての国に対して、核兵器の開発、生産、実験、配備、貯蔵、移譲、威嚇または使用の禁止および廃絶を規定する核兵器条約の早期締結に導く多国間交渉を開始することによりこの義務〔第1項の義務〕をただちに履行することを再び要求する。

この核兵器条約の提案は、ICJ の核兵器勧告的意見に直接的かつ論理的に由来している。この条約は、「あらゆる点での」核軍縮を取り扱いかつ達成するものとなる。また、核軍縮の遵守と検証のためのメカニズムであって「厳重かつ効果的な国際管理」を確保するものを設置する。

1997 年、コスタリカの要請に応えて、国連事務総長はすべての国連加盟国に対してモデル核兵器条約を配付した[125]。コスタリカはこのモデル核兵器条約を ICJ の勧告的意見をフォローアップする毎年の決議「の実施を考慮する過程において効果的かつ有用な文書」となるとして提出した[126]。2008 年、コスタリカとマレーシアの要請に応えて、事務総長はモデル核兵器条約の改訂版を配付した[127]。事務総長は、後に、このモデル核兵器条約を核兵器条約交渉のための「良い出発点」となると評した[128]。

また、コスタリカとマレーシアは 2000 年と 2005 年の NPT 再検討会議に対して核兵器条約の締結に導く多国間交渉による ICJ 勧告的意見の実施を要求する作業文書を提出した[129]。コスタリカは、2010 年 NPT 再検討会議のための 2007 年準備委員会に対してモデル核兵器条約の改訂版を提出し、NPT 再検討プロセスにとりこのモデル核兵器条約がもつ重要性を説明した[130]。

市民社会の専門家らが、核軍備の包括的禁止と廃絶についての思考を刺激しその交渉の実行可能性を示すために、このモデル核兵器条約を起草した[131]。これは化学兵器禁止条約でとられたアプローチを応用している。このモデル条約は、①核兵器の使用と取得の禁止および解体の検証に関する一般的義務を規定し、②廃絶への諸段階を規定し、③国家による申告から衛星による監視に至る、報告、監視および検証に関する多様な手段を規定し、④核兵器のための分裂性物質の生産を禁止し、⑤国の実施措置を求

め、⑥条約で禁止される犯罪行為の容疑者の訴追を規定し、⑦実施機関を設置し、⑧紛争解決・遵守確保・執行のためのメカニズムを確立する。また、このモデル核兵器条約は、現行の核不拡散・軍縮レジームおよび検証・遵守の取り決めに基づき成立する。これに含まれるのは、NPT、IAEAの保障措置、CTBT の国際監視制度、各地域的非核兵器地帯、国連安保理決議 1540、核テロ防止条約および米ロ間の 2 国間協定である。

核兵器を禁止し廃絶するために多国間条約を採用するのは、十分に確立したやり方を踏襲するものである。ICJ が次のように述べているとおりである。

> これまでの例では、大量破壊兵器は特定の文書によって違法であると宣言されてきた。かかる文書のうち最近のものに属するのは、細菌兵器および毒素物質の保有を禁止し、その使用の禁止を補強する 1972 年 4 月 10 日の「細菌兵器(生物兵器)および毒素兵器の開発、生産および貯蔵の禁止ならびに廃棄に関する条約」、および化学兵器のあらゆる使用を禁止しすでに存在する貯蔵の廃棄を求める 1993 年 1 月 13 日の「化学兵器の開発、生産、貯蔵および使用の禁止ならびに廃棄に関する条約」である。[132]

また、ある類型の兵器をそのカテゴリーごと禁止するこのアプローチは、1997 年に「対人地雷の使用、貯蔵、生産および移譲の禁止ならびに廃棄に関する条約」で用いられ、最近署名されまだ発効していないが、2008 年のクラスター爆弾禁止条約でも用いられている。

大量破壊兵器の例が示しているように、核兵器条約を交渉することは、核軍縮義務を遵守するためには当然辿るべき論理的筋道である。モデル核兵器条約は、特定の条約について実際に交渉を開始するのを慎む実際的理由は何もないということを明らかにしている。その枠組みは利用可能なものであり、そのような交渉の出発点として使うことができるだろう。

しかし、上述した例年の国連総会決議にもかかわらず、核兵器条約の採択に向けた政府間交渉や審議はいずれの公的フォーラムでも行われていな

い。問題は、この交渉を開始しないことが、NPT 第 6 条と 1996 年 ICJ 勧告的意見の 98 項〜 103 項および 105 項(2)で定められた義務、つまり「厳重かつ効果的な国際管理の下におけるあらゆる点での核軍縮に導く交渉を誠実に遂行し、かつ完結させる」義務を遵守していないことに当たるかどうかである。この問題についての ICJ の指針はきわめて有益となるだろう。

第Ⅲ部　ICJ への再質問

第7章　信義誠実の義務

　第 6 条の義務の実施方法をめぐる現在の論争からすると、ICJ への再質問が必要である。第 6 条は、締約国に対してはっきりと「核軍縮に関する効果的な措置につき……誠実に交渉を遂行する」ことを義務づけている[133]。1996 年の勧告的意見で、ICJ は全員一致で、この規定は「厳重かつ効果的な国際管理の下におけるあらゆる点での核軍縮に導く交渉を誠実に遂行し、かつ完結させる義務」を確立している、と結論した[134]。しかし、ICJ はその義務の実施方法についてはなんら特定しなかった。過去に ICJ や他の裁判所が信義誠実の構成要素を展開してきたことを考えると、いまこそ ICJ に対して核軍縮の文脈でこの構成要素を定義することを要請すべきである。

信義誠実の意味

　信義誠実は、国際法の「基本原則」を構成する[135]。信義誠実は、当事者の正当な利益と期待を維持することで信頼を構築し関係を安定化させることに結びついている。信義誠実は、条約の交渉、解釈および実施にとって特に重要である[136]。

　誠実な解釈は、国家に対して、条約の文言ならびに趣旨および目的に照らして条約により要請されている行動を決定することを要請する。また国家は、条約採択後に生じた関連する慣行と合意を考慮しなければならない[137]。条約の実施に関して、ICJ は「信義誠実の原則は、国家に対して、条約を合理的な方法でかつ条約目的を実現できる様態で適用することを義務づけている」と述べている[138]。

　ICJ を含むいくつかの国際裁判所は、誠実な交渉の基本的構成要素を明

らかにしてきている。すなわち、①有意義な交渉、②妥協の意思、③時間的および手続的要件の遵守、④合意達成の真摯な努力である[139]。これらの義務については、別の特定事態での諸協定（核兵器との関連では NPT のような協定）に基づき敷衍し、明確化することができる。NPT それ自体はすでに交渉を終えているが、NPT は第 6 条で締約国に対して、さらに誠実な交渉を行うよう要請している。そこでは、誠実に交渉する義務は核兵器の廃絶に向けて努力するだけではなく、その結果を達成することも含んでいる。この結果の達成を妨げる行動は、この義務に反する[140]。

1 有意義な交渉

　誠実な交渉は、本質的に有意義なものでなければならない。1969 年の北海大陸棚事件判決において、ICJ は、交渉当事国は「形式的交渉手続を踏まえるだけでなく」、むしろ「交渉が有意義なものとなるように行動する義務がある」と主張した[141]。換言すれば、交渉当事国は、単なる形式主義を廃して、問題となっている争点に実質的に取り組まねばならない。その取り組みの証しとして、国家は、紛争の論点を特定し意見交換を促進するために、自国の立場とその根拠を明らかにすべきである。新たな考えを提起もせず、交渉の目的を繰り返すだけの外交上の声明を出すことは避けるべきである。有意義な交渉を行なうためには、諸国は、正直かつ公正にお互いを処遇し、自己の動機と目的を率直に表明し、かつ他方当事者から不当に利益を得ることを慎まなければならない。

2 妥協の意思

　誠実な交渉からは、妥協の意思が要請される。交渉はすべての当事者の利益を考慮しなければならず[142]、いずれの国家に対しても先行する合意に違反することを強いるべきではない[143]。1972 年のドイツ対外債務協定の仲裁裁判所によれば、「当事者は、事前にとった確固たる立場を放棄してでも、相互に満足のいく妥協に到達すべくあらゆる努力を払わねばならない」[144]。妥協の意思の義務は、当事者に対して、不合理な条件で合意を受諾することを要請してはいない。むしろ、当事者が、「反対の立場または利益の考慮に対する計画的拒絶」を示したり[145]、合理的な合意の妥結を妨げるために、自己の異議が考慮されているにもかかわらず、提案さ

れた合意を一貫して拒否する場合[146]、その当事者は信義誠実に違反することになる。ラヌー湖事件の仲裁裁判所が説明するように、信義誠実は、当事者に対して、「交渉期間中、自己の権利の全面的行使の停止に同意する」ことを要請している[147]。当事者には提案された合意に反対する権利があるが、妥協を妨げるために反対することは、交渉の意味を失わせることであり、信義誠実の原則に違反する。

3 時間的および手続的要件の遵守

国家は、交渉や合意の採択を不当に遅らせてはならない。ラヌー湖事件において仲裁裁判所は、「協議の不当な打切り、異常な遅滞または合意された手続の不履行がある場合は」信義誠実が侵害されることになると判示した[148]。クウェート対アミノイル社事件での仲裁裁判所は、信義誠実は「状況に応じて適切な期間、交渉の継続を維持すること」を要求していると宣言した[149]。ヒギンズ判事は、壁事件勧告的意見での個別意見において、諸国は、既存の実体的義務だけでなく「共に前進する手続的義務」を尊重すべきであると述べた[150]。また、諸国は、交渉に手続上の不備を持ち出して、遅滞や決裂を容易にしたり、合意達成を不可能にしたりしてはならない。

4 合意達成の真摯な努力

国際法の一般的概念として、信義誠実は結果の義務というよりも行動の義務〔実施・方法の義務〕である[151]。メイン湾事件におけるように、これ以上特定の適用法がないという場合、ICJ は、当事国は積極的な結果を達成する真正な意図をもって交渉する義務があると判示してきた。類似の判決としては、1972 年のドイツ対外債務協定仲裁裁判所が、信義誠実は「合意達成の義務」を含意してはいない、「しかしこの目的に向けた真摯な努力を含意している」と述べている[153]。にもかかわらず、ラヌー湖事件で述べられているように、信義誠実に関する国家の義務は、特定の事態や条約で定義される様態に応じて多様であり得る[154]。NPT のレジームでは、第 6 条は行動と結果の両方を要求している。NPT の締約国は、核兵器の廃絶を達成するための真摯な努力を払って交渉するだけでなく、この結果を実際に達成しなければならない。

NPTの文脈における誠実な交渉

ICJ は誠実な交渉一般に関して判決を出してきているが、核兵器との関係に特定してこの原則を適用したことはない。1996 年の勧告的意見では、ICJ は、NPT 第 6 条は行動（誠実な交渉）および結果（核軍縮）の両方を要求していると判断した。しかし、このとき ICJ は軍縮に導く交渉の特定の要件を明らかにしなかった。この義務を明確にし諸国の行動を後押しするために、いまこそ ICJ に対してこれを明らかにするよう要請すべきである。

先に論じたように、行動の欠如と第 6 条の義務に関する意見の相違はともに、これを明確化することを緊急事項にしている。交渉を遂行するには、諸国はまず交渉を開始しなければならないが、核兵器条約や他の軍縮のための多国間枠組みに向けたこの最初の措置でさえとられていない。また、諸国は 13 項目の措置を履行していない。諸国は、核兵器を廃絶する義務を認めているにしても、そのために何が要求されているかについては意見が一致していない。

第 6 条に特定してその誠実な交渉の意味を裁定するに当たり、ICJ は現在なされている実施提案の意義を考慮すべきである。13 項目の措置を採択する際、諸国は第 6 条の信義誠実要件を満たすことができる 1 本の道筋の概要を示した[155]。第 5 章で説明したように、13 項目の措置は第 6 条の適用・解釈の基準を提供する「後にされた合意」であり、この措置を実質的に実施していない諸国は第 6 条を遵守していない、との有力な主張がある。しかし、13 項目の措置が「後にされた合意」とみなされなくても、まだ実現していないこの措置が実施されるなら、信義誠実を実現することになろう[156]。また、ICJ は、核兵器を禁止し廃絶する条約の早期締結に導く多国間交渉の開始の呼びかけに幅広い支持があることを評価すべきである。第 6 章で論じたように、国連総会の大多数が毎年、諸国に対してこの形態で核軍縮義務を実施するよう求めている。

ICJ による新たな勧告的意見は、核兵器に関連して上記で特定した信義誠実原則の適用を明確化できるだろう。この勧告的意見は、とりわけ、核

軍縮義務の誠実な遵守が 13 項目の措置の実質的実施と核兵器の全面的廃絶に関する多国間交渉の開始を要求するものであるかどうかに取り組むことができるだろう。

第8章　ICJに質すべき法律問題

国際反核法律家協会とハーバード・ロー・スクール国際人権クリニックは、ICJ が核軍縮に導く誠実な交渉の義務について勧告的意見を発表するよう国連総会が ICJ に対して要請すべきだと提言する。勧告的意見は、この義務の法的諸側面を明らかにし、この義務遵守の指針を提供するだろう。

国連総会は、2009 年の会期でこの意見を要請する決議を採択するべきである。というのは、そうなれば 2010 年 NPT 再検討会議の時点で ICJ に問題が係属していることになるからである。ICJ がもうすぐ意見を発表するだろうとの認識は、再検討会議の成果に肯定的な影響を与えることができるだろう。

勧告的意見の要請決議案は付録1に収録されている。その主文は次のとおりである。

〔国連総会は〕国際連合憲章第 96 条に従って、国際司法裁判所に対して、同裁判所規程第 65 条に従って、つぎの問題に関する勧告的意見を緊急に言い渡すことを要請することを決定する。

核兵器の不拡散に関する条約第 6 条および核兵器による威嚇および核兵器の使用の合法性に関する国際司法裁判所の 1996 年 7 月 8 日の勧告的意見において規定された、核軍縮に導く誠実な交渉の義務を考慮して、

1)　国家による前記義務の遵守について信義誠実に関する一般法原則からいかなる法的帰結が導かれるか。
2)　この義務の誠実な遵守は、ある時間枠における核兵器の全面的廃絶に導く多国間交渉の即時開始を要請するか。

3) この義務の誠実な遵守は、a) 1995 年の核兵器の不拡散に関する条約の再検討および延長に関する締約国会議において合意された核不拡散と軍縮のための原則と目標、ならびに、b) 2000 年の同条約の再検討に関する締約国会議において合意され、かつその後の国際連合総会の諸決議において確認された措置および原則、この 2 つの実質的な実施を要請するか。

4) この義務の誠実な遵守の欠如は、次のような行為によって示されるか。

a) 核軍備、運搬システムおよび技術的な支援複合施設を長期間保持し、補修管理しおよび近代化することを計画しならびに実施すること。

b) 新規の軍事的能力をもつ核兵器システムまたは新規の任務のための核兵器システムを開発すること。

5) この義務は普遍的に適用されるか。

(**原註** もし、国連総会がより簡潔な決議の採択が好ましいと考えるなら、代替案として、次のように、上記 5 つの争点に関して ICJ に対して手短に指示する意図をもった単一の質問を要請することになろう。すなわち、NPT 第 6 条および 1996 年の ICJ 勧告的意見において規定された核軍縮に導く誠実な交渉の義務に関して、「信義誠実の原則を含む国際法の規則および原則、ならびに核兵器の不拡散に関する条約の締約国会議の成果および関連する安全保障理事会および総会の諸決議を考慮して、前記義務から生じる法的帰結は何か。」)

質問の解説

上記の質問に回答する新たな勧告的意見において、ICJ は、核軍縮の結果を達成する誠実な交渉の義務という第 6 条の義務が政府に何を要求しているかを説明することになるだろう。ICJ は、この結果の達成を妨げ、そして NPT の趣旨・目的に反する行動を慎むという要件を考慮することになろう。

第 1 問は、壁事件勧告的意見での類似の質問表現に基づいているが[157]、第 1 問への対応では、ICJ は、核軍縮義務の遵守に関する信義誠実の一般

法原則の帰結を特定することになろう。換言すれば、核軍縮との関連で信義誠実の一般原則を分析し、同原則がいかなる法的義務を課しているかを説明することになる。第7章で説明したように、国家が誠実に条約を実施しなければならないことは国際法の基本原則であり、第6条もまた核軍縮に関する誠実な交渉を要求している。国際裁判所が判示してきたことによれば、交渉に関する信義誠実は次のことを要求する。つまり、有意義な交渉、妥協の意思、時間的および手続的要件の遵守、そして合意達成の真摯な努力である。勧告的意見は、これらの原則の下で、核兵器の廃絶に導く交渉の遂行と評価についての、そしてNPTおよび核兵器に関する他の法的文書の遵守についての指針を示すだろう。

第2問に回答することで、ICJは、鋭く対立する紛争の解決に寄与するだろう。大多数の政府は、軍縮義務の履行にはつぎの3つの選択肢のいずれかが必要だとの立場をとっている。すなわち、核兵器条約の交渉と採択、核兵器の廃絶のための期限を切った計画、または廃絶に関する諸文書の枠組みである[158]。これらの政府は、明示的にしろ黙示的にしろ、核兵器の廃絶はそう遠くない将来に達成できるはずだと主張している。反対に、いくつかの核兵器国、すくなくとも、フランス、イスラエル、ロシア、英国および米国は、時間枠を特定したり、時間枠を設定する手順を開始したりすることには実際に反対してきた。米ロは本質的には、軍縮義務の誠実な遵守を示すにはその漸進的な軍備削減で十分だと言ってきたのである[159]。

第3問に応じて、ICJは、NPT再検討会議での1995年と2000年の約束（commitments）の法的地位を明らかにするだろう。これには、13項目の措置が含まれ、この措置はその後の国連総会決議で確認されてきた。2000年以降、ほとんどすべての政府が、その後のつぎのような国連総会決議を支持してきた。それは、1995年と2000年のNPT会議の成果を再確認しこれに依拠し、かつ軍縮義務の実施のための措置と原則を明確化する総会決議である。その措置と原則には、CTBT、兵器用核分裂性物質生産停止条約（FMCT）、核軍備の削減と廃絶への検証・透明性・不可逆性の原則の適用、安全保障態勢における核兵器の役割の低減、ならびに核戦力の運用

上の地位の低減が含まれている[160]。さらに、第5章で説明したように、条約法に関するウィーン条約に規定される十分に確立した条約解釈規則に基づき、1995年と2000年の成果は、第6条を有権的に適用・解釈するNPT採択の後にされた合意に該当するとの尊重すべき法的見解がある。

しかし、第5章で示したように、1995年と2000年の約束の意義に関する見解の対立は残っており、この約束が実質的に履行されていないことと2005年にこの約束の再確認を拒絶した核兵器国があったことがそれを実証している。米国は、NPTの成果を法的効力のない政治的な約束であるとしてきた[161]。さらに、米国の新政権〔オバマ政権〕は、CTBTとFMCTを含む1995年と2000年に特定された一定の措置を追求することを明らかにしたが、同国にはコンセンサス文書については長い不遵守の歴史があり、他の核兵器保有国のなかにもCTBTとFMCTに関する立場が不明確なままの国がある。核兵器国が2000年になされた他の約束を実施する意図があるか、またどのようにして実施するかは問題である。第3問への回答において、ICJは、1995年と2000年の約束の法的含意について指針を示すだろう。

第4問の返答では、ICJは、核戦力を長期間保持し、補修管理しおよび近代化する計画の進行とその実施に関する現在の見解対立の解決を促進するだろう。現存する核戦力を補修管理するだけでも、弾頭、運搬システムおよび技術複合施設を維持し更新するために現在でも計画と大規模な投資が必要となる。近代化は、さらに新たな軍事能力を伴うかもしれない。WMD委員会の勧告は、生じる問題を次のようにいくつか特定している。

> 自国の核兵器システムの更新または近代化を考えている国は、あらゆる関連条約上の義務と核軍縮プロセスに貢献すべき義務に照らしてそのような行動を検討しなければならない。最低限、新規の軍事的能力をもちまたは新規の任務のための核兵器を開発することは慎まなければならない。核兵器と通常兵器の区別を曖昧にし、または核〔使用〕の敷居を引き下げるシステムまたはドクトリンを採用してはならない。[162]

ICJ は、補修管理と近代化の法的含意を審理し、より一般的には、核軍備を長期間保持する計画が、誠実な交渉により核軍縮を達成する義務と NPT の趣旨および目的とに合致しているかに取り組むことができる。

第 5 問への回答で、ICJ は、軍縮義務がイスラエル、インドおよびパキスタンなどの NPT 不参加国を含むすべての国家に対して適用されるか、について明らかにすることとなる [163]。インドとパキスタンは国連総会決議への投票によりこの義務を受け容れてきたが [164]、この質問に対して ICJ の言明を得ることは、やはり有益だろう。肯定的な回答は、軍縮・不拡散レジームへのこれらの国家の統合に役立ち得る。イスラエルは、核兵器の保有を公式に認めていないので、インドやパキスタンとは異なる立場にある。NPT 第 6 条は、核兵器国だけでなく、すべての NPT 締約国に適用される。よって、第 6 条に基づくこの軍縮義務が普遍的に適用されるとの ICJ の結論が得られるなら、それは、イスラエルがどのように分類されるかにかかわらず、この義務に拘束されることを確認するものとなる。この結論は、イスラエルが非核兵器国として NPT に参加すること、または核兵器のない世界を創造する追加文書の創設にイスラエルが参加することを支持するものとなる。

ICJに再質問することの利益

上記提案の 5 つの質問に応える勧告的意見は、誠実に核軍縮を交渉する義務がいかなる行動を要求しているかについて、きわめて重要な明確さをもたらすだろう。

また、ICJ への再質問は、一般的に軍縮における法の位置を再確認することになる。これは「国際法が国連加盟国の個別的および集団的な安全保障上の利益に仕えるという、その積極的価値に対して加盟国間で関心が高まりつつある」[165] ことに一致している。ICJ を繰り返し使うことで、地球規模の重大関心事項（matters of intense global concern）における法の役割を高めることができる。南アフリカはナミビアの占拠を終了させる義務を負っていると ICJ が確認したこととこれに伴うアパルトヘイトに対する法的批

判は、一連の事件が ICJ に提起された後にはじめて生じたものだった[166]。1996 年の勧告的意見に基づく新たな別の勧告的意見によって、軍縮プロセスにおける ICJ の役割は同じように働くだろうと見られる。

　最後に、新たな勧告的意見は、軍縮の展望に積極的効果を与えるだろうし、核兵器のない世界を求める運動を再活性化させるだろう。国連システムと NPT 内での審議を活気づけるだろう。この勧告的意見は、高官や外交官を取り巻く状況の一部となり、公的かつ専門的論議の対象となるだろう。また、この意見は、次のような団体や運動による軍縮を求める市民社会の支持を刺激し強化するだろう。たとえば、平和市長会議（信義誠実キャンペーン "good faith" campaign を行っている）や核廃絶国際キャンペーン、グローバル・ゼロなどの団体・運動である。このように、誠実な交渉に関する勧告的意見は、特定の法律問題を明らかにするだけではなく、より一般的に、核兵器の全面的廃絶という大義を前進させるものなのである。

付録 1　提案されている国連総会決議

核軍縮に導く誠実な交渉の義務に関する国際司法裁判所に対する勧告的意見の要請

総会は、

　国際司法裁判所に対して核兵器による威嚇および核兵器の使用に関する勧告的意見を要請する 1994 年 12 月 15 日の総会決議 49/75K、ならびにこの勧告的意見のフォローアップに関する総会決議、すなわち 1996 年 12 月 10 日の決議 51/45 M、1997 年 12 月 9 日の決議 52/38O、1998 年 12 月 4 日の決議 53/77 W、1999 年 12 月 1 日の決議 54/54Q、2000 年 11 月 20 日の決議 55/33X、2001 年 11 月 29 日の決議 56/24S、2002 年 11 月 22 日の決議 57/85、2003 年 12 月 8 日の決議 58/46、2004 年 12 月 3 日の決議 59/83、2005 年 12 月 8 日の決議 60/76 および 2006 年 12 月 6 日の決議 61/83、2007 年 12 月 5 日の決議 62/39 および 2008 年 12 月 2 日の決議 63/49 を想起し、

　また、1946 年 1 月 24 日の決議 1（Ⅰ）、1954 年 11 月 4 日の決議 808A(IX) および 1978 年 6 月 30 日の決議 A/S-10/2 を含む、核兵器および他の大量破壊兵器の廃絶の達成に関する総会決議を想起し、

　核兵器が存在し続けることは全人類に対する脅威であり、かつその使用は地球上のすべての生命に対して破滅的帰結をもたらすことを確信し、ならびに、核による破滅に対する唯一の防衛策は核兵器の全面的廃絶および核兵器が二度と生産されないことを確実にすることであると認識し、

　核兵器の全面的廃絶および核兵器のない世界の創造という目標に対する国際社会の関与を再確認し、

　細菌兵器（生物兵器）および毒素兵器の開発、生産および貯蔵の禁止ならびに廃棄に関する条約、ならびに化学兵器の開発、生産、貯蔵および使用の禁止ならびに廃棄に関する条約を含む、大量破壊兵器の禁止および廃

絶に関してなされた前進を歓迎し、

　核兵器の不拡散に関する条約のすべての当事国が、この条約のすべての条項における自国についての義務を遵守することの重要性を再確認し、

　とくに、核兵器の不拡散に関する条約第6条に規定された、核軍備競争の早期の停止および核軍備の縮小に関する効果的な措置につき、ならびに厳重かつ効果的な国際管理の下における全面的かつ完全な軍備縮小に関する条約について、誠実に交渉する各締約国の義務に留意し、

　2000年の核兵器の不拡散に関する条約の再検討締約国会議において採択された、核軍縮に導くような各核兵器国の核軍備の全面的廃絶を達成する核兵器国の明確な約束を強調し、

　1995年の核兵器の不拡散に関する条約の再検討延長締約国会議において採択された、核不拡散と軍縮のための原則と目標を想起し、

　2000年の核兵器の不拡散に関する条約の再検討締約国会議において合意された同条約第6条を実施するための13項目の措置を想起し、

　核兵器の不拡散に関する条約から生じる義務および約束の実施を含む、核軍縮および不拡散に関する総会決議、とくに、2008年12月2日の決議63/46、決議63/58および決議63/73に留意し、

　厳重かつ効果的な国際管理の下におけるあらゆる点での核軍縮に導く交渉を誠実に遂行し、かつ完結させる義務が存在するとした、1996年7月8日に出された、核兵器による威嚇および核兵器の使用の合法性に関する国際司法裁判所の勧告的意見の第105項(2)Fにおける同裁判所の全員一致による結論を強調し、

　国際連合加盟国が当事国である条約および他の国際法の法源から生じる義務を尊重し、および完全に実施することにはすべての国際連合加盟国の利益があることを認識し、

核軍縮義務についての誠実な交渉義務を遵守するための法的要件に関する見解の対立を解決することは、この義務の迅速かつ完全な実施ならびに国際の平和および安全の維持を支援することとなることを確信し、および

　憲章第 96 条 1 項は、総会に対して、法律問題に関する勧告的意見を国際司法裁判所に要請する権限を付与していることに留意し、

　国際連合憲章第 96 条に従って、国際司法裁判所に対して、同裁判所規程第 65 条に従って、つぎの問題に関する勧告的意見を緊急に言い渡すことを要請することを決定する。

　核兵器の不拡散に関する条約第 6 条および核兵器による威嚇および核兵器の使用の合法性に関する国際司法裁判所の 1996 年 7 月 8 日の勧告的意見において規定された、核軍縮に導く誠実な交渉の義務を考慮して、

1)　国家による前記義務の遵守について信義誠実に関する一般法原則からいかなる法的帰結が導かれるか。
2)　この義務の誠実な遵守は、ある時間枠における核兵器の全面的廃絶に導く多国間交渉の即時開始を要請するか。
3)　この義務の誠実な遵守は、a)　1995 年の核兵器の不拡散に関する条約の再検討および延長に関する締約国会議において合意された核不拡散と軍縮のための原則と目標、ならびに　b)　2000 年の同条約の再検討に関する締約国会議において合意され、かつその後の国際連合総会の諸決議において確認された措置および原則、この 2 つの実質的な実施を要請するか。
4)　この義務の誠実な遵守の欠如は、次のような行為によって示されるか。
　a)　核軍備、運搬システムおよび技術的な支援複合施設を長期間保持し、補修管理しおよび近代化することを計画しならびに実施すること。
　b)　新規の軍事的能力をもつ核兵器システムまたは新規の任務のための核兵器システムを開発すること。
5)　この義務は普遍的に適用されるか。

付録2　1996年7月8日の勧告的意見（NPT 第 6 条関連部分の抜粋）[167]

98　武力の行使に関する法、特に武力紛争に適用される法を、核兵器に適用するにあたって生じる優れて困難な争点があることから、裁判所はここで、要請された問題のもうひとつの側面を、より広い文脈において見て、検討する必要があると考える。

　長期的には、核兵器ほどの破壊的な兵器の法的地位に関して意見の対立が続けば、国際法が、そしてそれと共に、それが支配しようとする国際秩序の安定性が、悪影響を被ることになるのは必至である。したがって、現状に終止符を打つことが重要である。すなわち、以前から約束されている完全な核軍縮は、そういった結果を得るもっとも適切な手段と思われる。

99　このような状況の下において、裁判所は、核兵器の不拡散に関する条約第 6 条において、核軍縮を誠実に交渉する義務が認められていることが最大限に重要であると評価する。この規定は次のように表現されている。

　　「各締約国は、核軍備競争の早期の停止および核軍備の縮小に関する
　　効果的な措置につき、ならびに厳重かつ効果的な国際管理の下におけ
　　る全面的かつ完全な軍縮縮小に関する条約について、誠実に交渉を行
　　うことを約束する。」

　この義務の法的意味は、単なる行動の義務を超えている。ここに含まれる義務は、特定の行動の進路をとること、すなわち、この事項について誠実に交渉を遂行することによって、明確な結果——あらゆる点での核軍縮——を達成することである。

100　交渉を進め、かつ、これを完結させるという、この二重の義務は、核兵器の不拡散に関する条約の 182 の締約国に正式に関わり、換言すれば、国際社会の大多数に関わるものである。

　さらに、核軍縮に関する国連総会諸決議は、全会一致で繰り返し採択されたとき、国際社会のほぼ全体が関与したことは明らかである。確かに、全面的かつ完全な軍縮、とりわけ核軍備についての現実味を帯びた模索には、すべての国の協力が必要となる。

101　実際、1946 年 1 月 24 日にロンドンにおける会期で全会一致で採択された最初の総会決議は、「原子力兵器およびその他の大量破壊に使うことのできる主要兵器を禁止し、それらの兵器を国家軍備から排除すること」などに特定して提案をすることを任務に含む委員会を設置した。これに続く数多くの決議において、総会は、核軍縮の必要を再確認した。こうして、これも全会一致で採択された 1954 年 11 月 4 日の決議 808A (IX) は、次のような結論に至った。

「包括的かつ調整された提案について合意するようさらに努力しなければならず、それを国際軍縮条約の草案に盛り込み、以下の事項を定めるべきである。……(b) 核兵器およびあらゆる種類の大量破壊兵器の使用および製造を完全に禁止すること、ならびに、すでに貯蔵されている核兵器を平和目的に転換すること。」

同じ確信が、国連の枠組み外においても、さまざまな文書において表明されている。

102　核兵器の不拡散に関する条約第 6 条に表現された義務には、信義誠実の基本原則に従った履行が含まれる。この基本原則は、憲章第 2 条 2 項に定められている。これは、諸国家間の友好関係に関する宣言 (1970 年 10 月 24 日の決議 2625 (XXV)) および 1975 年のヘルシンキ会議最終文書に反映されている。また、1965 年 5 月 23 日の条約法に関するウィーン条約第 26 条にも含まれており、これによると「効力を有するすべての条約は、当事国を拘束し、当事国は、これらの条約を誠実に履行しなければならない」。

裁判所も、次のように、これに対する注意を怠ってきたわけではない。

「法的義務の淵源が何であれ、法的義務の創設と履行を支配する基本原則のひとつは、信義誠実の原則である。信託と信頼は、国際協力に内在するものであって、とりわけ、この協力が多くの分野においてますます欠かせなくなってきている時代においては特にそうである。」
(1974 年 12 月 20 日の核実験事件（オーストラリア対フランス）判決。I.C.J. Reports 1974, p. 268. para. 46.)

103　1995年4月11日の決議984(1995)において、安全保障理事会は「核兵器の不拡散に関する条約のすべての締約国が、そのすべての義務を完全に履行する必要」を再確認し、次のことを要請した。

　　「すべての国は、核兵器の不拡散に関する条約第6条に定めるとおり、核軍備の縮小に関する効果的な措置につき、および、普遍的な目標である、厳重かつ効果的な国際管理の下における全面的かつ完全な軍備縮小に関する条約について、誠実に交渉を行うこと」。

　核兵器の不拡散に関する条約第6条に表現された義務を履行することの重要性は、1995年4月17日から5月12日かけて行われた核兵器の不拡散に関する条約の締約国による再検討および延長に関する会議の最終文書においても、再確認されている。

　裁判所の見解では、これが依然として、今日の国際社会全体にとって死活的な重要性をもつ目標であることは疑いをいれない。……

105　これらの理由により、裁判所は……．
(2) 総会によって提出された問題に対して次のように回答する。……
　　F 全員一致により、
　　厳重かつ効果的な国際管理の下におけるあらゆる点での核軍縮に導く交渉を誠実に遂行し、かつ完結させる義務が存在する。

付録3　2000年再検討会議最終文書における13項目の措置 [168]

　再検討会議は、核兵器の不拡散に関する条約第6条ならびに1995年の「核不拡散および軍縮のための原則および目標」に関する決定の第3項および第4項(c) を実施するための体系的かつ前進的な努力に関する次のような実際的措置につき合意する。

1　包括的核実験禁止条約の早期発効を達成するために、憲法上の手続に従って、遅滞なくかつ無条件に署名および批准することの重要性および緊急性。

2　条約発効までの核兵器実験よる爆発またはその他のすべての核爆発に関する一時停止。

3　1995年の特別コーディネーターの声明およびその声明に含まれている任務に基づき、核軍縮および核不拡散の目標を考慮に入れた上での、ジュネーブ軍縮会議における、核兵器またはその他の核爆発装置用の核分裂性物質の生産を禁止する、国際的にかつ効果的に検証可能な、差別的でない多国間条約に関する交渉の必要性。ジュネーブ軍縮会議は、5年以内の締結を目的とするこうした条約に関する交渉の即時開始を含む作業計画に合意するよう求められる。

4　核軍縮に対処する権限を有する適切な補助機関をジュネーブ軍縮会議に設置する必要性。同会議は、このような機関の即時の設置を含む作業計画に合意するよう強く要請される。

5　核軍縮、核軍備管理およびその他の関連軍備管理ならびにその削減措置に適用される不可逆性の原則。

6　すべての締約国が第6条に基づき誓約している核軍縮に導くような核軍備の全面的廃絶を達成するという核兵器国による明確な約束。

7　戦略的安定の基礎ならびに戦略攻撃用兵器のさらなる削減の基盤として、条約規定に従いつつ、ABM条約の維持及び強化を図りながら、START Ⅱ を早期に発効させかつ完全に実施することおよびできる限り早期にSTART Ⅲ を締結すること。

8 米国、ロシア連邦および国際原子力機関間の 3 者イニシアチブの完成および実施、

9 国際的な安定を促進させる方法で、かつすべての国家の安全保障を低減させないという原則に基づき、核軍縮に導く全核兵器国による以下の措置。

- 一方的に核軍備を削減する核兵器国によるさらなる努力
- 核兵器能力および第 6 条に従った諸合意の実施に関する核兵器国による透明性の強化であって、核軍縮のさらなる前進を支援するための自発的な信頼醸成措置としての透明性の強化
- 一方的提案に基づく、ならびに核兵器削減および軍縮プロセスの不可欠な要素としての、非戦略核兵器のさらなる削減
- 核兵器システムの作戦上の地位をさらに低減させるための合意による具体的措置
- 核兵器が使用される危険を最小限に抑え、その全面的廃絶プロセスを促進するための安全保障政策における核兵器の役割の低減
- 核兵器の全面的廃絶に導く過程へのすべての核兵器国の適切な限りの早期の関与

10 それぞれの核兵器国により軍事目的に不必要であると指定された核分裂性物質を、実行可能な限り早期に、IAEA あるいはその他の関連する国際的な検証の管理下に置くための、すべての核兵器国間の取決め、およびこうした物質を永久に軍事計画の外に置くことを確保するために、平和目的での処分をおこなう取決め。

11 軍縮プロセスにおける諸国による努力の究極的目標は、効果的な国際管理の下における全面的かつ完全な軍縮であることの再確認。

12 強化された NPT 再検討プロセス枠内における、第 6 条および 1995 年の「核不拡散および軍縮のための原則および目標」に関する決定の第 4 項 (c) の実施についての、1996 年 7 月 8 日の国際司法裁判所の勧告的意見を想起しての、すべての締約国による定期的な報告。

13 核兵器のない世界の達成および維持を目的とする核軍縮協定に対する遵守を保証するために必要となる検証能力のさらなる開発。

註

1 Legality of the Threat or Use of Nuclear Weapons, Advisory Opinion, 1996 I.C.J. Reports, 226, 243 ¶35（July 8）, *available at* 〈 http://www.icj-cij.org/docket/files/95/7495.pdf 〉〔hereinafter Nuclear Weapons Advisory Opinion〕.

2 *See* Nagendra Singh, *The Distinguishable Characteristics of the Concept of the Law as It Developed in Ancient India, in* Liber Amicorum for the Right Honourable Lord Wilberforce 93（1987）（cited in Nuclear Weapons Advisory Opinion, supra note 1, at 497 n.66（dissenting opinion of Judge Weeramantry））.

3 Ban Ki-moon, UN Secretary-General, Address to the East-West Institute: The United Nations and Security in a Nuclear-Weapon-Free World（Oct. 24, 2008）,〈 http://www.un.org/News/Press/docs/2008/sgsm11881.doc.htm 〉.〔本書 294 頁以下参照〕

4 Remarks by President Barack Obama, Hradcany Square, Prague, Czech Republic（Apr. 5, 2009）, *available at* 〈 http://www.whitehouse.gov/the_press_office/Remarks-By-President-Barack-Obama-In-Prague-As-Delivered 〉.

5 Nuclear Weapons Advisory Opinion, supra note 1, ¶105（2）(F).

6 *See id.*, ¶¶ 98-102.

7 核兵器の不拡散に関する条約（NTP）第 6 条。同条約は 1968 年 7 月 1 日に署名開放、1970 年に発効した（21 U.S.T. 483, 729 U.N.T.S. 161）。

8 *See, e.g.*, LAWYERS'COMMITTEE ON NUCLEAR POLICY ET AL., NUCLEAR DISORDER OR COOPERATIVE SECURITY? 46-50, 63-74（Michael Spies & John Burroughs eds., 2007）; WEAPONS OF MASS DESTRUCTION COMMISSION, WEAPONS OF TERROR: FREEING THE WORLD OF NUCLEAR, CHEMICAL AND BIOLOGICAL ARMS 24, 179, *passim*（2006）; reports regarding the Conference on Disarmament, NPT, and General Assembly, prepared by the Reaching Critical Will project of the Women's International League for Peace and Freedom, *available at* 〈 http://www.reachingcriticalwill.org 〉.

9 WEAPONS OF MASS DESTRUCTION COMMISSION, *supra* note 8, at 94.

10 *Id.*, at 53.

11 *See, e.g.*, George P. Shultz, William J. Perry, Henry A. Kissinger & Sam Nunn, Op-Ed., *A World Free of Nuclear Weapons*, WALL ST. J., Jan. 4, 2007, at A15; George P. Shultz, William J. Perry, Henry A. Kissinger & Sam Nunn, Op-Ed., *Toward a Nuclear-Free World*, WALL ST. J., Jan. 15, 2008, at A13. ジョージ・P・シュルツ（George P. Shults）とヘンリー・A・キッシンジャー（Henry A. Kissinger）は元合衆国国務長官、ウィリアム・J・ペリー（William J. Perry）は元合衆国国防長官、サム・ナン（Sum Nunn）は元合衆国上院議員である。*See also* Helmut Schmidt, Richard von Weizsäcker, Egon Bahr and Hans-Dietrich Genscher, Op-Ed., *Toward a Nuclear-Free World: A German View*, INT. HERALD TRIB., Jan. 9, 2009. ドイツ連邦共和国のヘルムート・シュミット（Helmut Schmidt）は元首相、リヒャルト・フォン・ヴァイツゼッカー（Richard von Weizsacker）は元大統領、イゴン・バール（Egon Bahr）は元大臣、ハンス＝ディートリヒ・ゲンシャー（Hanz-Dietrich Genscher）は元外務大臣である。

12　Ban Ki-moon, *supra* note 3.
13　*See, e.g.*, Follow-Up to the Advisory Opinion of the International Court of Justice on the *Legality of the Threat or Use of Nuclear Weapons*, G.A. Res. 63/49, U.N. Doc. A/RES/63/49 (Dec. 2, 2008).
14　Joint Statement by Russian Federation President Dmitriy Medvedev and U.S. President Barack Obama, Office of the Press Secretary, The White House (Apr. 1, 2009),〈http://www.whitehouse.gov/〉. *See also* Remarks by President Barack Obama, Prague, supra note 4.
15　Nuclear Weapons Advisory Opinion, *supra* note 1, ¶98.
16　国連憲章第7条。
17　国連憲章第92条〜第96条。
18　国連憲章第93条。国際司法裁判所規程（以下、ICJ規程）第35条。
19　国連憲章第94条、ICJ規程59条。
20　ICJ規程第66条。
21　Interpretation of Peace Treaties with Bulgaria, Hungary and Romania, Advisory Opinion, 1950 I.C.J. Reports, 65, 71 (Mar. 30).
22　*See, e.g.*, Legal Consequences for States of the Continued Presence of South Africa in Namibia (South West Africa) notwithstanding Security Council Resolution 276 (1970), Advisory Opinion, 1971 I.C.J. Reports, 16, ¶133 (June 21) [hereinafter Namibia Advisory Opinion]; Legal Consequences of the Construction of a Wall in the Occupied Palestinian Territory, Advisory Opinion, 2004 I.C.J. Reports, 136, 1¶63(3)(A)-(D) (July 9) [hereinafter Wall Advisory Opinion].
23　Western Sahara, Advisory Opinion, 1975 I.C.J. Reports, 73, ¶6 (Oct. 16) (declaration of Judge Gros).
24　Mohamed Shahabuddeen, PRECEDENT IN THE WORLD COURT 171 (2007).
25　ICJ規程第65条1項。
26　Interpretation of Peace Treaties, *supra* note 21, at 71.
27　*See* Legality of the Use by a State of Nuclear Weapons in Armed Conflict, Advisory Opinion, 1996 I.C.J. Reports, 66, ¶¶ 29-32 (June 8); U.N. Charter, *supra* note 16, art. 96, ¶2.
28　*See* Status of Eastern Carelia, Advisory Opinion, 1923 P.C.I.J. (ser. B) No. 5 (July 23).
29　*See* Wall Advisory Opinion, supra note 22; Namibia Advisory Opinion, *supra* note 22, at 16.
30　Interpretation of the Agreement of 25 March 1951 between the WHO and Egypt, Advisory Opinion, 1980 I.C.J. Reports, 73, ¶33 (Dec. 20), *available at*〈http://www.icj-cij.org/docket/files/65/6303.pdf〉.
31　*See* Nuclear Weapons Advisory Opinion, supra note 1, ¶13; see also Wall Advisory Opinion, *supra* note 22, ¶58.
32　国連憲章第96条。
33　国際司法裁判所規則第103条。
34　ICJ規程第66条4項。
35　ICJ規程第66条2項。
36　Wall Advisory Opinion, *supra* note 22,¶ 6.
37　Practice Direction XII, 2009 I.C.J. Acts & Docs. *available at*〈http://www.icj-cij.org/

documents/index.php?p1=4&p2=4&p3=0 〉.
38 Nuclear Weapons Advisory Opinion, *supra* note 1, ¶105(2)(D); *see id.* ¶¶ 85-87.
39 *Id.* ¶35.
40 *Id.*
41 *Id.*¶ 95.
42 *Id.*
43 *Id.* ¶25.
44 *Id.* ¶¶ 25, 30.
45 *Id.* ¶94.
46 *Id.* ¶95.
47 *Id.* ¶¶ 97, 105(2)(E).
48 *Id.* ¶98.
49 *Id.* ¶12、強調は引用者。
50 *Id.* ¶98.
51 JEFFREY L. DUNOFF ET AL., INTERNATIONAL LAW: NORMS, ACTORS, PROCESS: A PROBLEM-ORIENTED APPROACH 530 (2d ed. 2006).
52 *Id.* at 530-31.
53 *Id.* at 531-32.
54 BENJAMIN N. SHIFF, INTERNATIONAL NUCLEAR TECHNOLOGY TRANSFER: DILEMMAS OF DISSEMINATION AND CONTROL 78 (1983).
55 ENDC は、東側諸国、西側諸国および非同盟諸国を含む国連が支援する18 カ国からなる交渉機関であった。JEAN E. KRASNO, THE UNITED NATIONS: CONFRONTING THE CHALLENGES OF A GLOBAL SOCIETY 196 (2004).
56 COIT D. BLACKER & GLORIA DUFFY, INTERNATIONAL ARMS CONTROL: ISSUES AND AGREEMENTS 153-55 (2d ed. 1984).
57 SHIFF, *supra* note 54, at 79.
58 NPT 条約第1条および第2条。
59 Edwin Brown Firmage, *The Treaty on the Non-Proliferation of Nuclear Weapons*, 63 AM. J. INT'LL. 711, 717-21 (1969).
60 NPT 第3条は、締約国に対して、IAEA と交渉した保障措置により拘束され、IAEA により監視されることを義務づけている。
61 同第4条。
62 同第5条~第7条。
63 Firmage, *supra* note 59, at 719-20.
64 *Id.* at 719.
65 *Id.* at 720-21. アルバニア、タンザニア、キューバおよびザンビアが反対票を投じた。
66 UN Office for Disarmament Affairs, Treaty on the Non-Proliferation of Nuclear Weapons, 〈 http://www.un.org/disarmament/WMD/Nuclear/NPT.shtml 〉（ここでは、190 カ国とされており、朝鮮民主主義人民共和国の脱退は考慮されていない。）(last visited Apr. 15, 2009).
67 NPT 第6条。
68 *See*, *e.g.*, Note Verbale from the Embassy of N.Z. (June 20, 1995) together with Written

Statement of the Gov't of N.Z. ¶6. ニュージーランドは、「国内法の制定、南太平洋非核化地帯の設立、多国間軍縮交渉および制度への関与、特に包括的核実験禁止条約を確保するための努力」という具体例を提示した。オランダは、第5章において検討される1995年のNPT会議最終文書を、核軍縮の意義に対する国際社会のますます高まる認識の印とみなしていた。Letter from the Minister for Foreign Affairs of the Netherlands（June 16, 1995）together with the Written Statement of the Gov't of the Netherlands 6, ¶12.

69 Note Verbale from the Embassy of Mex.（June 19, 1995）together with Written Statement of the Gov't of Mex. 6, ¶22. *See also* Letter from Counsel Appointed by Nauru（June 15, 1995）together with Written Statement of the Gov't of Nauru 12.

70 Letter from the Legal Adviser to the Foreign and Commonwealth Office of the United Kingdom of Gr. Brit. and N. Ir.（June 16, 1995）together with Written Comments of the U.K. 13, ¶3.

71 I.C.J. Verbatim Record, CR 1995/26 ¶28（Nov. 6, 1995）(public sitting held at 10 a.m. at the Peace Palace, President Bedjaoui presiding).

72 *Id.* n.23. *See* North Sea Continental Shelf（F.R.G. v. Den.; F.R.G. v. Neth.）, 1969 I.C.J. 47, ¶85（Feb. 20）[hereinafter North Sea Continental Shelf Case].

73 I.C.J. Verbatim Record, CR 1995/27 ¶44（Nov. 7, 1995）(public sitting held at 10 a.m. at the Peace Palace, President Bedjaoui presiding).

74 I.C.J. Verbatim Record, CR 1995/22 ¶56（Oct. 30, 1995）(public sitting held at 10 a.m. at the Peace Palace, President Bedjaoui presiding).

75 *Id.*

76 *Id.* ¶64.

77 Nuclear Weapons Advisory Opinion, supra note 1, ¶105(2)(F).「厳重かつ効果的な国際管理の下におけるあらゆる点での核軍縮に導く交渉を誠実に遂行し、かつ完結させる義務が存在する。」

78 *Id.* ¶99.

79 *Id.* ¶100.

80 *Id.* ¶100.

81 この結果の義務に関する理由づけは、NPT前文から支持される。前文では、全面完全軍縮に関する条約で達成される「核兵器の製造の停止、貯蔵……の廃棄、および……核兵器……の除去」を目標（aims）として特定している。全面完全軍縮に関する条約は第6条でも言及されている。1950年代および60年代には、全面完全軍縮に関する条約は、a）軍隊および通常軍備の制限および削減、b）核兵器およびあらゆる形式の大量破壊兵器の禁止、ならびにc）管理機関による効果的な国際管理の確立、として予定されていた。See G.A. Res. 808 A(IX)（1954）. NPT交渉後、国家実行は、とくに、生物兵器、化学兵器、対人地雷およびクラスター爆弾についての兵器の類型別の禁止・全廃条約を別個に交渉するようになった。化学兵器の場合は実施機関が設置されている。このような事項は、国連総会では「全面完全軍縮」の議題の下で検討されている。

82 1968年2月に、スウェーデンは、「早期の」を挿入し、「軍縮」の前に「核」を付すという第6条の修正と条約前文で包括的な核実験禁止条約への言及を提案した。U.N. ENDC, 363d mtg. at 6-7. U.N. Doc. ENDC/PV. 353（Feb.8, 1968）. これらの変更は受け入れ

られ、1968 年 3 月の共同案の一部となり、結局は最終条約となったのである。Firmage, supra note 59, at 734.

83 MOHAMED SHAKER, THE NUCLEAR NON-PROLIFERATION TREATY: ORIGIN AND IMPLEMENTATION 1959-1979, at 556-57 (1980).

84 Firmage, *supra* note 59, at 733-34.

85 U.N. Eighteen-Nation Disarmament Committee [ENDC], 343d mtg. at 10, U.N.Doc. ENDC/PV.331 (Sept. 19, 1967).

86 Firmage, *supra* note 59, at 734.

87 SHAKER, *supra* note 83, at 558.

88 *Id.* at 572.

89 Nuclear Weapons Advisory Opinion, *supra* note 1, ¶105.

90 Christopher A. Ford, *Interpreting Article VI of the Treaty on the Non-Proliferation of Nuclear Weapons*, 14 NONPROLIFERATION REV. 401, 403 (2007).

91 *Id.* at 403-04.

92 *Id.* at 405-07.

93 Thomas Graham, Correspondence, *The Origin and Interpretation of Article VI*, 15 NONPROLIFERATION REV. 7, 9 (2008), *available at* 〈 http://cns.miis.edu/npr/pdfs/151_correspondence.pdf 〉.

94 毎年の国連総会決議「核兵器による威嚇または核兵器の使用の合法性に関する国際司法裁判所の勧告的意見のフォローアップ」の主文 1 項は、「厳重かつ効果的な国際管理の下におけるあらゆる点での核軍縮に導く交渉を誠実に遂行し、かつ完結させる義務が存在するという国際司法裁判所の全員一致の結論を再び強調し」と述べている。2006 年に、本項に対する最新の分割投票が行われ、賛成 168 票、反対 3 票、棄権 5 票で承認された。インドとパキスタンは賛成票を、イスラエル、ロシアおよび合衆国は反対票を、フランスとイギリスは棄権した。この決議全体は、賛成 125 票、反対 27 票、棄権 29 票で採択された。G.A. Res. 61/83, U.N. Doc. A/RES/61/83 (Dec. 6. 2006). 投票結果は、次のサイトから入手可能である。〈 http://disarmament.un.org/vote.nsf 〉

95 NPT 第 8 条 3 項は、締約国の過半数が 5 年ごとに再検討会議を開催することを選択できる手続を規定している。

96 *See* Reaching Critical Will, NPT Review Process: 1970-1995,〈 http://www.reachingcriticalwill.org/legal/npt/history.html 〉(last visited Apr. 15, 2009); *see also* Carlton Stoiber, *The Evolution of NPT Review Conference Final Documents, 1975-2000*, 10 NONPROLIFERATION REV.126, 126 (2003), available at 〈 http://cns.miis.edu/npr/pdfs/103stoi.pdf 〉.

97 *See* Stoiber, supra note 96, at 126. ここでは、「1980 年に、Ismet Kittani 再検討会議議長（イラン）は、第 6 条（軍縮）に対する進展は、『期待はずれである』と述べて……. 交渉を一時中断した」としている。

98 *See id.* ここでは、第 6 条についての議論が、再び主な争点となり、これが最終文書が作られなかった理由であるとしている。

99 他の 2 つの柱は不拡散と核エネルギーの平和利用である。*See* 2005 Review Conference of the Parties to the Treaty on the Non-Proliferation of Nuclear Weapons (NPT), New York, N.Y., U.S.A., May 2-27, 2005, *Report of Main Committee* I, U.N. Doc. NPT/CONF/2005/MC.I

/1, *available at* 〈 http://www.reachingcriticalwill.org/legal/npt/RevCon05/MCIreport.pdf 〉.

100　See HARALD MÜLLER, THE 2005 NPT REVIEW CONFERENCE: REASONS AND CONSEQUENCES OF FAILURE AND OPTIONS FOR REPAIR（Weapons of Mass Destruction Commission, 2005）, *available at* 〈 http://www.wmdcommission.org/files/No31.pdf 〉.

101　たとえば、以下を参照。2005 Review Conference of the Parties to the Treaty on the Non-Proliferation of Nuclear Weapons（NPT）, New York, N.Y., U.S.A., May 2-27, 2005, *Implementation of the Treaty on the Non-Proliferation of Nuclear Weapons: Report Submitted by the People's Republic of China*, U.N. Doc. NPT/CONF.2005/24, *available at* 〈 http://daccessdds.un.org/doc/UNDOC/GEN/N05/333/90/PDF/N0533390.pdf 〉（包括的核実験禁止条約（CTBT）の署名および批准を、第 6 条の完全遵守として挙げている）; H.E. Mr. François Rivasseau, Ambassador, Permanent Representative of France to the Conference on Disarmament, Statement to the General Debate 7（May 5, 2005）, *available at* 〈 http://www.un.org/events/npt2005/statements/npt05france.pdf 〉（包括的核実験禁止条約（CTBT）の署名および批准を、第 6 条の完全遵守として挙げている）; Vladimir Putin, President of the Russian Federation, Address to the Participants in the Review Conference of the Parties to the NPT 2（May 3, 2005）, *available at* 〈 http://www.un.org/events/npt2005/statements/npt03russiapresident1.pdf 〉（ロシアは、「その軍縮の要請の全てを厳格に遵守している」と簡単に述べている）; Ambassador John Freeman, Head of U.K. Delegation, Statement to the Seventh Review Conference of the Treaty on the Non-Proliferation of Nuclear Weapons 5, ¶¶ 18-20,（May 5, 2005）, *available at* 〈 http://www.un.org/events/npt2005/statements/npt05unitedkingdom.pdf 〉（英国の一方的軍縮措置を、英国がそのすべての義務を厳格に遵守していることを認識する例として挙げている）; Stephen G. Rademaker, U.S. Assistant Sec'y of State for Arms Control, Statement to the 2005 Review Conference of the NPT 6（May 2, 2005）, *available at* 〈 http://www.reachingcriticalwill.org/legal/npt/RevCon05/GDstatements/U.S.pdf 〉（第 6 条の遵守を、START および SORT 交渉ならびに一方的軍縮措置の観点から論議している）.

102　*See supra* note 101 and sources listed; *see also* Stephen G. Rademaker, U.S.Assistant Sec'y of State for Arms Control, U.S. Compliance with Article VI of the Non-Proliferation Treaty（NPT）: Remarks at a Panel Discussion at the Arms Control Association（Feb. 3, 2005）, *available at* 〈 http://www.nuclearfiles.org/menu/keyissues/nuclear-weapons/ issues/policies/us-nuclear-policy/nti_dos020305.pdf 〉.

103　Strategic Arms Reduction Treaty（START I）, U.S.-U.S.S.R, July 31, 1991, 31 I.L.M. 246（1992）.

104　Sergio Duarte, UN High Representative for Disarmament Affairs, Speech at Netherlands Institute of International Relations（Clingendael）: New Perspectives in the United Nations for Disarmament（Mar. 4, 2008）, available at 〈 http://www.clingendael.nl/events/20080304/20080304_cli_speech_duarte.pdf 〉.

105　この決定は核不拡散条約を改正した。同条約第 10 条 2 項。

106　結局、再検討会議は実施の評価に合意することができなかったが、延長の決定とからめて今後の実施に関する諸原則を採択した。

107　Center for Nonproliferation Studies, *Decisions and Resolution Adopted at the 1995 NPT Review and Extension Conference*, *in* Inventory of International Non-Proliferation Organizations and Regimes 364, 367, Decision 3, ¶3 (2002), *available at* 〈 http://cns.miis.edu/inventory/pdfs/npt95rc.pdf 〉, *see also* Jean du Preez, *Avoiding a Perfect Storm: Recharting the NPT Review Process*, ARMS CONTROL TODAY, October 2008_10duPreez 〉（ここでは、決定は投票なしのコンセンサスにより採択されたと述べている）．

108 Center for Nonproliferation Studies, *supra* note 107, at 365, Decision 2, ¶¶ 3-4.

109 *Id.*, at 365, Decision 2, ¶4.

110 Ambassador John Freeman, *supra* note 101, at 5, ¶¶ 18-20.

111 H.E. Mr. Francois Rivasseau, *supra* note 101, at 7.

112 2000 Review Conference of the Parties to the Treaty on the Non-Proliferation of Nuclear Weapons（NPT）, New York, N.Y., U.S.A., Apr. 24-May 19, 2000, *Final Document, Part II*, at 14, ¶15, U.N. Doc. NPT/CONF.2000/28, available at 〈 http://www.reachingcriticalwill.org/legal/npt/2000FD.pdf 〉［hereinafter 2000 Review Conference, Final Document, Part II］（「会議は、核不拡散条約の第 6 条および 1995 年の『核不拡散と核軍縮のための原則と目標』に関する決定を実施するための体系的かつ前進的な努力のために次の実際的な措置に合意する。」）．

113 *Id.*

114 たとえば以下を参照。Philippe Sands, QC, & Helen Law, *UK's Nuclear Deterrent, Current and Future Issues of Legality*, MATRIX, GRAY'S INN（London）, Nov. 13, 2006, at 11-15 n. 29,〈 http://www.greenpeace.org.uk/MultimediaFiles/Live/FullReport/8072.pdf 〉Peter Weiss, John Burroughs & Michael Spies, Lawyers Committee on Nuclear Policy, The Thirteen Practical Steps: Legal or Political? May 2005,〈 http://www.lcnp.org/disarmament/npt/13stepspaper.htm 〉．これに反対する見解として以下を参照。Ford, *supra* note 90, at 411-413.

115 2000 Review Conference, *Final Document, Part II*, *supra* note 112, at 14, ¶ 15（emphasis supplied）．「合意する」の語は最終文書では 2 度しか用いられていない。すなわち、13 項目の措置に合意し、法的拘束力のある安全の保証が必要であることに合意している。

116 *See* MÜLLER, supra note 100.

117 たとえば、CTBT の発効（第 1 項目）のために必要な国家による批准が達成されていない。あるいは国家は、国際的検証手続（第 14 項目）の強化を図っていない。とりわけ、中国と米国は、CTBT の署名は完了しているが、批准は未だできていない。Arms Control Association, The Status of the Comprehensive Test Ban Treaty: Signatories and Ratifiers（Feb. 2008）,〈 http://www.armscontrol.org/factsheets/ctbtsig 〉(last visited Apr. 15, 2009). 検証手続に関しては、特に米国が国際的検証手続を、核分裂性物質生産を禁止する条約に組み込むことに反対しており、国際的検証措置の利用を阻止し、カットオフ条約の交渉を遅延させている。U.S. Mission to the United Nations, Geneva, White Paper on a Fissile Material Cutoff Treaty-Conference on Disarmament（May 18, 2006）,〈 http://www.state.gov/t/isn/rls/other/66901.htm 〉．

118 ジュネーブ軍縮会議は、核分裂性物質の生産禁止に関する交渉を未だに終えていない（第 3 項目）。また核軍縮を扱う補助機関も設立していない（第 4 項目）。*See, e.g.*, Press Release, The United Nations Office at Geneva［UNOG］, Conference on Disarmament, Conference on Disarmament Hears Statements from Malaysia and the United Kingdom（Feb. 5,

2009,〈 http://www.unog.ch/unog/website/news_media.nsf/(httpNewsByYear_en)
/9E3D0FC03E317A39C125755400383F89?OpenDocument 〉(ジュネーブ軍縮会議に、その
実質的な作業を進め、軍縮に取組むよう求める声明). 軍縮会議は、1995 年に核分裂
性物質禁止に対する交渉に着手し、1998 年に 3 週間協議したが、それ以降再三の交渉に
対する要請にもかかわらず、交渉を再開するまでに至っていない。*See* Nuclear Threat
Initiative, Ending Further Production: Fissile Material Cutoff Treaty(Aug. 1, 2006),
〈 http://www.nti.org/e_research/cnwm/ending/fmct.asp 〉.〔なお、CD は 2009 年 5 月にカット
オフ条約の交渉開始を含む 2009 年作業計画案を全会一致で採択した。〕

119 核兵器国は、既存の条約の強化(第 7 項目)、新たな条約の交渉(第 7 項目)あるい
は結果として核兵器の削減をもたらす一方的な措置(第 9 項目)も怠ってきた。対弾道
ミサイル(ABM)システム制限条約を強化するどころか、実際には米国は、2001 年に条
約を脱退したのである。*America withdraws from ABM Treaty*, BBG News, Dec.13, 2001.
〈 http://news.bbc.co.uk/1/hi/world/americas/1707812.stm 〉.START Ⅱ は、交渉は行われたが、
未だに発効していない。米国が 1977 年の条約付属文書の批准を行っていないからであ
る。*See* Nikolai Sokov, START Ⅱ Ratification; More Than Meet the Eye, CNF REP., Apr. 17,
2000.〈 http://cnf.miis.edu/reports/start2.htm 〉; See also Nuclear Threat Initiative, WMD 411;
US- Russian Treaties & Agreements(Jan. 2007),〈 http://www.nti.org/f_WMD411/f1b2.2.
htm 〉.これらの START Ⅱ に関する論争は、START Ⅲ の進展を阻害し、代わりに、実戦
配備の戦略核弾頭の削減のみを求める、検証措置を欠く、核軍備全体の削減を求めない
という内容的に後退した SORT 協定をもたらしたのである。*See* Ambassador Yuri
Nazarkin, *The START and SORT Treatie*s: Comparative Analysis of Their Compliance System,
Apr. 20, 2007, available at〈 http://gesp.ch/e/meetings/Security_Challenges/WMD/Meeting_
Conf?2007/Nazarkin_START-SORT.pdf 〉.核兵器国はまた、核兵器の戦略上の役割の低減
(第 9 項目 e)も行っていない。

120 *See, e.g*., Michael Spies & Ray Acheson, Renewal vs. Disarmament: Update on Disarmament
Compliance, NGO presentation to the 2008 NPT PrepCom(Apr. 29, 2008), *available at*
〈 http://www.reachingcriticalwill.org/legal/npt/prepcom08/ngostatements/DisarmamentOverview.
pdf 〉.

121 2005 Review Conference of the Parties to the Treaty on the Non-Proliferation of Nuclear
Weapons(NPT), New York, N.Y., U.S.A., May 2-27, 2005, Issues to be Considered by Main
Committee I: Working Paper Submitted by Nigeria, at 1, ¶4, U.N. Doc.NPT/CONF.2005/MC.
I/WP.2, *available at* 〈 http://daccessdds.un.org/doc/UNDOC/GEN/N05/351/42/PDF/N0535142.
pdf 〉.

122 H.E. I Gusti Agung Wesaka Puja, Ambassador of the Republic of Indon. to the U.N., WTO,
and other Int' l Orgs. in Geneva, Statement on Behalf of the Group of Non-Aligned States
Parties to the Treaty on the Non-Proliferation of Nuclear Weapons at the General Debate of the
Second Session of the Preparatory Committee for the 2010 Review Conference 2(Apr. 28,
2008), *available at* 〈 http://www.reachingcriticalwill.org/legal/npt/prepcom08/statements/NAM
April28.pdf 〉.

123 H.E. Don MacKay, New Zealand Permanent Representative to the U.N. in Geneva, Statement
on Behalf of the New Agenda Coalition at the Preparatory Committee for the 2010 Review

Conference 3（Apr. 28, 2008）, *available at*〈 http://www.mfat.govt.nz/downloads/disarmament/nac-general-debate-statement.pdf 〉.

124　G.A. Res. 63/49, *supra* note 13. 核兵器を保有する国家の中で、フランス、イスラエル、ロシア、英国および米国は、この決議に反対票を投じた。中国、インドおよびパキスタンは賛成票を投じた。Press Release, UN Dep't of Pub. Info., On Recommendation of First Committee, General Assembly Adopts 57 Texts, including Two New Ones on Halting Illicit Arms Brokering, Banning Cluster Munitions, GA/10792（Dec. 2, 2008）, *available at*〈 http://www.un.org/News/Press/docs/2008/ga10792.doc.htm 〉.

125　*See Letter Dated 31 October 1997 from the Charge d'affaires a.i. of the Permanent Mission of Costa Rica to the United Nations Addressed to the Secretary-General*, U.N. Doc. A/C.1/52/7（Nov. 17, 1997）.

126　*Id.*

127　*Letter dated 17 December 2007 from the Permanent Representatives of Costa Rica and Malaysia to the United Nations Addressed to the Secretary-Genera*l, U.N. Doc. A/62/650（Jan. 18, 2008）.

128　Press Release, Secretary-General Ban Ki-moon, The United Nations and Security in a Nuclear-Weapon-Free World, U.N. Doc. SG/SM/11881（Oct. 24, 2008）, available at〈 http://www.un.org/News/Press/docs/2008/sgsm11881.doc.htm 〉.

129　*Follow-up to the Advisory Opinion of the International Court of Justice on the* Legality of the Threat or Use of Nuclear Weapons t*o the 2000 NPT Review Conference*, Conference of the Parties to the Treaty on the Non-Proliferation of Nuclear Weapons, Working Paper Nos. NPT/CONF.2000/MC.I/SB.1/WP.4 and NPT/CONF.2005/WP.41.

130　Costa Rica, *Model Nuclear Weapons Convention*, 2007 Preparatory Committee for the 2010 Review Conference of the Parties to the Treaty on Non-Proliferation of Nuclear Weapons, Working Paper No. NPT/CONF.2010/PC.I/WP.17, 2007, *available at*〈 http://www.reachingcriticalwill.org/legal/npt/prepcom07/workingpapers/17.pdf 〉.

131　この作業を支援している 3 つの市民社会組織は、国際反核法律家協会、拡散に反対する技術者と科学者の国際ネットワーク（the International Network of Engineers and Scientists against Proliferation）および核戦争防止国際医師会議（the International Physicians for the Prevention of Nuclear War）である。このモデル条約は以下の文献で解説されている。MERAV DATAN, FELICITY HILL, JÜRGEN SCHEFFRAN & ALYN WARE, INT'L PHYSICIANS FOR THE PREVENTION OF NUCLEAR WAR, SECURING OUR SURVIVAL: THE CASE FOR A NUCLEAR WEAPONS CONVENTION（2007）, *available at*〈 http://www.icanw.org/securing-our-survival 〉.〔邦訳として、浦田賢治編訳『地球の生き残り：解説・モデル核兵器条約』（日本評論社）2008 年〕

132　Nuclear Weapons Advisory Opinion, *supra* note 1, ¶57.

133　Treaty on the Non-Proliferation of Nuclear Weapons, *supra* note 7, art. VI.

134　Nuclear Weapons Advisory Opinion, *supra* note 1, ¶105（2）（F）.

135　*See* ROBERT KOLB, LA BONNE FOI EN DROIT INTERNATIONAL PUBLIC : CONTRIBUTION A L'ETUDE DES PRINCIPES GENERAUX DU DROIT 112-13（2001）. 信義誠実の原則は、国際法上の国家の義務の一般的な履行にも同様に適用可能である。た

とえば、国連総会決議は、「いずれの国も、国際法の一般に承認された原則および規則に基づく義務を誠実に履行する義務を負う」と宣言している。Declaration on Principles of International Law Concerning Friendly Relations and Co-operation Among States, G.A. Res. 2625（XXV), Annex Art. 1（Oct. 24, 1970）.

136 条約の交渉、解釈および実施において信義誠実を含む義務は、条約法に関するウィーン条約第26条、31条および49条に規定されている。

第26条（合意は守られなければならない）効力を有するすべての条約は、当事国を拘束し、当事国は、これらの条約を誠実に履行しなければならない。

第31条1項（解釈に関する一般的な規則）1　条約は、文脈によりかつその趣旨および目的に照らして与えられる用語の通常の意味に従い、誠実に解釈するものとする。

第49条（詐欺）いずれの国も、他の交渉国の詐欺行為によって条約を締結することとなった場合には、当該詐欺を条約に拘束されることについての自国の同意を無効にする根拠として援用することができる。

Vienna Convention on the Law of Treaties arts. 26, 31, 49, Jan. 27, 1980, 1155 U.N.T.S. 331, 8 I.L.M. 679. 条約法条約第50条ないし52条も、合意または履行にあたり、国または国の代表者を買収しない、または強制を加えない責務について論じている。*See id.* arts. 50-52.

137 *Id.* art. 31.

138 *Case Concerning the Gabcíkovo-Nagymaros Project*（Hungary v. Slovakia）, ¶142, 1997 I.C.J. Reports, 7（Sept. 25）.

139 *See* ELISABETH ZOLLER, LA BONNE FOI EN DROIT INTERNATIONAL PUBLIC 55 (1977). 国際判例法の適用とNPTとの関連での学術的論評については以下を参照。Mohammed Bedjaoui, Keynote Address at Conference on Good Faith, International Law, and Elimination of Nuclear Weapons: The Once and Future Contributions of the International Court of Justice, Geneva,（May 1, 2008), available at 〈 http://www.lcnp.org/disarmament/2008May01 eventBedjaoui.pdf 〉.〔この講演の訳は本書162頁以下参照。〕ベジャウィは、ICJが1996年に核兵器に関する勧告的意見を申し渡した際の所長である。

140 禁止される行動については以下を参照。Antonio Cassese, *The Israel-PLO Agreement and Self-Determination*, 4 EUR. J. INT L L. 567 (1993), *available at* 〈 http://www.ejil.org/journal/Vol4/No4/ 〉.彼は、誠実な交渉の義務が存在している場合には、「両当事国は、(1)交渉を開始あるいは遂行しない弁明を申し出ること、あるいは(2)今後の条約の趣旨・目的を挫折させるような行為を完遂すること」は許されないと記している。

141 North Sea Continental Shelf Case, supra note 72, at 3, ¶85.

142 *Id.*; *see also* Aminoil Arbitration（Kuwait v. American Int'l Oil）66 I.L.R. 578 (1982). ここでは、信義誠実は、「他方当事国の利害を認識すること、また受入れ可能な妥協に向けての持続的な探求」を求めるものだと宣言している。

143 たとえば、合意は、第三国との間で既に存在している合意に違反して結果的に当該第三国に不均衡な被害を与えることになるようことを一方当事国に求めることはできない。*See* Fisheries（U.K. v. Nor.）, 1951 I.C.J. 116（Dec. 18）; *see also Affaire Relative à la Repartition des Biens Communaux*, in XIII RECUEIL DES SENTENCES ARBITRALES［R. INT'L ARB. AWARDS］521（1953）.

144 Genevieve Guyomar, *Arbitration Panel/Tribunal of the Agreement on German External Debt AFDI*, in XIX RECUEIL DES SENTENCES ARBITRALES ［R. INT'L ARB. AWARDS］ 27-64（1973）. *See also* North Sea Continental Shelf, *supra* note 72, at 3, ¶85. ここでは、妥協は、すべての当事国による柔軟性と、いかなる当事国も「自らの立場の変更を一切考慮することなく、その立場に固執」してはならないという認識を求める、と判示している。

145 Lake Lanoux Arbitration（Fr. v. Spain）, 12 R. Int'l Arb. Awards 281（1957）.

146 Tacna-Arica（Chile v. Peru）, 2 R. Int'l Arb. Awards 921, 929-40（1925）.カルバン・クーリッジ（Calvin Coolidge）仲裁裁判官は次のように述べている。「〔交渉義務の〕履行を免れる主張においていずれかの当事国を正当化するためには、〔他方当事国の〕特定の交渉の不履行や特定の議定書の批准拒否以上の事柄が明らかとならなければならない。人民投票を規定する第 3 条の実施を妨げる意思が、つまり、単に文言からみた第 3 条が課す特定の合意の拒絶だけでなく、人民投票のための合理的な合意を妨げる意図が、見出されなければならない。」

147 Lake Lanoux Arbitration, *supra* note 145, at 281.

148 *Id*.

149 Aminoil Arbitration, *supra* note 142, at 578.

150 Wall Advisory Opinion, *supra* note 22（separate opinion of Judge Higgins, ¶18）.

151 　ポール・ロイターによれば、交渉義務の最低限の内容が要求するのは、諸国が交渉を開始しかつ交渉者として行動すると約束することである。彼は交渉者として行動する国家の約束について次のようにいう。「例外なく知られているのは、これは結果に導く義務ではなく、行動する義務であることだ。つまり、交渉者は交渉結果とは別に一定の方法で振舞わなければならない。この義務は、むしろやや柔軟な基準の対象となる。支配的原則は信義誠実の原則であり、ある類型の振る舞いは忠実な交渉意図とは両立し得ないので、交渉者はかかる振る舞いを差し控えなければならない」と。PAUL REUTER, De l'Obligation de Négocier［Obligation to Negotiate］, in COMUNICAZIONI E STUDI［COMM. & STUD.］717-18（1975）.

152 Gulf of Maine（Can. v. U.S.）, 1984 I.C.J. Reports, 246, ¶87（Oct. 12）.

153 Guyomar, *supra* note 144, at 535.

154 Lake Lanoux Arbitration, *supra* note 145, at 281.

155 13 項目の措置は、主に部分的な措置（検証に基づく削減、CTBT 等）に関係しているが、完全核軍縮も想定している。13 項目の措置には、「核兵器の全面的廃絶を達成するという核兵器国による明確な約束」（第 6 項）。および「核兵器の全面的廃絶に導く過程へのすべての核兵器国の適切と考えられる限り早期の関与」が含まれている。(第 9 項 c、強調付加）. 2000 Review Conference, *Final Document, Part II, supra* note 112, at 14, ¶15.

156 *See* Ford, supra note 90, at 404. フォードは、13 項目の措置は法的な拘束力を有していないと主張するが、13 項目の措置の履行は信義誠実の実証となるだろうとしている。

157 Wall Advisory Opinion, *supra* note 22, at 136, ¶1.

158 　特に、第 5 章に述べられているように、1997 年から毎年、国連総会は、この軍縮義務に関する ICJ の声明を歓迎し、核兵器条約の早期の締結に導く多国間交渉を開始することにより、この義務をただちに履行するようすべての国家に求める決議を採択してき

た。2008 年には、賛成 127 票、反対 30 票、棄権 23 票でこの決議は採択された。G.A. Res. 63/49, *supra* note 13.

　さらに、国連総会は、長年にわたり、ある時間枠内での核兵器の廃絶に対する要求を表明し続けてきた。2008 年に、核軍縮と題する決議の 20 項は、次のように規定している。「国連総会は、軍縮会議に対して、できる限り早急に、また最優先事項として、核軍縮に関する特別委員会を 2009 年始めに設置し、特定の時間枠内での核兵器の全面的廃絶に導く段階的な核軍縮計画に関する交渉を開始することを重ねて要求する。」Nuclear Disarmament, G.A. Res. 63/46, U.N. Doc. A/RES/63/46（Dec. 2, 2008）. この決議は、賛成 117 票、反対 45 票、棄権 19 票で採択された。

　2000 年に採択された次の国連総会決議も注目に値する。Towards a Nuclear-Weapon-Free World: The Need for a New Agenda, G.A. Res. 55/33C, U.N. Doc. A/RES/55/33（Nov. 20, 2000）. この決議 18 項において、国連総会は「核兵器のない世界は、普遍的かつ多国間の交渉による法的拘束力を有する文書あるいは相互に補完し合うひと組の文書の枠組みという基盤を終極的に求めるものであることを確認」している。この決議は、賛成 154 票（中国、英国、米国を含む）、反対 3 票（インド、パキスタン、イスラエル）、棄権 8 票（フランス、ロシアを含む）で採択された。投票結果は、次のサイトで入手可能である。〈 http://disarmament.un.org/vote.nsf 〉

159　Christopher A. Ford, U.S. Special Rep. for Nuclear Nonproliferation, Opening Remarks to the 2008 Nonproliferation Treaty Preparatory Committee: A Recipe for Success at the 2010 Review Conference 3-4（April 24, 2008）, *available at* 〈 http://www.reachingcriticalwill.org/legal/npt/prepcom08/statements/USApril28.pdf 〉; Anatoly Antonov, Head of the Del. of the Russian Fed'n, Statement at the 2d Sess. of the Preparatory Comm. for the 2010 Review Conf. of the Parties to the Treaty on the Non-Proliferation of Nuclear Weapons 5-7（April 28, 2008）, *available at* 〈 http://www.reachingcriticalwill.org/legal/npt/prepcom08/statements/RussiaApril28.pdf 〉.

160　The resolution Towards a Nuclear-Weapon-Free World: Accelerating the Implementation of Nuclear Disarmament Commitments, G.A. Res. 63/58, ¶ 3, U.N. Doc. A/RES/63/58（Dec. 2, 2008）. この決議は「[2000 年 NPT 会議]の成果が、核軍縮に向けての体系的かつ前進的な努力に対する合意された過程を規定していることを再確認する」。この決議は、賛成 166 票、反対 4 票、棄権 7 票で採択された。「核兵器の全面的廃絶に向けた新たな決意」決議は、1995 年および 2000 年の結果を想起し、とりわけ本文に掲げられている措置および原則を支持している。G.A. Res. 63/73, U.N. Doc.A/RES 53/73（Dec. 2, 2008）. 同決議は、賛成 173 票、反対 4 票、棄権 6 票で採択された。The resolution Nuclear disarmament, G.A. Res. 63/46, ¶12, U.N. Doc. A/RES/63/46（Dec. 2, 2008）. この決議は「2000 年の再検討会議の最終文書に含まれている核軍縮のための 13 項目の措置の完全かつ効果的な実施を求め」ている。同決議は、賛成 117 票、反対 45 票、棄権 19 票で採択された。

161　Christopher A. Ford, U.S. Special Rep. for Nuclear Nonproliferation, Opening Remarks to the 2007 Nonproliferation Treaty Preparatory Committee: A Work Plan for the 2010 Review Cycle 5（Apr. 30, 2007）, *available at* 〈 http://www.reachingcriticalwill.org/legal/npt/prepcom07/statements/30aprilUS.pdf 〉. ここでは、再検討会議のコンセンサス文書の内容は「勧告」であるとしている。

162 WEAPONS OF MASS DESTRUCTION COMMISSION, *supra* note 8, at 99.
163 朝鮮民主主義人民共和国は、脱退を宣言したが、NPT 締約国としての地位は、中途半端な状態にあり、6 カ国協議の主題ともなっている。
164 軍縮義務を強調する国連総会決議の条項に関する最新の分割投票については、註 94 を参照。インドとパキスタンはこの条項に賛成票を投じた。
165 Duarte, *supra* note 104.
166 *See* Namibia Advisory Opinion, *supra* note 22.
167 Nuclear Weapons Advisory Opinion, *supra* note 1, ¶¶98-103,105.
168 2000 Review Conference, *Final Document, Part II*, *supra* note 112.

第3部

核軍縮の法的義務

序文

ディーター・ダイスロート

Ⅰ　前置き
Ⅱ　1996年の国際司法裁判所の決定
Ⅲ　国際司法裁判所に対する新たな要請

Ⅰ　前置き

　ポストモダン時代の「新しい手前勝手さ」——これは、おおまかに言ってポール・ファイヤアーベント（Paul Feyerabend）のいう定言「なんでもかまわない」に基づくのだが——というものが、常に法理学にも適用されてきたように思われる。このことは、法律家たちによっても好んで広められている空虚な見識、すなわち「2人の法律家の3つの意見」のなかでも通俗的に述べられている。だから、多くの著名な政治家たちが、憲法[1]とそれに含まれる適用可能な国際法[2]に基づきなされた宣誓のいかんにかかわらず、政治家にふさわしいオーラで覆い隠された「洞察に満ちた見識」をひけらかすとしてもなんら驚くべきことではない。これが示唆しているのは、国際関係法において、「法理学」、および特に適用可能な国際法の遵守が、本来あるべき姿と合致してないことであって、なぜなら特に国際法に従えば、「ほとんどあらゆることが物議を醸す」ように思われるからである、ということである。ほとんどすべての通俗的な偏見に当てはまることではあるが、ここにこそ実は一片の真実が潜んでいるのである。

　第1に、国内法規範も国際法規範もいずれも、言語という記号に変形された「政策の結晶」であって、この記号によって政策の法的意味と有効性が確認されることになる。したがって、法規範のあらゆる解釈は、すべて

の解釈学上および認識論上のもろもろの問題およびもろもろの困難に本質的に関連している。そしてそれらの問題と困難は言語的産物および表現形式がもつ意味の解釈および決定に堅く結びついている。このことは法的な考察対象（法的文書）と同様に、政治科学、社会学、経済学、文献学、言語学およびその他の文書に関連する諸科学の考察対象にも適用される。さらに、法解釈の方法自体も解釈を必要とする。このような解釈方法論が、国内法でも国際法でも、解釈者に大幅な解釈の余地を認める結果を招いている。

第2に、法規範の規制内容の明確さは、いずれの場合にも、その根底をなしている法的な政治決定の明確さ以上のものではありえない。国内法でも国際法でも、立法者が特定の紛争問題に関して曖昧な決定を下した場合には、当該解釈者の側に「落度」がなくとも、それぞれの法規範の解釈が、比較的曖昧な解釈に終わるという結果をもたらすことになる。

第3に、法規範という構造物は、政治論議の対象および表現を形成するばかりでなく、その解釈と適用をも形成する。ここにおいて「法のための闘争」がさらに生起する。その根底をなしている諸条件は、既存の構造と関係者に実質的に影響力を及ぼす諸要因によって特徴付けられている。重要なのは、いうまでもなく、法の解釈者と法を適用する人々の、出自と社会化にかかわる価値観──「先入観」──を形成する能力であり、同時に、法的な、人的な、イデオロギー的な、しかもおそらく経済的特質を有するような関与と依存関係である。

第4に、国際裁判所のみならず国内の裁判所においても次のことが考慮されねばならない。一般的に、いずれの裁判所も、その──司法的──産物を紛争当事者とその紛争に関心を寄せる関係者によって「認めてもらおうと」努力する。言い換えれば、これらの人々が受容することである。裁判所の機能は、構造的にも本質的にも、受容と平和に基づき構成されている。それ故に、司法決定の「受容の条件」は、基本的に権力と影響力にかかわる政治的、経済的および文化的構造により大きく特徴付けられる。これらは、事実上、法規範の解釈と適用に第一次的な力と影響とを必ず及ぼ

す。どうして法理学が十分な受容の見通しのないまま「平和」を見出すことができるだろうか？

それ故に、何人であれ、将来の決定について、その根底をなしている条件、基準および訴訟の範囲に関する法的問題の具体的な解明を求める者は、困難な課題と対峙し、重点的に取り組む必要に迫られる。そうする際に、さまざまな次元の間にある次の諸要因を考慮し、識別することが必要である。

1 法的文書の適切な——権威のある——使用のための「技術的な側面」および適切に関連した規範の解釈と適用のための方法。これらに含まれるのは、とりわけ、現に存在している解釈の目的を明らかにする必要性、およびこの解釈の目的を具体的な個々の問題にもっともふさわしく使うための正確な方法である。

2 従前からの法的慣行にかかわる基本原則、原理および理論の批判的抽出。

3 政治的、経済的および文化的な「受容の条件」の分析。このような条件に基づき関連する法的決定がおそらく下されることになる。

II　1996年の国際司法裁判所の決定

本書に寄せられた論稿は、2008年1月のサンホセ（コスタリカ）および2008年5月のジュネーブにおいて、国際反核法律家協会（IALANA）とその他の非政府組織（NGO）により開催された2つの国際会議の主旨に沿う形で著者たちにより提示された講演にまで遡るが、それらは特に上記の第1要因、すなわち「権威ある」法解釈に専念したものとなっている。内容に関しては、これらの著者たちは、核軍縮に対する国際的な法的義務が存在するか否かという中心問題を対象として取り上げている。

したがって、当時の裁判所長であったモハメド・ベジャウィ（Mohammed Bedjaoui）が決断力をもって是認した1996年7月8日の国際司法裁判所（ICJ）

の鮮烈な決定が出発点となる。

　ICJ、または「世界法廷」——アングロ・サクソン言語ではそのように称されており、ハーグに本拠地を置く——は、国連憲章第 96 条[3]に基づく国連総会の要求に応じて、この日、核兵器問題に関する国際法に基づくきわめて実質的内容のある勧告的意見を申し渡した。核兵器の威嚇および使用の違法（適法）性に関する法的問題[4]が提示され、きわめて明確な答が示された。

　ICJ は、全員一致の決定において、国際人道法の次の規定が、適用可能な慣習国際法として考慮され、遵守されるべきことを明示的に確定した。核兵器の威嚇または使用は到底容認されることではない。なぜなら、核兵器固有の特異的に有害な影響からして、これらの国際人道法の原則が遵守されないからである。

　1 あらゆる兵器の使用は、戦闘部隊（戦闘員）と、文民たる住民（非戦闘員）とを区別しなければならない。

　2 兵器の使用は、いかなる場合においても、不必要な残虐性および苦痛を回避しなければならない。

　3 紛争に関与しない国家および中立国は、兵器の使用により影響を被るようなことがあってはならない。

　それ故に、ICJ は、その多数決による決定において、次のような主要な決定を下したのである。

　　　上記の要件からすると当然の結果として、核兵器の威嚇または使用は、武力紛争に適用される国際法の規則、そして特に人道法の原則および規則に一般的に違反するであろう。(105 項(2)E)

　この決定は、核兵器の威嚇または使用に対する国際法の基本的な難問に関するものであって、それは僅少差による多数決に基づいたものであった。そのさい、当時裁判所長の立場にあったモハメド・ベジャウィの 1 票が局

面を変えたのであった。確かに心に留めておくべきことはつぎの事実である。すなわち他の3名の判事(スリランカのウィーラマントリー(Weeramantry)、ガイアナのシャハブディーン（Shahabudeen）およびシエラレオネのコロマ（Koroma））は、核兵器の威嚇および使用は、単に「一般的に」禁止されるだけでなく、例外なく禁止されるとみなしたが故に、裁判長が支持した多数派の決定に賛成票を投じなかったことである。このことを考慮すれば、核兵器の威嚇および使用の適法性の否定という点に関する限り、この決定は最終的には10対4という多数決で決定されたことになるのである。

しかしながら、当時裁判所長であったモハメド・ベジャウィの決定票を獲得した多数派も、すべての核兵器の威嚇および使用の違法性に対する例外が特定の状況において起こり得るのか否かに関しては、明示的にも黙示的にもその是非を明確に決定することができない羽目に陥っていた。その結果、次のように多数派による正式な決定が下された。

> しかしながら、裁判所は、国際法の現状および裁判所が利用できる事実の諸要素を考慮すれば、国家の存立そのものが危険にさらされている自衛の極端な状況において、核兵器の威嚇または使用が適法であるか違法であるかに関して確定的に決定を下すことは不可能である。
> （105項(2)E）

賛成票： ベジャウィ（所長）、ランジェバ、ヘルツェグ、史、フライシャワー、ヴェレシェチン、フェッラリー・ブラヴォ各判事

反対票： シュヴェーベル（次長）、小田、ギョーム、シャハブディーン、ウィーラマントリー、コロマ、ヒギンズ各判事

言い換えれば、ICJの決定によれば、核兵器の威嚇および使用の違法性は、国際法に基づき（一般的に）「疑いの余地のない」ものであり、また「明確」である。これとは対照的に、「国家の存立そのものが危険にさらされている」自衛の極端な状況に核兵器国が、核兵器の使用を容認されるのか否かについては、「疑いの余地なしとしない」、また「明確ではない」まま取り残されたのである。このもっとも権威ある裁判所の勧告的意見が申し

渡されてからも、核兵器国とその同盟国の核戦略および核政策は、今後、仮にあったとしても、せいぜいこの「隙間」(niche)だけであるかもしれないが、依然として容認され続けることであろう。核兵器国にとって、このような状況は、国際法の観点からすれば、心地よいものではない。国際法が仮にもこのような例外を容認するだろうか否かは決して確実ではないからである。

さらに ICJ は、1996 年 7 月 8 日の決定によって、完全核軍縮——「アトミック・ゼロ・オプション」(atomic zero option)——の実現に向けて交渉する義務が拘束力のある国際法であると、全員一致で決定を下した。ICJ は、その勧告的意見 105 項 2F において、すべての裁判官の賛成の下に、次のような決定を下した。

> 厳重かつ効果的な国際管理の下で、あらゆる点において核軍縮をもたらす交渉を誠実に遂行し、かつ完成させる国際法に基づく義務が存在する。

フランス語版では次のように述べられている。

> Il existe une obligation de poursuivre de bonne foi et de mener à terme des négociations conduisant au désarmement nucléaire dans tous ses aspects, sour un contrôle international strict et efficace.

その法的根拠は 1968 年の核不拡散条約 (NTP) 第 6 条であって、そこに、国際司法裁判所は、交渉をおこなう義務 (pactum de negotiando) のみならず、それ以上の義務、すなわち究極的には完全核軍縮の交渉で建設的な成果に達する義務 (pactum de contrahendo) を見出している。本書の著作者たちであるモハメド・ベジャウィならびに 2 人のアメリカ人法律家カリマ・ベノウネとエリザベス・J・シェファは、次の問題に心血を注いだ。

「交渉を誠実に遂行し」、「厳重かつ効果的な国際管理の下で、あらゆる点において核軍縮をもたらすよう交渉を完成させる」法的義務が存在するということ、このことは国際法上、何を意味するのか。

III 国際司法裁判所に対する新たな要請

　ヘンリー・キッシンジャー、ジョージ・シュルツ、ウィリアム・ペリーおよびサム・ナンは、大勢の人々から見応えがあると絶賛された 2007 年の『ウォール・ストリート・ジャーナル』紙、そこに載せた論説において、「核兵器のない世界」を訴え、この目的を達成するための具体的な提案を提起した。4 名の著者は、あるいは国務長官、国防長官または上院軍事委員会委員長として、長年にわたり共和党と民主党の政権に仕えた人たちであった。この訴えは、合衆国において大きな反響を呼び起こし、幅広い支持を受けた。核不拡散条約第 6 条で非核兵器国は、核兵器のいかなる取得、保持ならびにこれら兵器に対する直接および間接的な処分権をも放棄することになっており、このことに対する対価と代償として、核兵器国は核兵器のない世界に拘束力のある合意を行ったのである。この核兵器のない世界という約束は、バラク・オバマ合衆国新大統領に対する支持と期待がいかに大きいものであっても、いまだに遠い先の可能性にしか過ぎない。

　さらに、ドイツにおいても、4 名の政治家が、最近「核兵器のない世界」を支持すると言明した。ヘルムート・シュミット（Helmut Schmidt）元首相（SPD　社会民主党）、リヒャルト・フォン・ヴァイツゼッカー（Richard von Weizsäcker）元大統領（CDU　キリスト教民主党）、ハンス＝ディートリヒ・ゲンシャー（Hans-Dietrich Genscher）元外相・副首相（FDP　自由民主党）および社会民主党の長年にわたる閣僚であり軍縮専門家であるエゴン・バール（Egon Bahr）であって、彼らは、『フランクフルター・アルゲマイネ・ツァイトゥング』紙[5]に共同論説を掲載した。彼らは、著名な合衆国元政治家 4 名の知識と経験が、自分たちの「増大する核脅威に対する懸念」を実体化していると強調した。それと同時に、合衆国の 4 著名人を支持する「欧州諸国政府の決議」は、これまでのところ「表明されていない」と、これらドイツの 4 政治家は、それとなく批判している。シュミット、ヴァイツゼッカー、ゲンシャーおよびバールは、次のように現在の危険な状況に警告を発している。

核兵器の指揮権を有する国家、あるいは核兵器の生産能力を獲得している者たち、ならびに、それと並んで壊滅的なテロ行為に役立つ核原料物質は、増大の一途を辿っている。同時に、核兵器国は、新型の核兵器を開発している。

ウィーラマントリー元国際司法裁判所次長により編集された研究論文、「何ゆえ核危機は日々増大しているのか」（Why the Nuclear Danger Grows from Day to Day, 2005）において明らかにされているように、ドイツの4名の政治家の記述は、危機的な状況に対するかなり控えめな記述である。

しかしながらドイツ4政治家たちは、次のように正しく強調している。2010年の核不拡散条約再検討会議にとって、「核兵器国が、核不拡散条約第6条に基づき、核備蓄の削減に関する義務を最終的に履行することが決定的に重要なものとなるであろう」。これは単なる政治上の問題ではない。本質的には、現行国際法の遵守と執行にかかわる問題なのである。

1996年7月8日の勧告的意見においてNPT第6条に言及することにより申し渡された国際法に基づくその義務を、核兵器国とその同盟国が履行しているか否か、また履行途上にあるのか否か、この点に関する法的問題は、ICJに対して特定の前提条件を付けて再提出することが可能である。

係争事件における訴訟手続は係争当事国に対する拘束力を有する判決によって結審するが、この手続は条約によりICJの管轄権をすでに承認しているか、あるいはこれから承認する国家であって、ICJの強制管轄権または個々の事件のための特別法廷の承認を表明している国家に対してのみ開始される。核兵器を保有する国である「英国」およびインドとパキスタンは、一定の条件の下では上記の条件に該当することになるが、合衆国、ロシア、フランス、中国およびイスラエルはこのような条件には該当しない。

しかしながら国連総会は、国連憲章第96条に基づき、一定の条件の下において、ICJの勧告的意見を再び要請することが可能であって、その目的は核兵器国の国際法に基づく法的義務について、その必須要件を明確に

し、かつ再検討することである。

 NGO により支持されたさまざまな国際的なイニシアチブのひとつが、まさしくこの目的のために現在懸命に努力を重ねている。いくつかの NGO の専門家集団が、この点に関する国連総会の ICJ に対する公式な要請のための 2 つの決議案を起草している。基本的に、ICJ には次のような質問が提起されることになる。

　　核兵器の不拡散に関する条約第 6 条および核兵器の威嚇および使用の合法性に関する国際司法裁判所の 1996 年 7 月 8 日の勧告的意見において規定された、核軍縮に導く誠実な交渉の義務を考慮して、
　　1）国家による前記義務の遵守について信義誠実に関する一般法原則からいかなる法的帰結が導かれるか。
　　2）この義務の誠実な遵守は、ある時間枠における核兵器の全面的廃絶に導く多国間交渉の即時開始を要請するか。
　　〔中略〕
　　5）この義務は普遍的に適用されるか。

 このような背景に基づき、本書に記載されているモハメド・ベジャウィ、カリマ・ベノウネおよびエリザベス・J・シェファの調査・研究は、今日的な話題性に特に富むものとなっている。いま手元にある本書は、編者である私の「国際法の効用と機能」と題する論文で締めくくられている。

　　　　　　　　　　　　デュッセルドルフ／ライプツィヒにて　2009 年 3 月 28 日

註

1　ドイツ連邦共和国基本法第 64 条 2 項によると、連邦総理大臣および連邦大臣は、その職務に就任するにさいして、連邦議会において、基本法第 56 条に規定された宣誓を行う。
　「私は、私の力をドイツ国民の幸福のために捧げ、その利益を増進し、ドイツ国民を損害から免れしめ、基本法および連邦法律を守りかつ擁護し、私の義務を良心的に果たし、何人にも正義を行うことを誓う。神よ、ご照覧あれ。」
2　ドイツ連邦共和国基本法第 20 条 3 項によると、「執行権は法律と法に拘束されている。」

ドイツ連邦共和国基本法第 25 条によると、「国際法の一般的諸原則は連邦法の構成部分である。それらは、法律に優先し、連邦領域の住民に対して直接に権利・義務を生ぜしめる。

3　See 〈 http://www/icj-cij.org/docket/files/95/7495.pdf 〉.
4　国連総会が国際司法裁判所になした正式の質問はつぎのとおりである。「核兵器の威嚇または使用はいかなる状況においても国際法上許されるか」。
5　cf. Frankfurter Allgemeine Zeitung of 9.1.2009, p.10.

核兵器が、少なくとも「合理的な」戦争の手段として使用できるとは、ほとんど考えられないように思われる。核兵器が今日の紛争に何の解決ももたらさないことが明らかになっている以上、おそらく以前よりも核兵器の軍事的価値は小さくなっているだろう。だが他方で、誤算や事故、あるいは地域紛争での自暴自棄によって、核兵器が使用される現実的危険性は、おそらくは、以前より今日のほうが大きくなっている。

　　　　　　　　　　　　　　　ヘンリク・サランダー（Henrik Salander）[1]

国際法、信義誠実、そして核兵器の廃絶*

　　　　　　　　　　　　　　　　　　　　　　　　モハメド・ベジャウィ[2]

I　勧告的意見の内容
　1　武力紛争の適用法
　　A　人道法の枢要な諸原則
　　B　これら諸原則の核兵器に対する適用可能性
　2　裁判所による確定不能の判断
　3　この確定不能からの唯一の出口——核軍縮を誠実に交渉しかつ完結させる義務
　4　有用な「注記」
　5　裁判所が対処しなければならなかった難問
　6　法を宣言して、裁判不能に陥る危険を冒すか？
II　勧告的意見から学ぶべき教訓
　1　裁判所は、核兵器の使用を禁止する人道法を含む武力紛争法の関連性を認めた
　2　裁判所はいわゆる「クリーン」な核兵器を考慮しないことを認めた
　3　しかし、「クリーン」な兵器は裁判所を汚染した
　4　勧告的意見主文(2)E後段の挿入について考えられるある理由
　5　世界法廷は全員一致で、核軍縮交渉を誠実に遂行しかつ完結させる義務の存在を認めた
III　交渉しかつ完結させるという二重の義務
　1　誠実に交渉する義務の条約上および慣習法上の根拠
　2　核軍縮を誠実に交渉する義務——定められた行動をとる義務

3　核軍縮を誠実に交渉する義務——特定の結果を達成するために定められた行動をとる義務
Ⅳ　NPT第6条における「信義誠実」の意義
　1　条約一般における「信義誠実」の意義
　　A　信義誠実——不可欠な法の媒介者
　　B　信義誠実——正当な期待を生み出すもの
　　C　信頼の観点から見た信義誠実
　2　NPTに特定した場合の「信義誠実」の意義
　　A　「信義誠実」により限定される交渉の意味
　　B　信義誠実から見たNPTおよびすべての締結済みの軍縮諸条約の解釈
　　C　NPTの趣旨および目的を維持し、その一体性を尊重する義務
　　D　NPTを実現するあらゆる積極的措置をとる義務
　　E　誠実に協力する一般的義務
　　F　情報提供および通報の一般的義務
　　G　妥協する義務
　　H　権利濫用の禁止
　　I　不当な交渉打ち切りと信義誠実
Ⅴ　信頼醸成

　国際司法裁判所は、核兵器に関する一定の法律問題について回答するよう求められ、裁判所の勧告的意見を求める2つの別個の要請について検討した。ひとつは、**武力紛争における国家による核兵器の使用の合法性**に関する世界保健機関（WHO）からの要請であり、もうひとつは、**核兵器による威嚇または核兵器の使用の合法性**に関する国連総会からの要請であった。

　1996年7月8日、裁判所は、まず、WHOによる要請につき判断を示した。裁判所はこの要請に対して勧告的意見を与えることはできないとの結論に至っており、本稿ではその法的理由を振り返ることはしない。

　同日さらに、裁判所は、国連総会による要請につき勧告的意見を与えた。1994年12月15日の国連総会決議49/75Kにおいて付託された問題はつぎ

のとおりであった。「核兵器による威嚇または核兵器の使用はいかなる状況においても国際法上許されるか」。この決議は裁判所に対して「緊急に」意見を出すよう求めた。

I 勧告的意見の内容

1. 武力紛争の適用法

裁判所は、核兵器による威嚇または核兵器の使用それじたいを特定して禁止する一般的に適用される条約規則も慣習規則も見出せないとした上で、付託されたもっとも微妙な問題のひとつに取り組んだ。それは、**武力紛争に適用される国際人道法の原則および規則、ならびに中立法に照らして、核兵器に訴えることは違法であるとみなさねばならないかという問題**である。

この〔適用される〕法の全体は、基本的に、「ハーグ法」と呼ばれるものと「ジュネーブ法」と呼ばれるものからなっている。武力紛争に適用されるこの2つの法分野は緊密に連携して発展してきており、1949年8月12日のジュネーブ諸条約に対する1977年の追加議定書が示すように、次第に単一の複合した体系を構築するようになっている。いわば裁判所は、**現代国際法のなかでももっとも高度の慎重さを要する領域であって、人類にとって他の何者にもまして不可欠な価値のいくつかに関係する諸領域**のひとつの中心点に位置している。

A 人道法の枢要な諸原則

国際人道法の検討を進めるにあたり、裁判所は2つの枢要な原則を明示した。**第1の原則**は戦闘員と非戦闘員の区別を確立するもので、国家は文民を攻撃目標としてはならず、文民の目標と軍事目標とを区別できない兵器を使用してはならないとする。**第2の原則**は、戦闘員に対して不必要な苦痛をもたらすことは認められないことを確認するもので、国家は使用しうる兵器に関して無制限の権利を有しているのではないとする。また、裁

判所は「マルテンス条項」にも言及した。この条項によれば、文民および戦闘員は、確立した慣習、人道の原則および公共の良心の命令から生ずる国際法の諸原則の保護および支配の下に置かれている。

　私にとって強行規範に関する次のことは疑う余地がない。すなわち、人道法の原則および規則のほとんどは――そして、無差別な効果をもつ兵器の使用と不必要な苦痛をもたらす兵器の使用とを禁止するこの２つの原則についてはいかなる場合でも――強行規範（jus cogens）の一部であるということである。勧告的意見では、裁判所はこの点に言及したが、しかし核兵器に適用される人道法の〔法的〕**性質**の問題は総会による要請の範囲外であることから、このことについて判断する必要はないと述べた。にもかかわらず裁判所は、これら基本原則について考察し、これを――引用するなら――「国際慣習法の犯すことのできない原則」だと明示的に示した。この判示は、上記２つの原則を強行規範に含めるための一歩前進であった。

B　これら諸原則の核兵器に対する適用可能性

　なされうる核兵器による威嚇または核兵器の使用に対して人道法の原則および規則が適用可能かという問題に移ると、裁判所は、これら原則および規則が核兵器に適用されないと結論することは不可能であることを強調した。裁判所によれば、このような結論〔適用可能性の否認〕は、**問題のこの司法原則がもつ本質的に人道的な性格を認めないものである。この人道的性格は、武力紛争法全体に浸透しており、あらゆる形態の戦争、ならびにあらゆる兵器、つまり過去の兵器にも、同様に現在および将来の兵器にも当てはまる**。だが同時に、裁判所は人道法の適用可能性から導かれるべき帰結には議論の余地があると述べた。

　要するに、このことは、「核兵器」は明確に二重の性質をもつと裁判所が完全に認識していたことを意味する。即ち、核兵器は、一方で、すべての兵器に適用される一般的な法体系（régime juridique général）の下で正当化されうる「兵器」であり、しかも他方では、「核」であって、その特質ゆえに必然的に特別な体系（régime special）の下に置かれる。

裁判所は、核兵器の類例のない特質を考慮して、その使用は武力紛争に適用される法による要請とはほとんど両立し得ないと思われると判断した。

２．裁判所による確定不能の判断

　にもかかわらず、裁判所は、核兵器の使用が武力紛争の適用法の原則および規則にあらゆる状況において必然的に反すると確実に結論できるだけの十分な要素を手にしていない、と考えた。加えて裁判所は、他方で、すべての国家の生存の基本的権利を、つまり国家の生存が危険にさらされている場合に自衛に訴える国家の権利を見失うべきではないとした。また、国際社会のかなりの部分が、長年にわたって固執してきた「抑止政策」として知られる慣行（pratique）を無視することもできなかった。そうした結果として、裁判所は、検討したような国際法全体の現状および裁判所が手にしている事実の要素（特に自称「クリーン」な核兵器の存在について知られていない事柄）に照らすと、自国の生存そのものが危険にさらされている自衛の極端な状況においてその国家による核兵器の使用が合法か違法かについては、確定的に結論することはできない、と述べざるを得なかった。

３．この確定不能からの唯一の出口――核軍縮を誠実に交渉しかつ完結させる義務

　上記の結論に至って、裁判所は次のような事態を凝視することを主張した。すなわち、究極において、国際法は、および国際法が支配しようとする国際秩序の安定性は、核兵器のように破壊的な兵器の法的地位に関する見解について対立があれば、その悪影響を被らざるをえないという事態である。したがって、裁判所は、こうした問題のある事態に終止符を打つだけの理由があると判断した。すなわち、ずっと以前から約束されてきた完全な核軍縮は、この対立の解消という結果に至る最善の手段であるように裁判所には見える、と。こうした状況からして、裁判所は、核不拡散条約（NPT）第6条において核軍縮を交渉する誠実な義務が規定されていることの重要性を強調した。そして、この2つの義務――誠実に交渉し、かつ

あらゆる点における核軍縮に至る義務——は、核不拡散条約の182の締約国〔当時〕に正式に関わっており、いわば国際社会の大多数に関わるものであって、すべての国家の協力が必要であることを想起した。

4. 有用な「注記」

　裁判所は、勧告的意見の末尾で、総会が付託した問題へのこの回答は述べられた各法的根拠の全体に拠るものであり、その法的根拠は相互に関連付けて解釈されるべきであることを明らかにしている。実際、この裁判所の意見は統一性を保っており、そこから一部分のみを、とりわけその文脈から切り離して抜き出すことは許されない。

5. 裁判所が対処しなければならなかった難問

　このような法的状況からして、裁判所が自らの結論を示すことは適切であった。裁判所は、ありうる誤解を回避すべく、とりわけ注意深いやり方で結論を示した。ところで、こうした法的状況を検討して、裁判所は、特にこの問題についての国際法の状態を理由として、いかなる意味でも決定的にそして完全に明確には決定できない問題に直面していることを宣言した。裁判所は、法が述べていること、裁判所が法であると解釈したことを踏み越えることはできないと考えた。ゆえに、裁判所は、法状況を記述する際に2つの主要な難問を避けるために特別の努力を払った。その難問とはすなわち、本件において、現行国際法は、

　　①核兵器による威嚇または核兵器の使用を許容している、ということ。
　　あるいは反対に、
　　②核兵器による威嚇または核兵器の使用を禁止している、ということ。
である。

　裁判所がこれらの難問に対処する必要があること以上に、判事それぞれが、まさに深刻な良心の問題と対峙した。その誰もが人類の生存そのものがかかっていることを認めていたからである。主文〔105項〕(2)E後段が、

裁判所長の決定投票をともなう7対7の票決で採択されたことがその証左である。この裁判所の結論は、よく纏められており、バランスのとれた構造が特徴であるが、次のようになった。

> 以上に述べた要件から、核兵器による威嚇または核兵器の使用は、武力紛争に適用される国際法の規則、そしてとりわけ人道法の原則および規則に一般的に違反するだろう。
> しかしながら、裁判所は、国際法の現状および裁判所が利用しうる事実の諸要素から考えると、国家の生存そのものが危険にさらされている自衛の極端な状況において、核兵器による威嚇または核兵器の使用が合法であるか違法であるかについて確定的に結論を下すことはできない。

裁判所自身が、総会に与えたこの回答の不満足な性質を、一見明白に認識していた。与えられた任務を途中で放り出したことで非難を浴びることが予想された。

主文(2)E 後段において裁判所が示したことは、前記2つの難問に屈する危険を冒さなければ、つまり、正統性があると認めるものを超える結論を採用しなければ、一歩も先に進むことができない理由づけに至るまで裁判所が達したということである。これが、**司法機関としての裁判所の立場**である。多くの判事たちが、おそらくそれぞれ独自のアプローチや解釈をもちつつも、この立場をとった。明らかに、主文(2)Eに対する可否同数という票決結果は、いかなる地理的またはイデオロギー上の対立も反映しておらず、これは法廷構成員の思考が独立していることの表れであると、喜んで強調したい。

こうして裁判所は、さらに先に進むことができないと感じながら、自らその判断を制限した。

ある判事たちにとってその投票は簡単ではなかったといえる。主文(2)E 前段は核兵器の違法性を宣言している。それにもかかわらず、「核クラブ」所属国の判事2名がこれに賛成票を投じ、これを確認したことは注

目してよい。主文 (2)E 後段は、原則として、合法・違法の双方に扉を開くことで全員を調整するものである。これは、一方で、第三世界の判事からは、2名による是認と他の3名による拒絶を受けたが、他方で、核保有国の判事からは、2名の賛成票と他の3名の反対票を得た。

そして、主文(2)E 全体としては、第三世界の判事2名、欧州の非核保有国の判事2名および核保有国の判事2名が賛成票を投じた。これよりよい組合せは想像できない。第三世界の判事3名、核保有国の判事2名および被爆国の判事1名が反対票を投じた。ここでもまた、投票結果は完全に交錯した。

この投票結果は、法廷の構成員の思考が独立したものであることを確固として示し、彼らが派閥意識や出身国への配慮にまったく支配されていないことを表した。

6. 法を宣言して、裁判不能に陥る危険を冒すか？

裁判所は、「国家の生存そのものが危険にさらされている自衛の極端な状況において、核兵器による威嚇または核兵器の使用が合法であるか違法であるか」言明することができないとしたことで、一方の〔裁判不能 (non-liquet) を否定する〕学説によって厳しく非難されることとなった。確かに、とりわけこのような重要な分野において、とるべき政策について裁判所による啓蒙を期待している国連総会に対して、「意見がない」つまり無意味な意見を示すことは難しい。

しかし、いくつかの点を明らかにしておく必要がある。

(a) まず最初に、国際法がなお未発達であり、間隙を抱えていることを恐れずに認めなければならない。そうでないと仮定することは、時代を跳び越えることになる。

また、それゆえに、判事には裁定を拒否する権限がある。

こうした状況は国際法に限ったことではない。どんな司法体制も多種多様な規範からなっており、その事実ゆえに、本質的に断片的である。この

「縫い合わされていない」状態を回避するために、ポール・ロイター (Paul Reuter) は、**信義誠実**のような一定の原則に依拠することを教えている。そうした原則は幅広い表現と展開を持ちうるのであって、またその原則は、考察対象となる法体系が新たに生じる問題に前もって対応できるようにするのである。

（b）ある著述家たちによれば、国際法規範の不完全性と事実の豊富さとが均衡を保ちうる理由は、欠缺を埋める機能を果たす諸規則が存在するからである。こうした埋め合わせをする規則は、**法の一般原則と衡平**である。したがって、裁判不能の余地はまったくない。

（c）だが、裁判所は裁判不能を宣言したのだろうか？　実際は、理由づけにおける「事実の諸要素」（つまり、「クリーン」な爆弾の製造を可能とするかもしれない技術的進歩）の悪影響こそが、ある人々の頭を不当に悩ませ、核兵器の禁止の宣言のちょうど入口で裁判所を立ち止まらせたのである。この禁止はすでに**主文 (2) E 前段**に存在しており、そのうえ、核兵器の「類例のない性格」についての裁判所の分析に照らせば、裁判所にとりこの禁止は避けがたい結論であった。裁判所が述べているように、核兵器の爆発は「その性質上」「強力でかつ長期にわたる」電離放射線を放出する。これは、戦闘員と文民たる住民、交戦国と中立国、そして現在と将来の世代を打ちのめすのである。

（d）「法は裁判所に知られていないのか？」(Jura non novit curia ?) と、ルイジ・コンドレリ (Luigi Condrelli) はいぶかしんだ。だが、この著名な教授は、裁判所が法を十分に知っていることを知っている。裁判所は法を完璧に分析したが、裁判所の誤りは、核兵器の使用の禁止を率直に宣言する代わりに、黙示的にその使用を非難するだけにとどまる勧告的意見を出したことにあるのかもしれない。

この裁判所のやり方は、**この場合、自己の司法政策についての過度に注意深い認識**に由来していると言えよう。なお、裁判所は「法の宣言」という任務を越える能力をしばしば示してきており、「規範の補充」を巧みに

行なってきた。だが、この不運で無意味な主文（2）E 後段の存在は、不法侵入のように宣言に浸潤して、その基本思想を否定しているのであって、こういう避けがたい現実をわれわれは認識しなければならない。

そこで、この後段が国際法の欠缺の存在を強調し、（私は欠缺は存在しないと考えるけれども、しかし）裁判不能だとみえる事態をもたらしたとみなすならば、ヴェレシェチン判事が次のように述べたことを考えてみるのが有益だろう。

>本件は、勧告的意見の完全な明確さが『当てにならない』場合であって、かつ他方で、その部分的な『外見上の判断不能』が有益な『行動の指針』となる場合の好例を示している。[4]

II 勧告的意見から学ぶべき教訓

1. 裁判所は、核兵器の使用を禁止する、人道法を含む武力紛争法の関連性を認めた

このことは、注目すべき未曾有の重要な点である。私見では、裁判所は、次の国際人道法の枢要な原則が核兵器の使用を完全に違法なものとすることを認めたのである。

すなわち、
- 戦闘員と非戦闘員の区別であって、それは文民たる住民を攻撃目標とすることを国家にたいして禁止する、
- 戦闘員に対する不必要な苦痛（maux superflus）の禁止であって、それは国家にたいして使用しうる兵器の選択は無制限ではないことを明らかにする、
- 中立法から導かれる諸原則であって、それは空間と時間を超える放射線と放射性降下物からすれば、核兵器の使用によってまったく尊重されることがない、
- 「マルテンス条項」であって、それは文民たる住民および戦闘員は人

道の諸原則および公共の良心の命令の下に置かれるとする、のである。

　そこで重要なのは、その後どのように構想しても、裁判所の主張は、核兵器の使用と国際人道法の尊重との根本的な不一致に不可避的に直面せざるをえなくなったことである。

　たしかに、裁判所は、核兵器それ自身を禁止するいかなる条約法も慣習法も存在しないと述べたが、その代わりに幸いなことに、武力紛争法全体、とくに国際人道法は、このきわめて多数の死者をもたらす兵器を間接的に禁止している。

　現実に対する懸念こそが、私が勧告的意見に付した宣言のなかで、次のような明確な主張をした理由である。つまり、私にとって核兵器は、戦闘員と非戦闘員を無差別に犠牲者とし、両者に不必要な苦痛をもたらすに十分な性質を持っているように思われるのである、と。**核兵器は盲目兵器であり、それゆえ本質的に、人道法つまり兵器の使用を識別する法を揺るがす。したがって、核兵器の存在は人道法の存在そのものへの大いなる挑戦である**。生命に対する権利の行使に関係する人間環境への長期にわたる悪影響については、言うまでもない。その無差別な効果のゆえに、核兵器は人道法を否定する。したがって、**核戦争と人道法は明らかに相反するものであり、一方の存在は必然的に他方の否定を意味する**。そして、結果的に核兵器を使用する者が直面する事態がいかに例外的であっても、この二者相反性は妥当するのである。

　特に付け加えたい。この例外的事態にあってさえ、いかなる核兵器の使用も人類の生存を危険にさらすだろう。その核兵器の使用にあっては恐怖とエスカレーションが分かちがたく結びついているからである。

　勧告的意見に付した私の宣言における、**主文（2）E およびとくにその後段**についての以下の解釈は、簡潔につぎのように要約される。「全体」が破壊されるなら「部分」を救うことはできず、「全体」の破壊と引き換えに「部分」を救うことはできない。

つまり

「自国の生存が危険にさらされている状況における国家による核兵器の使用は、かえって全人類の生存を危険にさらす。とりわけ、その使用に際しては恐怖とエスカレーションが分かちがたく結びついているからである。よって、国家の生存を躊躇なく他のあらゆる状況とくに人類自身の生存に優先させることは、きわめて無謀なことだろう」[5]。

だから、なぜ世界法廷〔ICJ〕はこの結論で思いとどまることなく、しかも純粋かつ簡潔に、人道法のみに基づき核兵器の使用の禁止を宣言することをしなかったのだろうか、と考えてよいのだ。**私見では、そしてこれは完全に個人としての見解だが**、いわゆる「クリーン」な核兵器を考慮に入れないとしつつも、裁判所は、現在または将来のこの兵器の可能性にいくぶん悩まされたように私には思われる。

2. 裁判所はいわゆる「クリーン」な核兵器を考慮しないことを認めた

裁判所の一件書類には、事実の要素として、さまざまな国が提出した、「低威力核兵器」、「クリーンな核兵器」、「低減効果核兵器」または「戦術核兵器」に関する報告書がある。

科学は区別する能力をもつ核兵器、とくに**非戦闘員に危害を加えずに戦闘員を攻撃できる高性能な核兵器が現存するかもしれない段階まで発展した**との推測が提起された。

裁判所はこのような報告を信用すべきではなかった。なぜなら、とりもなおさず、放射線を出さず、空間的にも時間的にも拡散する効果をもたない核兵器の存在を証明する証拠が提出されていないからである。勧告的意見の35項で示された核兵器の定義により、「核の閾値」に達しない「核」兵器はもはや存在せず、あるとすればそれは、なにか新規でまったく別の伝統的兵器か通常兵器であろう。たしかに、熱線または爆風をより少なくしか出さない形態の兵器は発明可能だろうが、とりわけ時間的かつ空間的に破壊的な電離放射線を放出するという基本的性質を持つ限り、それは

「核」兵器である。仮に、科学技術の進歩がこの性質を除去するとすれば、もはやそこに「核」兵器を見出すことはないだろう[6]。

裁判所が、これらの報告を不十分で、断片的でかつ証明力を欠いているとみなしたのは正しかった。いずれにせよ、もし、科学技術の発達により、もはや数十年や数世紀にもわたり破壊的な電離放射線を放出し続けることがない段階にまで核兵器のコアの燃料を「変質」させたなら、この「改良された」核兵器は現実には「核兵器」ではないだろう。仮に、科学の進歩の結果、核兵器の一定の類例のない性格が失われるとすれば、そこには核兵器ではなく、何かまったく異なる兵器が存在することになる。だが、裁判所は核兵器について判断することが求められたのであり、まったく異なる性質をもつ兵器について判断することはその任務を超えてしまう。

つぎのいずれかでしかない。つまり、①時間的・空間的に破壊的な放射線を出さない形態の兵器を作ることは可能になっているが、それは別の兵器であって、裁判所での議論とは無関係である。②低威力ではあるが本来「核」兵器とされる兵器を考え、生産してきているが、これはその性質が変わっていないことを意味しているのであって、いわば、この兵器はなお核兵器と伝統的兵器を区別する「核の閾値」を超えたものである。(この2つのいずれかである。)

勧告的意見の 35 項を注意深く読んでみよう。35 項は、とりわけ、次のことを示唆しておりまた明らかにしている。いかなる形態の兵器について、国際司法裁判所は勧告的意見を要請されたのか？　「**現在存在している核兵器**」についてであって、将来の何か別の形態の兵器ではない。それはどのような特質をもつのだろう？　「**核兵器に特有である**」とされる「**放射線の現象**」を含むいくつかの要素である。いまや、「電離放射線」は、核兵器を特徴づける不可欠な要素であって、とりわけ長い間将来世代の環境を荒廃させ、その生存を危うくする「強力で**長期にわたる放射線**」である。こうして、裁判所は同項において次のように結論した。「核兵器は潜在的に破滅的なものである。核兵器の破壊力は、空間にも時間にも閉じ込めておくことはできない」と。裁判所が判断を求められたのは、もっぱらこの

兵器についてであって、何か新型の兵器についてではない（なお、これに関しては、その破壊効果の時間的継続期間と空間的拡散範囲を少なくできるかがわかっていない）。この理由づけからは、いずれにしろ今日の核兵器とはまったく別の兵器を示す何らかの「進歩」の可能性を考慮する余地はありえない。その効果を軍事目標に限定することができないことからだけでも、必然的に、核兵器は武力紛争法および人道法の原則と規則に明らかに違反するのであり、それゆえに、国際法上禁止された兵器以外のものとはなりえない。核兵器の概念規定に進歩の可能性やその主張をもちこんでも、この状況に何か影響を及ぼすことはできない。裁判所ができるのは、核兵器の「類例のない性格」を考慮することだけであり、この性格は、とりわけ「その破壊力、筆舌に尽くしがたい人間の苦しみを引き起こす能力、そして将来の世代にまで被害を及ぼす力」[7]によって注意深く特定されている。裁判所で判断されたのは、ほかでもないこういう兵器なのである。

このような理由から、裁判所はきわめて簡潔にしかしきわめて明確に、次のように宣言した。

> 裁判所は、本件において勧告的意見を与えるにあたって、必ずしも『シナリオ』を描いて、さまざまな型の核兵器を研究し、極度に複雑でかつ議論の余地の多い技術的、戦略的および科学的情報を評価しなければならないとは考えない。[8]

3. しかし、「クリーン」な兵器は裁判所を汚染した

したがって、上述のように、裁判所は「クリーン」な兵器の問題に扉を閉ざしたかのようにみえる。しかし、私は、これはあくまで個人的感想だが、神助によらねば人道法と両立しないだろうこの「クリーン」な兵器を裁判所はその思考から完全に排除できたのか、疑わしく思う。

核兵器を「クリーン」な爆弾にする「進歩」の可能性というこの発想は、裁判所が繰り返し確認したにもかかわらず、裁判所の言説から全面的には消滅していない印象をうける。裁判所は、おそらくは何人かの判事の念頭

におかれていただろうこの要素についての議論を完全には排除していない。ここに主文 105 (2)Eの問題性のすべてがある。これはこの問題のゴルディアスの結び目〔手に負えない問題の比喩〕である。不幸にも、この「クリーンな兵器」つまり「低威力」兵器の問題は雰囲気として残ってしまった。

結局、戦闘員と非戦闘員の区別を特に求める人道法の基本原則を満たしうる「クリーン」な兵器（それでも「核」兵器と呼ぶのだろうか？）が存在する、また将来存在しうることは、正直にいって、考えられることだ。それはまったく不可能なわけではない。いずれにしろ、科学技術の進歩についての裁判所の考慮は裁判所が言及する必要はなかったのだが、こうした考慮こそが、裁判所がどちら側からも非難をうけることなく核兵器の合法性についての不確定性を述べることを許した基本的論拠の一部となっているように、私には思われる。裁判所は、主文〔105項〕(2)E前段で（既知の）核兵器と人道法の明白な矛盾を指摘した後で、後段で「裁判所が利用しうる**事実の諸要素**」に照らして核兵器が合法か違法かを宣言することが可能でも不可能でもないと、注意深く述べた。

核兵器を「クリーン」な兵器とするこの科学技術の進歩の問題については、判事たちと裁判所に対して、あまりにも多くのことが、または不十分なことが、確固たる確実性もなく提供された。裁判所は、この擬似科学的なキアロスクーロ〔明暗配合の絵〕を完全かつ適切に拭い去ることができず、それが染みこんでしまい、ついには理由づけの隙間にいきわたってしまった。少なくとも、これが勧告的意見に対する私の個人的印象である。

4. 勧告的意見主文(2)E後段の挿入について考えられるある理由

このように、裁判所を悩まし、板ばさみに追い込んだものは、主としてこの核兵器の統御についての進歩の可能性という「事実の諸要素」である。だが裁判所は、核兵器がこの事実的要素によって、武力紛争法の要請に完全にそして人道法の要請に明白に応えると言えると宣言するほどの冒険はしなかった。自制して無知を告白し、こうした主張やそれへの反論を支持

するいかなる言明も回避したのである。

5. 世界法廷は全員一致で、核軍縮交渉を誠実に遂行しかつ完結させる義務の存在を認めた

　これは新しくかつきわめて重要な点である。またこの点は、核兵器が合法か違法かについて宣言しないと裁判所が決めたことに対する国際世論が抱いたかもしれない不満や苛立ちを和らげるために歓迎されるものだ。

　私は、核兵器の根絶を狙いとするこの後のいかなる構想も、裁判所によるこの重要な宣言を考慮し、強化し、実現すべきと考える。というのも、この革命的宣言は、全員一致という力によって法的価値をもったが、まだ脆弱であって、この勇気ある宣言の妥当性に対しては法理論上の抵抗が相当残っている。

　NPT締約国に同条約第6条に従って誠実に核軍縮交渉を遂行する義務を想起させるだけでなく、さらに進んで、交渉を「完結させる」という第2の力強い義務、つまり具体的な核軍縮の実現を締約国に課したことは、国際司法裁判所の面目躍如たる点である。

　裁判所にはいくぶんかの躊躇があった。これは誠実な交渉についての異論からではなく、この問題が国連総会の定めた勧告的意見の要請では明示的に裁判所に付託されておらず、「請求の範囲をこえて」意見を述べる危険によるものだった[9]。

　交渉しかつ完結させるという二重の義務に関する裁判所の貴重な全員一致は、法理論上の批判によって侵食されはしないが、国際司法裁判所によるこの重要な宣言を強化するためには批判に答えるべきだろう。以下、これを試みよう。

　1996年7月8日の勧告的意見に学ぶべき主要な教訓は次のとおりである。

III 交渉しかつ完結させるという二重の義務

1. 誠実に交渉する義務の条約上および慣習法上の根拠

(a) 誠実に交渉する義務のまず最初の有力な根拠は、正統性のある自衛権を損なうことなく**軍縮の一般的義務**を全加盟国に対して課している国連憲章のなかに見出される。憲章は、軍縮を集団安全保障の確保手段としている。ここで問題にしている義務は NPT 締約国に関わるものである。だが、この義務を含む国連総会決議がさまざまな機会に**全会一致**で採択されている限りでは、この義務は実際には国際社会全体に関わることが確認できる。

(b) 国際法には 40 年前から、完全核軍縮を誠実に交渉する条約上の義務が存在する。1968 年の核不拡散条約（NPT）第 6 条はこの義務を定めたが、この規定は、**確固たる慣習法上の義務**（その構成要素は、国連機構成立当初の数カ月から形成され始めている）を結晶化させており、それどころか法典化しているとさえいえる。実際、1968 年のずいぶん前から、この規定に至る道は、国際社会が核軍縮を必要とする確信を幾度も表明することによりていねいに舗装されてきた。すでに 1946 年、国連総会が採択した**まさに最初の決議**〔1(I)〕が、つぎの任務をもつ委員会の設置を定めている。同委員会の任務のひとつは、とりわけ「**原子力兵器および大量破壊に応用される他の主要兵器を国家の軍備から撤廃する**」目的で提案を示すことであった[10]。

(c) 軍縮問題は、国連憲章第 11 条で総会の権限とされており、それ以後、総会が関心を持たなくなることはなかった。実際、数多くの決議で、総会は核軍縮の必要性を繰り返した。たとえば、1954 年には、

「(b) 核兵器およびあらゆる形態の大量破壊兵器の使用および製造の完全な禁止、ならびに現存する貯蔵核兵器の平和目的への転換……を規定する国際軍縮条約案に含まれる包括的かつ協調的提案について合意に至るよう、さらなる努力が払われるべき」

としている[11]。

(d) 1965 年、総会は、核兵器の拡散を防止する条約であって、「全面的かつ完全な軍縮、特に核軍縮の実現に向けた措置となる」条約の締結を呼びかけた [12]。その後の決議で、総会は「現在の世界にとって軍縮はきわめて重要であり、この目標を達成する緊急の必要があること」、ならびに「全面的かつ完全な軍縮に関する合意に至るさらなる努力を行なう」ことが必須であることを再確認した [13]。

(e) おなじ確信は国連の枠外でも表明された。1963 年には核保有 3 カ国が次のように宣言した。すなわち、

「国際連合の目的に従って厳重な国際管理の下における全面的かつ完全な軍備縮小に関する合意をできる限りすみやかに達成し、その合意により、軍備競争を終止させ、かつ核兵器を含むすべての種類の兵器の生産および実験への誘因を除去することをその主要な目的として宣言」

した [14]。

(f) 1968 年に至るまで、この決意は条約本文に規定されなかったが、今日この条約規定はほぼ普遍的となった。核兵器の不拡散に関する条約（NPT）[15] の第 6 条は次のように規定する。

「各締約国は、核軍備競争の早期の停止および核軍備の縮小に関する効果的な措置につき、ならびに厳重かつ効果的な国際管理の下における全面的かつ完全な軍備縮小に関する条約について、誠実に交渉を行うことを約束する。」[16]

(g) 核保有諸国が厳粛に宣言したように、「核兵器の不拡散は、それ自体が目的でなく、将来における全面的かつ完全な軍備縮小の達成のための手段である」[17]。

核軍縮を含む全面的かつ完全な軍縮につき誠実に交渉することへの核保有諸国の約束は、その後何度か確認されてきた。たとえば、「海底および大洋底ならびにその地中」における核兵器その他の大量破壊兵器の設置を禁止する 1971 年 2 月 11 日の条約 [18]、1972 年 5 月 26 日に署名された対弾

道ミサイル・システム制限条約[19]である。

(h) NPT 第 6 条が規定する義務は**交渉の合意**（pactum de negociando）[20]だと分析されるが、なかでも特殊な類型のものであり、それには内在的および外在的な 2 つの理由がある。実際、その文言から、そして他の義務に**条約上対応しているというその性質**から、ここに規定された誠実に交渉する義務は、**国際法委員会が意図した意味における**、**明確に定められた行動**（un comportement spécifiquement déterminé）**をとることをその主体に対して要求する真の国際義務**〔いわゆる実施・方法の義務〕であることは明らかである。

(i) また、誠実に核軍縮を交渉する義務は、一方で核攻撃力を有するひと握りの諸国の死活的利益が、他方で人類全体の同様の基本的利益が登場する事項——核軍縮——を扱う以上、その**目的が特定**される。よって、核軍縮問題では人類の利害関係がきわめて重要なので、この軍縮を誠実に行う義務に関する主役たちの行動をもっとも厳密に評価することが必要である。

(j) 重ねてこう指摘する価値はある。**事実上は核軍縮の交渉当事者はす**べて核兵器を保有する狭い範囲の諸国だが、**法的には NPT 締約国すべてが交渉当事者だとみなされる**[21]。**結果として、条約のどの当事国も、誠実に交渉がなされることを要求する権利をもち、そして、仮に第 6 条に規定される義務の不履行が生じた場合は、それを援用する権利をもつ。**

(k) 国際法は必ずしも明示的かつ特定的に禁止してはいないが、核兵器は、それにもかかわらず、上述のように、人道法の一定の諸規則にしめされた法規（corpus juris）に明確に反する効果をもつ兵器である。こうして、核兵器それ自体の使用の直接的禁止は、一種の法的グレーゾーンにある。**この禁止は**〔まだ存在していない〕**「あるべき法」**（lex ferenda）**の分野には実際にはもはや属していないが、しかし、**〔すでに存在する〕**「実定法」**（lex lata）**の分野から完璧にはまだ出現していない。**結局、国際法と、そしてそれとともに国際法がその規律を任された国際秩序の安定性とが、これほど恐ろしい兵器の法的地位に関するこの不確定性から被害を受けることになる。

よって、この後悔すべき法的曖昧さを終わらせることが必要であり、長らく約束されてきた完全な核軍縮がこの結果を達成する最善の方法に思われる。

(1)　こうした状況を見ると、核不拡散条約第 6 条が誠実に核軍縮を交渉する義務を規定した重要性が分かる。実際、この義務の法的射程は、一般に交渉義務について国際法学が定義する内容での単なる行動の義務（une simple obligation de comportement）のそれをはるかに超えている。**NPT 第 6 条に規定される義務は、明確な結果**（un résultat précis）**——核軍縮——を明確に定められた行動**（un comportment spécifiquement déterminé）**——この目的に向けた交渉の誠実な遂行——をとることで達成する義務なのである**。

2　核軍縮を誠実に交渉する義務——定められた行動をとる義務

　国際裁判所レベルの判事や仲裁委員たちは、かなり以前から交渉義務の法的意味を定義するよう求められてきた。**タクナ・アリカ事件**（チリ・ペルー間）では、1883 年のアンコン条約が原則を規定していた人民投票を実施するための合意についての交渉が問題とされたが、1925 年 3 月 4 日に出された仲裁判決において仲裁人は、この交渉は当事者によって誠実に行われたとした[22]。加えて、交渉当事国が、単に受け入れがたいと判断した条件をともなう合意を拒絶したことは交渉義務の違反には当たらないとしており、義務違反に該当すると判断するには、当事者が投票実施のための合理的な合意の妥結を妨げようとしたことを証明する必要があるとした[23]。

　1957 年 11 月 16 日の**ラヌー湖事件**判決では、仲裁裁判所は交渉に関する国家による**約束の多様性**とその範囲を認め、次のように判示した。
　　「こうして了解された義務の実現は争うことができず、次のような場合には制裁を科しうる。たとえば、討議からの不当な離脱、異常な遅滞、合意した手続の無視および不利な提案または利益の考慮の計画的拒絶の場合であり、より一般的には信義誠実の諸規則の違反の場合である」[24]。

同裁判所はまた、交渉をとりまくべき条件に関して一般的指標を示し、交渉が「好ましい環境で行なわれる」ためには「当事者は、交渉期間中、権利の全面的な行使を差し控えることに同意しなければならない」と述べた[25]。

1969年2月20日の**北海大陸棚事件**判決において、国際司法裁判所はこの条件をさらに特定し、次のように述べた。

「当事国は、合意に至る目的をもって交渉に入る義務がある。これは、合意が成立しない場合に一定の境界画定方法を自動的に適用するための一種の先行条件として形式的な交渉過程を踏むことではない。当事国には交渉が有意義であるよう行動する義務がある。当事国の一方がいかなる修正も考慮せず自己の立場に固執する場合はそうではないことになる」[26]。

国際司法裁判所に続いて、ドイツ対外債務協定の仲裁裁判所もまた、交渉義務の意味を明らかにした。1972年2月26日の判決で、次のように述べた。

「たとえ当初とっていた確固たる立場から譲歩したとしても、双方は、妥協によって相互に満足できる解決に至る努力を誠実に行ったことになる。……交渉合意は必ずしも合意に至る義務を含意していないが、その目的に向けた真摯な努力がなされることは含意している」[27]。

全員一致の判決の主文において、同裁判所は、当事者が交渉に従事する義務を「合意に至る目的をもって協議する」約束と定義した。ここでも国際司法裁判所と同じく、交渉とは

「有意義であらねばならず、単なる形式的交渉過程ではない。いずれかの当事者がいかなる修正も考慮せず自己の立場に固執するなら、有意義な交渉はできない」

と明確に述べている[28]。

これまで急ぎ足で国際判例を概観したが、裁判官らは、誠実な交渉義務を精査した上で、そこに比較的柔軟な内容をもつ義務を見出していること

がわかる。実際、一般的に言って、交渉義務は、交渉過程で一定の行動をとることを関係国に指示する義務であって、一定の結果の達成、たとえば、交渉目的である合意の妥結を命じる義務としては示されていない[29]。

翻ってNPT第6条では、この行動の義務は、NPT締約国に対して、①核軍縮交渉を**有意義なものにする**こと、②いかなる修正も考えないまま自己の立場に固執することなく**相互に満足できる妥協に至る**こと、③**合意に至る**との目標をもって**真摯な努力**を行うこと、これらを要求している。ラヌー湖事件仲裁裁判で言及された事態もまた、この分野での誠実な交渉遂行の有益な指標となりうる。この事態のどのひとつを援用しても、誠実な交渉義務の不履行について1または複数のNPT締約国の責任を成立させるに十分である。進行中の交渉における高度の技術性や複雑性を考えても、この交渉は進展していないとの印象をうける。後戻りしているのではないかと懸念する理由さえある。NPT締約国の大多数も、その提案や利害の考慮が計画的に拒絶されていると不満をもっているはずだ。

こうして国際判例から導かれる要件は、NPT第6条が規定する誠実な交渉義務の実現を評価する基準となり得る。というのは、明白に（prima facie）、この義務は少なくとも行動の義務として分析できるからだ。だが、第6条の義務の法的効果はこれにとどまらない。この条約義務をもっと注意深く検討すると、実際は単なる行動の義務を大きく超える法的射程をもっている。ラヌー湖事件で仲裁裁判所が正しく示したように、交渉の合意（pactum negociando）における国家による約束の射程は、

「定義される方法により、また実施のための手続により多様である」[30]。

3　核軍縮を誠実に交渉する義務──特定の結果を達成するために定められた行動をとる義務

誠実な交渉義務の法的射程が状況により多様だとすれば、ここでは、NPT第6条の文言とそれが挿入されるに至った一般的事情をより詳細にみることが必要である。

境界画定や債務回収の問題に関する場合、誠実な交渉義務は、存在している対立を取り除くこと、当事者が受入れ可能な返済方法を実現することを目的とするが、核軍縮に関する場合、誠実な交渉義務にはきわめて特殊な側面がある。**実際この場合、核軍縮という非常に明確な結果を達成するために交渉する義務であることが明らかである**。交渉の目的は、非核化つまり交渉当事国の全面的な核軍縮である。**核軍縮は、1945年以来コンセンサスのある目的**であり、これは、核兵器を含む全面完全軍縮の重要性と必要性について国際社会の確信を表明した法的文書の数と質によって示されている。この目的それ自体、確かに妥協の対象となり得るが、それは最終目標に至る一連の措置としてである。とりわけ、交渉対象であるこの目的を実現するために**尊重すべき予定表**がそれである。

　こうして、誠実な核軍縮交渉義務は、結果を達成する義務として、また、国際法委員会が作成した国家責任条文草案第20条の意味での、**真の行動の義務**（véritable obligation de comportement）として分析できる。同条の註解では、「行動」（comportement）または「方法」（moyens）の義務と「結果」(résultat)の義務との区別は次のようである。

　　それは、前者が所与の目的または結果を前提としないということではなく、国際義務それ自体によって「明確に定められた」(spécifiquement déterminé)活動、行動または方法によってかかる目的または結果が達成されるという点である。これが、「結果」の国際義務にはない。これが、ある国際義務を「行動」の義務または「方法」の義務として規定する本質的基準である。「行動」または「方法」の義務として規定するには、たとえば、国連憲章第33条のように、国家は『平和的手段』によって国際紛争を解決するものとすると義務を規定するのでは不十分である。実際は、同条が示すように、国家間の紛争を解決するためのもっとも相応しいと考える「平和的手段」を選択する自由が国家には残されているのである。[31]

　加えて、実際上、NPT交渉者の意図するところでは、誠実な核軍縮交

渉義務を規定する第 6 条は、明らかに、**核兵器を製造も取得もしない**という非核兵器国の約束と不可避的に対応していると考えられていた。第 6 条は、国連総会によって確立されるべきとされた「核兵器国と非核兵器国との相互の責任と義務に関する受入れ可能な均衡性」の不可欠な要素のひとつであることは疑いない。1965 年には国連総会は核兵器の不拡散に関する条約を呼びかけ、同条約によりこの均衡性が確立されるべきものとしていた。1995 年の第 5 回締約国会議の時点で、**NPT** の無期限延長が決定されたが、この義務の相互主義的性質は熱心に再確認されている[32]。この理由から、第 6 条は NPT に不可欠な規定とみなされるべきであり、その違反は条約法に関するウィーン条約第 60 条でいう「重大な違反」[33] とみなしうるし、これに付随する法的帰結をともないうる[34]。

NPT 締約国、とくに核兵器国には、誠実に核軍縮を交渉する義務を誠実に履行する義務がある。核兵器国による交渉の誠実な遂行には、とりわけ次のことが必要となる。すなわち、非核兵器国が将来に対して合理的に抱いている正当な期待、つまり約束された交渉が速やかに核軍縮協定に至るとの期待を裏切らないことである。だが、これまで核保有国が核軍縮への誠実な交渉の開始についてとった歩みは、核兵器を持たない国々が期待する水準に達しているようには見えない。

条約発効以来 5 年ごとに開催される締約国会議の機会に、非核兵器国は実際に繰り返し、条約第 6 条の誠実交渉義務が履行されていないことに注意を払うよう呼びかけてきた。1990 年の締約国会議は、合意が存在せず、最終文書の採択に至らなかったという点で、これに関する病状をよくあらわしていた。不採択の理由はとりわけ、核兵器国が軍縮に向けた適切な努力を払っていないと非同盟諸国が考えたことにあった。

1995 年 4 月 11 日の決議 984（1995）において、国連安保理は「核兵器の不拡散に関する条約のすべての締約国が、そのすべての義務を完全に遵守することが必要である点を再確認し」、そして

「すべての国に対して、核兵器の不拡散に関する条約の第 6 条に規定されているように、核軍備の縮小に関する効果的措置、および、厳重

かつ効果的な国際管理の下における全面的かつ完全な軍備縮小に関する条約（これは普遍的な目標である）について、誠実に交渉を行なうよう」
要請した。

NPT に規定される相互主義に基づく義務の尊重の重要性については、かつて米国政府が次のように強調したことがある。
「核不拡散条約の締約国すべてが条約上の各自の義務を履行することが重要である。これに関して、一般的に認められた国際法の諸原則によれば、核不拡散条約の締約国が条約参加の受益者資格を得るためには、その約束を履行しなければならない」[35]。

最後に、1995年4月17日から5月12日の間に開催された核不拡散条約締約国会議は、条約の再検討と延長問題を扱ったが、その最終文書のなかで、とりわけ、次のように宣言した。

　　3　核軍縮は、冷戦の終結の後に実現した国際的な緊張の緩和と国家間の信頼関係の強化によって大いに促進される。したがって、核兵器の不拡散に関する条約に規定される核軍縮に関する約束は、断固として履行されるべきである。この点に関して、核兵器国は、第6条に規定される、核軍縮に関する効果的な措置につき誠実に交渉を行うという約束を再確認する。
　　4　以下に述べる行動計画を含め、第6条の完全な実現と効果的な履行に当たっては、次のような措置の達成が重要である。
(a)　軍縮会議は、普遍的で国際的かつ効果的に検証可能な包括的核実験禁止条約に関する交渉を 1996 年までに完了すること。包括的核実験禁止条約の発効までの間、核兵器国は最大限自制すべきである。
(b)　軍縮会議の特別コーディネーターの声明およびそこに含まれる委任命令（マンデート）に従い、非差別的で普遍的に適用される、核兵器その他の爆発装置のための核分裂性物質の生産禁止に関する条約の交渉をただちに開始し、早期に完了させること。
(c)　核兵器国は、核兵器の廃絶を究極的な目標として、世界的に核兵

器を削減するための体系的かつ前進的な努力を断固として追求し、また、すべての国が、厳重かつ効果的な国際管理の下における全面的かつ完全な軍備縮小を断固として追求すること。[36]

Ⅳ　NPT第6条に「信義誠実」が付加されたことの意義

1．条約一般における「信義誠実」付加の意義

この問題についてある専門家はこう記している。「信義誠実とは、形式的で機械的な原則を、なされるべきことについて措置をとる実質的で具体的な原則へと転換できる化学添加物である」[37]。

ロベール・コル（Robert Kolb）は、①主観的または心理的意味における「信義誠実」を、②なかば客観的意味における「信義誠実」、および③法の一般原則としての客観的意味における「信義誠実」から区別する。そして③客観的意味における「信義誠実」を3つの異なる視点から考察する。すなわち、客観的側面では、信義誠実は、行為者の真のまたは理解可能な意図がなんであれ、その一定の行動が他者のうちに生ぜしめた正当な信頼を保護する。その消極的側面では、信義誠実は過度の個人主義的主張から集団的利益に根ざした一定の目的を保護する（権利濫用法理）。そして最後に、従属関係においては、信義誠実は、相互主義および平等を抑制する不正な振舞いによってある主体が利益をえることを妨げる[38]。

A　信義誠実——不可欠な法の媒介者

信義誠実は国際法の基本原則であり、これを欠くなら国際法はすべて崩壊してしまう。ゲオルグ・シュヴァルツェンベルガー（Georg Schwarzenberger）は、正しく信義誠実について、

> 「国際法それ自体の破壊を犠牲にすることなく、それを国際法から取り除くことができない基本原則」

だとした[39]。

だが、クリスチャン・トムシャット（Christian Tomuschat）は、信義誠実は

公理であって、それじたいは経験的に証明不可能な性質をもつと考えている。すなわち

「信義誠実が……経験的方法で観察できないのは当然である。どの法体系にもすでに存在する要素として、誰もが要求されるある種の正しい行動の仕方を正当化するもの（rationalization）である」と[40]。

オスカー・シャクター（Oscar Schachter）はこう述べている。

「法的と呼ばれようと政治的と呼ばれようと、（信義誠実の）意味は本質的には変わらない。『信義誠実』原則の重要な法的帰結として、ある行動経路をとることやある法的事態を承認することを約束した当事者は、他方当事者が合理的にこれに依拠している場合、その約束と両立しない行動をとることが禁じられる」[41]。

この論文でオスカー・シャクターは、国家の一方的約束について述べている。彼の観点は非常に重要だ。というのも、あらゆる信義誠実について一方的行為が法的効果をもたらすなら、条約文書はなおさらすべての締約国を拘束しなければならないからである。これは、1974年の核実験事件とニカラグア事件における国際司法裁判所のよく知られた判例である[42]。

"Pacta sunt servanda"（合意は守られなければならない）というこの格言は、省略形で引用されるけれども、実は完全な形を読めば、"Pacta sunt servanda bona fide"（合意は誠実に守られなければならない）となっている。

条約法に関するウィーン条約第26条では、

「効力を有するすべての条約は、当事国を拘束し、当事国は、これらの条約を誠実に履行しなければならない」

とある。

同条約第31条1項では、「条約は……誠実に解釈するものとする」とされる。このことは国際法原則の法典化であって、それはきわめて基本的なことであるので、1970年10月24日の「友好関係原則宣言」[43]や1975年8月1日のヘルシンキ会議最終議定書[44]といった一定の法文書が言及する基本原則に数えられるほどである。

また、国際司法裁判所は次のように述べて信義誠実を想起することを忘れてはいない。

> 「法的義務の創設と履行を支配する基本原則のひとつは、その義務の淵源が何であれ、信義誠実の原則である」[45]。

サルモン（Salmon）の『国際公法辞典』では、信義誠実とは、

> 「当事者が、自己の権利・義務の行使および解釈において、この権利・義務の淵源が何であれ、法の一般原則に基づきとることが法的に義務づけられている行動」を対象とするとされ、この法の一般原則の「義務的効力は継続的な慣行と判例（une jurisprudence）に基づいている」

とされる[46]。

国家間関係において信義誠実は例外的なほど重要な地位を占める。**信義誠実は国際の安定を保障している**。なぜなら、これにより A 国は相手となる B 国の行動を予測することができ、相手の行動に自国の行動を対応させることが可能になるからである。信義誠実という「基準」が存在する。これは国際生活の変化にともなって発展する概念であり、この基準こそ義務に輪郭を与え、その質と範囲を決める。証明するまでもなく、信義誠実はその存在が推定され、その反対にある不誠実（mauvaise foi）はその裏面にある。信義誠実は、詐欺、策略、害意、恥ずべき意図、偽装、犯意そして一般的にあらゆる種類の欺瞞を排除する。

B　信義誠実——正当な期待を生み出すもの

ポール・ロイターはこうのべた。

> 「（ある国が）その相手に一定の期待を抱かせた場合に、……その期待が満たされないなら信義誠実に反したのだ」[47]。

信義誠実の本質的性格として、信義誠実には締約国が抱く正当な期待から生じる法的効果がある。国際関係では、国家は誠実に行動することが期待され、行動する際に各自の正当な期待を考慮することが義務づけられている。各国には、他国との関係で信義誠実が生み出すその期待を裏切られ

ない権利があるとされる。こうして、**信義誠実は権利を生み出す。**

端的に言って、**信義誠実**と**信頼**（confiance）は密接に関係している。信義誠実は、正当な信頼と相通じかつ対応するものである。

C　信頼の観点から見た信義誠実

信頼（confiance）は、個人の間でも国家間でも、あらゆるタイプの関係で重要な役割を果たす。信頼がなければ、国際社会はジャングルかカオスとなる。個人や国家、あるいは動物でさえ、裏切り行為の排除の上に成り立つ社会秩序に服している。

条約法条約草案第 26 条（現第 23 条）の註解において、国際法委員会も次のことを想起している。すなわち、信義誠実は「合意は守られなければならない」の規則と不可分一体である法原則であって、したがってこの法原則の結果として、当該条項の文字通り厳格で狭い解釈によって、条約上の約束に基づく義務が回避されてはならないのである[48]。

2. NPTに特定した場合の「信義誠実」の意義

NPT の文脈上に特定すると、信義誠実の原則は第 6 条が予定する交渉の全体を照らしていることがはっきりと確認できる。NPT 締約国となる際に、すべての国が、**全面的かつ完全な軍縮に関する交渉を誠実に行なう義務を誠実に履行する**ことに同意した。これが意味するのは、NPT 締約諸国は交渉行動においても交渉期間においても信義誠実に合致しなければならないことだ。よって、この諸国は全面的かつ完全な軍縮に関する条約の趣旨・目的を損なうような行為を差し控えなければならない。NPT 締約国が核軍備を増強することは、明らかに趣旨・目的を損なう行為となる。

この点をもっと詳細に検討しよう。

信義誠実が軍縮を目的とする交渉にもたらす成果を理解するために、以下では信義誠実がいかなる行動を含意し要求するかを示そう。

A 「信義誠実」により限定される交渉の意味

(a) 交渉は
　「本来理解されているような信義誠実、事態に相応しい期間の交渉継続、他方当事者の利益への配慮、および受入れ可能な妥協の粘り強い追求」[49]
によって遂行されなければならない。

(b)「行われるべき交渉は……次の原則により導かれなければならない。
- 有意義なものであって、単なる形式的な交渉過程からなるものではない。いずれかの当事者が修正を考慮することなく自己の立場に固執する場合には、有意義な交渉を行うことはできない。
- 両当事者には、満足をもたらしかつ衡平な結果を達成するために、協定上の諸原則が適用される方法で行為する義務がある」[50]。

(c) 第6条で予定される交渉への「信義誠実」の付加は、単なる冗語ではまったくない。世界法廷〔国際司法裁判所〕によれば、この言及は、核軍縮といった重大な結果を念頭においてなされており、地球全体の利害に関わる例外的な重要性をこの交渉に付与するものである。すなわち、
　「核兵器の不拡散に関する条約第6条に表現された義務には、信義誠実の原則に従った履行が含まれる。……第6条に表現された義務を履行することの重要性は、1995年4月17日から5月12日の間に開催された核兵器の不拡散に関する条約の締約国による再検討および延長会議の最終文書においても再確認された。裁判所の見解では、これが依然として、今日の国際社会全体にとって死活的な重要性をもつ目標であることは疑いない」[51]。

B 信義誠実の光に照らして見た、NPTおよびすべての締結済みの軍縮諸条約の解釈

　核軍縮の進展といった死活的に重要で細心の注意を要する分野では、関連する利害が非常に大きいのであって、主権をもつ各当事国は、現実に受

諾したこと以上には拘束されないことを望んでいる。「合意は守られなければならない」との原則は完全に認めなければならないが、それは締約国の主権を踏みにじらない限りにおいてである。1969年のウィーン条約法条約に含まれる不可欠な規則には、条約の「誠実な解釈」によって条約と締約国の主権の両方をともに尊重する規則があり、第31条1項に定式化されている。すなわち、**条約文を優先しこれに服するが、当事国の意図を無視しない**のである。チムールは、ある町の降服をもとめる交渉を行い、それ以上の血を流さないことを約束したが、その結果、その町の守備隊の兵士たちを生き埋めにすることを決め、彼らの血を一滴も流さなかった。信義誠実は、当事者の意図から逃れるために文言の意味に固執することを許さない。

C NPTの趣旨および目的を維持し、その一体性を尊重する義務

信義誠実は、NPTからその趣旨・目的を奪うような、いかなる行為、行動、宣言、提案も禁止する。この条約の本質を損なう効果を持つあらゆる措置を禁止する。誠実な行動は、次のように一連のことを「行為しない」義務または「現状維持」の義務の形態をとる。

(a) NPTの趣旨・目的と両立しない行為を差し控える義務。すなわち、NPTの構造全体の破壊の禁止であり、予定される軍縮条約の締結を不可能にする効果をもつあらゆる提案の禁止である。
(b) 国内的平面において条約目的と両立しない法律・規則の制定を差し控える義務。
(c) 条約目的と明らかに両立しない協定の締結を差し控える義務。
(d) 条約の一体性を尊重する義務。国際法における信義誠実問題の専門家はこの点につき正しく次のように述べている。

> 「条約のすべての条項は、それが締約国にとり好ましいかどうかにかかわらず、実施されるとみなさねばならない。信義誠実は、一時の利害による選択的実施を禁じている」[52]。

この規則は完全に法理上確立している。しかしながら、核軍縮のような

きわめて重大な問題を扱う場合、次のように問うことができよう。より柔軟になって、解決すべき事項について選択的に賢明に対処するほうが適切ではないか、この選択肢のほうがおそらくは締約国を NPT の究極的目的に近づけさせることが明らかではないか、と。

条約の趣旨・目的を守る適切な行動の一例は、SALT Ⅱと呼ばれる協定だろう。米国上院が同協定を審議しようとしているまさにそのとき、ソ連によるアフガニスタン侵攻が発生した。この不幸な出来事が SALT Ⅱの批准を妨げることをおそれたカーター大統領は、上院に審議延期を求めた。1980 年 1 月 4 日、米国務省は次の宣言を発表し、米ソは条約の趣旨・目的を維持する意図を有することを明らかにした。すなわち

> 「合衆国およびソビエト連邦は、国際法上、国家は批准を条件として署名した条約の趣旨および目的を損なうような行為を差し控えるべき、との見解を共有する」。

D　NPTを実現するあらゆる積極的措置をとる義務

信義誠実は、各締約国に対して、個別におよび他国と協調して（それが NPT 締約国であるか否かは問わない）、国際社会を NPT の目的である核軍縮に近づけるようなあらゆる積極的措置をとることを求めている。NPT を正しく実現するという意味での、**積極的に行動すべき一般的かつ恒久的義務**を全締約国に課している。

地球規模での核軍縮のようなきわめて重要な分野について条約が言及していることからして、信義誠実は、これまで以上に定言命令的な内容をもつ。というのは、国際社会全体の基本的価値の保護と国際公序の強化を目的としているからである。

ロベール・コルは、交渉は最低限の「公正な取引き」（fair dealing）としてなされなければならないという。国際法委員会はこう述べた。

> 「委員会の選択は……諸国から行動の自由を奪うことを望んではいなかった。交渉において各当事国は他の当事国との最低限度の公正な取引きを期待している。国家には交渉から離脱する自由が残され、不誠

実な行動(acts of bad faith)のみが排除されている」[53]。

これにコルはこう付け加えている。

「この問題で信義誠実が求めていることを解釈するには、次のことを考慮しなければならない。それは、交渉の性質、主体および目的に応じて、交渉の合理的進展に不可欠な条件として示されるそれ以上還元できない最低限のことのみを維持するということである」[54]。

E 誠実に協力する一般的義務

信義誠実は、NPT 締約国間の協力という一般的義務を含意している。核兵器廃絶の文脈では、信義誠実は、この協力義務に特定の深さを与え、より定言命令的なものにする。締約国は、軍縮という巨大な努力の前に立ちはだかる相当の難問の解決に協力するために、必然的にそれに相応しい程度の協議を維持しなければならない。

ヴィラリー(Virally)とベックシュティーゲル(Böckstiegel)は、まったく異なる文脈で次のように述べたが、これは軍縮についてもなお妥当する。

「当事国は……拘束される協定を実施するさいに生じうる難問を解決するために、誠実に作業を進めなければならない。すでに強調したように、この義務は国際法の一般原則であり、ウィーン条約に法典化され、すべての条約に適用される」と[55]。

「世界保健機関とエジプトとの 1951 年 3 月 25 日の協定の解釈事件」では、協力義務の内容についての興味深い概要が示された。この誠実な協力義務は次のことを求めている。すなわち、

(a) あらゆる一方的行動を回避しなければならない。世界保健機関とエジプトは、移転の条件について合意に至るようお互い誠実に協議しなければならない[56]。

(b) あらゆる性急な行動は不可能である。移転を望む一方当事者は他方当事者に対して事態に応じた合理的通告を行なわなければならない[57]。

F　情報提供および通報の一般的義務

　一般的な協力義務の枠内に、より定言命令的で不可欠な性格をもつ通報義務がある。締約国は誠実に行動するが、他の締約国の懸念を完全に知ることは困難だからである。実際、国防問題には国家機密の封印がある。この通報義務は、当然、国防上の機密を暴露することや他の締約国との関係でそれから利益を得ることを目的とはしない。それでは信義誠実に反する。

　通報義務は、つねに、NPTの良好な実施に寄与することが必要である。締約国は、問題の理解に役立つ文書または他の締約国の利害関心の理解に必要な文書を誠実に相互に通報しなければならない。

　ある種の前提がある場合、締約国の沈黙は信義誠実の侵害にみえる。この種の状況は、締約国の沈黙がNPT締約国間に確立した不可欠な誠実さと両立しない事態を作り出すからである。

G　妥協する義務

　NPTは「交渉の合意」である。しかし、
　　「交渉の合意にも法的帰結がある。それは次のことを意味する。すなわち、たとえ当初とっていた確固たる立場から譲歩したとしても、双方は、妥協によって相互に満足できる解決に至る努力を誠実に行なったことになる。交渉の合意は、他方のやり方にあわせようとする……意思を含意している」[58]。

H　手続濫用の禁止

　手続の濫用（l'abus de droi）は、一般に受け入れがたい行動に属する。核軍縮のように重要な分野では手続の濫用は特に深刻となる。信義誠実は、詐欺（fraude）や欺瞞（dol）といった意思表示（manifestations）における手続の濫用を禁止している。他方の信義誠実から何らかの方法で利益を得ようとする交渉は、不誠実となる。

だが、この問題は証明が困難かつ微妙である。

Ⅰ 不当な交渉打ち切りと信義誠実

交渉期間はさまざまであって、核軍縮の場合、解決されるべき問題の極度の複雑さと関係する利害の例外的な重要さとを考えると、非常に長期にわたる可能性がある。世界は、この分野での交渉がすでに数十年も続いているが、軍縮の入口にいるとさえ言えないことを知っている。

2005年の再検討会議後、世界は交渉停止の警報を読み取った。確かなことがひとつある。明らかに不当な交渉打ち切りは、信義誠実と根本的に両立しない。

Ⅴ 信頼醸成

まずはじめに、私が専門にしていない複雑な分野にあえて取り組むことにご寛恕とご理解を頂きたい。「信頼醸成」というテーマについての私の覚書は、あまりに単純で初歩的なものにすぎない。核軍縮を強力に推進する「信頼醸成」というもっとも重要な要素に言及することなく、核兵器の廃絶に関する本稿を終えることは困難だから、もっぱら参考までに記しておく。

だから、この覚書が、この問題の大専門家たちに何かをもたらすわけではないことを承知している。専門家たちは、間違いなく、このテーマに関する議論をそれに相応しいレベルにまで高めてくれるだろう。

第1の基本法則　不透明性は不透明性を生む

各国の安全保障にとりきわめて決定的な分野では、「信頼醸成」問題は強調せざるを得ない大きな重要性をもつ。

いくつかの単純な考えからこの複雑な問題に取り組もう。明らかに、国家の核兵器政策は、その性質と定義から、機密性を要する政策に属する。

核兵器関連活動の不透明性は核時代の本質的要素である。

仮に、A国が根拠に基づき（それが、客観的であれ主観的であれ、現実のものであれ仮想のものであれ）、B国がその軍備の試験、研究、実験または量的もしくは質的増強を行なっていると考えるにいたった場合、とくにそれに核物質が関わるとき、A国がB国に対して大きな信頼を寄せることは、合理的には期待できないと考えられる。「不透明性は、さらに不透明性を引き起こす」というのが単純な法則であり、**不透明性は不透明性を生み出し、それを育てる**。不透明性と機密性は不可避的に伝染性をもつ。A国は必然的にその活動と行動に同程度の不透明性を確保しようとし、B国以上にこの方向へ進む。

第2の基本法則　不透明性は軍拡競争を生む

軍拡競争は、明らかに不透明性の法則の表れであり、他方の側の恐れにより拡大する。諸国は常に「より多く、より良く」を求める傾向があり、そのため消耗し、経費も増大する。

不透明性の別の表れとしては、核事故や部隊の偶発的被曝、核兵器の取り扱いに関する活動を暴露することになる出来事を国家は隠しがちであることが挙げられる。

第3の基本法則　結局、透明性が透明性を生む

国連総会は、繰り返し決議を採択することを通じて、定期的に国家に対して「軍備の透明性」を呼びかけ、また「透明性協議」を行って、実質的な「相互に認めあう透明性の措置」に至るよう奨励してきた。国連の基本思想は、このような透明性が諸国間の信頼と安全保障を醸成し強化するということだ。

核活動における不透明性の払拭（透明性と公開性）は、「不透明性の悪循環の停止」に都合がよい土壌があれば、おそらく同様の他国の行動を引き起こすだろう。もちろんこれは確実ではなく、法則により当然そうなるわけではない。一方当事国の透明性に他方当事国が隠蔽で応じることもあり

得る。だが、この否定的行動は短期間しか「成功」しない。というのは、一方による隠蔽は、他方が相手の否定的態度に気づくや、すぐにその透明性措置を取り消すからだ。透明性は、それが存在する限り、類似の行動を生み出すに至ると考えることは合理的である。

この考えは、何か無責任で世間知らずの甘さに由来するものではない。明らかに透明性は、**一致した意思**により育てられない限り、「繁栄」しない。換言すれば、透明性は、**厳格な相互主義**という基本的かつきわめて分かりやすい法則と一致しない限り、存続させ強化することはできない。

第4の基本法則　専制的な「心理的要因」

「信頼醸成」に通底する側面として、私が「複雑な鏡のゲーム」と呼ぶものがあることは否定できない。それは、現実であれ仮想であれ、各国の軍備状況について諸国が反映しあう一連のイメージにより生み出されるものである。このイメージは、各国間で作り出されるが、他国についての認識の一部が、現実のものであれ仮想のものであれ、気ままに変化するという眺望を生み出す。そして、そこには常に心理的要因が介在する。実際、「複雑な鏡のゲーム」は、おもに、疑惑、信頼の困難さ、危険すぎると判断される軽率な信用に対する恒常的な反対、といった作用により支えられている。各国が、他国の軍備政策に対する恐れと想定する懸念とを増大させている。

だから、この「心理的要因」こそ、特に扱いに注意すべき要因である。多大な努力を払い会合や会議を重ねて、核兵器の撤廃を要求するだけでは不十分である。核兵器廃絶に望ましい国際世論の強力なうねりは、貴重だし決定的なものであって、たしかに意識に肯定的に作用する。しかしながら、だからといって、この「心理的要因」、すなわち国家指導者を駆り立て、**核兵器の廃絶というものを、国家の正統な懸念を克服する能力に直接依存させてしまうもの**の重要性を無視することは許されない。

この分野においてもまた、国家がその恐れを克服するのを助ける行動が重要だ。それは、世論の圧力とあらゆる説得の宝庫でもってする行動であ

る。

　というのは、核兵器は力の兵器ではない。核兵器はなによりも、恐怖の兵器であり、それにすぎない。他者への恐怖。消滅させられるという恐怖であり、〔全体の〕破滅的な危険をおそらく過小評価している。

　したがって、この主観的なるものを修正することがきわめて重要である。

第5の基本法則　客観的なるものに基づく主観的なるものの最大限の低減

　このために、国際社会は「信頼醸成措置」(CBM) を創出するために作業している。周知のように、「信頼・安全保障醸成措置」の概念が 1984 年から 1986 年の間にストックホルム会議で案出された。これを欧州安全保障協力機構 (OSCE) が長年にわたりさらに深化させてきている。

　CBM は一般に、
　　「対立する諸国が、緊張を緩和させ、軍事紛争の可能性を回避するために用いることができる道具」
　と定義される。より完全に言うなら、
　　「信頼醸成措置の主たる目標は、信頼を醸成し、国際関係における誤解と誤算を低減させることで、武力紛争の危険性を低減し、もって国際の平和と安全に寄与することである」[59]。

　この措置は、効果的な軍縮措置に代替するものでもなく、その先行条件となるものでもない。その目的は、軍縮に向けた進展を助長する条件を創出することにある。

　CBM についてのさまざまな地域的経験に注目することは有益だ。OSCEの枠組みでの努力は、この点で興味深い。なぜなら、
　　「いまや OSCE の信頼・安全保障醸成措置システムは、この機構の加盟 55 カ国にとって、軍事・政治事項に関する協力・透明性・予見可能性の文化の安定的かつ実効的基盤となっている」からである [60]。

第6の基本法則　検証による支援の必要

「信頼醸成」の強化措置は非常に数多くあり、状況に応じさまざまであって、そのすべてを列挙することは不可能である。だが、諸国間の情報交換と通報は、主要な役割を果たしている。そしてこの分野では、報告された情報の真実性を検証する能力がものを言う。通報内容を適切な検証技術で確認できればできるほど、それだけ主観的なるものが後退し、客観的なるものの進展に資する。

〔国際〕コントロール（le contrôle）の問題は、明らかにもっとも解決が困難である。人間の想像力のすべて、機械から得られる結果のすべてをもってしても、真に十分とはいえない。これまでほとんどすべての方法が試みられてきた。地震計や水中音波装置、超音波装置による外部監視から、無通告の現地査察までがあり、またこれにはとくに、宇宙活動からや IAEA などの国際機関の活動を通じての相互に認めた諜報活動が含まれている。IAEA は、とくに民生技術の軍事目的への転用を探知することを任務としている。

一般に、軍縮は複数の段階的措置に分けられ、それぞれの段階は慎重にコントロールされる。国家は、相手国の進捗状況が適切にコントロールされていることに完全に満足しなければ、みずからが次の段階に進もうとはしない。この手法は、おもに、特定の兵器とその生産手段の全面的廃棄のための協定に見られる。

軍縮のさまざまな経験を展望すると、たしかに、諸国が条約上認める一定の検証措置が存在していることがわかる。たとえば、1959 年の南極条約の枠組みでは、国家には、同地域の非核化および非軍事化を尊重しない国については、それが締約国であろうとなかろうと、これを通報する義務がある。別の例は、1975 年設立のロンドン・クラブ（原子力供給グループ）であって、このグループは、高度に慎重な取扱いの指定をうけた技術の輸出国が、相互のより良い協力と、その製品の最終目的地についてより良いコントロールを及ぼすために集まっている。1992 年 3 月 24 日のヘルシン

キ条約は、「オープン・スカイズ」条約と呼ばれ、査察目的での国家の上空飛行が認められている。だが、あきらかに、この選択肢は、現実には、上空飛行を実施できる洗練された科学技術をもつ大国でなければ利用できない。

また、次のことも指摘できる。IAEA のレベルでは、「追加議定書」として知られる外交文書があり、核兵器国は非核兵器国による批准を求めている。この議定書の長所は、国家による核活動をきわめて厳格かつ徹底的に検証するための厳重かつ詳細な一群の措置を規定していることにある。

このきわめて高度に慎重な取扱いの指定をうけた分野については、1997年 12 月 4 日の対人地雷の禁止に関するオタワ条約第 7 条に列挙される「透明性に関する措置」を引用すべきだろう。締約国は、この装置を廃棄する際に、国連事務総長に報告しなければならないばかりか、不遵守が疑われた締約国または締約国会議の要請に基づき実施される「事実調査使節団」による現地調査に協力しなければならない。

いくつかの条約を読むと、この問題を諸国が重視していることが分かるし、これを調整した外交会議の議事録からもそれは分かる。たとえば、1996年 9 月 24 日の包括的核実験禁止条約の第 4 条は、コントロールと検証のための 68 もの項目からなっており、これは完全に体系化されている。

しかし、情報交換と通報による信頼醸成の必要にはおのずと限界があることは明らかだ。多くの協定には、いわゆる「秘密事項」条項がみられ、この条項によって締約国は交換した情報の内容を公表しないことを約束している。こうして、「各締約国は、協定に従って提供された情報については、情報を提供した締約国による明示の同意がある場合を除き、公表しないことを約束する」[61]。

第 7 の基本法則　信頼醸成措置の法的地位は必要な厳格さと望ましい柔軟性の間にある

「信頼醸成措置」の法的地位は、一般にやや曖昧である。このことは、2

つの相反する力の産物である。一方で、A 国は、B 国がとる信頼醸成措置を信頼に足る措置であり、この措置をとる国家を拘束するものとみてしかるべきであって、信頼性に関心を有する A 国は、前述の措置が B 国を拘束する厳格かつ完璧な法的地位が与えられることを望むだろう。だが他方では、この措置の法的地位が曖昧であることには、この措置を考慮し受諾することを諸国に奨励するだけのより高い柔軟性を提供するという利点がある。

しかし、すべては状況次第だ。ある種の前提に立てば、CBM は条約としての性質をもち、当事国を定義上拘束するとしても、それは関係国が表明した意思の結果でしかありえない。

軍縮のある側面についての交渉の枠内では、むしろ、厳格さの欠如と柔軟性が追求されるように思われる。交渉過程である国が出した書面もしくは口頭の通告または提案の法的地位が問題となる。この場合も、他の場合と同じく、信義誠実が指針となるに違いない。モスラー判事が次のように述べているのはもっともなことだ。すなわち

「交渉過程で示された行動の法的効果は、その行動が生じた状況次第である」[62]。

実際、この信頼性を保護するためにこそ、国際司法裁判所は、しばしば、交渉過程で国家が出した提案は、とくにその交渉が結論に至っていない場合は、同国を決定的には拘束しえない、と判示しているのである[63]。

* *

欧州連合の名においてギリシアが提出した前述の文書がいうように、

「信頼醸成は動的な過程であって、漸進的なステップ・バイ・ステップのアプローチである」[64]。

それぞれの措置の重要性のレベルは平等ではない。核軍縮でもっとも重要な措置は、国連の外でなされてきた。これまで以上に今日、重要なこと

は、現実的かつ合理的な予定表をともなった核軍縮の一体的過程を民主的かつ一貫して進める際に、国連にもっと決定的な役割を認めることだ。明らかに必要なのは、国連軍縮委員会の各会期でなされる単純作業を越えて、国連がこの核軍縮の一体的過程に、より効果的かつより恒常的に関与することである。

註

* 訳者註 原著には、オリジナルの仏語原稿、その英訳および独訳が収録されている。訳出に当たっては英訳を基本とした。ただし、より適切な訳語を示したと考える点では仏語を表記した。なお、タイトルは、オリジナルの仏語原稿では「国際法、信義誠実〜」の順だが、英独訳ではいずれも、「信義誠実、国際法〜」の順になっている。本稿は、仏語原稿に従った。

  「信義誠実」の原語は "bonne foi"（英訳では "good faith"、独訳では "Treu und Glauben"）であり、名詞として使用されている場合は「信義誠実」と訳し、形容詞的用法や副詞句の中で用いられている場合は「誠実な」または「誠実に」と訳した。

  原文中イタリック体による強調は、太字で示した。なお、強調箇所が仏原文と英訳文で異なる場合は、仏原文に拠った。また、仏原文では引用符内はイタリック体であるが、引用箇所を示すものと考えて、訳出に際しては強調表示をしていない。

1 "Special Comment," in "What Next for the NPT ?" Disarmament Forum (2000, no. 1) p. 4.
2 本稿で示された見解は、筆者が属する組織、機関または省庁のいずれとも、直接的にも間接的にも関わるものではない。
3 ヴェレシェチン判事は勧告的意見に付した自らの「宣言」において「裁判所が明確に示したのは、核兵器による威嚇または核兵器の使用の全面的禁止という宮殿は建築途上にあり、すでに相当程度完成しているということだ」と述べている。ICJ Reports 1996, p. 281.
4 *Id.* ヴェレシェチン判事は、こう述べる際に、サー・ハーシュ・ローターパクト（Sir Hersch Lauterpacht）を引用して彼との著しい親和性を示している。ローターパクトは次のように述べている。「明白な判断回避は、意見要請機関の側に裁量権を委ねるものであり、その争点固有の複雑さを指摘しない欺瞞的な明確さよりも望ましい……ものかもしれない」（Lauterpacht, Hersch, *The Development of International Law by the International Court of Justice*, reprint, 1982, p. 152）。See also Weil, Prosper, " 'The Court cannot conclude definitively…' Non liquet revisited," in "Essays on International Law in Honour of Professor Louis Henkin," *Columbia Journal of Transnational Law, 1997, vol. 36, pp. 109-119, and Ecrits de droit international*, Paris, P.U.F., pp. 141-150.
5 Declaration of President Bedjaoui, ICJ Reports 1996, p. 273. para. 22.
6 反対するものとして以下を参照。Vincent Coussirat-Coustère, "Armes nucléaires et droit international," *Annuaire Français de Droit International*, 1996, pp. 337-356.

7 Legality of the Threat or Use of Nuclear Weapons, Advisory Opinion of 8 July 1996, *ICJ Reports 1996* (hereafter "Advisory Opinion"), p. 244, para. 36.
8 Advisory Opinion, p. 273, para. 15.
9 2名の判事がこの問題の懸念を抱き、個別意見で疑念を呈した。もっとも、同項票決のさいは全員一致を破ることはなかった。
10 1946年1月24日に全会一致で採択された決議1(I)。
11 1954年11月4日に全会一致で採択された決議808A(IX)。
12 「核兵器の不拡散」と題する1965年11月18日の決議2028(XX)。賛成93、反対0棄権5（キューバ、フランス、ギニア、パキスタン、ルーマニア）で採択。
13 「世界軍縮会議開催の問題」と題する1965年11月29日の決議2030(XX)。賛成112、反対0、棄権1（フランス）で採択。また、「全面的かつ完全な軍縮の問題」と題する1965年12月3日の決議2031(XX)　を参照。賛成102、反対0、棄権6（アルバニア、アルジェリア、フランス、ギニア、マリ、タンザニア）で採択。
14 米ソ英による1963年8月5日の部分的核実験禁止条約の前文。
15 1968年7月1日署名開放、1970年3月5日発効。United Nations Treaty Series, vol. 729, p. 161.
16 条約前文では、締約国は「核軍備競争の停止をできる限り早期に達成し、および核軍備の縮小の方向で効果的な措置をとる意図」を宣言している。
17 1967年2月14日にメキシコで署名されたラテン・アメリカおよびカリブ地域における核兵器の禁止に関する条約〔トラテロルコ条約〕の附属議定書IおよびIIの前文。附属議定書Iにより、アメリカ、フランス、イギリスおよびオランダは同条約に規定される諸条件を尊重することを約束しており、附属議定書IIにより、すべての核兵器国がラテン・アメリカの非核化の地位を承認することを約束している。
18 前文を参照。ここでは締約国自身が「この条約が厳重かつ効果的な国際管理の下における全面的かつ完全な軍備縮小に関する条約への一歩となることを確信」すると宣言している。
19 前文において、米ソは「核兵器の不拡散に関する条約の第6条の下における義務に留意して、可能な限り早い時期に核軍備競争の停止を達成し、戦略兵器の削減、軍縮および全面完全軍縮に向けての効果的な措置をとるという意図を宣言」するとしている。
20 一般的には、交渉の合意は「2またはそれ以上の国家が、明確な問題を協定によって規律することを目的として、交渉に入ることの事前の約束」として理解されうる。Zoller, Elisabeth, *La bonne foi en droit international public*, Paris, Pedone 1977, p. 59.
21 実際には、誠実な核軍縮交渉を現実に義務づけられた諸国は、NPT第6条が規定する義務に従うごくわずかの諸国のように思われる。
22 *Reports of International Arbitral Awards*, volume II, p. 929.
23 「〔交渉義務の〕履行を免れる主張においていずれかの当事国を正当化するためには、〔他方当事国の〕特定の交渉の不履行や特定の協定の批准拒否以上の事柄が明らかとならなければならない。人民投票を規定する第3条の実施を妨げる意図が、つまり、単に第3条が文言上課す特定の合意の拒絶だけでなく、人民投票のための合理的な合意を妨げる意図が見出されなければならない。」。*Id.*, pp. 929-930.
24 *Reports of International Arbitral Awards*, volume XII, pp. 306-307.

25 *Ibid.*, p. 311.
26 *North Sea Continental Shelf* (Federal Republic of Germany/Denmark), Judgment of 20 February 1969, *ICJ Reports*, p. 47, ¶ 85(a).
27 *Case concerning the agreement on German external debt: Claims arising out of decisions of the Mixed Graeco-German Arbitral Tribunal set up under Article 304 in Part X of the Treaty of Versailles* (between Greece and the Federal Republic of Germany), *Reports of International Arbitral Awards*, vol. XIX, pp. 56-57.
28 *Id.*, p. 64.
29 ポール・ロイターによれば、交渉義務の最低限の内容が要求するのは、諸国が交渉を開始しかつ交渉者として行動する義務である。彼は交渉者として行動する国家の義務について次のようにいう。「例外なく知られているのは、これは結果に至る義務ではなく、行動する義務であることだ。つまり、交渉者は交渉結果とは別に一定の方法で振舞わなければならない。この義務は厳密な方法では定義できず、むしろやや柔軟な基準の対象となる。支配的原則は信義誠実の原則であり、ある類型の振舞いは忠実な交渉意図とは両立し得ないので、交渉者はかかる振舞いを差し控えなければならない」と。Paul Reuter, "De l'obligation de négocier," *Communicazioni e studi*, Milano, Giuffre, 1975, pp. 717-718.
30 *Reports of International Arbitral Awards*, vol. XII, pp. 306-307.
31 Commentary on article 20 adopted by the Commission, *Yearbook of the International Law Commission 1977*, vol. II, part two, pp. 13-14, ¶ 8.
32 ICJ の核兵器に関する 2 つの勧告的意見に関連したイラン代表の発言を参照。同代表曰く「しかし、明確にする必要があるのは、延長の決定は 3 つの相互関連性のある妥協的決定のパッケージの一部であることです。他の 2 つの決定とは、〔まず〕『条約の再検討プロセスの強化』で、これは全当事国とりわけ核兵器国による説明責任を強化する措置を規定しており、2 つ目としては『核不拡散と核軍縮のための原則と目標』であり、これは『核兵器の完全な廃棄と全面的かつ完全な軍縮という究極的な目標』を繰り返しています」と。*CR 95/26*, p. 26.
33 同条 3 項によれば、重大な条約違反とは、とりわけ「条約の趣旨および目的の実現に不可欠な規定についての違反」をいう。
34 第 60 条 2 項参照。
35 "Statement issued on 5 April 1995 by the Honourable Warren Christopher, Secretary of State, regarding a declaration by the President on security assurances for non-nuclear-weapon States Parties to the Treaty on the Non-Proliferation of Nuclear Weapons, " *UN Doc. A/50/153, S/1995/263*, 6 April 1995.
36 1995 Review and Extension Conference of the Parties to the Treaty on the Non-Proliferation of Nuclear Weapons, Decision 2: Principles and Objectives for Nuclear Non-Proliferation and Disarmament, *NPT/CONF.1995/32 (Part I)*.
37 Robert Kolb, *La bonne foi en droit international public: Contribution à l'étude des principes généraux du droit*, préface Georges Abi-Saab, Publications de l' Institut universitaire des hautes études internationales, Geneva and Paris, PUF, 2000 (756 pages), p. 588. この資料をよく渉猟した研究は、信義誠実に関する古典といえる。また、以下を参照。Elisabeth

Zoller, *La bonne foi en droit international public*, published in Paris 1977 and republished and completed in 1994 under the title "La bonne foi" in the collection *Travaux de l'Association Henri Capitant*, Paris, vol. 43 および R. Yakemtchouk, *La bonne foi dans la conduite internationale des Etats*, 2002.

38 Robert Kolb, *op. cit.*, pp. 112-113.
39 Cited by Robert Kolb, op. cit.
40 Christian Tomuschat, "Obligations arising for States without or against their will," *Recueil des courts de l'Académie de droit international*, 1993-IV, vol. 241, p. 322.
41 Oscar Schachter, "Non-conventional concerted acts," in Mohammed Bedjaoui (ed.), *International Law: Achievements and Prospects*, Paris, UNESCO, 1991, pp. 267-268.
42 たとえばニカラグア事件を参照。*Military and Paramilitary Activities in and against Nicaragua, Jurisdiction and Admissibility* (Nicaragua v. United States), *ICJ Reports 1984*, p. 418.
43 国連総会決議2625(XXV)では「すべての国は、国際法の一般に承認された原則および規則の下で有効な国際的合意に基づく義務を誠実に履行する義務を負う」とある。
44 実際、同文書で言及される基本原則のひとつは、国際法の義務の誠実な履行の原則である。
45 *Nuclear Tests* (Australia v France), Judgment of 20 December 1974, *ICJ Reports 1974*, p. 268, ¶ 46.
46 *Dictionnaire de droit international public*, sous la direction de Jean Salmon, Bruylant, 2001, p. 134.
47 *Yearbook of the International Law Commission*, 1965, vol. 1, p. 91, ¶ 41.
48 *Yearbook of the International Law Commission*, 1966, vol. II, pp. 210-211.
49 *Aminoil Case* (Kuwait v Independent Oil Co.), 1982, *International Legal Reports*, vol. 66, p. 578.
50 Case concerning the agreement on German external debt, *op. cit.*, p. 64. これは、北海大陸棚事件（ICJ Reports 1969, p. 47) およびメイン湾事件（*ICJ Reports 1984*, p. 299) におけるICJによる定式の繰り返しに当たる。
51 Advisory Opinion, *ICJ Reports 1996*, pp. 264-265, ¶¶ 102-103.
52 Robert Kolb, *op. cit.*, p. 295.
53 *Vienna Conference on the Law of Treaties*, Special Rapporteur Humphrey Waldock, first session, p. 104, ¶ 25.
54 Robert Kolb, *op. cit.*, pp. 201-202.
55 Case A.15, Iran v. United States, August 20, 1986, *Iran/US Claims Tribunal Reports*, vol. 12, p. 61 (cited by Robert Kolb, op. cit.).
56 *ICJ Reports 1980*, p. 95.
57 *ICJ Reports 1980*, p. 96.
58 *Case concerning the agreement on German external debt, op. cit.*, p. 56.
59 Working Paper submitted by Greece on behalf of the European Union, Disarmament Commission, 2003, Substantive Session, A/CN.10/2003/WG.II/WP.2, 4 April 2003.
60 *Id.*, ¶ 5

61 Agreement on Confidence-Building Measures Related to Systems to Counter Ballistic Missiles other than Strategic Missiles, September 1997, Article VII.
62 Mosler, H., *General Course on International Public Law, Recueil des Cours of the Academy of International Law*, 1974-IV, vol. 140, p.111.
63 Cf. *Nottebohm Case, ICJ Reports 1955*, p. 20; *Minquiers and Ecrehous Case, ICJ Reports 1953*, p. 71; *Case concerning Maritime Delimitation and Territorial Questions between Qatar and Bahrain, Jurisdiction and Admissibility, ICJ Reports 1994*, pp. 125-126.
64 Working Paper, *op. cit.*, fn. 57, ¶ 19.

核兵器と国際人権法の交差
誠実な核軍縮交渉義務への含意

カリマ・ベノウネ [1]

I 序説
II 人権法と核軍縮
 a．規約人権委員会と生命に対する権利
 b．武力紛争における生命に対する権利
 c．国連人権小委員会の貢献
 d．NGOと核兵器
 e．核兵器と経済的、社会的および文化的権利
 f．平和に対する権利
III 女性の人権と核兵器
IV 国際法における人権と信義誠実
V 結論

I 序説

　本日、ここにこうして参加できたのはたいへん名誉なことであり、お招きいただいたことを関係者のみなさまに厚く御礼申し上げる。私は反核運動の支援者であり、核政策法律家委員会の理事会メンバーであって、1980年代というかなり昔から核問題を学ぶ学生として活動してきた。もっとも最近数年間は、国際法に関する仕事のほとんどは、軍縮分野よりはむしろ、人権運動に関するものだった。ピーター・ワイスとジョン・バロースが「大量破壊兵器と人権」と題する『軍縮フォーラム』誌上の重要な論考で書いているように、「若干の例外はあるが、大量破壊兵器について考え、執筆し、話している者たちは、人権について考え、執筆し、話す者たちとは別

世界に生きている」のである[2]。にもかかわらず、われわれは多くの目標を共有している。そして私はこの会議に参加できることを嬉しく思い、また、この共通の目標に向けて軍縮活動家や人権擁護者たちが、共に徹底的に検討し共に活動する、できる限り多くの機会を創り出すよう希望する。

さらに私は、アルジェリア人の子孫であり、米国を本拠に活動する国際法律家として、ベジャウィ判事のような著名なアルジェリア人法律家と一緒に、この催しに参加できるのは、とりわけ名誉なことだと申しあげたい。ベジャウィ判事の論考は、国際法と核軍縮の分野における信義誠実に関してほとんど付け足すことがないほど洞察に満ちあふれており、包括的なものである。そこで本日私は、国際人権法の分野における核兵器の取扱いと、とくに人権法が信義誠実に関する議論の俎上になにをもたらしうるのか、こういうことについて、二、三の論評をするに止めたい。ベジャウィ判事が説得的に論じたように、国際法には、全面的核軍縮について国家が誠実に交渉する義務がある[3]。国際人権法は、こうした軍縮について国家に誠実に交渉するよう要求する論拠を強化するために使えるのだということを私は示唆したい。これに付け加えて、女性の人権の分野がこの議論に何を提供できるかについても見ていきたい。時間と紙幅の制約から、これらの論点の概要だけしか提示することができない。全体についての検討は将来の課題とする。

II 人権法と核軍縮

a. 規約人権委員会と生命に対する権利

多くの人権機関や団体がここ数年、核兵器の問題とその人権への影響について意見を述べるようになってきている。こうした意見表明のうちのいくつかは、よく知られるものとなっている。重視されている人権機関は規約人権委員会であり、政治的および市民的権利に関する国際人権規約（自由権規約）の実施を監視することを任務とする。この規約は国際人権章典に属する条約であって、中国を除く安全保障理事会常任理事国のすべてを

含め現在までに世界のすべての地域の 161 カ国によって批准されている[4]。規約人権委員会は、遡ること 1984 年に核兵器と生命に対する権利に関する重要な一般的意見第 14 号を発表している。こうした一般的意見は同規約第 40 条 4 項により明確に認められたもので、こんにちでは専門家によって同規約の「権威ある解釈」と認められているものである[5]。一般的意見第 14 号の文言は印象的であり、長文の引用にも堪えるものである。委員会は次のように述べた。

> 核兵器の設計、実験、製造、保有および配備が、生命に対する権利にとって、こんにちの人類の直面する最大の脅威の中に入ることは明白である。この武器が、戦争の場合だけでなく人間や機械の過失や故障によってすら現実に用いられかねないという危険によって、この脅威の度合いは増している……
>
> さらに、その存在自体と脅威の重大さにより、国家間に猜疑心と恐怖の雰囲気が醸成されるのであり、このこと自体が、国連憲章および国際人権規約に基づく人権と基本的自由に対する普遍的な尊重と遵守の促進に対して敵対するものなのである。……
>
> 核兵器の製造、実験、保有、配備及び使用は禁止され、人道に対する罪として認識されるべきである。……[6]

この最後の部分を主張するにあたり、規約人権委員会は明らかに多くの淵源に依拠しているのであり、これには、核兵器の使用が人道に対する罪を構成するのだと判断した 1981 年の決議 36/92 Ⅰ のような国連総会の諸決議が含まれている[7]。この意見の文言にもどると、最後のパラグラフで委員会は次のような広範なアピールをしている。

> したがって、委員会は、人類の利益のため、規約を締結しているか否かを問わず、すべての国家に対し、一方的に、また合意により、世界からこの脅威を除去するための措置を直ちに講ずるよう要請する。[8]

この勇敢で率直な一般的意見について、マンフレッド・ノワク（Manfred

Nowak)は、1993年に出版された自由権規約に関する彼の基本的な注釈書において、同書の執筆時点では「もっとも論争的なものだ」と述べている[9]。規約人権委員会はその通常の慣行に従いコンセンサスによってこの意見を採択したが、この意見は国連総会の〔人権問題を担当する〕第3委員会ではいくつかの西側諸国から鋭い批判にさらされた。たしかに、ノワクが語るように、規約人権委員会内部の議論では、委員会自身の何人かの委員は意見草案のいくつかの側面について批判的であった。たとえば、これは（自由権規約の締約国というよりはむしろ）すべての国家に向けてのアピールである点、規約人権委員会は司法的機関ではないにもかかわらず核兵器の保有と製造の犯罪化の呼びかけを行う点、自衛権を無視している点、そして核兵器の使用と保有を区別していない点である[10]。にもかかわらず、委員会のすべての委員が意見の最終的文言についてのコンセンサスに参加し、この文言はその当時の規約人権委員会の委員でもあったクリスチャン・トムシャット（Christian Tomuschat）や故トーケル・オプサール（Torkel Opsahl）という才覚ある国際法律家たちからとくに強力に支持された。ノワクによれば、これら法律家たちは「生命に対する権利を適用するにあたり、核兵器によって人類すべてが脅威にさらされているという重大な危険に対し、委員会が目をつぶってはならない」[11]と主張したのである。ノワク自身、一般的意見第14号は称賛に値すると結論づけている。というのは、

> 〔この意見は〕他の国際機関によってはなはだしく見落とされたものを進んで取り入れることを示すだけでなく、自由権規約第6条に由来する前提の断固たる適用を示しているからである。つまり、これにより、生命に対する権利は狭く解釈されず、かつ締約国は生命に対する権利を確保するために積極的措置をとるよう義務づけられていることを示しているからである。[12]

b．武力紛争における生命に対する権利

　この一般的意見のなかで委員会が論じている生命に対する権利は、まさに中心的な人権であって、それなくしてはその他の人権が無意味なものになる。これは、強行規範（jus cogens）のレベルまで高められてきた逸脱不可

能な人権である。それは、これと両立しない条約や慣習規範を無効にすることを意味する。しかしながら、自由権規約の文言では唯一「生命の恣意的な剥奪」の禁止だけが示されているにすぎず、武力紛争時におけるこの権利の正確な意味はいくぶん論争的なものとなっている。国際司法裁判所（ICJ）が核兵器勧告的意見において判示したように、実は第6条は武力紛争の期間においてさえ適用可能なものである。しかしながら、ICJ の見解によれば、

> 何が恣意的な生命の剥奪であるのかを決めるテストは、……適用される特別法（lex specialis）、すなわち、敵対行為の規制を意図してつくられた、武力紛争に適用される法によることになる。したがって、戦争において一定の武器の使用によって個別の生命が奪われることが、同規約第6条に反するような恣意的に生命を奪われたことにあたるかどうかは、武力紛争に適用される法に照らしてのみ決定できるのであって、同規約そのものの文言から導き出されるわけではない。[13]

この人道法への「反致」（renvoi）*は、ヴェラ・ゴウランド=デバス（Vera Gowland-Debbas）のような著名な法律家により批判されている[14]。さらに、マンフレッド・モール（Manfred Mohr）が『赤十字国際雑誌』に書いているところによれば、核兵器勧告的意見においては、「核兵器問題と……生命に対する権利の連関は、裁判所がより明白に認識すべきものであった」のである[15]。事実、モールが指摘したように、ICJ は、上に引用した規約人権委員会の「有名な」一般的意見第14号を参照しなかったのだ[16]。

ある人は、これは次のようなことに起因すると推測する。すなわち、これは裁判所の判事たちの側の正統性の懸念に起因し、また、フランス[17]、ロシア[18] および米国[19] を含むいくつかの大国が、付託されたこの問題について人権法を決定的なものだと考慮しないよう裁判所に要請して、それ故にこうした〔人権法の〕議論によっては揺さぶられそうになかったという事実に起因するのだ、と。こうした国々の見解の大部分は、自由権規約その他の文書に法典化された生命に対する権利に内在する制約に焦点を合

わせたように見える。たとえば、ロシア連邦は「生命に対する権利の存在は、正当な（legitimate）武力行使を通じて人の生命を奪い得ないことを意味しない」[20]と論じた。しかしながら、また、こうした議論の流れは、人権法がこの主題〔核兵器問題〕に対してもつ関連性をより全面的に否定するに至った。おそらく、もっとも純然たる声明はフランスによるもので、「このような主張はいかなる関連性も持たず、また持ち得ないことはまったく明らかなことである」[21]というものであった。同様に米国は、

> 人権文書の引用は、核兵器の使用が現行の国際法と矛盾するかどうかというこの問題の分析に関しては、何ら寄与するところはない。この問題の答えは、間違いなく、人権文書の参照によってではなく、武力の行使や武力紛争における行為を規律する国際法の原則の適用によって決定されるものである[22]

と論じた。

ちなみに、これは人権と軍縮の両方の分野の中で重要な帰結をもたらす問題である。現在のアメリカ政府は、最近、武力紛争——とくに、「テロとの戦い」——における行為を判断するため人権法を利用することに反対する立場を強くとるようになっている[23]。

核兵器勧告的意見事件の書面手続に話を戻してみると、核兵器使用の違法性について主張する国でさえも、なんと人権について論じていないのだ、ということが顕著になっている。国際人道法について深く言及するニュージーランドのような国々でさえ、実質的には人権法への言及をしなかったのである[24]。一般的意見第 14 号を引用して人権の議論に何頁かを捧げ、核兵器の製造および所有が生命に対する権利を侵害するのだと提起したナウルは、有名な例外である[25]。ウィーラマントリー判事の反対意見は、人権法との関連性を最高度に高める、深淵でもっとも野心的な試みを提起するものである[26]。彼は、生命に対する権利に内在する制約のために核兵器は何不自由なく位置をしめるという、いくつかの国家によって提唱された理論を放逐し、彼の見積りでは「100 万人から 10 億人もの人を殺す能力

を有する」という核兵器の特異性を強調した[27]。

この問題に対する人権と生命に対する権利の一般的適用可能性に関して、規約人権委員会としては、「武力紛争における国際人道法の体系は〔自由権〕規約の適用を排除しない」という見解をとっている[28]。不幸にして、一般的意見第14号において提起されたテーマは十分に追求されていないのである[29]。近い将来、規約人権委員会が再度このテーマを取り上げることが本当に望まれるところである。

しかしながら、そうするには、人権NGOと軍縮NGOの両方からの働きかけ（おそらくはともに行動すること）が必要である。そして、ポスト9.11時代には、規約人権委員会は、人権と彼らの活動の正統性に対する新たな脅威に直面している。しかし、一般的意見第14号が採択された東西冷戦の困難な時期にさえ道義的勇気を示せたのだから、現代において同様のことが不可能であると考えるべき理由はない。

c．国連人権小委員会の貢献

規約人権委員会に加え、その他いくつかの人権機関も、核兵器と人権の問題に関して重要な働きをしている。ICJの核兵器勧告的意見にならって、国連の差別防止少数者保護小委員会（その後、人権促進保護小委員会になったことは知られている）[30]は、1996年に核兵器に関する決議を採択した。1996年の決議は、その前文で、

> 核兵器の完全な廃絶と、厳重かつ効果的な管理の下における全面的かつ完全な軍備縮小撤廃に関する条約、という究極的な目標を繰り返

した[31]。それ故に小委員会は、

> 関連する国際的な場、特に、ジュネーブ軍縮会議（CD）が、核兵器の廃絶を究極的な目標として、段階的計画によって核兵器を地球規模で削減するために、ただちに核軍縮に関する交渉を開始し、国際の平和と安全の強化ならびに人権と基本的自由および生命に対する権利のすべての保護に貢献すべきことを勧告

した[32]。

　技術的でなく政策志向的な調子で、小委員会は、「核兵器は国際関係において、いかなる役割をも持つべきではなく、それ故に、廃絶すべきである」ことを確認した[33]。

　つづく 1997 年には、小委員会は「すべての国家に対して、大量破壊兵器の実験、製造、拡散を抑制する必要性によって自国の国家政策が誘導されるようにするよう要請」した[34]。この決議の前文では、「大量破壊兵器の使用または威嚇、ならびにある種の状況における製造および売却は、国際人権および／または人道法と両立できない」と結論づけていた[35]。

　これら従前の決議に基づき、2001 年に小委員会は、人権に対する大量破壊兵器およびその他の種類の兵器の影響についての研究を要請した。この研究はモーリシャスのユエン最高裁判事（Y. K. J. Yeung Sik Yuen）によって行われ、2002 年に小委員会に提出された。

　ユエン判事の見解では、彼が研究した核兵器およびその他の兵器は、生命に対する権利のみならず、拷問からの自由に対する権利、健康に対する権利、ジェノサイドの禁止およびその他の人権文書における関連する権利を含む、一連の人権を侵害するおそれのあるものであった[36]。彼は、国際人道法のみならず、世界人権宣言、国際人権規約、ジェノサイド条約および拷問禁止条約を含む人権法が、この問題に対して特別の関連性をもつことを強調した。彼が記しているように、国際人道法と人権法はある程度収斂しているのであり、彼の見解では「注目すべき相違」は、「主要な国連〔人権〕規約と地域的な人権文書には『敷居』はなにもなく、武力紛争が存在するか否かにかかわらずすべての状況で適用される」点にある[37]。これは、人権法の下では、核兵器の使用のみならず、「平時における」保有や製造、貯蔵も法的問題を提起することを意味する。

　人権諸団体、そして国連の人権諸制度は、ユエン報告とその小委員会における議論によって提起されてきた多くの問題をフォローアップ（追跡）

すべきである。小委員会はなくなってしまったが、その核兵器と人権に関する活動は、核兵器の問題に対する人権の関与の開始と見るべきものであって、こうしたプロセスの終了と見るべきではない。

d．NGOと核兵器

人権分野のいくつかの著名な NGO は核兵器問題についても論じている。たとえば、2003 年のアムネスティ・インターナショナル（AI）の国際会議集会（最高の民主的統治機関 highest democratic governing body）では、核兵器の無差別性に鑑み、その使用、保有、製造および移譲に反対することを AI が宣言する決議が承認された。この決議は、AI が、近い将来に核兵器に反対するための積極的な運動についていかなる主要な計画もない、という了解のもとで採択された。とはいえ、現在の AI の公式な立場は核兵器に反対するものである。

興味深いことだが、世界の主導的な NGO はみな、AI もなお、核兵器の無差別性、つまり人権法からというよりはむしろ、国際人道法から導かれる概念の点で核兵器に反対していることに注目しておきたい。このことはおそらく、上記に引用した核兵器勧告的意見事件で ICJ によって表明された見解に起因するものである。それは、武力紛争における生命の恣意的な剥奪の意味は、国際人道法（IHL）を使うことで決定される、というものであり、若干の人権専門家らによって批判された見解である。このことはまた、人権法それ自身を議論に再び加えることの必要性を強調するものでもあり、人権の専門家と軍縮の提唱者の双方に、一般的に武力紛争の諸問題に対する、また特に核兵器問題に対する人権法の特別な関係性を想起させることの必要性を強調するものでもある。もちろんこうした方法論を適用するには、管轄権と適用の問題、さらには特別法（lex specialis）の理論のような多くの技術的な諸問題に直面しなければならない。これらの問題は重要なものであるが、しかし、本稿の検討対象にはしないものである。かつて私は、これらについて私の論文「武力紛争への人権アプローチに向けて── 2003 年のイラク」で掘り下げて論じたことがある[38]。簡単にいうと、国際人道法は、有益で重要な法の集合体であるが、それは単独では、

武力紛争または核その他の兵器によって提起されるすべての人権問題に答えることはできない。ルティ・タイテル（Ruti Teitel）が述べるところによると、

> 〔国際人道法の言説と人権の言説の〕融合の試みは、独立した国際人権の言説の存在を維持するうえで脅威となる。事実、……確立した人権の語彙を戦争法の語彙によって置換することが、「人権」の意味の核心そのものにまで至ってしまうのである[39]。

　国際人道法に縛られた枠組みは、明白に重要な作戦上の諸問題に焦点を当てるけれども、軍事支出の優先順位での誤りという広範な主題や軍国主義と紛争の双方による人権への広範な影響力に関して論評することについては、国際人道法の唱導者たちの口を閉ざさせている。

　人権 NGO の立場についての概観に戻ると、アムネスティ・インターナショナルとは異なり、その姉妹的な団体であるヒューマンライツ・ウォッチは核兵器の問題については、なんら概括的立場を提示していないことがわかる。なぜなら、この団体は、この問題に関して価値を追加するほどの活動上の特定の役割を見出してこなかったからである。しかしながら、この団体は 2003 年のイラク戦争に至る過程で、想定される当事者すべてに対して核兵器を使用しないようにとのアピールを行った。というのは、ICJ の核兵器勧告的意見に照らすなら、この紛争でのいかなる核兵器の使用も、国際的には不法ではないと予見することができなかったからである[40]。付け加えて言えば、ヒューマンライツ・ウォッチの最高顧問（General Counsel）のダイナ・ポケムナー（Dinah PoKempner）は、2003 年の『ワールド・トゥデイ』誌で、「困ったことに、核配備のシナリオは、ペンタゴンの 2002 年核態勢見直しの中に見出されるのだ」と述べている[41]。

　市民社会の立場に関して、短時間でなされた概観を締めくくるにあたって興味深いのは、赤十字国際委員会（ICRC）のようなかなり慎重な組織までもが諸国家に対して「これまで約束してきたように、核兵器の完全な禁止ならびに核兵器の廃絶を念頭に交渉を遂行する」ことを公然と呼びかけ

ている点である [42]。こうして、もっとも著名な人権団体および人道団体のうちのいくつかは、核兵器に関して何らかの方法で意見を述べた。これらの意見表明は、核軍縮を交渉する義務の誠実な履行の必要性の論拠を形成するうえで有益なものとなりうる。そのうえ、人権 NGO と軍縮 NGO の新たな対話の基礎となりうる。

e．核兵器と経済的、社会的および文化的権利

　実体的な人権法がどれほど核兵器問題と交差するかについて考察を広げてみるならば、われわれは生命に対する権利を越えて先へ進まなければならない。生命に対する権利は、おそらく核兵器に関する議論においてもっとも関連するものではあるが、確かにそれだけが影響を受けるものだというわけではない。潜在的にはすべての人権が核兵器の使用および実験によって壊滅的な影響を受けるだろう。

　明らかに、核兵器は、健康水準を最高度に維持する権利を害する。ここでひとつの例を示すと、社会的責任を求める医師会議（Physicians for Social Responsibility ; PSR）は、アメリカ政府の出した数字は「アメリカの核兵器計画が 3 万 6500 人のアメリカ人を病気にしてきたうえ、4000 人以上を死に至らしめた」ことを示しているとしている [43]。健康に対する権利を解釈する文脈で、国連の経済的、社会的および文化的権利に関する委員会は、規約人権委員会よりは幾分慎重に、以下の見解を示した。

> 　　国家は……たとえば……もし実験の結果が人間の健康に対する有害物質を放出するものならば、核兵器、生物兵器または化学兵器の使用または実験……による空気、水、土壌の不法な汚染を慎まなければならない。[44]

　しかしながら、核兵器の使用や実験が行われないとしても、核兵器の存在は一連の人権にきわめて甚大な影響がある。各国がその人民の資源をこれらの兵器の製造に費やすという、人権に対する広範な影響は、経済的、社会的および文化的権利の分野でとくに明言されている。これらの権利と核兵器のような高価な兵器類の貯蔵との相互関係は、かつての将軍にして

米合衆国大統領であったドワイト・アイゼンハワーによって明確に理解されていたように思われる。1953 年、彼は次のように述べた。

> 製造されたあらゆる銃器、進水したあらゆる軍艦、発射されたあらゆるロケット弾は、最終的には、空腹で飢えた者や、衣服をもたず凍える者から盗み取ったものであることを意味する。こうした武装した世界は、単に金銭を浪費しているだけではない。労働者の汗と、技術者の才能と、子供たちの希望までも浪費している。近代的な重爆撃機 1 機の費用は、近代的な煉瓦造りの学校を 30 以上もの都市で建設する費用と同じであり……、洗練された完全な設備を持つ病院も 2 つつくることができるほどのものである……。われわれが 1 隻の駆逐艦に費やす金額は、8000 人以上の人々に新しい家屋を与えることができるほどのものである……。[45]

これこそ、人権と軍縮に関する諸団体に所属するわれわれが強調すべき関係性である。アイゼンハワー自身が認識していたと考えられるように、戦争と戦争システムは、人権による分析に値する人権問題なのである。これらの問題に関するわれわれの分析は、より完全なものへと深化されねばならない。2003 年に、「戦争防止グローバル・アクション」が世界の軍事予算を算出してみたところ、世界のすべての政府は総額で 1 分あたり 100 万ドルを軍事に使い、つまり 1 日あたり合計 10 億ドルを使っていることが明らかとなった[46]。アメリカの核計画に費やされた費用だけに目を向けると、シュテファン・シュヴァルツ（Stephen Schwartz）とジョセフ・シリンシオーネ（Joseph Cirincione）によれば、1940 年から 2005 年までで 7.5 兆ドルにのぼるものであった[47]。このショッキングで膨大な金額の資金は、もし適切な方面で活用されたならば、人権の実現の進展に大いに役立つものであろう。おそらく、こうした相互の関係性を認識するからこそ、国連総会はミレニアム宣言で、大量破壊兵器、特に核兵器の廃絶に向けて闘うことと、核危機の除去の方策を明らかにするための国際会議を招集する可能性を含む、この目標を達成するためのすべての選択肢に道を閉ざさないことを決議したのである[48]。

f．平和に対する権利

　さらなる関連のある人権としては、平和に対する集団的権利があるが、ここでは多くの紙数を割くことができない。それはまた、平和に対する権利が、市民的および政治的権利や経済的、社会的および文化的権利に比べて、それほど広範に受け入れられたものでもなく発展したものでもないという理由からして、多くを語れないのである。平和を目指す闘争を通じて平和に対する権利を有用な道具として利用できるようになるには、それ自身の法的基礎が強化される必要がある。人権専門家のフィリップ・アルストン（Philip　Alston）が 2001 年に編集した人民の権利に関する論文集のなかで述べた冗談だが、「"平和に対する権利"に関するサイトをワールドワイドウェブで探しても、この問題に対してなんらかの光を与えるものはほとんどなにもなく、その代わりに多くのサイトが〔騒音などに対する〕平穏に生活する権利（rights to peace and quiet）を扱っていることが明らかとなる」[49]。実際、ピーター・ワイスとジョン・バロースは「平和に対する権利は困難な時期にある……」[50] と記している。

　もちろん、アルストン自身が認めているように、この分野においてもいくらかの法的進歩が見受けられるが、そのほとんどはソフト・ローの分野である。国連総会は 1984 年の「諸人民の平和に対する権利に関する宣言において、平和に対する権利を宣言した。この宣言は、「われら地球上の諸人民は平和に対する神聖な権利を有することを厳粛に宣言する」とし、さらには「その実施の促進は各国の基本的義務を構成する」とした[51]。これらの権利と義務が拘束力を持ち現実のものとなるためには、より多くのことが実行されなければならない。

　しかしながら望ましい道としては、核兵器に対する人権アプローチを発展させる際にこの権利から始めることを強調するのではなく、ICJ 規程第 38 条 1 項に基礎づけられるハード・ローの法源に基づき包括的議論を構築することであろう。その法源とは、市民的、政治的、経済的、社会的および文化的権利の分野で見いだされる条約や慣習国際法の原則である。究

極的には、逆にこうした議論によって、平和に対する権利に新たな関心を向けさせることができるのである。

Ⅲ 女性の人権と核兵器

人権法と核兵器に関する私の概観を完結させるために、これら2つの事柄の交差に関するわれわれの考察にたいして、いかに女性の人権が強い影響力を与えるべきか、ということについて検討しようと思う。フェミニストの国際法律家であるヒラリー・チャールズウォース（Hilary Charlesworth）とクリスティーヌ・チンキン（Christine Chinkin）が『フェミニズム国際法：国際法の境界を問い直す』という重要な著書によってわれわれに気づかせてくれたように、武力に訴えることや兵器の使用または開発に関する決定に、女性は稀にしか関与しないものだ[52]。女性の代表者は国防業界には稀であり、安保理その他の機関においても女性は不適切にしか代表されていない。とはいえ、女性はしばしば軍縮を求めるNGOの活動に関与している。

女性、平和および人権に関する安保理決議第1325号が、これらの格差に取り組み、紛争解決に関する公的プロセスと国際諸制度への女性代表者のいっそうの参加を要請した。この目標は、安保理決議第1820号で最近再確認された[53]。女性のよりいっそうの参加それ自体は、核軍縮交渉の誠実義務を国家に尊重させるのに十分なものでないかもしれない。しかしながら、社会的性差別を是正する措置の拡大はそうした方向への重要なステップとなりうる。チンキンとチャールズウォースの結論によれば、

> 国際的な意思決定に女性がよりいっそう参加することが従来とは異なる種類の決定に結実するか否かは、確定することが困難である。しかし、少なくとも、よりいっそう多様な考えを考慮にいれることを可能とするだろう。[54]

これとは別の共同論文である「強行規範としてのジェンダー」において、チンキンとチャールズウォースは、フェミニストによる強行規範の再考は、

一連の他の種類の人権をさらに目立たせるはずだと論じた。それらの人権は、暴力からの自由に対する権利であり、平和に対する権利をも指しており、核軍縮交渉を行う国家の義務の問題へと直接関係するかもしれない[55]。

女性の人権分野での現行の軍縮義務に関しては、1995 年の第 4 回国連世界女性会議で各国政府が採択した北京宣言および行動要領において、各国政府は、過度の軍事支出の引き下げと武器の入手可能性の抑制についても約束したが、このことがしばしば見過ごされている。この目的ために、各国は以下のように行動すると合意した。

1 厳重かつ効果的な国際管理の下における全面的かつ完全な軍備縮小に向けて積極的に行動する。
2 そのあらゆる側面における核軍縮および核兵器の拡散防止に寄与する、普遍的であって、かつ多国間で効果的に検証可能な包括的核実験禁止条約の遅滞のない締結に関する交渉を支援する。
3 包括的核実験禁止条約が発効するまでの間、核実験に関して最大限の抑制を実施する。[56]

北京行動要領の起草者たちは、いかに軍縮が女性の人権に対して影響するかについての「診断」の箇所において、彼ら彼女らが各国政府に対して特定の行動をとるよう要請したことを次のように説明した。

> 世界平和を維持し、人権を促進し保護する……環境は、女性の地位向上にとって重要な要素である。平和は男女間の平等と解き離しがたく結びついている……。[57]

特にこの点に関して、女性への暴力に関する現在の国連特別報告者は、軍事化が女性への暴力を促進していると論じている[58]。彼女の前任者であるラディカ・クマラスワミは以下のように記している。

> 軍事体制の側にいる人々は、生来男性的であり女性嫌いであり、女性の権利という観念とは相容れない、とこれまで言われてきた。軍事諸制度に浸透している男らしさの崇拝は、本質的に反女性的であり、

それ故に、女性に対して敵対的な環境をもたらすものである。[59]

婦人国際平和自由連盟の専門家であるキャロル・コーン博士（Carol Cohn）とフェリシティ・ヒル（Felicity Hill）は、社会的性差（ジェンダー）の固定観念がどのようにして私たちの核兵器に関する思考に影響を与えているかを語ったことがある。彼女らは、核兵器は「文化的に強さ、力そして男らしさと結びついている」と論じている[60]。こうしたコーディング〔法典化／制度化〕は、彼女らの見解では、核兵器に関する政策論争にとって直接的な影響力をもっている。ヒルは、ジェニファー・ノルトシュトローム（Jennifer Nordstrom）とともに、大量破壊兵器委員会が「男らしさと強さについての誤った概念が、軍縮の障害となっている」と認めていると書いている[61]。大量破壊兵器委員会が言及したこうした「誤った概念」を説明して、ノルトシュトロームとヒルはさらに以下のように述べる。

> 桁外れの破壊能力の保有と誇示は、力強い戦士と結びついた支配の一形態であり、……それは、女性と結びついた軍縮や協力、外交よりも、より高次の価値があるとされている。[62]

これらはまさに、女子差別撤廃条約第5条が国家に撤廃すべきことを命じている社会的性差に基づく定型化である[63]。それ故に、女性の人権の視点が、核兵器に対するいかなる人権アプローチにも全面的に組み入れられる必要がある。

Ⅳ 国際法における人権と信義誠実

さて、人権と核兵器に関するこの短い概観を終えて私は、信義誠実の問題へ立ち戻る。信義誠実の概念――核軍縮交渉義務に関してわれわれがいまここで焦点を当てている――は、どのように人権に関連しているのか？
そして逆に、人権法は国際法般一的における信義誠実の意味と中心性について、われわれに何を示してくれるのか？　すでに述べたように、信義誠実に関するベジャウィ判事の論考はきわめて造詣が深くかつ包括的であるので、私はこの論点についてわずかで短い論評しかできない。

『信義誠実と国際法』という著書の中でJ・F・オコナー（J.F. O' Connor）は、信義誠実に関する以下のような単純化された定義を示している。

> 国際法における信義誠実の原則は、基本原則であって、『合意は拘束する』（pacta sunt servanda）という規則はこの原則に由来し、正直（honesty）、公正（fairness）および合理性（reasonableness）と明白かつ直接に結びつく他の規則もこの原則に由来する。そして、これら規則の適用は、いかなる時代でも、その時点で国際共同体において支配的な正直、公正および合理性という無視し得ない基準によって決定される。[64]

誠実な実施は人権の世界においては不可欠なものである[65]。この原則がなければ、いかなる真摯な人権条約の制定も不可能となってしまう。人権の世界に効果的な国際的執行制度が欠如していることに鑑みれば、「合意は拘束する」の義務は死活的なものであって、それは国家が現実に人権条約を実施すべきだとするのである。核軍縮の分野と同様に、人権の世界でも、われわれは、条約に関するウィーン条約第26条の明白かつ繰り返される違反をあまりにもしばしば目にしている。同条は「効力を有するすべての条約は、当事国を拘束し、当事国は、これらの条約を誠実に履行しなければならない」と規定している[66]。各国はこれらの濫用についてめったに責任を問われない。第31条の誠実に条約を解釈する義務についても同様の事実がある[67]。

だが、信義誠実は、多様で水平的な世界の秩序における国際法の実施を促進するものである。ロベール・コル（Robert Kolb）が『国際公法における信義誠実』のなかで以下のように記している。

> 積極的側面では、信義誠実の原則（le princie de bonne foi）は、まず、権利および義務の外延を決定する尺度を提供する。この原則は、一連の形式的性質の規則（たとえば、合意は拘束する）を実施するために不可欠な実質的な補完を提供する。信義誠実は、次に、法的相対主義と政治的対立の刻印のついた国際社会においてしばしば見られる不完全

な義務を補強する。[68]

　信義誠実に関するこれらの側面は、人権の世界で非常に重要である。

　核政策法律家委員会の執行理事であるジョン・バロースが私に示唆したのは、人権が尊重されるという世界は、核兵器による威嚇や核兵器の使用が完全に受容できないという世界であること、そしてまた、ベジャウィ判事がもろもろの文献で結論付けた軍縮義務が、完全にそして誠実に実施される世界だということである。別の言葉でいえば、中心的な人権である生命に対する権利を、規約人権委員会がこの権利に対する「最大の脅威」[69]のひとつと称したものから保護することによって、この生命に対する権利を完全に実施するには、核軍縮に至る誠実な努力が絶対的に必要である。核兵器によって浪費される膨大な資源の用途を転換し、そうして、アイゼンハワー大統領が名付けた「空腹で飢えた者」[70]からのこの膨大な窃盗を終焉させることによって、経済的、社会的および文化的権利の完全な実施を可能にするためには、核軍縮を完結させる誠実な努力が絶対的に必要なのである。

　平和に対する権利に真の意味を与えるためにも、こうした努力は不可欠な条件（sine qua non）なのである。

　不幸にも、最近数多くの事態の展開が示しているのは、国際義務の誠実な実施の概念にとっては試練の時期かもしれないということである[71]。規約人権委員会としては、最近、2006年の米国による国別報告書について最終見解をまとめる際に、〔国際義務の誠実な実施という〕この基本的な法的概念を繰り返し主張することの必要性を感じている。同委員会は米国に対して「そのアプローチを見直し、自由権規約を誠実に解釈し……そして委員会が自らの権限に従って示した規約の解釈を誠実に検討」するよう要請した[72]。委員会は、域外適用の問題も含めて、米国が規約の解釈と実施に対してとっている一般的アプローチに照らして、こうしたアピールを行った。規約人権委員会の声明に従うべき決定的理由のひとつを想起するものとして、米国の指導者は次のことを忘れるべきではない。デイビッド・コ

プロウ (David Koplow) によれば、トマス・ジェファーソン (Thomas Jefferson) は、「たとえ最悪の環境のなかですら自らの約束に誠実であり、誇り高く、寛大でいることは、長い目で見ればそれは〔国の〕利益になることを確信していた」という[73]。

しかしながら、国際法上の義務の誠実な実施がなされないことはまた、まさしく国境を越える一群の問題を再現している。われわれはおそらく地球規模でわれわれの指導者たちに次のことを想起させる必要がある。オコナー教授の見解では、

> 条約が締結されたならば、約束が破られないことが最も重要なのだから、完全で完璧な信義誠実以上に諸国民とその統治者の栄光に貢献するものはない

のである[74]。

究極的には、人権と核軍縮の唱道者は、国際法過程において信義誠実の原則を精力的に防御することに共通の利益を見出すべきである。なぜなら、この原則は人権と核軍縮という我われ双方の計画にとって中心的なものだからである。

V 結論

人権を、核兵器の議論および誠実に核軍縮を追求する国家の義務の議論に再び取り入れなければならない。核兵器も同じく人権の論争に再び取り入れる必要がある。ここ数年、この問題に関する人権の世界での成果はほとんどない。反核運動と人権運動の NGO や唱道者の間での効果的な協力は、こうした統合を生じさせるうえで決定的なものだ。われわれは、両者の重なり合う分野でのさらなる学問的蓄積と主張を励ましていく必要がある。

反核と人権の唱道団体はどちらも、このアプローチから便益を得ることができる。たとえば、人権の側では、ワイスとバロースが指摘しているよ

うに、いわゆる時限爆弾の爆発が切迫した状況において拷問を利用すること〔の可否〕をめぐる最近の論争では、しばしば（いつでも）ニューヨーク市に置かれた核兵器という幻影を引き合いに出す[75]。人権の唱道者たちはしばしば、この仮定で許される対応としてであっても拷問は禁止されるかという問題に焦点を当てるが[76]、しかし長い目で見れば、核軍縮は、この仮定それ自身を解体する最良の方法となっている。軍縮の側からみれば、私が今日ここで要約した法は、核兵器の不拡散に関する条約[77]で要請されかつICJの核兵器勧告的意見[78]のなかで確認された誠実に核軍縮交渉を行う義務を求める論拠にとってのさらなる強化促進手段を提供するものとなる。

　熟慮の結果、再度核兵器問題に関して世界法廷に立ち戻ることがあれば、その際には、核兵器問題ならびに核軍縮およびそれを誠実に追求し、かつ達成する義務の問題について、国際司法裁判所が人権法の適用可能性および中心性に言及することが奨励されなければならない。しかしながら、そうなるためには、われわれ人権と軍縮の世界にいる者たちが、多大な準備作業をする必要がある。バロースとワイスの思考範疇に立ち戻るためには、すくなくとも時々でいいから、われわれは同じ世界で住むことを始める必要がある。

　最後に私は、当時軍縮問題担当の国連事務次長だったジャヤンタ・ダナパラ（Jayantha Dhanapala）が2002年にアラン・クランストン平和賞を受賞した際に行ったスピーチの言葉でこの講演を終わりにしたいと思う。彼の結びの言葉は、つぎのとおりだった。

> 軍縮とは、人々の人権とその生存を守るための優れて人道的な努力である。われわれは核軍縮運動を、奴隷制に反対し、男女平等を求め、児童労働の廃絶をもとめる組織的な運動と類似したものと見なければならない。それは困難で、険しい闘争だが、しかし最後にはわれわれは必ず打ち勝つだろう！[79]

註

1 カリマ・ベノウネは、2005年から2008年までアムネスティ・インターナショナル USA の理事会メンバーだった。だが、ここで示された見解は、筆者自身の個人的見解である。
2 Peter Weiss and John Burroughts, Weapons of Mass destruction and human right, Disarmament Forum 3, 2004, at 25.
3 Judge Mohammed Bedjaoui, Keynote Address at Conference: Good Faith, International Law and the Elimination of Nuclear Weapons: The Once and Future Contributions of the International Court of Justice, 15-20 (1 May 2008).〔本書162頁以下参照〕
4 See〈 http://treaties.un.org/Pages/ViewDetails.aspx?src=TREATY&mtdsg_no=IV-4&chapter=4&lang=en 〉(last visited April 29, 2009). 中国は、1998年に署名しており、ウィーン条約法条約上、批准までの期間「条約の趣旨および目的を失わせることとなるような行為を行わないようにする」義務を負う。Vienna Convention on the Law of Treaties art. 18, May 23, 1969, 1155 U.N.T.S. 331. これもまた、信義誠実に基づくひとつの義務である。
5 MANFRED NOWAK, U.N. COVENANT ON CIVIL AND POLITICAL RIGHTS, CCPR COMMENTARY xxiv (1993).
6 UN Human Rights Committee, General Comment Number 14 (Article 6), Nuclear Weapons and the Right to Life, 23rd Session, 1984, paras. 4-6.
7 G.A. Res. 36/92I, ¶ 1(a), Non-Use of Nuclear Weapons and Prevention of Nuclear War, U.N. Doc. A/RES/36/92 (9 December 1981).
8 UN Human Rights Committee, General Comment Number 14, supra note 6 at para. 7.
9 Nowak, supra note 5 at 109.
10 Id.
11 Id.
12 Id. at 110.
13 Legality of the Threat or Use of Nuclear Weapons, Advisory Opinion, 1996 I.C.J. 226, para. 25 (July 8).
＊訳者註 「反致」は、国際私法における用語であり、この文脈では「法律委任」の意で用いられている。
14 Vera Gowlland-Debbas, The Right to Life and Genocide: The Court and an International Public Policy in INTERNATIONAL LAW, THE INTERNATIONAL COURT OF JUSTICE AND NUCLEAR WEAPONS 315, 325 (Laurence Boisson de Chazournes & Philippe Sands eds., 1999).
15 Manfred Mohr, Advisory Opinion of the International Court of Justice on the legality of the use of nuclear weapons under international law - a few thought on its strengths and weakness, INT'L REV. RED CROSS, No. 316, at 93 (1997).
16 Id.
17 Exposé Ecrit du Gouvernement de la République Française, Requette Pour Avis Consultatif, Licéité de la Menace ou de l' Emploi d'Armes Nucléaires 37-38 (June 1995)
18 Written Statement and Comment of the Russian Federation, Legality of the Threat or Use of Nuclear Weapons (June 16, 1995).

19 Written Statement of the Government of New Zealand before the International Court of Justice, Request by the United Nations General Assembly for an Advisory Opinion on the Legality of the Threat or Use of Nuclear Weapons 14-23 (June 20, 1995).
20 Written Statement and Comment of the Russian Federation, supra note 18 at 9.
21 Exposé Ecrit du Gouvernement de la République Française, supra note 17 at 38.
22 Id. at 46.
23 See, for example, the response of the Permanent Representative of the United States of America to the United Nations to the 2006 report by UN human rights experts on the treatment of detainees in Guantanamo. UN Doc. E/CN.4/2006/120, 15 Feb. 2006 at Annex II.
24 Written Statement of the Government of the United States of America before the International Court of Justice, Request by the United Nations General Assembly for an Advisory Opinion on the Legality of the Threat or Use of Nuclear Weapons 42-46 (June 20, 1995).
25 Memorial of the Government of the Republic of Nauru, International Court of Justice, Legality of the Use or Threat of Use of Nuclear Weapons (Request for an Advisory Opinion) 20-22 (June 15, 1995).
26 Dissenting Opinion of Judge Weeramantry, Legality of the Threat or Use of Nuclear Weapons, Advisory Opinion, supra note 13 at 506-508.
27 Id. at 507.
28 Concluding Observations of the Human Rights Committee: Israel, U.N. Doc. CCPR/CO/78/ISR, para. 11 (2003).
29 INTERNATIONAL HUMAN RIGHTS IN CONTEXT: LAW, POLITICS, MORALS 879 (Philip Alston et al. eds., 2008).
30 同小委員会は26名の独立した専門家からなる機関であり、国連人権委員会に対して報告する。人権分野における幅広い専門的任務を遂行し、これには、重要な問題についての決議の採択および研究の遂行が含まれていた。人権理事会の登場とともに、同小委員会は2006年に終了した。
31 UN Sub-Commission on Prevention of Discrimination and Protection of Minorities, International peace and security as an essential condition for the enjoyment of human rights, above all the right to life, Res. 1996/14, pmbl. (August 23, 1996).
32 Id. at para. 2.
33 Id. at para. 1.
34 UN Sub-Commission on Prevention of Discrimination and Protection of Minorities, International Peace and Security as an essential condition for the enjoyment of human rights, above all the right to life, Res. 1997/36, para. 1 (August 28, 1997).
35 Id. at preamble.
36 Human rights and weapons of mass destruction, or with indiscriminate effect, or of a nature to cause superfluous injury or unnecessary suffering, UN Doc. No. E/CN.4/Sub.2/2002/38 at page 2.
37 Id. para. 4.
38 Karima Bennoune, Toward a Human Rights Approach to Armed Conflict: Iraq 2003, 11 U.C. DAVIS J. INT'L. L. & POL'Y 171, 171-228 (2004).

39 Ruti Teitel, Humanity's Law: Rule of Law for the New Global Politics, 35 CORNELL INT'L L.J. 355, 375 (2001-2002).
40 See Human Rights Watch, Letter to U.S. and Allies Regarding Adherence to Laws of War, March 19, 2003, available at 〈 http://hrw.org/press/2003/03/us031903ltr.htm 〉.
41 Dinah Pokempner, Bending the rules: Laws of War, World Today, Vol. 59 (2003), available at 〈 http://hrw.org/english/docs/2003/05/01/usint12469.htm 〉.
42 International Committee of the Red Cross, Use of nuclear, biological or chemical weapons : current international law and policy statement 2 (March 4, 2003).
43 Physicians for Social Responsibility, Oppose new nuclear weapons production, April 3, 2008, available at 〈 http://www.psr.org/site/PageServer?pagename=ComplexTransformations_Leam More&JServSessionIdr009=430vzcmks2.applb 〉 (last visited April 29, 2009), citing the Rocky Mountain News.
44 UN Committee on Economic, Social and Cultural Rights, General Comment Number 14, The right to the highest attainable standard of health, 2000, para. 34.
45 Dwight D. Eisenhower, The Chance for Peace, Address Before the American Society of Newspaper Editors 75, 77-78 (Apr. 16, 1953).
46 Global Action to Prevent War, Program Statement 10 (2003), available at 〈 http://www.globalactionpw.org/GAtPW_v3.03.pdf 〉.
47 Joseph Cirincione, Lessons Lost, 61 BULL. ATOM. SCIENTISTS 42, 47 (Nov./Dec. 2005), also referencing the earlier study in STEPHEN I. SCWARTZ, ATOMIC AUDIT (1996) .
48 G.A. Res. 55/2,¶9, United Nations Millennium Declaration, U.N. Doc. A/RES/55/2 (8 September 2000). 国連総会は、この関係性を何らかの形でずっと認識してきている。1981年にはすでに、総会は「とりわけ核軍縮分野における、軍備競争の停止と効果的な軍備縮小措置は、相当の財政的および物質的資源をすべての国の経済的および社会的発展のために利用するようにさせるだろうことを確信」していた。G.A. Res. 36/92D, pmbl., International Co-operation for Disarmament, U.N. Doc. A/RES/36/92 （9 December 1981）.このように、個人の経済的、社会的および文化的権利だけでなく、集団としての発展の権利も影響を受けるのである。
49 PEOPLES'RIGHTS 281 (Philip Alston ed. 2001).
50 Weiss and Burroughs, supra note 2 at 26.
51 G.A. Res. 39/11, Annex, ¶¶ 1 and 2, Declaration on the Right of Peoples to Peace, U.N. Doc. A/RES/39/11 (12 November 1984).
52 HILARY CHARLESWORTH & CHRISTINE CHINKIN, THE BOUNDARIES OF INTERNATIONAL LAW: A FEMINIST ANALYSIS 258 (2000).〔訳書として、阿部浩己監訳『フェミニズム国際法 国際法の境界を問い直す』尚学社、2004 年がある。〕
53 See S.C. Res. 1325, pmbl., Women, peace and security, U.N. Doc. S/RES/1325 (31 October 2000) and S.C. Res. 1820, pmbl., Women and peace and security, (19 June 2008).
54 The Boundaries of International Law, supra note 52 at 258.
55 Hilary Charlesworth and Christine Chinkin, The Gender of Jus Cogens, 15 HUM. RTS. Q. 63 (1993).
56 Fourth World Conference on Women, September 1995, Beijing Declaration and Platform for

Action, ¶. 143, available at 〈http://www.un.org/womenwatch/daw/beijing/platform/armed.htm#object2〉.

57 Id. at para. 131.
58 Report of the UN Special Rapporteur on violence against women, UN Doc. E/CN.4/2001/73, para. 57.
59 Report of the UN Special Rapporteur on violence against women, UN Doc. E/CN.4/1998/54, para.
60 Jennifer Nordstrom and Felicity Hill, A Gender Perspective, in NUCLEAR DISORDER OR COOPERATIVE SECURITY?: U.S. WEAPONS OF TERROR, THE GLOBAL PROLIFERATION CRISIS AND PATHS TO PEACE 165 (Michael Spies & John Burroughs eds., 2007).
61 Id.
62 Id. at 166.
63 Convention on the Elimination of All Forms of Discrimination against Women art. 5, Dec. 18, 1979, 1249 U.N.T.S. 13. 関係する箇所で言えば、本条は、締約国に対して「男女の定型化された役割に基づく偏見……を撤廃する」ことを求めている。Id.
64 J.F. O'CONNOR, GOOD FAITH IN INTERNATIONAL LAW 124 (1991).
65 See generally, Louis Henkin, Human Rights and "Domestic Jurisdiction" in HUMAN RIGHTS, INTERNATIONAL LAW AND THE HELSINKI ACCORD 21, 29-31 (Thomas Buergenthal ed. 1977). 人権分野における執行を論じるなかで、ヘンキンは「国際義務を履行する義務は、国際法システムの心臓部をなす」としている。
66 Vienna Convention on the Law of Treaties, supra note 4 at Article 26.
67 Id. at Article 31.
68 ROBERT KOLB, LA BONNE FOI EN DROIT INTERNATIONAL PUBLIC: CONTRIBUTION À L'ÉTUDE DES PRINCIPES GÉNÉRAUX DE DROIT 685 (2000).
69 See text supra at note 6.
70 See text supara at note 45.
71 See, e.g., Michael P. Van Alstine, The Death of Good Faith in Treaty Jurisprudence and a Call for Resurrection, 93 GEO. L.J. 1885 (2005) and Medellín v. Texas, 552 U. S. _(2008)(slip opinion). メデリン事件では、とりわけ反対意見により、判決の結果「国は食言するのは当然である」となることの恐れが示されていたことに注目されたい。Id. at dissenting opinion of Justice Breyer at V.
72 Concluding Observations of the Human Rights Committee: United States of America, U.N. Doc. No. CCPR/C/USA/CO/3/Rev.1, para. 10 (2006).
73 David Koplow, Parsing Good Faith: Has the United States Violated Article VI of the Nuclear Non-Proliferation Treaty?, 1993 WIS. L. REV. 301, 393 (1993).
74 O'Connor, supra note 64 at 69.
75 Weiss and Burroughs, supra note 2 at 31-32.
76 For a broader discussion of human rights responses to and refutations of the "ticking time bomb" hypothetical, see Karima Bennoune, Terror/Torture, 26 BERKELEY J. INT'L L. 1, 30-39 (2008).

77 Treaty on the Non-Proliferation of Nuclear Weapons art. VI, July 1, 1968, 21 U.S.T. 483, 729 U.N.T.S 161.
78 Legality of the Threat or Use of Nuclear Weapons, supra note 12 at para. 103.
79 Jayantha Dhanapala, Remarks Upon Accepting the Alan Cranston Peace Award 4 (16 April 2002).

誠実な交渉
NPT第6条の核軍縮義務および国際司法裁判所への再質問

エリザベス・J・シェファ [1]

Ⅰ　NPT第6条の核軍縮義務についての誠実な交渉
　1　歴史的史料およびさまざまな伝統に見られる信義誠実の概念
　2　国際仲裁による解釈、および国際司法裁判所（ICJ）に提訴された事件における誠実な交渉
　3　重要な文書：信義誠実に関する成文法上の根拠
　4　信義誠実とNPTの交渉史
　5　NPT第6条の誠実な交渉義務
Ⅱ　フィヨルドを越えて：核軍縮義務への契約的アプローチを越える文脈的アプローチとNPT第6条の誠実な遵守
　1　クリストファー・フォードによるNPT第6条に対する批判
　2　フォードの主張に対する信義誠実という文脈からの反論
　3　NPT第6条に基づく誠実な交渉の必要を評価するうえで、契約的アプローチよりも優れた文脈的アプローチ

Ⅰ　NPT第6条の核軍縮義務についての誠実な交渉 *

1. 歴史的史料およびさまざまな伝統に見られる信義誠実の概念

　信義誠実（good faith）を定義することは困難であるが、その欠如を指摘することは容易である。しかし、古代から非常に多くの伝統の中でその概念は認識され、実行されてきた。信義誠実は、信頼という意味で、有史以前から発展してきたものである。集団生活が発生し、存続すべきであるなら、人間の最小限の協力と寛容が必要となる。いかなる人間集団の構成員の地位にも義務は伴う。そして、もっとも初期の人間集団でさえも、その構成員に割り当てられた、あるいは課された義務の履行を求めなければな

らなかった。ここで求められている義務の概念は、集団の構成員は「託された」任務が何であろうとも、それを履行すると「信頼されている」（すなわち、頼られている）という意味である[2]。

古代インドでは、信義誠実の概念は、サンスクリット語のダルマ（dharma）に黙示的に含まれている。「ダルマのすべての意味を表すひとつの言葉はない。しかし、『責任』、『法』、『義務』、『適切な行動』、『正しい行為』という言葉が使われてきた」。ダルマは、ヒンズー教、仏教、ジャイナ教、シーク教の伝統の一部であって、法的および宗教的な義務についてのベーダ（Vedas）に関連し、ヒンズー教の教典ダルマ・シャーストラ（Dharmasastra）で体系化された。仏教、ヒンズー教、そして特にジャイナ教の伝統で実行されてきたサンスクリット語のアヒムサー（ahimsa）、すなわち非暴力も、信義誠実とダルマに関係するとみなされている。すなわち、マハーバーラタのなかで述べられているように、「アヒムサーに、何かが伴っているとするなら、それはダルマである」[3]。

古代中国では、信義誠実は、個人の道徳と良い統治を同視する儒教の教義に由来するとみなすことができる。孔子が述べたように、「政とは正です。あなたが率先して正しくされたら、だれもが正しくなろうと努めましょう」[4]。日本では、仏教と儒教に影響を受けた聖徳太子（574-622年）が、「信（good faith）はこれ義の本なり」と記している。信義誠実は、「法の支配」および「法による支配」を意味する中国語の法治（fazhi）の柔軟性の中に示されている[6]。

14世紀以降のイスラムの伝統において、信義誠実はフィクフ（Fiqh、イスラム法学）のいくつかの教義に示されていた。すなわち、フィクフは「……国家とは無関係であり、個人の良心や行動を対象とし、並はずれた誠実さ（transcendent truth）を目標としている。しかし、この誠実さとみなしうる多くの代わりも認めている。他者の潜在的な誠実さを認める一方、特定の場合にはその誠実さを他者に強制する」[7]。

ユダヤの伝統では、ヘブライ語の tom lev は、誤った行動が、善意の事

実の錯誤に基づいていた場合でも、信義誠実は示されるということを意味する。「tom lev は、現代のイスラエル法の中心部分を構成している。そのなかでももっとも重要なものは、信義誠実に関する 2 つの特別法からなる契約法である。それは、誠実に行動する義務を、契約以外の法律行為と契約から生じない義務にまで拡大している」[8]。

　信義誠実のヨーロッパ的概念は、ギリシアの哲学者とローマの法律家の学説に起源がある。エフェソスのヘラクレイトスは、信義誠実を擁護し、正義の女神ディケーに「嘘つきと虚偽の証人を追放すべき」と祈った。キケロが述べたように、ソクラテスは「最初に天国から哲学を引き寄せ、そしてそれを人間の都市に置いたのである」。「プラトンは『法律』の中で、善の認識は、理性を通して発見可能であるという考えを、正しさの基本的な法という意味で国家の法に適用した。世界は理性の産物であり、すべての自然法は理性的な目標を求めているというギリシアのストア派の教義は、信義誠実にとって重要である。すべての人間は、自由で平等な個人である一方、人間共同体の構成員である」[9]。

　古代ローマにおいて信義（trust）を象徴する女神フィデースの崇拝は、協定および条約の遵守に結び付けられた。それには、公的および私的な 2 つの要素があった。前者の *fides pubblica* は、公的および国際的な側面に注目したものである。後者の *fides* は、名誉という古い考えに注目したものである。紀元前 3 世紀にローマで発展したシステムは、契約における信義誠実の原則に基づいて（*ex fide bona*）、政務官（*magistrate*）が法的な判断を下すことを可能とした。紀元前 27 年から、*bonae fidei iudicia*（信義誠実の法）が市民法（*ius civile*）の一部として受け入れられた。*bona fides*（信義誠実）の一般的な基準は、自然法の概念、および万民法（*ius gentium*）に関連している。信義誠実の規則は、万民法に属しているとみなされ、国内において一般的に遵守されている実定法規則に導入された。*Pacta sunt servanda*（合意は拘束する）は、自然の理性に命じられた普遍的な規則と見なされ、ユスティニアヌス帝により、「当事者が合意の基礎として遵守すべきものとして、人間の信義誠実にもっともふさわしいもの」[10] と定式化

された。

　キリスト教は、ヘレニズム、東洋の法、古代の哲学、そして特にプラトン哲学を取り入れた。ローマの法学者であり、クレメンス（Clement）とオリゲネス（Origenes）と共に初期のキリスト教の護教論者でもあったテルトゥリアヌス（Tertullian）は、ギリシア＝ローマ哲学とユダヤ＝キリスト教の統合は、信義誠実の原則にとって重要であったとみなした。bona fide （信義誠実）とキリスト教の結付きは、ローマ法の原理に偉大な初期の文明の要素を授けた。……なぜなら、キリスト教は、ユダヤ教とヘブライの預言者に負うていたからである。エジプト文明、シュメール文明、バビロニア文明も、信義誠実の概念を高く評価した。キリスト教に教化された bona fide の重要な特徴は、良心の理念である。自らを統治するために教会によって発展させられてきた教会法は、ローマの市民法と共存した。しかし、管轄権が重なりあう部分もあった。そして、宗教改革の前には、しばしば宗教裁判所が民事の管轄権を行使していた[11]。

　教会法の源は、1139 年にボローニャにおいてグラティアヌス（Gratian）により、教令集にまとめられ、大学と教会裁判所で一般的に用いられた。神父のための自然法（lex naturae）は、自然と神に起源を持っている。その次の世紀を越えて発展した教会法は、初期の教会法学者がローマ法学者から受け継ぎ、契約の理論に適用された信義誠実と衡平の概念に関係し続けた。スコラ哲学は、12 世紀に発展した。もっとも偉大なスコラ哲学者だと見なされている聖トマス・アクィナスは、自然道徳法（natural moral law）の義務の教義を主張した。しかし、信義誠実に関する近代の法理論により大きく貢献した者は、フランシスコ・スアレス（Francisco Suarez、1548-1617 年）である。スアレスは、信義誠実の遵守は自然法と関係があり、信義誠実によって課された義務は、内容の適切さに関連していると考えた。中世の終わりには、自然法から得られた信義誠実は、哲学における普遍的な倫理上の原則として西欧で認知された。実定法において、信義誠実は、良心、公正、公平な取引、合理性……を含む特定の規則に反映されている[12]。

　偉大なオランダの法律家ヒューゴー・グロティウス（Hugo Grotius、

1583-1645年）は、古代の思想家に影響を受け、近代の国際公法における自然法の概念を大いに発展させた。彼は、三十年戦争の直後、信義誠実を称賛した。グロティウスは、「信義誠実は、他のいくつかの理由から遵守されるべきである。……そして、平和への希望は失ってはならない。なぜなら、キケロが述べるように、すべての国家だけでなく、大部分の社会は信義誠実によって支えられているからである。アリストテレスが心から述べたように、信義誠実が取り去られたなら、人類のすべての交流は存在し得なくなる。……セネカの言葉によれば、『それは人間の心のもっとも高貴な善である』。……人類の最高の統治者が遵守すべき信義誠実を破るためには、巨大な免責が必要である。もし、信義誠実が存在しなくなるなら、彼らは、すべての人間がその暴力を恐れる野獣のごとくなるだろう。……アウグスティヌスは、『敵に与えた信頼の誓約を遵守することは正しいことである。なぜなら、敵の性質により、理性を持っているすべての人間が利用可能な約束を履行する権利を失うことはないからである』と述べた」[13]と記した。

　アフリカの慣習法では、信義誠実の原則とその実行は、戦争と和平交渉に関する部族間の慣習法に深く関係している。ニュージーランドのマオリの法も、条約の遵守に関する信義誠実の強い伝統を持っている[14]。信義誠実は、〔北米大陸に住み続けてきた〕ネイティブ・アメリカンの伝統にとっても不可欠である。すなわち、「正義と平等は、アイオンウォサ（Aiionwatha、ハイアウォサ Hiawatha とも言う）のような偉大な教師、ホーデノショーニー（Haudenosaunee、イロコイ連合）のピースメーカーやジコンセセイ（Jikonshaseh)、カイエネコーワ（Kaienerekowa、偉大な平和の法 Great Law of Peace）によって毛布の糸のように伝統的社会の構造に深く織り込まれている」[15]。

　信義誠実の概念とその実行は、有史以前から、これまで短く述べてきたようなさまざまな伝統を通じて、長くそして深い根を持っている。

2. 国際仲裁による解釈、および国際司法裁判所（ICJ）に提訴された事件における誠実な交渉

　国際交渉の法的な文脈において信義誠実の要素を定義し、確認することは困難である。交渉の義務には、誠実に行為すべきことが含まれている（すなわち、いかなる交渉もこれなしには無効となる）が、この行為の義務を確認する客観的な基準を定めることは、依然として困難である。誠実な交渉の特定の特徴についての法的な関心は、国際仲裁、あるいは ICJ で解決された次の 5 つの事件に見いだすことができる。

　柔軟性（flexibility）、および交渉中の当事国の権利の一時的な停止は、ラヌー湖事件（1957 年）の仲裁裁判によって高く評価される信義誠実の特徴であった。水流の利用および転流の計画というこの事件において、裁判所は、相隣法（neighborhood law）という文脈から、誠実な交渉の概念に基づいてすべての判断を行った。裁判所は、誠実な交渉という基本的なプロセスは、紛争中の利益を衡平に処理するものと説明した [16]。「国家は、信義誠実の原則に基づき、存在するさまざまな利益を考慮する義務、自国の利益の追求と両立する満足を与えるよう取り計らう義務、他の沿岸国の利益と自国の利益の調和を計るために実質的な配慮を行っていることを示す義務が存在する」[17]。対立する利益を考慮する際、一方の当事国が、あらゆる権利も譲歩しないことを表明しないことが求められる。というのも、「交渉を好ましい環境で進展させるためには、交渉の間に、権利の完全な行使の停止に同意することが必要だ」[17-2] からである。この表現は、単独で引用され、混乱を生じさせることもある。裁判所は、権利行使の停止に関する合意を締結すべきであるが、このような法的義務はないとした。裁判所は、紛争当事国が交渉相手の利害を考慮する際、一方の当事国が柔軟性のない非協力的態度を示さないかについて懸念したのである。

　交渉における信義誠実の特徴である柔軟性、および本質と目的への配慮は、単なる形式ではなく、北海大陸棚事件（1969 年）において ICJ によって強調された。裁判所は、海岸が隣接している国家間の大陸棚の境界画定に適用可能な国際法の原則と規則を示すよう要請された。裁判所は、慣習

法により当事国の第1の義務は、合意に向けて交渉することであると判断した。そして、さらに「当事国は、単にある種の予備的な条件として公式な交渉を進め、合意が欠如する場合には、特定の方法を自動的に適用するのではなく、合意を実現するための交渉を行うよう義務づけられている。当事国は、交渉が意味を持つような方法で行動する義務を有しているのであり、一方の当事国が、いかなる修正も認めない立場を主張したときは、そのような義務を果たしていないことになる」[18] と述べた。

ICJ は、アイスランド、イギリス、ドイツ間の漁業権に関する紛争である漁業管轄権事件（1974 年）において、交渉における信義誠実の特徴として、当事国間の公正、相互の法律および利益の考慮に注目した。裁判所は、当事国に交渉するように指示し、「誠実に、他の当事国の法律を合理的に考慮しなければならないという認識のもと、交渉を行い、地域の状況のデータに基づき、この地域で確立された漁業権を有する他の国家の利益を考慮し、海洋資源の公正な配分に到達する義務をそれぞれが有している」[19] と述べた。

有意義な交渉を継続することは、クウェートとアメリカン・インディペンデント石油会社（American Independent Oil Company: AMINOIL）の仲裁裁判（1982 年）で、高く評価された信義誠実の特徴であった。この事件では、裁判所は、誠実な交渉を開始する際に当事国が従うことに同意している一般的な原則とみなした。すなわち、「信義誠実を正確に理解するなら、それは、状況、他の当事国の利益の理解、受諾可能な合意の持続的な追求にふさわしい一定の期間の交渉の継続である」[20]。

条約の文言を合理的に適用し、そうすることによって条約の目的を達成するという条約当事国の信義誠実は、ガブチコボ・ナジュマロシュ計画事件（1997 年）において、ICJ の中心的な関心事となった。ハンガリーとスロバキアの水門とダムの合同事業に関するこの事件は、ハンガリーによる条約の一方的な終了後、2 国間の紛争を長引かせていた。裁判所は、北海大陸棚事件で強調していた柔軟性と包括性の命令を行った。すなわち、「国際環境法の規範と同様に、共同かつ統一的な方法により追求されなければ

ならない条約の目的を考慮し、合意できる解決を見いだすことは、条約当事国自身である」[21]。

次に裁判所は、このような文脈において、1969年〔に作成された〕ウィーン条約法条約第26条の要件について解釈を行い、信義誠実の2番目の特徴に焦点を当てた。すなわち、「この事件において、ウィーン条約法条約第26条に反映されている *Pacta sunt servanda* （合意は拘束する）の規則により要求されていることは、当事国が、条約の協力的な文脈で合意できる解決を見いだすことである」。第26条は、同じくらい重要な2つの要素を結合しており、「効力を有するすべての条約は、当事国を拘束し、当事国は、これらの条約を誠実に履行しなければならないと規定する。後者の要素は、裁判所の見解によると、この事件では、条約の文言どおりの適用を越えるものは、条約の目的と条約締結時の当事国の意思である。信義誠実の原則は、当事国に、合理的かつ条約の目的を実現できる方法で、条約を適用することを義務づける」[22]。

誠実な交渉義務を識別、評価、確認する客観的な基準は、上記の事例からは推測することはできない。この問題について「国際法上、信義誠実の法的義務は存在しない」[23] と結論づけた者もいる。しかし、他の研究者はこの極端な悲観主義から転換し、少なくともその悲観がより限定されている見解を示している。その見解によれば、「交渉の一般的義務からのみ、信義誠実の原則を導き出すことはできない。……信義誠実の義務の範囲は、当事国間の基本的関係を定め、それに基づき実際の交渉を行うことになる法的、および実際的な合意に基づかなければならない」[24]。

裁判所によって高く評価された国際交渉における信義誠実のいくつかの性質は、上記の事件の検討の過程で見ることができる。それには、公平性、公開性、中立性、柔軟性、本質と目的についての関心、協力、合理性、相互性あるいは喜んでお互いの立場について検討すること、交渉の持続的向上、（条約の当事国の場合）条約の目的のさらなる向上につながる行動が含まれている。

3. 重要な文書：信義誠実に関する成文法上の根拠

すべての加盟国は、加盟国の地位から生ずる権利および利益を加盟国のすべてに保障するために、この憲章に従って負っている義務を誠実に履行しなければならない。——国連憲章第2条2項（1945年）

効力を有するすべての条約は、当事国を拘束し、当事国は、これらの条約を誠実に履行しなければならない。——ウィーン条約法条約第26条（1980年）

条約は、文脈によりかつその趣旨及び目的に照らして与えられる用語の通常の意味に従い、誠実に解釈するものとする。——ウィーン条約法条約第31条1項

文脈とともに、次のものを考慮する。
(a)条約の解釈または適用につき当事国の間で後にされた合意
(b)条約の適用につき後に生じた慣行であって、条約の解釈についての当事国の合意を確立するもの
(c)当事国の間の関係において適用される国際法の関連規則——ウィーン条約法条約第31条3項

4. 信義誠実とNPTの交渉史

NPTのような重要かつ複雑な条約が締結されるべきであるなら、信義誠実は、NPT交渉のすべての当事国（核兵器国および非核兵器国の両者）に不可欠であった。勧告的な基準および実際的な手段として、信義誠実を実行することは、1965年11月19日の国連総会決議2028(XX)で示されたように、すべての当事国の代表者に義務づけられていた。この決議は、18カ国軍縮委員会（ENDC）に対して、5つの主要な原則に基づいて「核兵器の拡散を防止する国際条約」について交渉を行うよう求めた。

一般的に信義誠実は、これらの原則すべてに黙示的に含まれているが、そのうち2つの原則は、核軍縮にもっとも直接的に関係していた。それら

の原則とは、原則 (c)「条約は、全面的かつ完全な軍縮、特に核軍縮の達成に向かうひとつのステップとなるべきである」、および原則 (e)「条約は、それぞれの領域における核兵器の完全な不存在を保証するための地域的取り決めを締結するいかなる国家集団の権利にも、悪影響を与えるべきではない」である。原則 (b)「条約は、核兵器国と非核兵器国との間の相互の責任と義務の受諾可能な均衡を実現するものでなければならない」に含まれる信義誠実の実行は、黙示的であるが密接に核軍縮と関連している。原則(b)は、原則(c) および (e) とともに、核兵器国と非核兵器国との間の緊張を引き起こす可能性がもっとも高い。

不幸なことに、勧告的な基準としての信義誠実の原則と誠実な交渉の実行の差は、広くそしてより緊張したものとなり、しばしば核兵器国間、そして特に核兵器国と非核兵器国との間の緊張につながっている。

5. NPT第6条の誠実な交渉義務

NPT 第 6 条に明示されている信義誠実は、いかなる交渉にも不可欠であり、黙示的に含まれている要素である。NPT 第 6 条は、「各締約国は、核軍備競争の早期の停止および核軍備の縮小に関する効果的な措置につき、ならびに厳重かつ効果的な国際管理の下における全面的かつ完全な軍備縮小に関する条約について、誠実に交渉を行うことを約束する」と規定する。

「交渉」という文言の直後に「誠実に (in good faith)」という文言を置いていることは、交渉の方法を特定の方法、つまり「誠実に」行なうということを示す副詞的表現として、「交渉」を修飾するものとしての「誠実に」の解釈を明確にする〔英文の語順では、「交渉」と「誠実に」が、日本語の語順とは前後が逆になっている〕。さらに、次の 3 つの目的に関連する効果的な措置（①核軍拡競争の停止、②核軍縮、③全面的かつ完全な軍縮条約）の内容に不可欠の要素として誠実な交渉は、信義誠実が明示されている①の義務だけでなく、信義誠実が黙示的に含まれている②および③のいずれの義務にも及ぶのだと解釈することができる。このような解釈は、条約は「文脈に

より……与えられる用語の通常の意味に従い」解釈されるべきであると規定するウィーン条約法条約第31条1項の信義誠実の要件に適合する。

　NPT第6条の誠実な交渉義務は、全会一致で採択された「厳重かつ効果的な国際管理の下におけるあらゆる点での核軍縮に導く交渉を誠実に遂行し、かつ完結させる義務が存在する」とする核兵器による威嚇または核兵器の使用の合法性に関する勧告的意見の105項(2)Fの簡潔な声明によって大いに強化された。柔軟性の必要性、および核軍縮についての誠実な交渉義務の規範は、裁判所の解釈（①誠実な交渉は、行為の義務を越えて明確な結果にまで及ぶ、②NPTおよび発展しつつある核兵器不保持の慣習法から、あらゆる点での核軍縮について、誠実な交渉義務が求められる）から推論される。核軍縮についての誠実な交渉義務の2つの重要な特徴について、裁判所は初めて、a)この義務は、包括的な非武装化という前提条件なしに、核兵器の完全な廃絶を達成すること、b)この義務を、現在NPTの非加盟国を含めすべての国家へ拡大することであると明らかにした。

　交渉を完結する義務に関して「裁判所は、国際法における2種類の義務の違いに基づいて判断した。第1の義務は、特定の行動を行い、あるいは慎むという行為の義務〔いわゆる実施・方法の義務〕である。第2の義務は、結果の義務である。すなわち、国家は、自らの選択する手段により、特定の結果をもたらすことが求められる。ICJは、第6条には2種類の義務が含まれていると述べた」[25]。勧告的意見の99項は、「この義務の法的意味は、単なる行為の義務を超える。ここに含まれる義務は、特定の行為の過程を採用すること、すなわち誠実な交渉を行うことによって、明確な結果、すなわち、あらゆる点での核軍縮を達成することである」と判断した。

　ICJおよび仲裁裁判所が、交渉において重要なものと解釈した信義誠実の特徴は、これまで要約してきた事件から推測することが可能であり、1996年の勧告的意見の遵守の基準に適用された。これらには、ラヌー湖事件から柔軟性の特徴、北海大陸棚事件から本質と目的への配慮、漁業管轄権事件から公正および他の当事国の利益の考慮、AMINOIL事件から有意義な交渉の継続、ガブチコボ・ナジュマロシュ事件から交渉当事国によるさら

なる条約目的のための行動の必要性が含まれる。これらの検討は、信義および信頼醸成のための意味のある交渉の継続の必要性や、特にガブチコボ・ナジュマロシュ事件に関連して、条約の解釈基準の必要性のような有用な規範を形成することができる。さらに、われわれが ICJ に再質問するための準備に有益な指針を示してくれた。

信義誠実についての条文解釈も、重要な見識を与えてくれた。締約国は、すべての有効な条約を誠実に実行しなければならないという義務に関するウィーン条約法条約第 26 条の起草についての論文のなかで、特別報告者は、この条項に「含まれた意味は、条約は、単にその文言に従うだけでなく、誠実に適用し、遵守しなければならない。締約国は、法律の文言を遵守するだけでなく、締約国の履行能力に重大な影響を及ぼす行為を慎まなければならない」[26] と述べた。このことは、締約国は条約の文言を侵害しないとしても、条約の履行義務を侵害する可能性があるということを意味する。「国家は、特定の行為を行うか、あるいは裁判所が信義誠実を要求し、形式よりも内容を求めるような場合、条約違反と同視しうるような効果を持つ行為を慎む責任を持つ」[27]。このことは、ほぼ 20 年前の 1996 年の勧告的意見以来、核軍縮交渉における核兵器国による不作為と妨害により示された信義誠実の欠如と間違いなく関連がある。

ウィーン条約法条約第 31 条 3 項には、信義誠実は、明示されていないが、全体的に見れば、条文に黙示的に含まれている。そして、第 6 条の義務とその履行の関係については解釈に特定の意味を与える。ある学者は、「条約義務そのものと、その履行との」条約上の密接な関係について注目している。「というのも、提示された解釈であっても、抽象的な実行ではなく、義務の履行に関して当事国、あるいは裁判所もしくは仲裁裁判所の決定過程に、重要な機能的役割を持っている。……この文脈における信義誠実の重要な機能は、衡平の諸原則の適用範囲に広い解釈を与える」[28]。

信義誠実は、条約交渉に伴う義務のあらゆるカテゴリーの中核となる特徴を持っている。著名な国際法学者のカッセーゼ（Cassese）は、このうち 2 つのカテゴリーの義務とその差異について論じた。*Pacta de contrahendo*（締

結することの合意）とは、「当事国は、次のことについて合意する義務がある。①合意を締結する義務を明確に宣言すること。さらに、②将来の合意の基本的な内容について概略を述べること。……その合意は、当事国に、その合意の中で一般的な言葉で概説された事項について特定の法規制に従うよう義務づける。当事国は、誠実に行動しなければならないので、……当事国の一方が合意を拒否したり、締結を遅らせるような理由を見い出した場合は、国際法違反となる。

Pacta de negotiando（交渉することの合意）は、拘束力のある義務を課す将来の合意について交渉する義務である。……ここでの義務の内容は、単に当事国は交渉が義務づけられているというものである。しかし、両当事国は、①合意しないこと、あるいは交渉を行わないことをあらかじめ許容してはならない、②将来の条約の目標および目的を損ねるような行動をとってはならない。この点に関して、国際判例法は、非常に明確であり、常に信義誠実の完全な遵守を要求している」[29]。

したがって、第 6 条に規定され、1996 年の ICJ の勧告的意見で補強された義務が、*Pacta de negotiando* か *Pacta de contrahendo* のどちらのカテゴリーに分類されるかどうかにかかわらず、信義誠実の義務は、核軍縮のすべての交渉に重要であり絶対に欠くことはできない。

さらに、このような誠実な交渉に従うという意識の高まりは、期間を置いて後に生じた義務（subsequent obligations）や後にされた約束（subsequent commitments）に見ることができる。誠実な交渉は、NPT の無期限延長、および第 6 条の軍縮義務の遵守の評価を約束する 1995 年 NPT 再検討会議で採択された「原則と目標」に黙示的に含まれている。これらの約束には、1996 年までの包括的核実験禁止条約（CTBT）の交渉〔の完了〕、核分裂性物質生産禁止条約（FMCT）の交渉の開始、および核兵器の廃絶を究極的目標とすると共に「核兵器国による、世界的に核兵器を削減する体系的かつ前進的な努力の断固たる追求」が含まれる。適切に理解されるべき信義誠実の規則、すなわち AMINOIL 事件の仲裁裁判からの交渉の継続と、1995 年 NPT 再検討会議の「原則と目標」における誠実な交渉の「断固たる追

求」に従うという核兵器国による「体系的かつ前進的な努力」の著しい無視の間の大きな溝には、信義誠実の欠如があることは明らかである。

誠実な交渉義務は、2000 年 NPT 再検討会議で採択された 13 の実際的措置に黙示的に含まれている。この中には、「核兵器国による核兵器の全面的な廃絶についての明確な約束、CTBT 早期発効の緊急性、軍縮会議において核軍縮を扱う適切な補助機関の設置の必要性、差別的ではなく国際的に検証可能な基礎に基づく FMCT の交渉開始の必要性、すべての核兵器国による透明性、不可逆性を増すような特定の措置による核軍縮のさらなる発展、安全保障政策における核兵器の役割の低減」が含まれる。

これらの措置、およびその他の措置への信義誠実の受入れは、2000 年 NPT 再検討会議の最終文書、およびその前提となる「前文の目的の実現およびこの条約の規定の遵守を確保するように」この条約の運用を検討するという NPT 第 8 条の文脈における締約国の合意から推測することができる。日本が提案した 2005 年の国連総会決議「新たな決意」は、2000 年 NPT 再検討会議において透明性および不可逆性の原則が承認されたことについて再び言及し、核兵器システムの運用状態を低減させる必要性について新たな声明を発表した。

これらの声明、国連総会決議、ますます増大する核軍縮を促進する国家の実行、当事国間の合意を示す後になされた声明、および後に生じた慣行の合法性を支持する条約解釈の一般的な指針の適用、これらすべては、核兵器の不保持および不使用についての慣習法規範の発展を示す[30]。誠実な交渉は、この目標を達成するための中心的な要素である。

Ⅱ　フィヨルドを越えて：核軍縮義務への契約的アプローチを越える文脈的アプローチとNPT第6条の誠実な遵守

1．クリストファー・フォードによるNPT第6条に対する批判

アメリカ国務省核不拡散特別代表クリストファー・フォード（Christopher Ford）は、「軍縮を論じる―― NPT 第 6 条の解釈（Debating Disarmament: Interpreting Article VI of the Treaty on the Non-Proliferation of Nuclear Weapons）」（『不拡散レビュー（Nonproliferation Review）』Vol. 1、No. 3、2007 年 11 月所収）と題する論文を発表した。フォードは、この論文について議論するために 2007 年 11 月 29 日に不拡散研究センター（Center for Non-Proliferation Studies）で開催されたフォーラムのために、この論文を要約した。彼の基本的な主張は次の通りである。

a) NPT 第 6 条の「平易な言葉」は、定められた軍縮目標に向かって「誠実に交渉を行なう」義務を越える具体的な軍縮措置を必要としていない。もし、〔核兵器国が〕義務に従い、その努力が成果を生み出さないとしても、条約に違反することはない。

b) 1996 年の ICJ の勧告的意見の主文（「簡単な見解」が付されているだけである）は、その平易な言葉と矛盾するような方法で NPT 第 6 条を解釈した。さらに、
　ⅰ．法的拘束力がない勧告的意見である。
　ⅱ．単なる付随的意見としてなされた。
　ⅲ．裁判所は、ICJ 規程に基づいて公式に要請されていない質問を取り扱ったもので、その意見は、権限を越えており、権限踰越（*ultra vires*）である。

c) 国家が、NPT 第 6 条の義務を遵守しているかどうかの評価基準として、裁判所の解釈は機能しない。なぜなら、交渉相手国の信義誠実のように、それぞれの国家の能力の先にあることに法的な責任を負わせるものだからである。

d) NPT 交渉の歴史の記録は、NPT 第 6 条が、特定の具体的な軍縮措置を課すことに失敗したことを示している。

e) NPT 発効後、第 6 条の変更あるいは追加は生じていない。ICJ の「誤った根拠に基づく判断」は、第 6 条の意味を変更することはできなかった。1995 年および 2000 年 NPT 再検討会議は、第 6 条の解釈方法を定めているウィーン条約法条約第 31 条に含まれている「後に生じた〔慣行であって、条約の解釈についての当事国の〕合意〔を確立するもの〕」に達することはできなかった。

f) アメリカは、核軍縮を、大きく進歩させた。今日、核軍拡競争は、国際の平和と安全に最大の脅威を与えている。このような脅威は、NPT の義務に違反し、核兵器の獲得を追求しているイランのような国々から受けている。

2. フォードの主張に対する信義誠実という文脈からの反論

NPT 第 6 条、および ICJ による第 6 条の解釈についてのフォードの見解は、基本的に欠陥があり、浅いものである。フォードの見解は、NPT の歴史と目的の文脈に沿って、そしてそれらと調和する広く深い方法ではなく、狭く逐語的、あるいは契約書的な方法で解釈する場合にのみ、説得力を持つ。彼の第 6 条の解釈方法は、核軍縮交渉を進展させることができる信義誠実の原則およびその実行に対して、敵意を持っており、根本から傷つけるものである。

信義誠実は、第 6 条の条文に明示されている。すなわち、目標となる 3 つの重要な事項について「効果的な措置につき、誠実に交渉を行う」ことを当事国に義務づけている。また、信義誠実は、あらゆる交渉に不可欠な行為の義務として、第 6 条に黙示的に含まれている。

信義誠実の義務は、勧告的意見の 99 項により、著しくそして法的に強化された。99 項は、第 6 条の義務の法的意味を、行為の義務を越え、明

確な結果の達成の義務であると解釈する全会一致で採択された主文を先導し、強め、そして文脈的な支持を与える。明確な結果とは、適切な行為の方法、すなわちこれらの事項について誠実に交渉を行うことにより、あらゆる点での核軍縮の達成を意味する。

フォードによると、勧告的意見は、法的拘束力を持たない。主文は、付随的意見とは無関係である。裁判所は、規程の規則に従っておらず、その権限を越えている。このように、フォードは否定的な主張をしているが、しかしながら信義誠実は、当裁判所の手続的、あるいは司法的アプローチ方法に黙示的に含まれている。

ICJ の勧告的意見は、厳格な意味では法的拘束力を持たないが、高い法的価値と道徳的な重みを持っている。そして「当事国のみに対する個別的な判断よりも、あらゆる国家の国際法の一般的解釈に影響を与えることから、訴訟事件における判決よりもいっそう影響力を持っている」[31]。

裁判所の主文は、「簡単な見解」、あるいは「単なる付随的意見」とはまったく異なるものであり、核兵器の使用だけでなく、その威嚇のような複雑な問題についての検討から生じた全会一致の意見として、もっとも重要な判断である。

裁判所は、勧告的意見の 10 ないし 22 項において、ICJ 規程に基づき、その能力および自由裁量について慎重に検討し、(世界保健機関により質問され、裁判所が管轄権の行使を否定した核兵器についてのそれ以前の判断と異なり) 国連総会からの核兵器の威嚇あるいは使用についての質問に対して、管轄権の行使を決定した。主文において、裁判所が権限を越えて行動をしたという主張は、裁判所に公式に提出された質問の深い重要性を考慮に入れると、手続的あるいは司法的根拠に対するフォードのその他の否定的主張と同様に、形式主義的であり、擁護できない見解であって、これらの問題の取扱い方法についての裁判所の配慮と信義誠実を損ねるものである。

フォードは、「もっとも重要なことは、裁判所の第 6 条の解釈は、国家

が遵守しているかどうかを評価する指針として理解不能であり、実行不可能である。なぜなら、このような解釈は、それぞれの国家に、能力を超えたもの、特に交渉相手国の信義誠実と真剣さに法的責任を課すものだからである」と述べている。信義誠実は、このフォードの主張のなかにも黙示的に含まれている。アメリカは、第6条の義務の遵守に関してもっとも疑わしい核兵器国であることから、このようなフォードの主張は、継続的な軍縮義務の重大な不遵守を正当化するための遠回しの、そして不誠実な根拠にすぎない。

　信義誠実は、NPT の交渉の歴史においても重要である。この点についてのフォードの主張は、もっぱら記録を狭く逐語的に検討する場合にかぎって、交渉の記録は明らかであるように思われる。フォードの主張に対して、その記録を NPT の交渉の歴史という文脈からみれば、きわめて不明確である。当事国、特に核兵器国と非核兵器国の異なった期待と責任の引受け方法は、緊張とあらゆる論題に対する不一致に結びつく。特に NPT の解決と履行に必要な第6条についての当事国の妥協は、信義誠実にとって深い意味を持つ。

　NPT 交渉時、ENDC のエジプト代表メンバーであり、NPT の起源と履行について3巻の著書を著したムハマド・シェーカー（Mohamed Shaker）は、一般的な背景について「国際合意は、核兵器国と非核兵器国の双方の基本的な義務に基づくべきであった。……核兵器の拡散を防止するためのアイルランド決議の全体の理念は、核兵器国自身が近い将来、軍縮を行うという仮定に基づくものである。したがって、国連総会の支持は、核兵器国による量的、および質的な軍拡競争の承認を意味していると解釈することはできない」[32] と述べている。

　すでに述べたように、NPT 交渉における 5 つの重要な課題あるいは原則のうちの3つは、第6条についての交渉にもっとも関係するものであった。すなわち、原則(b)は、条約は、核兵器国と非核兵器国の権利と義務の相互の受諾可能な均衡を実現するものでなければならない。原則(c)は、条約は、全面的かつ完全な軍縮、特に核軍縮の達成に向かうひとつのステ

ップとなるべきである。原則(e)は、非核兵器地帯を設立するいかなる国家集団の権利にも悪影響を与えてはならない。

　原則(b)は、アラブ連合共和国のENDC代表ファミー（Fahmy）が主張したものであるが、「条約の性質、範囲、意義、核兵器国と非核兵器国の将来という視点からみて、法的、政治的、その他の義務が核兵器国と非核兵器国間の相互の義務と責任の受諾可能な均衡を実現すべきことは、明白である。さもなければ、条約の規定は、その妥当性に必要な重要な力を欠くことになるだろう」[33]。

　シェーカーは、第6条およびそれに対応するNPT前文の4段（ENDCおよび核兵器国に、第6条に規定されている交渉を追求するよう「強く」要請する）の分析において、原則(b)と密接に関係するものとして、原則(c)を検討した。シェーカーは「2つの原則は密接に関連している。核兵器国による軍備管理および軍縮措置の達成は、非核兵器国により、全面的かつ完全な軍縮の達成だけでなく、核兵器国と非核兵器国の義務の公平なバランスの達成に向けたひとつのステップという目標と見なされている」[34]と記している。

　第6条の分析としてシェーカーは、交渉の当事国および交渉の義務について検討した。前者に関しては、「第6条に規定されている措置の性質から、核兵器国に義務が課されていることに疑いはない。アメリカとソ連の両者は、自らの主要な責任は、より安全な世界の達成という文脈だけでなく、非核兵器国による核兵器の放棄の代償であることを認めていた。しかし、非核兵器国は自分自身で核兵器を製造することは不可能である。……彼らの放棄は、軍縮および軍備管理の分野において核兵器国側の確実な関与がなければ、その放棄は意味がないものとなってしまう」[35]と述べた。

　第6条の義務に関して、シェーカーは「誠実に交渉を行う義務は、2つの超大国にとって受入れ可能な唯一の解決策として、多くの国にとっては微温的なものとみなされている。この義務は、深い失望、厳しい批判、あるいはその意味の広い解釈なしには、認められなかった。交渉は目的では

なく、早い段階での具体的な成果を達成する手段であると一般的にみなされてきた」[36]と記している。

　公正性および相互性といった性質も、誠実な交渉の重要な特徴も、いずれも超大国が受入れ可能な唯一の解決策として核兵器国に課せられた漠然とした義務に対しての「深い失望」や「厳しい批判」の結果、まったく欠如してしまったように思われる。このことを、「相互の権利と責任の受諾可能な均衡」という原則と一致する信義誠実の適用だとみなすことは、決してできない。したがって、フォードの「記録は明らかである」という主張は、逐語的で、狭く、結論ありきのような方法で解釈した場合にのみ成り立ち得るのである。

　1995年NPT再検討会議で採択された「原則と目標」、2000年NPT再検討会議で採択された「13の実際的措置」、および2005年の国連総会決議で表明された「新たな決意」、これらで合意された義務の重要性を無視、あるいは過小評価しない場合には、「NPT第6条の内容の変更あるいは追加は、条約が発効してからは生じていない」とするフォードの主張は理解不能である。これらは、核兵器の廃絶を支持する国際世論の高まりを示す国連総会決議と相まって、また条約当事国の後になされた声明や後に生じた慣行が当事国の合意を示すというウィーン条約法条約31条3項に照らすなら、これらすべてが、核兵器の保有および使用が違法であるとする慣習法規則の発展を示している。

「ウィーン条約法条約（1980年発効）を、NPT（1970年発効）に適用することはできない。なぜなら、前者よりも前に後者が発効しているからである」とフォードは主張するが、この主張は、ラビンダー・シン（Rabinder Singh、勅選弁護士）とロンドンのマトリクス・チャンバー所属のクリスティーヌ・チンキン（Christine Chinkin）教授がウィーン条約法条約を引用しNPTを分析する際の13の実際的措置を重視した見解によって、反論することができる[37]。

　最後に、フォードは自分の論文に言及して、「アメリカが何をしてきた

かのかを説明すると……核軍縮の達成に向けて前例のない方法をとってきた」というが、この言及は、空虚なレトリックである。というのは、実際には惨めな記録であるのに、アメリカは第6条の義務をすばらしく遵守しているという幻想に基づいて、彼の論文は書かれているからである。

アメリカ（およびその他の核兵器国）の核軍縮義務の遵守に関して、アメリカのトーマス・グラハム（Thomas Graham）大使は、「NPT再検討会議は、非核兵器国にとってはまったく期待はずれであることが分かった。1980年と1990年の再検討会議は、第6条に関する問題、主に包括的核実験禁止条約（CTBT）に失敗した。1975年と1985年の再検討会議は、同じ問題についてまったく異なる状況を示している。大多数の当事国は、核兵器国は軍縮義務を果たしていないと信じていた。私は、1970年から1997年にかけてアメリカが参加した主要な軍備管理交渉、不拡散交渉に政府高官として出席した。私の政府における長いキャリアの中で、特に軍備管理、不拡散、軍縮の大統領特別代表を務めた期間には、これらの多くのことを目撃した」と記している[38]。

アメリカが第6条の義務を遵守しているというフォードの誤った主張について、彼は、冷戦以後のアメリカ政府の数量的削減に焦点を当てた。しかし、フォードは手前勝手に、軍縮義務に矛盾する現在進行中の「信頼性代替貯蔵兵器計画（Reliable Replacement Stockpile Weapons Program）」について言及を避けた。アメリカ政府は現在、この計画に基づき兵器研究施設で新しい核兵器システムを構築中である。

3. NPT第6条に基づく誠実な交渉の必要を評価するうえで、契約的アプローチよりも優れた文脈的アプローチ

核政策法律家委員会（Lawyers' Committee on Nuclear Policy）の執行理事のジョン・バロースは、あるフォーラムでフォードの主張に反論するなかで、文脈的アプローチを採用したが、それは、核兵器廃絶を支持する国際世論の高まっていることが、慣習法規範の発展および第6条の軍縮義務の誠実な普遍的遵守と関連しているかを説明するためになされたもので、適切な

ことである。すなわち「その理由の一部は、ICJ の勧告的意見に見いだすことができる。…… ICJ は、核兵器の威嚇あるいは使用は、武力行使を規制する一般的に受容されている法および人道法原則によって、厳格に制限されているということを全会一致で認めた。……国際法、およびそれを含む国際秩序の安定は、核兵器と同様な最悪の兵器の法的状況に関するさまざまな見解に傷つけられ続けている。……完全な核軍縮が、最善の結論のように思われる。このような文脈で検討するなら、裁判所が判断した軍縮義務には、誠実な交渉だけでなく、それを超えるものも含まれている。国際人道法に照らせば、核兵器を受け入れることはできない。真の国際法に必要なものとは、すべてに平等に適用される法である」[39]。

フォード論文に関してトーマス・グラハム大使は、フォードの見解は「第 6 条を契約の条項として分析するなら、あるいは条約に含まれる普通の条項として分析するなら」成り立つことができるとする。「しかし……第 6 条は、核軍縮（および 4 条に規定する原子力の平和利用の協力）と引き換えに、不拡散を受け入れるという NPT の重要な取引の部分であるという政治的分析のプリズムを通して検討されるべきである。NPT は、条約に加盟している 182 カ国の非核兵器国から 5 カ国の核兵器国への贈り物ではない。これは、政治的そして戦略的な取引である。……第 6 条は、このことに照らして再検討されなければならない」[40] と述べた。

つまり、グラハムは、第 6 条そして NPT 全体を契約的なものと文脈的なもののハイブリッド、あるいは戦略的そして政治的な取引とみなしていると思われる。そのうえ、NPT は、衡平と信義誠実という継続する問題を含む非常に複雑な条約として作成されたものである。このアプローチは、マイケル・サンデル（Michael Sandel）が、「ひとつは、契約を意思の行為とみなす自律の理念である。その道徳性は、取引の自主性にある。もうひとつは、契約を双方の利益の手段とみなす相互性の理念である。……契約が、拘束力を有するのは、それを望んでいるからではなく、契約が公正な結果を生み出すからである（あるいは、公正な結果を生み出す限り、拘束力を有する）」[41] と指摘するように、「契約上の義務にはさまざまな根拠がある」と

指摘する見解と一致する。

　フォードは、NPT 第 6 条そして NPT 全体を、前者の方法、すなわち狭く契約的な方法で検討しているのであって、衡平および相互性の諸原則がぎっしりつまった条約として広く文脈的な方法で検討していないように思われる。しかし、第 6 条は、単純な契約条項ではなく、条約に含まれる通常の条項よりもはるかに複雑かつ重要である。世界は、核軍縮交渉における信義誠実の原則を根本から損ねるようなフォードの見解を採用すべきではない。このような狭く浅い見解に対しては、われわれが世界法廷へ再質問しようと準備しているように、深くそして広いフィヨルドを越え核軍縮へ至るよう文脈的アプローチで戦い、対抗し続けなければならない。

註

* 　訳者註　本訳稿では訳者が註記に加筆している。その部分は〔　〕で示してある。
　good　faith の訳について。名詞として使用されている場合は「信義誠実」とし、形容詞的用法や副詞句において使用されている場合は「誠実な」「誠実に」と訳した。

1　本稿で示された見解は、私個人の見解であって、私が理事および副会長を務める核政策法律家委員会の公式見解を必ずしも反映するものではない。
2　O'Connor, J. F., *Good Faith in International Law* (Aldershot: Dartmouth, 1991), pp. 5-6.
3　Raghaven, V., et al., *Sources of Indian Tradition, 2nd ed., vol. I* (New York: Columbia University Press, 1988), p. 217.
4　Chan, Wing-tsit, et al., *Sources of Chinese Tradition* (New York : Columbia University Press, 1960)〔p. 34. 孔子『論語』顔淵篇 17 より。口語訳は金谷治訳注『論語』岩波書店、1963 年、238 頁より〕
5　Shotoku, "Seventeen-Article Constitution (Jushichijo Kenpo)", online at 〈 http://www.sarudama.com/japanese_history/jushichijokenpo.shtml 〉.
6　Cao, Deborah, *Chinese Law: A Language Perspective* (Aldershot: Ashgate, 2004), p. 20.
7　Vogel, Frank E., *Plenary: Basics of Islamic Law, The Islamic Legal System*, p. 6. online at 〈 http://www.aals.org/am2004/islamiclaw/islamicmaterials.pdf 〉.
8　*Torah Mitzion*, Issue 102,19-20 August 2005, online at 〈 http://www.torahmitzion.org/pub/parsha/5765/vaetchanan_gen.pdf 〉.
9　O'Connor, *op. cit.*, pp. 9-13.
10　*Ibid.*, pp. 17-23.
11　*Ibid.*, pp. 23-25.
12　*Ibid.*, pp. 25-30.
13　Grotius, Hugo, *De Jure Belli ac Pacis Libri Tres* (1625).

14 Weeramantry, Judge Christopher, remarks made during The Mayors for Peace Conference, The Hague, Netherlands, July 4-5, 2006.
15 Audlin, James David, *The Circle of Life* (Santa Fe: Clear Light Publishing, 2006), p. 123.
16 Kolb, Robert, *La Bonne Foi en Droit International Public* (Paris: Presses Universitaires de France, 2000), pp. 584-585.
17 Recueil des sentences arbitrales, vol. 12, p.315.
17-2 *Ibid.*, vol. 12, p. 311. 〔原註17の原典を参照したところ引用部分が2カ所にわたり、その順序も前後していたため、註を2分割した。〕
18 *North Sea Continental Cases, Judgment, I.C.J. Reports* 1969, para.85, p. 47.〔原文の引用は、判決文とは若干異なっている。〕
19 *Fisheries Jurisdiction (Federal Republic of Germany v. Iceland), Merits, Judgment, I.C.J. Reports 1974*, para. 69, p. 202. 〔原文の引用は、判決文とは若干異なっている。〕
20 Arbitration Tribunal: Award in the Matter of an Aribitration between Kuwait and the American Independent Oil Company (AMINOIL) ," International Legal Materials", vol. 21, July 1982, p.1014.
21 *Gabcikovo-Nagymaros Project (Hungary/Slovakia),Judgment, I. C. J. Reports 1997*, para. 141, p. 78.〔原文の引用は、判決文とは若干異なっている。〕
22 *Ibid.*, para.142, pp.78-79.
23 Zoller, Elisabeth, *La Bonne Foi en Droit International Public* (Paris: A. Pédone, 1977) , p. xxvi.
24 Kolb, *op. cit.*, pp. 582, 597.
25 Burroughs, John, "The Legal Framework for Non-Use and Elimination of NuclearWeapons" (Briefing Paper for Greenpeace International, February 2006), pp. 11-12. 〔online at 〈 http://www.lcnp.org/disarmament/Gpeacebrfpaper.pdf 〉 search='The Legal Framework for NonUse and Elimination of Nuclear〕
26 International Law Commission, 16th Session, 727th Meeting, 20 May 1964, *Yearbook of the International Law Commission,1964*, 〔*vol.1*, New York : United Nations, 1965〕 para. 70 〔p. 32.〕
27 McNair, Arnold, *The Law of Treaties* 〔New York: Oxford University Press〕, 1961), p. 540.
28 Rosenne, Shabtai, *Developments in the Law of Treaties 1945-1986* 〔New York: Cambridge University Press〕, 1989), p. 175.
29 Cassese, Antonio, "The Israel -PLO Agreement and Self-Determination" *EJIL* 〔vol.4, no. 1〕 1993, pp. 565-567.
30 Burroughs, John, *op. cit.*, pp. 13-16.
31 Aljaghoub, Mahasen M., *The Advisory Function of the International Court of Justice, 1946-2005* (Berlin: Springer, 2006), p. 12.
32 Shaker, Mohamed I., *The Nuclear Non-Proliferation Treaty: Origin and Implementation 1959-1979, vol. 1* 〔London: Oceana Publications〕, 1980, pp. 〔30-〕 31.
33 *Ibid., vol. 1*, p. 52.
34 *Ibid., vol. 2* 〔, p. 556〕.
35 *Ibid., vol. 2* 〔, p. 564〕.

36 *Ibid., vol. 2* 〔*vol. 2*, p. 572〕 .
37 *Proposed Replacement of Trident, Joint Opinion for Peacerights*, ¶7, online at 〈 http://www.peacerights.org/documents/Joint Opinion.pdf 〉.
38 Graham, Ambassador Thomas, "The Origin and Interpretation of Article VI", November 29, 2007, p. 2. 〔online at 〈 http://cns.miis.edu/activities/071129_nprbriefing/media/071129_nprbriefing_graham_statement.pdf 〉〕
39 Burroughs, John, *op. cit.*, pp. 2-3.
40 Graham, Thomas, *op. cit.*, pp. 1, 3.
41 Kratochwil, Freidrich V., "The Limits of Contract" 〔Eds. Cecilia Lynch & Michael Loriaux〕, *Law and Moral Action in World Politics* (Minneapolis: University of Minnesota Press, 2000), p. 28.

国際法の効用と機能 [1]

ディーター・ダイスロート

I　はじめに
II　コントロール手段としての権力、市場、モラル、法
III　合法性の効用と「モラル」
IV　結論
　1　非難することと恥を感じること
　2　国連総会と国際司法裁判所
　3　国家が、国際司法裁判所の義務的管轄権に服するための第一歩
　4　国内裁判所による国際法違反事例の取扱い
　5　まとめ

I　はじめに

　アメリカ合衆国の国際法学者ルイス・ヘンキンが、「多くの国際法主体、したがって、国家や国際機関は、国際法の規定を、多くの事例において、大体順守してきた。」と、正確に表現しています。

　このような観察は、事実上、正しいものですが、経験的には、次のようにも表現することもできます。すなわち、国際法が、たしかに、国内法のお手本に従って作られた警察とか、検察機構とか、裁判所とか、執行機関のような強制権力を欠くことは、間違いありませんが、そうは言っても、法の順守が問題になる限り、国内法よりも、悪いものとは断定できないということです。

　国際法においては、もちろん、いかなる機関も、たとえ、国連の安全保障理事会といえども、法違反に対する訴追を義務づけられてはいません。

安全保障理事会は、平和や国際的な安全が、危険にさらされているとか、危機に陥っているとかという状況を、みずから判定するだけです。にもかかわらず、このような状況にあるにもかかわらず、国際法の領域において、国際法の法主体、とりわけ、国家や国際機関によって、驚くほどの高いレベルで、国際法が順守されているという状況は、どのようにして生じたのでしょうか。

II　コントロール手段としての権力、市場、モラル、法

　第1次世界大戦では、約 1500 万人の戦死者が出ており、第2次世界大戦では、5500 万人を超える戦死者がでており、1945 年以降に発生した 200 以上の戦争において、約 2500 万人から 3500 万人の犠牲者（その内の約 70 ％から 90 ％は、民間の犠牲者でした）がでております[2]。2003 年に始められたイラクに対する「有志連合」(Koalotion der Willigen) による侵略戦争では、2006 年までに、約 65 万 5000 人の生命が奪われました[3]。

　これらの数を見ただけでも、人類は、その歴史において、現在に至るまでも、次のような問いかけに対して、まったく生産的にも、効果的にも答えることができていないことが、明確だということが理解できます。その問いかけとは、さまざまの個人や社会、国民や国家が、多種・多様に追及する利害や争い合う意志や潜在的な権力を、平和的に共存させることを可能とする枠組みを、どのようにしてもたらすかという問いかけです。フランクフルト・アム・マインにあるヘッセン平和と紛争研究財団（HSFK）の理事長であり、政治学者であるハラルド・ミューラーにとって、人類が、これまでに、基本的には、そのようなコントロール手段として、わずかに4つの手段、すなわち、権力、市場、モラル、それから、まさに法という手段を見出してきたにすぎないということは、明瞭でした[4]。このようなことは、国内社会とか、国家内部の領域にのみ通用することではなく、同時に、国際関係についても当てはまります[5]。

　ミューラーやその他の社会科学者によって、権力、市場、モラルに対して提出された異論を、ここで、簡単に扱っておきましょう。

1　市場は、ネオ・リベラル派の経済学者に限らず、広範に支持されている見解によりますと、理想的なコントロール手段ということです。しかし、市場には、それが、過大な要求をしすぎるように思われるために、あらゆる領域に対する排他的なコントロール手段としては、国内的にも、国際的にも、相応しくない、4つの大きな欠陥を持っております。

(1) 市場というものは、法的な枠組みがなくしては、そもそも存在することができませんし、たとえ、存在したとしても、いずれにせよ、機能することができません。市場に参加する人々の権利や義務、その人々のなしうる可能性や限界などが、確定されなければなりません。ここでは、契約法や損害賠償法、特許法や市場法、さらには、通貨法、競争法、カルテル法などの名前だけを挙げるに止めておきます。これらの法は、国内的な側面だけではなく、国際的な側面でも通用するものです。市場参加者の広範な自己規律にゆだねられている分野においてすらも、必要な場合には、国内的な側面や、あるいは、国際的な側面において、紛争の調停のために、必要に応じて立ち戻ることのできる法的な枠組みに依拠することができるという確信が必要です。そのような例としては、たとえば、国際的な側面では、WTO の分野での、特許法や商法の紛争調整機関があり、これらの機関には、アメリカ合衆国政府のような強国ですらも、繰り返し、依拠しているところです。

(2) 市場は、いわゆる公共財の編成や維持について、自分自身で保証することができないという点からも、国内的にも、国際的にも、欠陥のあるコントロール手段です。このことは、とりわけ、空気や水という生命を維持するのに必要な環境というような公共財について、当てはまります。もちろん、当てはまるのは、それらだけに止まるものではありませんが。市場は、たとえば、みずから、すべての人々に、清潔な水を供給することを保証することもできませんし、環境を保護し、維持することもできませんし、世界の気候に大きな影響を及ぼす熱帯雨林の伐採を止めることもできませんし、この惑星の資源を、次の世代に受け継ぐために、目先の利益にとらわれた搾取や略奪から守ることもできません。

(3) さらに、いかなる規制からも解放された市場は、正義の問題を解決することもできません。そのような市場は、構造的に制約された経済的な理由から、経済的な独占や寡占の形成に赴く傾向があり、そのために、とりわけ、消費者や労働者の搾取に、国内的のみならず、南北紛争に表現されているように、国際的にも赴く傾向があります。

(4) その上に、いかなる規制からも解放された市場は、構造的に非道徳的なものです。その例として、開発途上国における「スラム街観光」（Mülltourismus）、武器輸出、児童労働、戦争経済、国内の金融領域におけるだけではなく、国際的な金融領域でも行われる「バッタ売り」（Heuschrenken たとえば、これは、利子請求権や年金請求権を無意味にしてしまう原因にもなる）などだけを、ここではあげるに止めておきましょう。

2　権力もまた、すなわち、マックス・ウェーバーに従えば、自己の意志を、必要な場合には、抵抗を排しても貫徹できる能力もまた、欠陥のあるコントロール手段です。コントロール手段としての権力は、たしかに、サンクションを発動するぞと恒常的に脅かすことによって、あるいは、実力を用いることによって、さまざまの利害を抑制することが、できます。その意味では、権力は、部分的には、有効なものです。にもかかわらず、権力は、中心的なコントロール手段としては、決して十分とは言えません。権力は、それ以外の手段と組合わされねばならないのです。以上のことは、国内的に当てはまることですが、国際的関係においても言うことのできることです。

権力によって支えられたシステムの弱点は、とりわけ、次の 3 つの状況から生じてきます。

(1) まず第 1 に、権力というコントロール手段によって、ものごとの流れをコントロールしようとすると、原則的には、権力者か、あるいは、その代理人が、いつもその場に居るということが、必要なこととなります。コントロールを行うためには、目に見えるような形で、いつでも発動できる形で、しかも、信頼できるサンクションを行う権力が、決断の下される場所とか、あるいは、決断の下されるポイントに、きわめて近いところに

あることが必要となります。しかも、このような決断の下される場所に対しては、中心に位置する者の意志が、貫徹されていなければいけません。そのようなことは、たとえもっとも強力な国家にとってさえも、継続的には過大すぎる要求であり、さらには、そもそも民主的な構造に合致するものではありません。

(2) 権力によって支えられている統制システムというものはすべて、抵抗にぶつからざるを得ないという、一種のジレンマに直面しています。抵抗というものは、権力を挿入せざるをえないという強制を、ますます強めます。抵抗を排除するために必要なものとされる手段への要求は、このような権力が挿入されるごとに、そのことが、さらに新しい抵抗を作りだすために、ますます大きなものになって行きます。他面においては、もし、このような抵抗が排除されないままでいますと、そのことが、新たな、別の場所の抵抗に、勇気を与えることになります。

(3) 権力にのみ支えられた、あるいは、第一次的に権力によって支えられたシステムは、コントロールのために必要とされる情報の獲得や処理について、きわめて限られた能力しかもたないという観点からも、過大な要求をせざるをえないことになります。ソビエト・システムの崩壊が、この事例の典型です。

支配というものは、政治的であれ、軍事的であれ、権力というコントロール手段によってのみ支えられることはできないということ、このことが、間違いないことであることは、ごく最近の出来事であるジョージ・ブッシュによるアメリカの軍事作戦に照らしてみれば、簡単に認識できることです。

Ⅲ　合法性の効用と「モラル」

なぜ、国際的な舞台において登場する者たち、すなわち、国家や国際機関が、国際法を順守するのでしょうか。いったいどこに、国際法の効用があるのでしょうか。いったいどこに、国際法の合法性の「モラル」があ

るのでしょうか。

　法は、平和をもたらすことはできませんが、しかし、法は、平和のためには、決して放棄はできないものです。

　法と権力との関係では、国際関係における国際法の重要な効用は、紛争解決の際に行われる武力の使用を、法以外のやり方では到達できないような最小限度にまで制限することができるという点にあります。権力は、そのためには、十分なものではありません。市場もまた、それ自身がもっている構造的な欠陥のために、そのようなことをなすことができませんし、モラルというコントロール手段も、同じようにできません。

　法の中心的な機能は、事実に反しても、期待される行為を構成し、確定させることにあります[6]。国際法の領域では、地域的、国際的、地球的な領域における国家間の紛争について、「正しい道」を、法仲間に分からせることに寄与します。リスチチンは、このことを、次のように正確に表現しています。

　　　独立の諸国家が、それぞれとのかかわりの中で、平和的に共存することは、ある種の共通に受け入れられる行為の基準をもたなくては、おそらく不可能であろう。そのような基準が、もし、存在しないとすれば、それぞれの国家は、お互いに、相手が、どのように行動するか、まったく予測できないことになろう。

　国家や、その他の国際法主体の行為を、相互に予測しうるようにすることは、国際法のもっている、平和を確保するための、もっとも重要な機能です[8]。

　さらに、国際法は、武力の放棄のための制度的な外枠の条件を作り出す、あるいは、少なくとも、武力の行使の制限を作り出します。国際法は、紛争の規律や調停のために、規則や手続きを用いることになります。このような場合には、とりわけ、国際法上の条約や協定に根拠をもつ国際機関が、重要な役割を果たします。

　法というコントロール手段が持っている、このような2つの中心的な機

能を保持するためには、少なくとも、法の持つ、次のような構造的なメルクマールが、重要となります。

（1）法は、したがって、国際法もまた、法規範、いわゆる「法源」の制定と変更についての権限、制度、手続きが、明確に確定されているということで、モラルから、本質的に区分されます。法の成立も、法の適用も、確定された、形式化された規定に服します。

（2）法的に構造化されたシステムにおいては、法は、自己の利益を追求するための道具とか、権力行使の手段として、武力を行使することのできる場合の正当性を制約しています。もちろん、そのような場合に、国内法と同様に、国際法もまた、社会的、経済的、政治的な権力との絡みあいの中にあるということが、見落とされてはなりません。にもかかわらず、武力を行使するための合法的・正当的な権威が、法に定められることによって、特定の機関や人物に限定され、さらには、あらかじめ定められた状況や条件に縛られ、手続規定を順守することを求められるのです。

（3）法の分野における機能として相対的に独立した観点からすると、法は、（相対的であるにしても）独自の活動を行い、政治的権力者もまた、平等取り扱いの命令に、傾向としては服するものであり、したがって、権力者も、自己が行為をなすに際して、原則的には、みずから定めた規律に服する必要があるのです。

（4）さらに、法は、モラルのもつアナーキーさに限界を設定し、「絶対的真理」とか、「相対的真理」を持っていると誤って主張する人々が誰であるにしても、このような真理を、他の法仲間に対して、あらゆる手段を使って、勝手に貫徹することは許されないと定めます。その限りでは、法は、国内的・国際的な側面での社会関係を「平等化する」（egalisieren）ものです。もちろん、同時に、法の差異化（Differenzierung）における、現に存在する非対称性（Asymmetrei）というものは、「保存しながら」（konservieren）ではありますが。

（5）法というコントロール手段の特別の重要性と、その（相対的な）有効性は、さらに、次に述べます第5の状況から生じてきます。すなわち、法

は、通常は、法仲間において、かなりの程度まで、内面的に一致する傾向を作り出すものです。このようなことは、現在、支配的な倫理的規範と圧倒的に合致しているような、いずれにせよ、大部分の人々によって従われている有効な規定を、内容として含んでいると主張される場合、また、そのように、すべての人々において、同じように受け止められている場合、そう言えます。いわゆる「弱者」は、いわゆる「強者」との、直接的な対決によって、すなわち、法から無関係に、「強者」との対決によって、自己の利益を放棄させられるよりも、法を順守するという形で、自己の利益を放棄することを好むものです。これとは逆に、いわゆる「強者」も、法的に構造化されたシステムにおいてこそ、法制定や法適用というプロセスを通じて、自己の強い潜在的な影響力を行使し、貫徹する、より大きなチャンスを持つものです。これは、万人に対する万人の闘争（裸の実力）におけるよりも、はるかに効果的であり、持続的なものです。

（6）（近代）法の、したがって、国際法の第 6 の特色は、現にある法規定に満足していない者は誰でも、規定を改正するために活動するチャンスを持つという点にあります。このことは、国際法にも当てはまります。「法のための闘争」は、変化の可能性を示唆しています。新しい条約、協定などが、模索され、締結されることができます。条約当事者は、現にある条約を、付加条項を付け加えることにより、あるいは、締結時とは異なった実例をもちだして、条約を修正できます。国内や国際的な裁判所は、解釈の変更を行うことができます。これについては、多種多様なやり方で、影響力を発揮できます。

　国際法においては、登場人物たち、とりわけ国家には、自分の国際法から外れた行為であるにもかかわらず、それを国際法に合致していると言い繕う可能性も開かれています。2003 年以降のイラク戦争は、まさに、このことを雄弁に語ってくれる例です。イラクに対する戦争を、躊躇なくはじめた人々、そして、大量破壊兵器（存在しなかったのですが）を無効にすると称して武力行使をはじめた人々とか、政府の交代を促進し、自分たちによって作られる、新しい政府を安定させるためとか、固有の軍事的な勢力を安定させるため（軍事基地）とかのために、武力行使を行った人々で

すら、国際法を援用して、自己を正当化することができました。そのような人々が、イラク戦争において、いかなる成果をも見出さなかったにしてもですが。だからこそ、ここで、次のことが妥当し、また確認されておかれねばなりません。すなわち、まさに、国際法のコントロール能力を強化するために、拘束力を持つ法解釈や、紛争の解決について、有効な、国際的な手だてが、重要性を持ち、したがって、必要であるということです。

IV 結論

国際法の実効性を、どのようにしたら、高めることができるのでしょうか。その際に、とくに、NGOや個々の市民が、どのように積極的にかかわることができるのでしょうか。講演時間の関係から、とりわけ、平和維持の分野に限って、したがって、国際法に違反するような軍による武力行使を阻止することに、問題を限りたいと思います。

1. 非難することと恥を感じること

国際法違反について、何も言わないでいることは許されないことです。たとえば、今日、イラクに対する軍事的な攻撃や、アフガニスタンにおける軍事進攻に際しての国際法違反であれ、アメリカのグアンタナモ収容所における国際法違反とか[9]、あるいは、核不拡散条約の第6条に規定された軍備縮小についての国際法上の義務づけを、10年以上にわたって順守していないことなどについてです。

国際法違反について「非難すること」と「恥を感じさせること」は、それ自体が自己目的ではなく、まったく実践的な理由から必要なことです。すなわち、国際法違反について語らないことは、つまり、国際法違反に、何ら抗議することなく、それを受け入れるということは、結局、我慢され、継続される国家実例を形成することになり、そこから、新しい国際慣習法が成立しかねないような状況に至ることになりかねません。市民社会の市民、その代表者、NGOなどは、国際法に合致するような行動を促すために、このような国際法違反に対して、非難を行い、恥を感じさせるのに、

必要な圧力を発揮しなければなりません。自分たちの政府や政治家が、これ以上避けることのできないほどの圧力をかける必要があります。そのために、ここでは、3つの原則的な出発点をみておきます。もちろん、いくつかの重要な論点についてのみ触れることができるにすぎませんが。

2. 国連総会と国際司法裁判所

国際法の不順守に対抗して取られるべき使用可能な手段は、有効に利用されねばなりませんし、強化されなければなりません。それは、もちろん、国内の領域においても、国際の領域においても行われるべきことです。

この地球上のすべての国家が、平等に投票権を持つ国連総会は、国際法違反に対して、公然と非難し、適切な解決を求めて多数派を獲得するために、強化されながら、利用されるべきです。国際的な安全保障の分野は、第一次的に、国連安全保障理事会が決定権を持つ分野であるという議論でもって、国連総会を、このような分野から排除するべきではありません。国連の安全保障理事会が、平和の維持という自己の任務を、果たしていない場合、あるいは、十分に果たしていない場合、国連総会が、この問題に関与してはならないという規定は、国連憲章の、どこにも存在しません。国連の安全保障理事会は、その構成が、脱植民地以前の国際状況に由来するものであり、かなりの程度で改良が必要なものです。このような国連の安全保障理事会から、国連総会は、平和の破壊や、侵略や、その他の国際の安全について、その時々のその認定または不認定の根拠づけを移すべきであります。

国連の安全保障理事会が、平和の維持のために必要な措置について、十分に理由のある決定を下すことができない場合、あるいは、決定を下す気がない場合、国連総会は、1951年の「平和のための結集」という国際慣習法にもとづいて、活動するべきであり、決定能力を失った国連の安全保障理事会に代わって、行動を起こすべきです。

さらに、国際法上の紛争事例において、国連総会は、国連憲章96条に読み込まれた権利、すなわち、当該の紛争事例について、国際司法裁判所

に勧告的意見を求める権利を、過去におけるよりも、よりいっそう行使すべきです。さらに、国連総会は、国連事務総長に、最終的には、次のような権限を授権できます。すなわち、国連事務総長が、国際司法裁判所に対して、自己の権限にもとづいて、争われている、国際法上の問題を解明するために、勧告的意見を求めることができます。とくに、国連事務総長は、そのような国際法上の問題が解決されないままだと、国際の安全が危険にさらされる場合とか、その他、国連の目的と一致しないような事態が生じる恐れがあるという場合には、勧告的意見を求めることができます。

　この点には、まさに、NGO にとっても、地球レベルでの、国連総会での多数派を、適切な活動を行うために組織し、適切な活動を行うための重要な活動の可能性が示されています。核戦争防止国際医師会議（IPPNW）や、国際反核法律家協会（IALANA）などのような NGO とか、数千にわたる、それ以外の組織が、いわゆる世界法廷プロジェクトのために、ブロックを超えた国家と一緒に集まって作りだした、共通の偉大な成果は、とくに、人々に勇気を与える模範的な事例です。もっとも、このことは、あまり十分には知られていませんが。その成果は、国連総会によって導入された手続にもとづきながら、原子力兵器の使用や、それを使用するぞという威嚇を、原則的に国際法違反であるとした 1996 年のハーグの国際司法裁判所の判断に結実しました。

　現在進行している、IPPNW や IALANA によって指導されている「世界法廷に還れ」プロジェクトは、新たな、偉大な挑戦です。今回は、原子力兵器をもつ強国や、その同盟国の核戦略から、今後において、その正当性を奪うことに、核心があります。また、そのプロジェクトは、核不拡散条約の第 6 条が、原子力兵器を持つ国家に対して課している義務づけ、すなわち、完全に核の撤廃、したがって、地球的規模での核問題の解決に到達するために、誠実に交渉を開始することを、即座に受け入れるという義務づけから、いかなる具体的な要求が、導きだされうるかという問題を、ハーグの国際司法裁判所に提出することに、核心があります。

3. 国家が、国際司法裁判所の義務的管轄権に服するための第一歩

　国際法の有効性は、その規定の内容が、透明で、明確であること、また、必要な場合には、権威を持って解明されうることに、大幅に依存いたします。ということは、国際的な分野においても、機能的な、独立の裁判所を前提とすることになります。具体的な事例における紛争解決と並んで、継続的な司法の実践によって、国際法の法主体相互の関係を規律し、展開するために、重要な意味を持つ国際法の規定や、行為の基準が具体化され、保証されることが重要です。機能的には、行為の安定性や法的安定性を高めることが重要となりましょう。

　ドイツの連邦内閣は、2008年4月30日に、シュタインマイヤー外務大臣によって、ドイツ連邦共和国は、今後は国際司法裁判所の義務的管轄権を受け入れるという声明を、国連に対して発しました。ヨーロッパ連合内部においては、すでに17カ国が、これを受け入れています。ドイツは、やがて国連に対しても、正式に提出した（告知した）、その受入れ声明により、基本法の24条3項の憲法による命令にもかかわらず生じていました、長い間の遅れを取り戻すことになりました。

　この受入れ声明は、今後、ドイツが、すでに国際司法裁判所の義務的管轄権を受け入れている、他の国々、それは、世界では、65ケ国におよぶものですが、これらの国との国際法上の紛争を、この「世界法廷」に委ねるという結果をもたらすことになります。ドイツは、これらの国々に対して訴えを提起することもできれば、それらの国々から訴えられることもありえます。これまでとは異なり、国際司法裁判所の管轄権は、条約、たとえば、ジェノサイド条約によってとか、あるいは、特別の協定によって、明文をもって、当該裁判所に判断がゆだねられた紛争事例に、もはや限られることはなくなりました。

　以上のことは、原則的には、歓迎すべきことです。これは、1899年と1907年のハーグの平和会議の伝統の中で、とくに、ドイツ国連協会やIALANAのような法律家の集まりのようなNGOによって、さらには、2001年のドイツ連邦議会による連邦政府への決議などによりなされていた要求に合致

するものです。もちろん、かつてのハーグ平和会議では、常設国際裁判所の義務的管轄権は、ヴィルヘルム帝政時代のドイツの抵抗で挫折したものですが。国連の「主要な司法機関」（国連憲章92条）としての国際司法裁判所によって、判決の下される個々のケースを超えて、国際法上の紛争問題について、その解決のための法廷を強化し、そのことにより、国際法を強化するために寄与するだけではなく、国連自身の強化にも、繋がるものです。

この受入れ声明が、ドイツ政府によってなされた表現において、重要な国際法上の領域について、この声明を無価値にしかねない、2つの軍事上の留保を含んでいることは、きわめて不審の念を起こさせるものです。

その声明にあっては、一方では、ドイツの軍事力を外国に介入させるような国際法上の紛争と、他方では、ドイツの高権の及ぶ地域を軍事的な目的のために利用させることにかかわる国際法上の紛争は、国際司法裁判所の管轄権から明文を持って除外しています。したがって、長い国際的な過程の中で、まさにそのために国際的な裁判権が作りだされてきた類の国際紛争について、国際司法裁判所により、なしうる司法的な審査から、取り除かれているのです。

このことは、とりわけ、連邦軍を、外国に軍事的に介入させることをめぐっての、将来起こりうる国際法上の紛争にかかわります。たとえば、1999年に、ベオグラードに対するNATO空爆にドイツ軍が参加したり、セルビアに侵攻したりした（コソボ紛争）時のように、国際法による実力の行使の禁止に対する重大な違反にかかわったと非難される場合でも、ドイツを、ハーグの世界法廷に訴えることは、誰にもできないということになります。ジュネーブ条約のような戦時国際法（ius in bello）に対する重大な侵害がある場合でも、ドイツは、国際司法裁判所によって、何ら責任を問われることはないことになります。もちろん、そのような責任を問うことは、アフガニスタン戦争において、いわゆる「不朽の自由」〔作戦〕と国際治安支援部隊（ISAF）の枠内で、戦時作戦の中で生じた、膨大な民間の犠牲者に関して、重大な意味を持ちうることですが。

第2の軍事的留保の部分は、ドイツの高権の及ぶ地域を、外国の軍隊が利用することにかかわります。その際には、国際的な介入にとって重要な、ドイツ内に見出される戦闘司令部、軍事的拠点、空港、命令伝達施設、交通路、港などだけが問題になるわけではありません。それとともに、ドイツの空域も、ドイツ内に駐在する軍隊の国際法違反の行動に組み込まれます。そのような場合には、さらに、たとえば、ドイツが、上空通過権を認めることにより、国際法違反の戦争行為に関与しているのではないかという問題も提起されるでしょう。そのような場合には、人権の保障もまた問題となるでしょう。すなわち、爆撃による、「狙いうちの殺人」とか、誤爆などの爆撃によるものや、ジュネーブ条約違反による、文民の犠牲者の人権の保障が問題となります。

　「外国への軍事介入」と「ドイツの高権の及ぶ領域における軍事的利用」という、このドイツの2つの留保は、連邦政府が、まさに軍事的問題について、国際司法裁判所による法的な検討を避けているという印象を与えるに違いありません。そのように行動する者は、緊急の場合には、現行の国際法に違反しても、連邦軍を軍事的に介入させ、ドイツの高権の及ぶ領域や空域を、外国軍による国際法違反の活動に使用させるつもりではないかという疑いを引き起こすことになります。連邦政府は、現在高まりつつある、ドイツの「国際的責任」という任務に応える努力を怠ることにより、嫌な政治的シグナルを与えていることになります。このような連邦政府の態度は、他の国もまた、国際司法裁判所の義務的管轄権の承認に、留保をつけているではないかとか、これまで、そのような承認すらまったく行っていない国があるではないかとか、さらには、フランスやアメリカ合衆国のように、後になって、そのような承認を撤回した国があるではないかと言い逃れることで、正当化されるものではありません。基本法の起草者たちは、同法の24条3項に、かれらが書き込んだ憲法上の指示により、はっきりと、明文を持って、ドイツが、国々の間で、実質的に、国際法を順守し、国際的に共存し、国際的な統合に、率先して取り組み、そのことによって、「世界の平和に寄与する」（前文）ことを期待していることを、表現しています。基本法24条3項にもとづく義務への「包括的な」参加に

よって、ドイツは、自国の歴史から教訓を引き出しているのであり、(潜在的な) 国際法違反を行う「もてあまし者」の内に入らず、かれらとは、一切関係を持たないと述べているのです。そのようなことは、憲法の条文においても、はっきりと表現されています。憲法の条文は、単純な選択、すなわち、「できる」ということを認めているのではなく、その文言によれば、「同意される」ということばで表現されているように、強制された法的義務づけなのです。

(管轄権の) 受諾承認の発出の際に、実際になされた、このような、2 つの軍事的留保を正当化するようなドイツの守るべき利益は、憲法上は、まったく存在しません。ドイツは、国際法を、厳格に順守することによってこそ、自己の利益を、最高度に、信頼でき、継続的な形で守ることができるのです。連邦政府は、国際司法裁判所の管轄権を、そのような留保を一切せずに認めたオーストリアやオランダの例に倣うことを、真剣に検討するべきです。

4 国内裁判所による、国際法違反事例の取り扱い

「戦争と平和」の領域についての国際法の規定の重要性は、国内法秩序にとっても、大きく関わり合います。このことは、きわめて不十分にしか認識されていません。国内裁判所は、国際関係においても、まさに強者の「自力救済」に対抗して、(国際) 法の強化と貫徹のために、重要な寄与をすることができるのです。

4-1 国内裁判所における国際法　原則的な問題

a)　現行の法秩序が、行政の活動に対して、法的な限界を画しているところでは、行政部から法的に独立している裁判所が、その時々の管轄権の枠内で、「法の支配」の維持者という、自己の任務を果たすことが、その任務です。国連事務総長であり、ノーベル平和賞受賞者であるコフィ・アナン氏が、「自国内において、法の支配を規定している国はすべて、外国においても、法の支配を順守しなければならない。また、外国において、

法の支配を主張する国はすべて、自国においても、法の支配を励行しなければならない。」と述べています（2004 年 9 月 16 日）。

　b)　国内裁判所による国際法の解釈や適用に際しては、当然のことながら、国際法の特殊性も考慮されねばなりません[10]。そのような考えから、少なからざる憲法学者や国際法学者が、裁判所は、国際法の問題を扱うについて、特別の抑制を行うべきであり、最善のことは、国際法上の論争に、まったく関わらないことであるという結論を引き出しています。国家は、国際法主体として、法に服従するものであるばかりではなく、国際法の過程において、国家の行政部を通じて、二重の機能という意味で[11]、同時に法の制定にもかかわるし、その法を遂行することにも、責任をもつといわれます。そのことによって、その時々の国内の行政部（すなわち、政府）が、国際法の側面においても、立法に似たような機能、すなわち、まさに、行政部が、厳格に規範に拘束されず、政治的な、将来を見越したやり方で行使するような機能を行使できます。したがって、行政部が、外部に向けられた法を主張することにより、国内の価値感や利益を最高度に主張することができるために、国際法の領域における法の形成過程に、みずから方向づけを与え、コントロールすることができます。すなわち、その時々の憲法裁判所や、その他の国内裁判所が自国における行政部による法の主張を否認しているにもかかわらず、行政部は、国際法の領域においては、その法の共同制作者になりあがり、憲法によっては認められていない、自国を対外的に代表するという、政治的な役割を委譲されていることになるのです。また、同時に、国家が、そのことについて何も発言していないがために、行政部は、国内的な利益を、国際関係において効果的に遂行することに影響を与えることができます[12]。

　このようなことから、国際法の問題について、「司法部の自己抑制」を正当化する、さまざまの「原理」や、根拠づけるための論拠が展開されています。アメリカ合衆国においては、「政治問題の原理」[13]といわれ、フランスでは、「統治行為」（actes de gouvernement）の原理[14]と言われる、これらの原理によって、大統領や行政部の国際法上の決定や行為を、裁判所に提出されることが、避けられます。

273

似たような議論は、連邦憲法裁判所の多くの判決にも見いだせます[15]。もちろん、連邦憲法裁判所は、「政治問題の原理」を、憲法上の理由から、基本法の通用領域については、厳密に否定しています。国際安全保障政策の領域に属する分野で、ドイツの高権の担い手によってなされた決定について、憲法裁判所によるコントロールのために、同裁判所によって、しばしば実際に用いられている「恣意的取り扱いをコントロールするだけ」(blossen Willkürkontrolle) という基準は、もちろん、結論においては、大体正しいものです[16]。

　c）　国内裁判所やその時々の憲法裁判所が、国際法上の議論について、「司法の自己抑制」の原理に従うべきか否かということは、憲法上の原理的な問題であると同時に、国際法上の原理的な問題であり、これについては、さまざまの観点から考察することができます[17]。

　国家の行政部の行う安全保障政策にかかわる決定の審査とか、国際法による枠づけの要件が、あいまいで、明確に規定されていない規範によって示されている限りでは、法的拘束の程度は、かなり弱いものとなります。すなわち、そういう場合には、外交政策上の決定の担い手の持つ行動の領域の限定を、関連規範を司法手続にもとづいて法的に具体化することにより廃止するなどということは、国内裁判所の任務ではないことになります。国際法上の規範が、行政部に、そのような行動の可能な領域を認めている以上、司法部が、解釈というやり方で、このようなことを明らかにしたり、あるいは、否定することなどは、許されないことです。

　もっとも、逆のことも言えます。すなわち、現行の法秩序が、行政部の行動に法的な枠を課している場合には、その時々の管轄権の範囲内ではあるが、「法の支配」の担い手という、自己の任務を果たすことが、行政部から独立した司法部の任務となります。このようなことは、具体的な法的紛争において、政府の側での外交的機能の順守が問題になるのではなく、国際法上の条約とか、現行の国際慣習法などについて、国内の公務員による執行にかかわる解釈とか、適用が問題になる場合には、とりわけ、言えることです。

連邦憲法裁判所は、繰り返し、正当に、次のことを示しています。すなわち、ドイツ連邦共和国に、国際法上の責任を課している国際法を侵害するようなことは、できるだけ避けられるべきであり、あるいは、除去されるべきであるということを、裁判所の管轄権の枠内において、特別に尊重しなければならない、と[18]。

　事実上、連邦憲法裁判所に対する手続は、国際法上の違反を避けるための国内的な最後の機会でもありえます[19]。国際法上の条約の規定の解釈や適用について、憲法裁判所によるコントロールが問題になる限り、「ドイツの裁判所により、国際法上の規定が、誤って適用されたり、順守されないということにより生じる国際法の侵害、あるいは、ドイツ連邦共和国の国際法上の責任を根拠づけている国際法の侵害は、できる限り避けられ、除去されるということが、とくに、守られねばならない。このようなことは、具体的な事件においても、その限りで、広範な事後審査にもさらされうる。」[20] それに対応して、連邦憲法裁判所は、憲法訴願においても、国際法上の条約の要請が、守られているかどうかを、たびたび審査しています[21]。

　国際法上の条約が、基本法 59 条 2 項にもとづく同意法により、すなわち、憲法改正法ではない、単なる法律によって、国内法になっているにすぎない場合ですらも、すなわち、国内法のランクにあり、決して憲法のランクにはないものであっても、そのような条約を、国内立法者や、国内で法の適用を行う公務員や裁判所は、基本法 20 条 3 項に定められている「法と法律」とへの拘束にもとづいて、順守しなければならないという点について、いささかの疑いもありません。

　以上のことを、論旨一貫した形で展開して申し上げれば、公務員や裁判所によって行われる、決定を下すに重要な規定の解釈や適用は、「国際法に合致する」ものでなければならないということであり、かれらは、国際法に違反する決定を行ってはならず、またそのような決定を根拠にすることを許されてはいないということになります。

　国内の法律は、「たとえ、その法律が、時間的には、現行の国際法上の

条約よりも後に発布されたものであったとしても、ドイツ連邦共和国の国際法上の義務づけと一致する形で解釈され、適用されねばならない。したがって、立法者が、明文を持って宣言していない限り、立法者が、ドイツ連邦共和国の国際法上の義務を逸脱しようと意図しているとか、そのような義務づけを侵害しようと意図しているのだということなどが、認められてはならない。」[22]

　以上のことは、原則的には、連邦憲法裁判所の判決でも承認されていることです。このようなものだけが、ドイツ連邦共和国を、国際法によって拘束された国際的な諸国家共同体に組み入れるという、強調されている基本法の目的に合致するものです（「国際法との合致」）[23]。このことは、基本法の多くの規定に、明文を持って表現されているところです（基本法前文、1条2項、24条2、3項、25条、100条2項）。このような目的は、国際関係において、「力の国際的な支配」に対抗して、「法の国際的な支配」を求め、促進することにも寄与します[24]。このことは、国際法上においても、原則的には承認されます。国際司法裁判所規程38条1項の明文の規定によれば、裁判所の判決も、したがって、国内裁判所の判決もまた、第二次的な法源です。裁判所の判決も、国際法の法則を決定するための補助手段として役立ちます[25]。国際的な裁判所の管轄権は、相対的に弱い形で形成されてきたために[26]、国内裁判所の裁判権や、また憲法裁判所の裁判権には、国際法を脱中心的ではあるが、根付かせる、すなわち、その時々の国内法秩序の中に組み入れるという役割を果たしてきました。法治国家は、自国の国際法上の義務の維持を、制度的に有効に保障することによっても、際立っていました[27]。法治国家的で、国際法に合致する憲法は、すべての国家機関を、それぞれの権限領域において、現行の国際法の国内的に拘束力を持つ規定を、有効に順守することを義務づけており、そのことによって、「法の支配」の国際的な側面が、侵害を免れるのであり、国家が、法違反者として責任を問われることにないようにしているのです。

4-2　国際法上の条約の解釈について

　国内的に有効に発効している国際法上の規定については、国際法が国際法

上の条約の解釈について規定しているルールや原則が基本となります[28]。基本法の通用する場においては、基本法59条2項に基づく同意法が、国際法上の条約は、その内容に関しては、法律の形で書き込まれた条文の形をとるにしても、国内の領域においては、国際法として通用する規範内容によって尊重されねばならないと定めています。すなわち、国際法上の条約を、一方においては、国際法上の条約内容をもつものとし、他方では、国内法上の内容をもつものとして、「二分化」してはならないということです[29]。したがって、国内的に有効となった国際法上の条約は、国際法上の解釈原則によって解釈されるべきであって、国内法上の解釈原則によって解釈されてはなりません。以上のことは、国際慣習法から導き出されることであると同時に、1969年5月23日のウィーン条約法条約によっても導き出されることです[30]。1969年以前に、有効に締結された国際協定でも、すなわち、ウィーン条約法条約が、直接には適用されない国際法上の条約でも（参照、4条）、条約法条約の31条以下に書き込まれた解釈原則は、有効な国際慣習法であるというのは、まったく争いのない解釈であり、いずれにせよ、国際法の一般的ルールに数え入れられるべきものです[31]。

a) 国際法の解釈の基本原則

ウィーン条約法条約31条1項の一般的な解釈原則によれば、国際法上の条約は、「その文脈によりかつその趣旨および目的に照らして与えられる用語の通常の意味に従い、誠実に解釈するものとする。」したがって、まず第1に、当該の条約の規定の、確定された文言に誠実であることが、求められます。もちろん、条約の趣旨や、その目的に照らして、その条約で使われている表現の通常の意味が、大切です（「平明な意味に受け取るという原則」）。この条文の意味が、通常の意味から外れる意味を持つというのは、この条約当事者が、そのような意味に使うということを合意している場合にのみ認められることです（条約法条約31条4項）。

通常の意味を確定するために、条約締結の時点において通用していることば使いが基本となり、そのために、（条約法条約31条1項の枠内では）概念の変動は、考慮されないことになります[32]。

国際法上の条約が、たとえば、国連憲章の場合のように、複数の言語で正文が規定されている場合には、条約上で正文とされている言語から出発しなければなりません。なぜなら、そのように正文とされた言語のみが、ドイツ連邦共和国を国際法上において義務づける内容にとって、基準となるものであり、また、同意法にもとづいて国内法への転換についても基準となるものだからです[33]。その際には、条約法条約33条3項によれば、複数の正文とされた条約文で用いられた条約の用語はすべて、同じ意味をもつものと推定されます。正文とされた文言を比較してみて、そこに意味の違いが明らかとなる場合には、この意味のズレは、一般的な解釈原則にもとづいて、除去されねばなりません。これがうまく行かない場合には、条約が、みずから、いずれの文言が決定的であるかを定めていない限り、その条約の目的を考慮して、その文言が、相互にもっともよく調和するような意味を基礎にするべきです（条約法条約33条4項）[34]。連邦法律公報に掲載された、しかし、公式のものではない、ドイツ語への翻訳は、当該の条約の規定の文言を明らかにするための出発点を形成するにすぎません。正文とされた条約上の言語とズレがある場合には、その言語のみが、基準となります[35]。国内の同意法によって発効された「適用命令」は、国際法上基準となる文言にのみかかわります[36]。

b) 体系的な解釈

国際法上の条約は、条約法条約31条1項によれば、文脈との関連において、その規定に与えられる意味と一致する形で常に解釈されねばなりません。ここで、すべての個々の規定が、常に順守しなければならない「文脈により」という文言の解釈について、条約法条約31条2項は、まず第1に、「前文および付属書をも含めて条約の（全体の）原文」を念頭に置かねばならないと定めています。その際に、より狭い意味とより広い意味とが区別されねばなりません。もちろん、その両者の限界は、あいまいではありますが[37]。より狭い意味においては、解釈されるべき概念が、特定の条文や、特定の条項、特定の原文に用いられているだけではなく、その条約の前の規定や後の規定との、空間的・実質的な近さ（コンテキスト）にもあるということを、考慮されなければいけません。解釈に際して考慮さ

れねばならない、より広い意味については、条約は、その全体性において解釈されねばなりません。すなわち、その個々の条約の規定の相互関係が注目されねばなりません[38]。

条約法条約31条2項によれば、この「文脈により」という文言に、条約締結時に、すべての条約当事者の間でなされた、その条約に関する一切の合意もまた、すべて含められるし（A号）、また、条約締結時に、単数、あるいは、複数の条約当事者によって作成され、また、その条約に関する文書として、他の条約当事者によって受諾された一切の文書がすべて、含められます（B号）。

c) その他の解釈手段

条約法条約31条3項によれば、「条約の解釈または適用につき当事国の間で後になされた合意」（A号）[39]、および、「条約の適用につき後に生じた慣行であって、条約の解釈について当事国の合意を確立するもの」（B号）[40]、および、「当事国の間の関係において適用される国際法の関連規則」（C号）が、国際法上の条約の解釈のための、その他の手段です。

d) 補足的な解釈手段

条約法条約31条の適用によって出てくる意味を確定するために、または、31条による解釈が、a)意味を多義化させ、あいまい化させるような場合には、あるいは、b)明らかに、矛盾した、非合理的な結果をもたらすような場合には、条約法条約32条によれば、「条約の準備作業および条締結時の事情（いわゆる travaux préparatoire）」が、いわゆる「補足的」解釈手段として、あげることができます[41]。

4-3　判決からの実例

国際法規範の貫徹と履行にとって、大きな意味を持っているのが、とりわけ、国内法的には、憲法裁判上の手続き、たとえば、機関訴訟手続とか、憲法訴願手続であるのは、明らかです[42]。

もちろん、たとえば、行政裁判所などの専門的な裁判所も、そのような

問題提起にかかわります。

このような行政裁判所がかかわる事例とは、たとえば、軍人懲戒法[43]とか、軍人苦情処理法[44]手続などがありえます。しかし、ここでは、この問題について、これ以上は立ち入りません。

刑事手続においても、「戦争と平和」の領域から出てくる国際法上の問題が、かかわりえます。たとえば、市民が、原子力兵器の貯蔵場所の前での座り込みへ参加したことを理由として刑事裁判所に告訴されたり、ガンジーのやり方に倣っての「市民的不服従」に似たような行動を行ったことを理由として、刑事裁判所に告訴され、さらには、その場合に、かれらが、原子力兵器の問題の分野で、「国際法の一般原則」が、侵害されたり、あるいは、侵害される恐れがあることによって、自己の行為を正当化している場合、国内裁判所は、基本法25条2項に基づいてだけでも、そのような問題に直面せざるをえません（たとえば、刑法240条の強制という構成要件の枠内においても、あるいは、正当化理由を審査する場合にも）[45]。

連邦憲法裁判所[46]も、連邦行政裁判所[47]も、いずれにせよ、すべてのドイツの公務員も、裁判所も、それぞれの管轄権の枠内において、基本法25条によって、「原則的に、国際法の一般原則を侵害するようなやり方で、国内法を適用し、解釈することを阻止されている」ということを、承認しております。すべてのドイツの公務員も、裁判所も、したがって、連邦憲法裁判所も、「国際法の一般原則を侵害するような、ドイツ以外の高権の担い手による行為に、決定的に関与することも許されない」[48]。連邦憲法裁判所は、このような適切な判決を認めております。2008年7月24日の連邦憲法裁判所の第4上告部の判決は、次のように述べています。

> 本法25条により、国際法の一般原則は、連邦法の構成部分である。そのような国際法の一般原則は、法律に優先し、連邦領域における住民に、権利や義務を直接に生み出す。連邦共和国の公務員や裁判所は、基本法25条により、原則的に、国際法の一般原則を侵害するようなやり方で、国内法を適用し、解釈することを阻止されている。すべてのドイツの公務員も、裁判所も、国際法の一般原則を侵害するような、

ドイツ以外の高権の担い手による行為に、決定的に関与することも許されない。(BVerfG, Beschluss vom 26. Oktober 2004, 2 BvR 955/00 u.a.-BVerfGE112, 1, 27)。国連憲章2条4項により、すべての加盟国は、国際関係において、領土保全とか、政治的独立に反して向けられた、あるいは、国連の目的に合致しない、武力の行使または武力による威嚇を、すべて禁止されている。このような武力の行使の禁止は、国際慣習法の構成部分であり、国際法の一般原則に属する。」(BVerfG,Urteil vom 22. November 2001, 2 BvE 6/99.; BVerfGE 104, 151, 213,; Beschluss vom 26.Oktober 2004, 2 BvR 955/00. u.a.- a.a.O.,;BVerwG, Urteil vom 21.Juni 2005,; BVerwG 2 WD12.04, BVerwGE 127,302, 343)

その際に、この判決は、権限規定や手続き規定が、たとえば、「すべてのドイツの公務員が、国際法違反の行為を行うことを、有効に阻止されるように、ドイツの空域が適切なやり方で利用される」ということから、出発しています[49]。

ドイツの空域に入り、そこから出ることは、原則的に特別許可が必要である（航空交通法2条6項、7項）。特別許可を与える官庁は、交通・建築・都市開発担当連邦大臣、あるいは、当該大臣によって指名された部署である（空域交通法施行規則94条）。軍事的目的に用いられる外国の飛行機が、ドイツの空域に入る際の特別許可は、防衛連邦大臣が与える（同規則97条1項）。特別許可を受けるための申請には、ドイツの空域から出る場所や目的地、場合によっては、連邦領域内の中間地点とか、飛行の目的を含まねばならない（同施行規則95条1項1号4、5）。ドイツの空域の利用が、国際法の一般原則にも属する公の安全を危険にさらすような場合には、特別許可は拒否されねばならない。特別許可をもたない飛行は、ドイツの高権の及ぶ領域に入ることを、その飛行が、公の安全を危険にさらし、あるいは、基本法の26条1項の文言に、憲法上違反するような行為に役立つ恐れがある場合には、禁止されうる。同じことは、国際慣習法上の武力の行使の禁止や、国連憲章2条4項に違反する飛行についても言える (Urteil vom 24. Juli 2008, a.a.O., Rn.86)。NATOの枠内で、ドイツに駐留するアメリカ

軍による、ドイツ空域の利用に関する特別規定は、1994年の改正文言を含むNATO地位協定の追加協定の57条1項1号に含まれている（BGBl 1994, II, S.2594, 2598。これについては、参照、Urteil vom 21.Juni 2005, BVerwG 2 WD 12.04 BVerwGE 127, 302.なお、そこに採録されていない部分については、NJW 2006, 77,98）。

さらに、2008年7月24日の、先に引用した連邦行政裁判所の指導的な判決において、そのために基準となる権限規定については、以下のように述べています。

航空交通法1条Cは、どのような飛行機が、連邦共和国の空域を交通する権利をもつかについて、規定する。同法2条7項により、明文を持って、ドイツの空域に入ることを特別に許可されることによって、ドイツの空域の利用を認められた飛行機が、このような権利を付与される。同法2条7項1号により、同法の適用範囲に記入されていない、あるいは、同法により許可を与えられない飛行機は、特別許可によってのみ、同法の通用範囲において飛行を許される。このような特別許可は、交通・建築・都市開発担当連邦大臣、あるいは、当該大臣によって指名された部署によってなされる（同94条）。1996年5月31日の布告により、連邦航空庁が、特別許可官庁と決められた。軍事的勤務に服している外国の飛行機がドイツの空域に入る許可は、連邦防衛大臣によりなされる（同法97条1項）。特別許可を受けるための申請には、ドイツの空域から出る場所や目的地、場合によっては、連邦領域内の中間地点とか、飛行の目的を含まねばならない（同施行規則95条1項1号4,5）。いかなる条件の下に、このような特別許可が与えられるか、あるいは、拒否されるかは、航空交通法や航空交通法施行規則には、規定されていない。その規定されていないということから、そのような決定が、権限者の裁量にゆだねられているという結論を導き出すべきか（Hofmann/Grabherr, LuftVG, Para.2 Rn.48, 2007年11月の時点でのもの）、あるいは、飛行機による空域の利用は、自由であるという原則にもとづき、このような許可を与えることが、航空交通法から、拒否する理由が推定できる場合にのみに与えられないことが許される

と解すべきかは(Giemulla,in; Giemulla/Schmid, Frankfurter Kommentar zum Luftverkkehrsrecht, Bd.1.1,Para.2 Rn.27,2007 年 8 月の時点でのもの。Friauf,ZLW 1974, 9, 24ff.)、決定できない。いずれにせよ、このような特別許可は、ドイツの空域の利用が、国際法の一般原則に属する公の安全を危機にさらすことになる可能性がある場合には、拒否されねばならない。航空通行法施行規則 96 条Ａ 1 項 1 号により、特別許可を与える官庁は、許可のいらない飛行機の場合にも、その飛行が、公の安全を危機にさらし、あるいは、基本法 26 条にいう憲法違反の行為に役立つようなものである場合には、ドイツ連邦共和国の高権の及ぶ範囲内における飛行を禁止できる。国際慣習法に違反するような武力の禁止に違反するような軍事的介入に、決定的に寄与するような飛行機には、ドイツ空域の利用許可を与えることは、許されない。

　ある飛行機が、ドイツ連邦共和国の空域の利用を許されるかどうか、とりわけ、その利用が、国際法の一般原則と一致するかどうかは、特別許可を与える官庁のみが決定できる。許可官庁、あるいは、飛行計画確認官庁が、飛行場の業務を規律する。そのような官庁は、どのような交通のために、交通インフラの目的にふさわしいものとして、飛行場を使用させるべきかを決める。そのような官庁が、あらかじめ、空域に入る特別許可を与える際に審査されるべきであったような理由、あるいは、許可のいらないものへ制限を与える手続に際して審査されるべきであった理由を根拠に、飛行場の利用を禁止したり、制限したりすることはできない。そのような官庁は、自己の目的地に飛行したいとする飛行機が、ドイツ連邦共和国の空域を利用する特別許可を与えられていないと解する場合には、特別許可官庁の意見を求めなければならない。この場合、許可官庁は、許可の有無を審査し、状況によっては、あらかじめ、空域に入ることを禁止できる。ドイツ空域の利用に際して順守されるべき、上記の規定の運用を管理することは、その時々に権限を有する官庁の任務であり、けっして許可官庁や計画確認官庁の任務ではない。

この判決は、2009 年 1 月 20 日の連邦行政裁判所第 4 部の、もっと広い

決定により確認されています。そこでは、次のように述べています。

　2008年7月24日の判決において、本裁判所は、すでに詳しく述べたように、権限規定や手続規定は、ドイツ空域を国際法に合致する形で利用することに、国際法に違反する行為に、あらゆるドイツの公務員が決定的に寄与することを、有効に阻止することに、適切に有益なものでなければならない。これについて、本裁判所は、以下のように詳しく述べた。すなわち、航空交通法に関する権限規定と手続規定は、このような要件を充足している。あらかじめ、空域に入る特別許可を与える場合、あるいは、許可のいらないことに制限を課する手続に際して、外国の飛行機による軍事要員の輸送のための、ドイツの空域の利用が、国際慣習法による武力の禁止に違反するかを決定するという、特別許可を出す官庁の権限が、そのような行為に、ドイツの公務員が、かかわることを、できるだけ早い時期に、阻止するのに、相応しいものであろう。特別許可を与える官庁の排他的権限のみが、関係する官庁が、ドイツの空域の利用が、国際法の一般原則と一致することを、上記と異なった形で判断しないことを、確保できる。交通・建築・都市開発担当連邦大臣が、連邦航空庁を規定するに際して、専門的な監督や外国国家の政府の所在地へのコンタクトを留保しながら、また、連邦防衛大臣が、諸ラントの認可官庁や計画確定官庁よりも前に、空域の利用との関連で、国際法の問題を、専門的に解明することができる。これと同じに、西部国防地域行政庁長官によって代表されているドイツ連邦共和国は、攻撃されている航空交通法上の認可の付与（航空交通法6条4項2号）について権限をもっているということについても、確定されねばならない。

　終わりに、民事裁判所による判決についても、簡単に見ておきましょう。

　たとえば、国家の措置により、連邦軍を外国に介入させるに際して、国際法によって保護される市民の法益が、侵害される場合、（ドイツの）民事裁判所に対する手続もまた承認されます。時として、民法839条により、基本法34条による職務上の責任訴訟が、ドイツ連邦共和国に対して提起

することができます。

　これについての特徴的な事例は、1999年の3月から6月に起きた、いわゆるコソボ紛争の最中に、バーバリアン橋の戦場において、NATO空軍とのかかわりの中で起きた、人的・物的損害を理由とする、損害賠償と慰謝料を求める、セルビア市民の訴えです。部分的には、その相続にかかわる人をも含めて、全体で、35人の人が、ドイツには、NATO軍によって、その橋、および、その近隣の人々に対して行われた攻撃の結果について、ひとつには、国際人道法の侵害にもとづいて責任があり、他方では、ドイツの職務上の責任法の原則にもとづいて責任があると主張して、訴訟を提起しています。その人たちは、NATOの枠内で、ドイツが行使しようと思えば行使できた、軍事目的として、バーバリアン橋への攻撃を選択することに反対するという拒否権を行使しなかったこと、および、それに加えて、偵察飛行や援護飛行、空域保護などを原則的に、みずから受諾し、引き受けることにより、このような攻撃を支えたことについて、ドイツの責任を追及しています。ドイツの連邦政府は、その橋への攻撃についても、その結果についても、ドイツの戦闘機が、直接にせよ、間接にせよ、まったく関わっていないことを理由に、いかなる意味においても、責任はないという反論をもって対抗しています。ボン・ラント裁判所[50]とケルン・ラント上級裁判所[51]とは、5000ユーロから10万2258.38ユーロ、全体としては、53万6484.22ユーロの損害賠償金を求めた、この訴えを、第一審としても、第二審としても、却下しました。連邦裁判所の第3民事部は、この判決に対して行われた告訴を退け、訴えを起こした人々の国際法上の個人的な損害賠償請求権を明確に否定しました[52]。しかし、その裁判所は、前のラント上級裁判所と同様に、国内法を、国際法の排他性だけを理由にしては、排除できないという理由から、国内（ドイツ）法にもとづく、連邦共和国に対する原告の損害賠償請求が、原則的には可能であると明確に認めています。(BVerGE 94,315,330ff; BGHZ 155,279,293f)。その判決は、次のように述べています。

　　そのような請求の請求根拠として、基本法34条のいうところの民法839条のみが問題となる。これに関連して、本裁判所は、職務上の

責任法の理解によれば、第2次世界大戦の終了までは、外国における軍事的行動は、ワイマール憲法131条にいうところの民法839条の職務上の責任の構成要件から、除外されていた（BGHZ155,279,295ff.）。これについて、基本法の発効後においても、維持されるべきかどうかについては、憲法裁判所が、それを否定しているにもかかわらず、判決部は、回答していない。被告に対してなされた原告の損害賠償請求は、いずれにせよ、本紛争事件においては、バーバリアン橋に対するコソボ紛争における攻撃と関連して、ドイツの兵士、あるいは、軍属による職務上の義務の侵害が存在しないしないが故に、すなわち、住民保護のための国際人道法の規定に対する具体的な（責任を負うべき）侵害という意味での侵害が存在しないが故に、否定される。」なぜなら、原告は、連邦軍の飛行機が、バーバリアン橋の爆撃に、および、それに起因する人的・物的被害に関与しているということを証明することに失敗しているからである。

このような限定的な判決は、大きな批判に直面することになりました[53]。ここでは、これ以上、この点について立ち入ることはできませんが。ただ、上記の民事裁判所による判決によれば、適切な証拠さえあげることができれば、ドイツ連邦共和国に対する職務上の責任を追及できるということが、確認されました。

5. まとめ

近代国家においては、国内の紛争を文明化することは、いわゆる国家の権力の独占を形成するまでの、歴史的に複雑な過程においてなされたものであり、個人による実力救済は、法によって囲い込まれた紛争の解決によって追い込まれ、このような実力の囲い込みは、不均衡な展開と不均衡な権力関係においても、実行され、現在も実行されています[54]。しかし、現在までのところ、国際関係においては、これと比べることのできるような実力の独占は存在しません。国際関係においては、不均衡な発展と、不均衡な権力配分が、法の把握について、国内法の領域に比べて、はるかに強く作用しています。しかしながら、法を勝手に操るということにも、一定

の限界というものがあります。なぜなら、法の特質は、ロタール・ブロックが適切に表現しているように、次のようなところにあります。すなわち、法というものは、特定の目的のために、完全に一致するということはありえません。もし、そうでなければ、もはや、法というものが存在しないことになるでしょうし、法は、それ自体としては、事実を法に転化させることに、もはや使うことができないということになるからです。「法ということばを使う者は、法の論理に従わねばならない。なぜなら、もし、そうしなければ、法との関係が、政治的に無意味なものになりつづけるからである。国際法のことばを使う者も、法というカテゴリーの属することばによって表現される規定に服することになり、そのことによって、自己拘束という行為を実現することになるのである。」⁵⁵

註

1　2008年9月13日に、ベルリンで開催された国際医師の組織であるIPPNWの主催した「平和の文化」会合で行われた講演原稿。

2　参照、Istvan Kende, Kreig nach 1945. Eine empirische Untersuchung, Frankfurt/Main,1982;戦争や災害の死者被害のリストについては、〈 http://en.wikipedia.org/w/index 〉。

3　同旨：John Hopkins University in Boltimore,Marylandの研究者たちにより2006年に公刊された研究、参照
〈 http://www.jhsph.edu/publichealthnews/press_releases/2006/burnham¥iraq.html 〉;
The Lancet, Volume 368, Issue 9545, Pages 1421-1428, 21 October 2006; Washington Post, October 11, 2006; Page A12.

4　Harald Müller, Wie kann eine neue Weltordnung aussehen ? 2008,S.202f.

5　その際に、Müllerは、以下の多くの論文を、自己の根拠づけに挙げている。Marti Koskenniemi, From Apology to Utopia; The Structure of International Legal Argument, Cambridge 2003, Michael Byers/ Georg Nolte(Hrsg), United States Hegemony and the Foundations of International Law, Cambridge 2003, Thomas Frank, Fairness in International Law and Institutions, Oxford 1995, Günther Hellmann/ Klaus Dieter Wolf/ Michael Zürn(Hrsg), Die neuen Internationalen Beziehungen, Baden-Baden 2003, Oeter Stefan, Chancen und Defizite internationaler Verrechtlichung, Was das Recht jenseits des Nationalstaates leisten kann, in Zangl Bernhard/ Michael Zürn (Hrsg), Verrechtlichung -Baustein für Global Governance ? Berlin 2004, Heinhard Steiger, Frieden durch Institution, Frieden und Völkerbund bei Kant und dadurch, in Lutz-Bachmann/ James Bohmann, Frieden durch Recht, Kants Friedenidee und das Problem einer neuen Weltordnung, 1996, S.140ff. Michael Bothe, Friedensbegriff im Vergassungs- und Völkerrecht, in Lutz-Bachmann/ James Bohmann, a.a.O., 1996, S.187ff.

6　参照、これについては、Niklas Luhmann, Das Recht der Gesellschaft, 1995, S.124ff.

7　Lissitzyn, The international Court of Justice, Its Role in the Maintenance of International Peace and Securrity, 1972, Nachdruck von 1951, S.4
8　これについては、参照、Michael Bothe, Friedensbegriff in Verfassung- und Völkerrecht, in; Lutz-Bachmann/ James Bohmann, Frieden durch Recht, Kants Friedenidee und das Problem einer neuen Weltordnung.1996, S.187.
9　これについては、最近、赤十字国際委員会から刊行された。ICRC Report On the Treatment of Fourteen High Value Detainees in CIA Custody vom Februar 2007, 〈 http://www.nybooks.com/icrc-report.pdf 〉; Südd.Zeitung vom 8.4.2009.
10　参照、たとえば、BVerfGE 55, 349,367f.; Geiger, Grundgesetz und Völkerrecht, 2Aufl.1994, S.5ff.; Deiseroth,Stärkung des Völkerrechts durch Anrufung des Internationalen Gerichtshofs ?, Münster, 2004, S.137ff.
11　フランス語でいう dédoublement fonctionnel、これについては、参照、G.Scelle, Le phenomena du dédoublement fonctionnel, in Festschrift für Hans Wehberg, 1956, S.342ff, 331,; Th.Giegerich, ZaöRV 57, 1997,409, 453.
12　同様の説明、Th.Giegerich,ZaöRV 57,1997, 409, 453f.
13　これについては、参照、T.Franck, Political Questions/Judicial Answers; Does the Rule of Law Apply to Foreign Affairs ? 1992, S.10ff.; E.Benvenisti, EJIL 5,1994, S.423, $33f.
14　これについては、参照、L.Neville Brown/ J.Bell, French Administrative Law, 4.Aufl. 1993, S.134ff.,155ff.
15　参照、たとえば、BVerfGE 55, 349, 367f.「いわゆるルドルフ・ヘス事件」
16　これについては、参照、T.Franck, Political Questions /Judicial Answers; Does the Rule of Law Apply to Foreign Affairs /, 1992, S.107ff. E.Benvenisti, EJIL 5, 1994, S.423,434, m.w. N.; Th. Giegerich, ZaöRV 57,1997, 409,459f.
17　たとえば、1993 年 9 月 7 日に、ミラノで開催された国際法学会の第 66 会期で採択された、反対の内容の決議はいう。「国際法の適用に関して、国内裁判所の役割は、もし、国際法が、より大きな効力をもつべきとするならば、もっと強化されねばならない。
　　（Annuaire Bd.65, T.2,1994, S.319ff.; さらに、この点について、参照、E. Benvenisti, Judges and Foreign Affairs; A Comment on the de Droit International's Resolution on The Activities of National Courts and the International Relations on the their State, in EJIL 5,1994, S.423.
18　参照、BVerfGE 58, 1, 34; 59, 63, 89,; 76,1,78,; さらに、参照、Sächs VerGH, EuGRZ 1996, 437,439.
19　したがって、Th.Giegerich, ZaöRV 57,1997, S.409, 462,は、正しい。
20　BVerfG,Beschluss des Zweiten Senats vom 23.6.1981, 2 BvR 1007/77,;BVerfGE 58,1,34,; Beschluss des Zweiten Senats vom 10.11.1981, 2 BvR 1058/79,; BVerfGE 59,63,89.
21　たとえば、参照、BVerfGE 76,1,79ff.
22　参照、BVerfG, Beschluss vom 26.März 1987, 2 BvR 589/89 u.a.,; BVerfGE 74,358,370,; Beschluss vom 23.Juni 1981, 2BvR 1107,1124/77 und 195/79,; BVerfGE 58,1,34,; Beschluss vom 10.November 1981, 2BvR 1058/79.; BVerfGE 59,63,89,; Bernhardt, Verfassungsrecht und völkerrechtliche Verträge, a.a.O., Rdnr.29,S.590.
23　これについては、参照、Th.Giegerich,Die verfassungsbeschwerde an der Schnittstelle von deutschem, internationalem und supranationalaem Recht, in; Grabenwarter u.a. (Hrsg.),

Allgemeinheit der Grundrechte und Vielfalt der Gesellschaft,1994, S.101ff.

24 これについても、1993年9月7日の国際法学会の決議1条を参照せよ。それによれば、国内裁判所は、国際法上の問題を完全に独立して、国際裁判所と同じようなやり方で決定できる。Annuaire Bd.65, T Ⅱ, 1994, S.319ff. E,Benvenisti, EJIL 5/1994,S.423.

25 これについては、参照、K.Doehring, Die Rechtsprechung als Rechtsquelle des Voelkerrechts, 1986, S.541, 548f. ; I.Brownlie, Principles of Public International Law, 4.Aufl. 1990, S.23.

26 これについても、参照、Dieseroth, Stärkung des Völkerrechts durch Anrufung des Internationalen Gerichtshofs ? Münster, 1996, S.137ff.

27 参照、Th.Giegerich,ebd.,S.419.

28 参照、BVerfG, Urteil vom 4,Mai 1955, 1 BvF 1/55,; BVerfGE 4, 157, 168,; Beschluss vom 13.Dezember 1977, a.a.O., ;BVerfGE 46, 342, 361; Reichsgericht, Urteil vom 8.November 1930, V 154/30; RGZ 130,220, 221; Hermann Mosler, Das Völkerrecht in der Praxis der deutschen Gerichte, 1957, S.25; Hilf, Die Auslegung mehrsprachiger Verträge, 1973, S.143ff.; Geiger, Grundgesetz und Völkerrecht, 2. Aufl. 1994, Para.32,V 1 S.180.

29 もっとも、いわゆる変型理論、すなわち、同意法が、国際法上の条約の内容を、国内法に「変型する」、とくに「作り直す」という主張の批判については、Geiger, Grundgesetz und Völkerrecht, a.a.O.,S.172f. m.w.N.

30 これについては、参照、H.F.Köck, Vertragsinterpretation und Vertragsrechtskonvention, 1976, 83ff.

31 これについて一般的には、R, Geiger, Grundgesetz und Völkerrecht, 2.Aufl.1994, Para.22, S.109; J,Masing, Methodische Grundlagen für die Auslegung der Genfer Flüchtlingskonvention, in; Grawert/Schlink/Wahl/Wieland(Hrsg.), Offene Staatlichkeit, Festschrift für Bökenförde, 1995, 51ff.61. m.w.N.

32 これについては、参照、1952年8月27日の国際司法裁判所の判決、I.C.J.Reports,1952,（モロッコにおけるアメリカ合衆国国民）, S.176ff,189; R.Bernhardt, Die Auslegung völkerrchtlicher Verträge insbesondere in der neueren Rechtsprechung internationalaer Gerichte, 1963, S.74f; 国際司法裁判所の判決については、Heintschel von Heinegge, in; Knut Ipsen, Völkerrcht, 3. Aufl.1990, para.11, Rdnr.6. m.v.N.

33 これについては、参照、Seidl-Hohenveldern, Völkerrecht, 8. Aufl.1994, Rdnr.368f.; SächsVerfGH, Urteil vom 14.5.1996, EuGRZ 1996, 437,439.

34 これについては、参照、Verdross, Die Quellen des universellen Völkerrchts, 1973, S.74f. m.w.N.

35 これについては、参照、Hilf, Die Auslegung mehrsprachiger Verträge, a.a.O., S.199f; m.w.N. Geiger, Grundgesetz und Völkerrecht, a.a.O.,Para.32, V 2, S.180f.

36 これについては、参照、Mosler, Das Völkerrecht in der Praxiz der deutschen Gerichte, a.a.O.,S.29f.; Geiger, Grundgesetz und Völkerrecht, a.a.O., Para.22,Ⅲ, S.111f. Para.32,V, S.180f.

37 これについては、参照、R.Bernhardt, Die Auslegung völkerrechtlicher Vertäge, a.a. O., S.69f.

38 これについては、参照、R.Bernhardt,a.a.O.,S.69,81ff. m.w.N.

39 そのような解釈の一致は、基本的には、締約国間での付属文書か、新しい条約によってなされる。そのような場合に、もともとの条約を、（部分的に）改正することが問題

になる場合には、基本法59条2項の意味での新しい受け入れ行為（法適用命令）が必要となる。この点については、参照、Geiger,Grundgesetz undVölkerrcht,a.a.O., Para.32, V 3,S.181.
40 これについては、参照、R, Bernhardt, Die Auslegung völkerrechtlicher Vertäge, 1963, S.126ff.; W.Karl, Vertrag und spätere Praxis im Völkerrecht, 1983.
41 これについては、参照、A.Rest, Interpretation von Rechtsbegriffen in internationalen Verträgen, 1971, S.22ff.; Masing, a.a.O., S.74, m.w.N.
42 これについては、たとえば、グアンタナモ収容所での取り扱いの事例を参照、US Supreme Court, Urteil vom 12.6.2008, (Boumediene v. George W.Bush, in; 〈 http://supremecoutus.gov/opinins.html 〉; EuGRZ 2008, S.505ff.
43 これについては、参照、BVerwG,Urteil vom 21.6.2005,BVerwG 2 WD 12.04, (イラク戦争中における連邦将校の兵役拒否)、BVerwGE 127, 302= NJW 2006,77,= EuGRZ 2005, 636; Urteil vom 22,8.2007 - BverwG2 WD 27.06(ヨーロッパ軍事作戦ARTEMISの枠内での介入)
44 軍人苦情の要件と、その裁判所による審査については、軍人懲戒法17条、21条、22条。BVerwG, Beschluss vom 27.11.2007,; BVerwG 1 WB 58.06 (ジュネーブ第1条約40条違反を理由にして主張された訴願)
45 これらについては参照、Bertuleit/Herksfröter, Rn. 30ff zu Para.240 StGB, in: Ridder/Breitbach/Rühl/Steinmeier（Hrsg.）. Versammlungsrecht. Kommentar. 1992, S. 814ff; Deiseroth, Demonstrationsfreiheit und Militär, in; ebd., S.905ff.
46 参照、BVerfG,Beschluss vom 26.10.2004, 2 BvR 955/00 u.a.
47 参照、BVerwG. Beschluss vom 20.1.2009- BVerwG 4 B 45-08,すでに同旨のもの、BVerwG, Urteil vom 24.7.2008, BVerwG 4 A 3001.07-juris
48 BVerfGE 112, 1, 27
49 参照、BVerwG,Urteil vom 24.7.2008, BVerwG 4A 3001.07、ハレ／ライプツィヒ空港へ向かった軍事的な夜間飛行に関するもの。Beschluss vom 20.1.2009, BVerwG 4b 45.08 (アメリカの空港Ramstein)
50 LG Bonn, Urteil vom 10.12.2003, 10361/02, NJW 2004, 525,= JZ 2004, 572m. Anm. Dörr
51 OLG Köln, Urteil vom 28.7.2005, 7U8.04. NJW 2005, 2860
52 BGH. Urteil vom 2.11.2006, Ⅲ ZR 190/05. BGHZ 169, 348-364,= DÖV 2007, 429, これについては、さらに参照、Selbmann, NJ2007, 102.
53 これについては、参照、Selbmann, NJ2007, 102.
54 これについては、参照、Lothar Brock, Frieden durch Recht, Zur Transformation der Gewalt, in; von Trutz Trotha/Thomas Hoppe/Nobert Briekskorn/Lothar Brock, Globalisierung der Gewalt, Stuttgart, 2005, S.109ff.
55 ebd.,S.121

第4部

国連・自治体・NGO の提言

ヒロシマ・ナガサキ議定書
2020年までの核兵器廃絶の実現に向けた核不拡散条約（NPT）の補足

核不拡散条約（NPT）締約国の同条約第6条に基づく核軍縮交渉義務の履行を促進するとともに、核兵器の使用と威嚇の違法性を示した1996年の国際司法裁判所の勧告的意見に基づく全ての国の核軍縮義務の履行を促進するため、全ての局面で核軍縮に取り組む包括的な方策の確立を希求し、

核兵器国が核兵器の取得禁止規定から免除されているという核不拡散条約の差別的性質を継続して認めることは、全ての局面で核軍縮を誠実に追求することと相容れないということを考慮し、

1995年の核不拡散条約再検討会議の「核不拡散と核軍縮のための原則と目標に関する決定」のとおり、全ての核兵器を廃絶することで国際法下の真の平等の回復を図らねばならない点を鑑み、

第1条　本議定書を締約する核兵器国は、以下の行為を直ちに停止する。
（1）核不拡散条約の下で非核兵器国が禁止されている核兵器取得に繋がる活動全般
（2）核兵器を自国の軍事政策及びその実践に組み入れる活動全般

当該国は合わせて、全ての核兵器及び兵器に利用可能な核分裂性物質を出来るだけ早期に安全な保管場所に厳重に保管するものとする。

　2　本議定書のその他全ての締約国のうち、兵器に利用可能な核分裂性物質を保有する国は、その状況により、本条第1項が核兵器国に対して定めるのと同様の措置をとる。

第2条　本議定書の締約国は、全ての局面での核軍縮に向け、以下の主要な二つの分野について誠実な交渉を行う。
　　第一分野　本議定書第1条（1）及び（2）による措置を標準化し法制化

すること。

　第二分野　以下の事項に取り組むこと。
　（1）全ての核兵器の廃絶及び搬送車両、発射台、指令管理システム等の関連配備システムの廃止
　（2）生産・試験施設を含む核兵器システムの取得に関わる全ての基盤施設の廃止及び兵器に利用可能な核分裂性物質の全ての在庫の廃棄
　2　本条第1項による交渉は、核兵器協定または同様の枠組み合意の設置を目的とする。全ての締約国は、直ちに交渉を開始し、当該目的を達成するまで間断なく交渉を継続しなければならない。なお、交渉終了までの間、当該交渉のための事務局を設置するものとする。
　3　本条第1項に規定する第一分野に関する措置については2015年までに、また第二分野に関する措置については2020年までにそれぞれ合意と実施がなされるよう、あらゆる誠実な努力を行うものとする。
　4　核兵器協定又は枠組み合意が定める、若しくは見込む措置全般は、厳格かつ有効な国際的統制を受けるものとし、また核兵器廃絶が達成された場合にこれを確実に永続できる国際的な機関の設立に備えるものとする。

第3条　本議定書のいかなる規定も、本議定書第2条第4項に規定する国際的機関の設立と運営に向けた協力義務を含む核不拡散条約締約国の核不拡散に向けた義務を軽減するものではない。

　　　　　出典〈http://www.mayorsforpeace.org/jp/giteisho_pack.pdf〉
　　　　　原文は英語、平和市長会議による仮訳

　編者註　平和市長会議（Mayors for Piace）は、1982年の第2回国連軍縮特別総会に荒木武ヒロシマ市長が提唱した「核兵器廃絶に向けての年連携推進計画」に賛同する都市によって構成され、2010年2月1日現在134カ国3562都市が参加している。同会議が2008年に発表した「ヒロシマ・ナガサキ議定書」は、NPTを補完し、2020年までに核廃絶をめざす道筋を示すもので、2010年NPT再検討会議での採択を目標とする。

国際連合と核兵器のない世界における安全保障
東西研究所における講演

パン・ギムン国際連合事務総長
2008 年 10 月 24 日、ニューヨーク

　東西研究所（East-West Institute）の会長であり最高経営責任者（CEO）であるジョン・エドウィン・ムローズ氏（John Edwin Mroz）、東西研究所理事長（Chairman of the Board of Directors）であるジョージ・ラッセル氏（George Russell）、キッシンジャー博士、エルバラダイ博士、デュアルテ氏、

　みなさまを国際連合にお迎えするのは大いなる喜びです。私は、大量破壊兵器と軍縮についてのこの行事を開催・調整していただいた、東西研究所ならびに同研究所と提携する非政府諸団体に対して敬意を表します。

　これは、国際の平和と安全に対するもっとも重大な挑戦課題のひとつです。それゆえ、私は、コンセンサス形成のための東西研究所による適時かつ重要な新たな地球規模での構想について同研究所に対して謝意を表します。ジョージ・ラッセルとマルティ・アハティサーリの指導の下、東西研究所は、私たち一人ひとりが物事を再び動かすためにわれらの国際安全保障上の優先順位について考え直すよう、挑戦し続けています。ご承知のように、そしてわれらも知るように、必要なのは、明確な行動であり、単なる言葉ではありません。みなさまのスローガンが適切に述べるように、みなさまは「行動するシンクタンク」（think and do tank）であります。

　国連事務総長としての私の優先課題のひとつは、地球規模の善あるいは財（global goods）を促進し、国境を越える難題への対応を促進することです。核兵器のない世界は、優先順位のトップに挙げられる地球公共財（a global public good）であり、今日の私の話の焦点もそこにあります。私は主に核兵器について話します。なぜならば核兵器は比類なく危険なものであり、かつそれらを非合法化するいかなる条約も存在しないからです。しかし、私たちはあらゆる大量破壊兵器のない世界に向けてもまた努力してい

かなければなりません。

　この問題についての私の関心には、私個人の経験に由来する面もあります。私は韓国出身であり、私の本国は通常戦争の惨害を被り、核兵器その他の大量破壊兵器の脅威に直面してきました。しかし、もちろん、この脅威は私の本国に限ったものではありません。

　今日、その無差別的効果、環境への影響、さらに地域的および地球規模での安全に対する深刻な影響から、核兵器は二度と使われてはならないという考え方が世界中で支持されています。これを核の「タブー」と呼ぶ人々もいます。

　それでもなお、核軍縮は、願望に留まっており、現実にはなっていません。このため、私たちは、核兵器の使用についてのタブーだけで十分なのかと問わざるを得ません。

　この分野において重要な決定を行うのは国家です。しかし、国連も重要な役割を担っています。私たち〔国連〕は、諸国がその共通の利益を守るための規範に合意できるような中心的なフォーラムを提供しています。また合意された目標を追求するために、分析し、啓発し、そして提唱しています。

　さらに、国連は全面完全軍縮を長きにわたって追求してきており、これは国連の存在そのものの一部となっています。軍縮と軍備規制は国連憲章でも謳われています。国連総会が1946年にロンドンで採択したまず最初の決議は、「大量破壊に応用される兵器」の廃絶を求めるものでした。歴代事務総長はこれらの目標を支持してきました。これらの目標は何百もの国連総会決議の主題となり、全加盟国が繰り返し支持を表明してきました。

　その理由は明白です。核兵器は恐ろしい影響を無差別に生みだします。使用されずとも大きな危険をもたらします。事故はいつでも起こりえます。核兵器の製造は公衆衛生や環境に害を及ぼしうるのです。そしてもちろん、テロリストが核兵器や核物質を入手する可能性もあるのです。

　ほとんどの国家は核オプションの放棄を選択し、核不拡散条約上の約束を遵守してきました。しかしこのような兵器の保有をステータス・シンボルと見なしている国もあります。また、核兵器には核攻撃に対する究極的な抑止効果があると考えている国もあり、これが推計2万6000発が未だ

に存在する理由となっています。

　残念なことに、核抑止ドクトリンは伝染性をもつことが明らかとなっています。これによって不拡散はいっそう困難となり、それゆえに、核兵器が使用される新たな可能性を生んでいるのです。世界は朝鮮民主主義人民共和国やイランの核活動に引き続き懸念を抱いています。これらの懸念に対話を通じた平和的手段で対処しようとする努力には広範な支持があります。

　「核のルネサンス」がまもなく起ころうとしていることにも懸念があります。気候変動と闘う努力を強化していく時にあたり、核エネルギーはクリーンでかつ環境への排出のない代替策と見なされています。心配されるのは、このことが、拡散やテロの脅威から防護しなければならない核物質の生産と使用の増大につながることなのです。

みなさま、

　軍縮への障害を乗り越えることは容易ではありません。しかし、そうしないことがもたらす損失やリスクにはまともな注意が向けられていません。巨額の軍事予算によって多くの機会が失われていることを考えていただきたい。軍事的優位の飽くなき追求によって消費される膨大な資源を考えていただきたいのです。

　ストックホルム国際平和研究所によれば、昨年の地球全体の軍事費は1兆3000億ドルを超えています。10年前、ブルッキングス研究所は、米国1カ国だけで、今後の清浄化の費用も含めて要する核兵器全体の費用は5兆8000億ドルを越えるとの試算結果を公表しました。どう定義しようと、これは財政的・技術的資源の膨大な投資となります。そして、別の多大な生産的な利用ができるはずのものなのです。

　このようなコストと核兵器固有の危険性に対する懸念は、核軍縮の大義に新たな息吹を吹き込もうという思考を世界中で生み出してきました。そのなかには、ハンス・ブリクス氏が率いた大量破壊兵器委員会、新アジェンダ連合、そしてノルウェーによる7カ国イニシアチブがあります。オーストラリアと日本は核不拡散および核軍縮に関する国際委員会を立ち上げたところです。市民社会のグループや核兵器国も提案を行っています。

またフーバー・プランもあります。本日この場に、こうした努力を主導する方々にご出席いただいたことを喜ばしく思います。キッシンジャー博士、カンペルマン氏、あなた方のこれまでのご尽力と偉大な叡智に感謝申し上げたいと存じます。

これらのイニシアチブにはいっそうの支持が与えられるべきです。世界が経済や環境の分野で危機に直面するにしたがい、この惑星の脆弱性や、地球的課題に対する地球規模での解決策の必要性に対する認識が高まってきています。こうした意識の変化もまた、私たちが国際的な軍縮の課題を活性化させる助けとなるでしょう。

こうした精神にたって、ここで5つの提案をします。

第1に、私は、すべてのNPT当事国、とくに核兵器国に対して、核軍縮に導く効果的な措置に関する交渉を遂行するという同条約上の各国の義務を履行するよう要請します。

各国は、相互に強化しあう別個の文書からなる枠組みに関する合意によってこの目標を追求することもできます。あるいは、長らく国連で提案されてきた、強力な検証システムにより裏づけられた核兵器条約の交渉を審議することもできます。コスタリカとマレーシアの要請に基づき、私はすべての国連加盟国に対してこのような条約の草案を配付しています。これは、良い出発点となるものです。

核保有国は他の諸国とともに、唯一の多国間軍縮交渉機関であるジュネーブ軍縮会議においてこの問題に積極的に携わるべきである。世界もまた、米国とロシアによる、大幅かつ検証可能な形での各自の軍備の削減を目標とする2国間交渉の再開を歓迎することでしょう。

各国政府はまた、検証に関する研究と開発にさらに投資すべきです。検証に関する核兵器国会議を開催するという英国の提案は、正しい方向に向かう具体的な一歩です。

第2に、安保理常任理事国は、核軍縮プロセスにおける安全保障問題に関する討議を、おそらくは軍事参謀委員会において開始すべきです。これらの国々は、非核兵器国に対し、核兵器の使用または使用の威嚇の対象としないことを明確に保証することができます。安保理はまた、核軍縮に関する首脳会合を召集することもできるでしょう。非NPT国は自国の核兵

器能力を凍結し、自国の核軍縮を約束すべきです。

　私の 3 番目の提案は、「法の支配」に関するものです。核実験と核分裂性物質の生産に関しては、一方的モラトリアムしかこれまで存在していません。私たちには、CTBT を発効させ、ジュネーブ軍縮会議における核分裂性物質生産禁止条約の交渉を即時、無条件に開始するための新たな努力が必要です。私は、中央アジアとアフリカの非核兵器地帯条約の発効を支持します。核兵器国が、非核兵器地帯条約のすべての議定書を批准することを奨励します。また、非核兵器地帯を中東に設置するための努力を強く支持します。さらに、すべての NPT 当事国に対し、IAEA との保障措置協定を締結するよう、また、追加議定書の下で強化された保障措置を自発的に受け入れるよう要請します。核燃料サイクルが、エネルギー問題や不拡散問題に留まらないことをわれわれは忘れてはなりません。その行方は、軍縮の展望を決めるものとなるでしょう。

　私の 4 つ目の提案は、説明責任と透明性に関するものです。核兵器国はこの目標追求において自国が何を行っているかについて説明文書をしばしば配布していますが、そうした報告が一般の目に触れることはほとんどありません。私は、核兵器国に対して、それらの資料を国連事務局に送付するよう求めるとともに、より広く普及させることを奨励します。核保有国は、核軍備の規模、核分裂性物質の備蓄量、特定の軍縮措置の達成について、公開している情報量を増やすこともできるはずです。核兵器の総数について公認された見積もりが存在しないという事実は、さらなる透明性が必要であることを示しています。

　最後に、5 番目として、多くの補完的措置が必要です。そうした措置には、他の種類の大量破壊兵器の廃絶、大量破壊兵器テロを防止する新たな努力、通常兵器の生産と取引の制限、ミサイルや宇宙兵器を含む新型兵器の禁止などが含まれます。国連総会が、ブリクス委員会の提言、すなわち「大量破壊兵器の軍縮、不拡散およびテロリストによる使用に関する世界サミット」の開催問題を取り上げることもできるでしょう。

　大量破壊兵器テロの問題の解決を疑問視する向きもあります。しかし、軍縮において現実的かつ検証可能な前進が図られれば、こうした脅威を根絶する能力も飛躍的に高まるでしょう。特定の種類の兵器についてその保

有そのものを禁止する、基本的かつ地球規模でのタブーが存在すれば、それに関する管理の強化を各国政府に奨励することも格段に容易になることでしょう。世界でもっとも恐ろしい兵器とその構成要素を漸進的に廃絶してゆけば、大量破壊兵器を使ったテロ攻撃の実行は困難になるでしょう。さらに、私たちの努力を、テロの脅威を増大させる社会的、経済的、文化的および政治的条件にも向けてゆけば、さらに望ましいことでしょう。

みなさま

　1961年、ケネディ大統領は国連においてこう述べました。「恐怖に対して休戦を呼びかけよう。平和の祝福を求めよう。そして平和を維持する国際の能力を構築して、戦争を遂行する国家の能力を共に解体しようではありませんか」と。

　世界平和の鍵は常に私たち集団の手に委ねられてきました。この鍵は、国連憲章に、そして政治的意思を求める私たちの無限の能力の中に見出されるのです。今日私が示した提案は、軍縮についてだけではなく、国際の平和と安全という私たちのシステムの強化についての新たな出発を求めるものです。

　私たちは、ここに集まった方々がこの偉大なる大義に対してなしてこられた貢献に感謝しなければなりません。軍縮が進むとき、世界は進歩します。だからこそ、国連に対するかくも強力な支持となってきたのです。そして、それゆえに、これからのこの重要な作業に対する私の全面的な支援にご期待いただけると思うのです。

　ご支援に対し心から感謝申し上げます。

　　　出典　UN News Centre, available at
　　〈 http://www.un.org/apps/news/infocus/sgspeeches/search_full.asp?statID=351 〉

　訳者註　訳出に際して、「核兵器・核実験モニター」第315・6合併号（2008年11月15日）に掲載されたピースデポによる抜粋訳を参照した。

国際反核法律家協会総会で採択された決議

2009 年 6 月 26 日、ベルリン

　国際反核法律家協会（IALANA）は、核兵器のない世界の将来像に賛意を表する多数の国家や政治領域から発せられた、いまなお増大してやまない合唱とも言うべき見解表明を喜んで受け止めている。しかし将来像は政策とはいえない。包括的核実験禁止条約 (CTBT)の批准、兵器用核分裂性物質生産禁止条約（FMCT）の締結および戦略兵器削減条約（START）の更新は正しい方向にすすむ諸措置ではあるが、しかし核兵器のない世界の将来像を現実にするには、よりいっそうの措置が必要である。

　核兵器のない世界は、全体的かつ恒久的な核兵器撤廃を達成する条約の締結を必要としている。

　IALANA が希望するのは、2010 年核不拡散条約（NPT）再検討会議から、このような条約の締結に向けた速やかな交渉開始を要求する声が起きることである。2010 年再検討会議がこうした要求をしない場合には、IALANA は国際司法裁判所（ICJ）にたいして、全面的核軍縮の義務を誠実に遵守する時間枠組みを設定する勧告的意見を出すよう要求する運動を起こす用意がある。この核軍縮義務は、NPT の第 6 条および 1996 年 7 月 6 日の ICJ の勧告的意見によって要請されている。時間こそ緊要なのだ。1996 年の勧告的意見で述べられているように、この核軍縮義務は、厳重かつ効果的な国際管理の下におけるあらゆる点での核軍縮に導く交渉を誠実に遂行し、かつ完結させる義務である。（註省略）

　　出典　Ialana News No.2, July 2009.
　　〈 Http://lcnp.org/pubs/IALANA2009/IALANA%20News%20July%202009.pdf 〉

国連 DPI/NGO メキシコ会議の提言

メキシコ国連常駐代表部発安全保障理事会議長あて2009年9月18日付書簡

　本使は、2009 年 9 月 11 日に第 62 回年次 DPI/NGO 会議で採択された NGO 宣言「平和と発展のための軍縮を」(別添参照)に言及する光栄を有します。御如才なきことながら、メキシコは本会議を開催しており、本国政府は、前記文書が今月における安全保障理事会の作業に対して有する重要性に照らして、同文書について安全保障理事会の注意を促すべく関与することを約束しました。
　本使は、貴議長が、本書簡および別添資料を安全保障理事会の文書として配布されれば幸いであります。

　　　　　　　　　　(署名) クロード・ヘラー (Claude Heller)
　　　　　　　　　　常駐代表部大使

メキシコ国連常駐代表部発安全保障理事会議長あて2009年9月18日付書簡の別添

NGO 宣言——平和と発展のための軍縮を
第 62 回年次 DPI/NGO 会議[1]

　われら 55 以上の国の 340 を超える非政府組織 (NGO) を代表する 1300 名の参加者は、

はじめに

　国際連合憲章に雄弁に述べられているように、戦争の惨害から将来の世代を救い、社会的進歩と生活水準の向上とを促進することを決意して、

毎日 1000 人が小型武器で殺害され、3000 人以上が深刻な傷害を負っていることを警告し、

暴力の文化を平和の文化に転換するための 50 項目の提案である、21 世紀に向けての平和と正義のためのハーグ・アジェンダ（A/54/98, annex）に啓発され、かつ戦争の放棄を約束し、

2008 年 10 月 24 日の国連事務総長による核軍縮のための 5 項目提案に導かれ、

平和と安全に至る鍵として文化的、宗教的および人種的多様性を促進することを約束し、

安全、平和、軍縮、人権、社会的性差の平等および発展は、国内、地域および地球規模の諸次元で緊密かつ相互に結びついていることを認識し、

これらすべての分野における進展はミレニアム開発目標の達成に不可欠であり、この進展はまた、今年の本会合を気候変動と人権に関する最近の国連広報局・NGO 諸会合と結び付けていることを認識し、

2009 年 9 月 9 日から 11 日までメキシコ・シティーにおける第 62 回年次 DPI/NGO 会議で会合し、

次の行動を要請する。

政府および国際組織に対して

核軍縮
1. 2010 年核兵器の不拡散に関する条約（NPT）再検討会議において、核兵器のない世界を達成することに対する、および同時に核兵器の拡散を防止することに対する約束[2]を再確認しかつ強化すること。
2. 合意された時間枠内で地球規模で核兵器を禁止しかつ廃絶する条約に関する交渉を迅速に開始すること。
3. 包括的核実験禁止条約をさらなる遅滞なくかつ無条件に発効させるために必要な署名および批准を獲得すること。
4. 兵器用核分裂性物質の生産を禁止する条約に関する交渉を完結させること、すべての兵器利用可能物質を保障措置の下に置くこと、および現存する貯蔵の削減を涵養すること。
5. 現行の非核兵器地帯を強化すること、かかる地帯の加盟国間の協力を

促進すること、および近い将来における地球規模での非核兵器地帯を実現するという目標をもって新しい地帯を創設すること。
6. 2009年9月24日の安全保障理事会首脳会合において、国際連合憲章が規定する軍縮のための計画を提案することを決定すること、ならびに安全保障理事会の代表性および責任能力を高め、これにより軍縮義務および不拡散義務の違反に対応する能力を高めるために同理事会を改良することを決定すること。
7. 10月27日を核兵器のない世界のための年次国際デーとして宣言すること。
8. 国際司法裁判所に対して、核軍縮の「誠実な」交渉というNPT第6条の義務に従った行動の要件について新しい勧告的意見を出すよう要請すること。
9. 新しい国際再生可能エネルギー機関に参加しおよび同機関を支持すること、ならびに原子力および化石燃料を漸次廃止し環境上持続可能なエネルギー源に有利なエネルギー投資選択を行なうこと。

小型武器および他の通常兵器の軍縮

10. 武器、とくに小型武器の軍による使用および取引と法執行における使用および取引とを規制すること、および制限すること。
11. 小型武器の売買、所有および使用に対する政府による厳格な許可、登録および規制を通じて文民たる住民における小型武器の拡散を防止すること。
12. 通常の兵器に関する地球規模での国際取引を規制する強力でかつ効果的な武器貿易条約を支持すること。また、効果的な条約とは、国際的な武器の移譲に国際人権法および国際人道法を含む国際法に違反する重大な危険性が伴う場合には、この移譲を禁止するものでなければならない。
13. 南部アフリカ開発共同体地域における火器、弾薬および他の関連物質の管理に関する議定書、ならびに小型武器に関する行動計画を実施し、ならびに国連軍備登録制度を強化すること。
14. 国内での暴力に関する法令と、暴力を小型武器を用いて防止するための法令とを調和させること。

15. 対人地雷禁止条約およびクラスター弾禁止条約に対する普遍的な参加と同諸条約の実施を達成すること。
16. 人口の集中している地域における爆発性のある武器の使用の禁止を確立すること。
17. 長年にわたる国連の目標である全面的かつ完全な軍縮に従った、主要な通常兵器（戦車、火砲、航空機等）の軍縮を約束すること。

一般事項

18. 武器に対する支出を、より生産的かつ社会的責任のある他の選択肢であって、世界における貧富の格差を縮減しかつ安全を高めることに役立つものに振り替えること。
19. 第4回国連軍縮特別総会を開催すること。
20. 2010年から2020年までの「軍縮のための国際の10年」を宣言すること。
21. 宇宙空間におけるいかなる兵器の配備もその使用も防止する条約に関する交渉を開始すること。
22. すべての国が宇宙物体発射能力を利用できる世界宇宙発射機関を設立すること。
23. ミサイルおよび対ミサイルシステムに関する地球規模の条約に関する交渉を開始すること。
24. 生物兵器禁止条約のための検証体制を確立すること、ならびに生物兵器禁止条約および化学兵器禁止条約への普遍的な参加と同諸条約の実施を達成すること。
25. 軍縮と発展に関連する技術評価のための世界機関を設立すること。
26. 地球規模での経済危機に対応して、雇用の拡大に対して、ならびに若者、女性、子どもおよび先住民等の弱者集団に対して特別の考慮を払うこと。
27. 2015年に向けての武器を用いた暴力の予防および削減に関する高い次元での目標であって、ミレニアム開発目標のあり得べきフォローアップに安全保障関連テーマを統合する機会を提供する目標を発展させることを促進すること。

28. 安全保障理事会決議 1324 (2000 年) を完全に実施すること、ならびに、とくに、紛争予防、紛争管理および紛争解決に関する意思決定のあらゆるレベルにおいて女性が代表されることを確保すること。
29. 武力紛争における性的暴力を防止する安全保障理事会決議 1820 (2008 年) を完全に実施すること。

事務総長を経由して国連システムに対して

1. 兵器のあらゆる取り引きおよび使用を監視しおよびこれについて報告するために、国連通常兵器登録制度を市民社会諸組織と国連諸機関とを結びつける真に地球規模の監視制度とすること。
2. 国際連合の平和および軍縮の諸フォーラムに開発途上国および後開発途上国の市民社会諸組織のよりいっそうの参加を奨励し、同諸組織の見解を議論に含めること。
3. 平和教育、暴力の防止、紛争解決および発展を促進するための鍵となる要素として戦略的グローバル・ネットワークからの新たなパートナーを含めること。

NGOおよび市民社会に対して

1. 平和、安全保障、軍縮および発展を促進する国際的 NGO のネットワークに参加し、これを発展させること、ならびにこの会議に基づき設置される分野を横断する諸フォーラムを支持すること。
2. パートナーシップ、情報交換および資金調達を通じて、南側の市民社会諸組織の能力を強化すること。
3. 武器による不安定さがもたらす発展への影響に関する調査研究に焦点を当てること、および軍縮における最良の実践方法を発展させること。
4. 平和、紛争解決、人権（市民的、政治的、経済的、社会的、文化的および環境上の人権）および社会的性差の平等のための教育を平和で改善された人間社会に不可欠なものとして促進すること。

結　論

この宣言の目的は単純である。その目標は、生命を守り傷害を減らし、そして核兵器については、文明の破壊を防止することである。平和と安全という利益は、武器取引による短期的利益がいかに約束されようとも、これにはるかにまさるものである。

　われらは、すべての人民、組織および政府に対して、共同体の次元での平和と軍縮を促進しており、かつわれらの国際的運動の根拠となっている世界中の何千ものNGOおよび市民社会諸組織による努力を承認しかつ促進することを要請する。

　われらは、ラテンアメリカでのこのわれわれの初めての会合におけるメキシコの人民及び政府による温かくかつ友好的な歓迎に感謝する。

　　出典　U.N.Doc. S/2009/477

　訳者註1　現在、国連の関心事項に関して強力な広報プログラムを展開する1664のNGOが、国連広報局（DPI）と提携関係を結んでいる。年次DPI/NGO会議は、国連本部広報局のNGO課が、DPI/NGO執行委員会（メンバーはDPIと提携するNGOにより選出される）と協力して、開催・調整を行っている。この国際的フォーラムでは、国連システムの職員、著名な国際NGO、学識経験者、世論の指導者および国際メディアが一堂に会し、地球的な関心事項を話し合う。

　訳者註2　1995年のNPT延長・再検討会議においては、「核不拡散と核軍縮のための原則と目標」と題する決定が採択され、2000年の再検討会議においては、「核軍備の全面的廃絶を達成するという核兵器国による明確な約束」を含む、13項目の実際的措置について合意がなされている。

決議 1887（2009）
2009 年 9 月 24 日、安全保障理事会第 6191 回会合にて採択

安全保障理事会は

国際的な安定を推進する方法において、またすべての国の安全が損なわれないことの原則に基づいて、核兵器の不拡散に関する条約（NPT）の目標に従い、すべての国のためのより安全な世界を追求しまた核兵器のない世界の状況を生み出すことを決定し*1、

軍備管理および軍縮に関連する義務を遂行し、すべての大量破壊兵器のあらゆる分野における拡散を予防するすべての加盟国の必要性を含む、1992 年 1 月 31 日の国家および政府元首レベルの安保理会合において採択された議長声明（S/23500）を再確認し、

上述の声明（S/23500）が、地域および地球規模の安定の維持を脅かしまたは妨害するこの文脈におけるいかなる問題についても憲章に従い平和的に解決するすべての加盟国の必要性を強調していることをも想起し、

大量破壊兵器の拡散、およびその輸送の手段が、国際の平和と安全の脅威を構成することを再確認し、

軍縮、軍備管理および不拡散の分野における国際連合の他の機関および関連する国際機構、ならびに軍縮会議の責任を念頭に置き、またそれらが自らの正当な役割を果たし続けることを支援し、

NPT が核不拡散体制のかなめでありまた核軍縮の遂行および核エネルギーの平和利用の不可欠な基礎であり続けることを強調し、

NPT への断固とした公約および国際的な核不拡散体制がその効果的な履行を確実とするために維持され強化されるとの確信を再確認し、この点に関し、1995 年および 2000 年の最終文書を含む、過去の NPT 再検討会議の成果を想起し、

地球規模の安全保障を強化するために、軍縮のあらゆる分野に関するさらなる進展を呼びかけ、

2008年11月19日に開催された安保理会合で採択された議長声明を想起し（S/PRST/2008/43）、

核兵器計画を廃棄しまたは核兵器の保有を放棄した、これら非核兵器国の決定を歓迎し、

核兵器国によって行われまた達成された核兵器削減および軍縮の取り組みを歓迎し、NPT第6条に従い、核軍縮の範囲においてさらなる取り組みを行う必要性を強調し、

これとの関連で、2009年12月に失効する、戦略兵器削減および制限条約の後継となる新しい包括的な法的拘束力のある協定を締結する交渉を行うロシア連邦およびアメリカ合衆国の決定を歓迎し、

非核地帯条約を締結するために取られる措置を歓迎しまた支援し、また関係地域の国家間で自由に達せられる取極に基づき、また1999年国際連合軍縮委員会の指針に基づいた、国際的に認められた非核地帯の設立は、地球規模および地域の平和と安全を強化し、核不拡散体制を強化し、また核軍縮の目的の実現に向けて貢献するとの確信を再確認し、

この文脈において、2010年4月30日にニューヨークで開催される非核地帯を設立する諸条約の第二回当事国および署名国会合の開催の支援を留意し、

安保理決議825（1993）、1695（2006）、1718（2006）、および1874（2009）を再確認し、

安保理決議1696（2006）、1737（2006）、1747（2007）、1803（2008）、および1835（2008）を再確認し、

安全保障理事会によって採択されたすべてのその他関連不拡散決議を再確認し、

核によるテロリズムの脅威を深刻に懸念し、また核物質あるいは技術支援がテロリストに利用可能となることを防ぐ効果的な措置を取るすべての国家の必要性を認識し、

国際原子力機関（IAEA）と調整して、核エネルギーの平和利用に関する国際会議を開催するイニシアティブに関心を持って留意し、

核の安全保障に関する 2010 年地球規模サミットの開催への支援を表明し、

核物質の防護に関する条約および 2005 年の改正、ならびに核によるテロリズムの行為の防止に関する国際条約への支援を確認し、

核によるテロリズムと闘う地球規模のイニシアティブによってなされた進展、および G-8 グローバルパートナーシップを認識し、

NPT のすべての目的を推進する市民社会の貢献を留意し、

決議 1540（2004）およびその中に含まれる措置を完全に履行することがすべての国家にとって必要であることを再確認し、すべての加盟国ならびに国際的および地域的機構に対して、決議 1810（2008）において求められた包括的再検討におけるものを含み、同決議に従い設立された委員会と積極的に協力することを求め、

1. 不拡散の義務の不履行の状況は、その状況が国際の平和と安全に対する脅威を構成するかを決定する、安全保障理事会の注意を喚起することとなることを強調し、そのような脅威に対応する安全保障理事会の主要な責任を強調する。

2. NPT の当事国に対して、条約上のそのすべての義務を完全に履行しおよびその公約を実行することを求める。

3. 当事国による NPT の便益の享受は条約上の義務の履行によってのみ確保されることを留意する。

4. 早期に NPT の普遍性を達成するために、NPT の非当事国が非核兵器国として条約に加入すること、また同条約の加入まで、条文に従うこ

とを求める。

5. NPT 第 6 条に従い、同条約の当事国に対して、核軍備の削減および軍縮に関連する効果的な措置について、また厳格および効果的な国際的な管理の下で一般的および完全な軍縮に関する条約について誠実に交渉を行うことを求め*²、すべての他の国家に対してこの努力に参加することを求める。

6. 2010 年の NPT 再検討会議が同条約を成功裏に強化し、条約の三つの柱：不拡散、核エネルギーの平和利用、軍縮のすべてにおいて現実的および達成可能な目標を設定できるように、NPT のすべての当事国に対して、協力することを求める。

7. すべての国家に対して核爆発実験の実施を控え、包括的核実験条約（CTBT）が早期に発効するように、同条約に署名し批准することを求める。

8. 軍縮会議に対して、可及的速やかに、核兵器のための核分裂物資または他の核爆発装置の生産を禁止する条約を交渉することを求め、2009 年にコンセンサスによりその作業計画を軍縮会議が採択したことを歓迎し、すべての加盟国に対して実質的作業の早期開始に向けて同会議の指導に協力することを要請する。

9. NPT の非核兵器国当事国に対する核兵器の使用に反対する、安全保障上の確証を与えた決議 984（1995）において留意された、核兵器国 5 カ国それぞれによる声明を想起し、そのような安全保障上の確証は核不拡散体制を強化することを確認する。

10. 安全保障理事会が行勤してきた、不拡散体制に対する現在の主要な挑戦に特に懸念を表明し、関係当事国に対して関連の安全保障理事会決議の下の義務に完全に従うことを求め、これら問題に対して早期の交渉による解決を見出すように彼らに対する呼びかけを再確認する。

11. 拡散の危険性を減らし、また保障措置、安全保障および安全のための最高水準の国際的な基準を遵守する枠組において、この分野におけ

る自らの能力を維持しあるいは発展させることを模索する国家による核エネルギーの平和利用の発展を確実とする取り組みを奨励する。

12. NPT が第 4 条において、無差別にかつ第 1 条および第 2 条の規定に従って平和的目的のための原子力の研究、生産および利用を発展させることについての当事国の奪いえない権利を確認していることを強調し、この文脈において NPT 第 3 条および IAEA 憲章第 2 条を想起する。

13. 国家に対して、核燃料サイクルの関連する物質および技術の輸出に対してより厳格な国家管理を採用することを求める。

14. 核燃料および核燃料サービスの拡大されたニーズに対応し、また拡散の危険を最小化する効果的な手段として、核燃料の供給および関連する措置の確証を含む、核燃料サイクルへの多面的なアプローチに関する IAEA の作業を奨励し、IAEA 理事会に対して、可及的速やかにこの目的のための措置に同意することを促す。

15. IAEA の効果的な保障措置は、核拡散を防止し核エネルギーの平和利用の分野における協力を促す上で必要不可欠であることを確認し、またこの点に関して、

    a. 包括的な保障措置協定あるいは少量核物質に関する修正議定書を発効していないすべての NPT 非核国に対して、即座にそれを行うことを求める。

    b. 包括的な保障措置協定とともに、IAEA の保障措置制度の必要不可欠な要素を構成する追加議定書に署名し、批准し、履行することをすべての加盟国に求める。

    c. IAEA が申告された核物質および施設の使用、ならびに未申告の活動が行われていないことを検証するすべての必要な資源および権限を有し続けていることを確実とすることがすべての加盟国にとって、また適宜、安保理に対してしかるべく報告を行うことが IAEA にとって重要であることを強調する。

16. 国家が保障措置の義務を履行しているのか検証するために、IAEAに対して必要な協力を提供するように国家に奨励し、またこの目的のために、憲章の下の権威に合致して、IAEA の取り組みを支援する安全保障理事会の決意を確認する。

17. NPT の当事国が脱退の通知に対して集団的に対応する方式の確定についての NPT の再検討過程で行われている議論に留意しながら、NPT 第10条に従い国家によって行われた通知に記載された事態を含み、NPT からの国家の脱退通知に遅滞なく対応することを約束し、また、国際法の下で、NPT の脱退以前に行われた同条約違反に国家は責任を有し続けることを確認する。

18. 国家に対し、核輸出の条件として、受益国が、IAEA の保障措置協定を終了し、脱退し、あるいは不遵守が IAEA の理事会によって発見された場合には、供給国はその終了、不遵守または脱退以前に提供された核物質および施設、またそのような物質あるいは施設の使用を通じて生産されたいかなる特別な核物質の返還を要請する権利を有することに受益国が同意することを、輸出の条件として、求めることを奨励する。

19. 国家に対して、核輸出の決定を行う際に受益国がモデル追加議定書に基づいた追加議定書に署名し批准したのかを考慮することを奨励する。

20. 国家に対して、核輸出の条件として、受益国が IAEA の保障措置協定を終了する場合には、保障措置が、その終了以前に提供された核物質および装備に関して、またそのような物質あるいは装備の使用を通じて生産されたいかなる特別な核物質に対しても、継続し続けることに同意するように、要請することを促す。

21. 核物質の防護に関する条約および2005年の改正ならびに核によるテロリズムの行為の防止に関する国際条約の普遍的な遵守を求める。

22. 決議 1540（2004）に従って設立された安全保障理事会委員会によ

る自発的基金の設立の審議を含む、現存の基金メカニズムをより効果的に使用するための 2009 年 3 月の勧告を歓迎し、1540 委員会の活動に対する効果的および持続的な支援を確実とする加盟国による決議 1540（2004）の完全な履行を促進する公約を確認する。

23. 決議において定義されているような、非国家主体による大量破壊兵器、関連物質およびそれらの輸送の手段へのアクセス、あるいは支援および資金調達を予防する目的で、加盟国による決議 1540（2004）の完全な履行の必要性を再確認し、加盟国に対して、同決議に従い設立された委員会、および IAEA に、要請に応じて、決議 1540（2004）の規定の履行のための支援提供を含め、積極的に協力することを求め、この文脈においてその効果を増加させる目的で決議 1540（2004）の履行状況についての、来るべき包括的再検討を歓迎し、またすべての国家に対してこの再検討に積極的に参加することを求める。

24. 4 年以内にそのような危険からすべての脆弱な核燃料を守る目的で、安全基準および核安全保障上の実行を改善し、核によるテロリズムの危険を減らすための核の安全保障上の基準を上げるために、加盟国に対して、模範例を共有することを求める。

25. 研究用の原子炉および放射性同位体の生産過程を、低濃度のウラン燃料およびターゲット使用に転換する作業を含む、民用目的のための高度濃縮ウランの使用を技術的また経済的に実行可能であることを、責任を持って管理しまた最大限まで最小化するようにすべての国家に対して求める。

26. すべての国家に対して、その全領域において、核物質の不法な取引を発見し、阻止し、また中断する国家の能力を改善することを求め、この点に関して、そのようなことをする立場にある国家に対しては、その国際的なパートナーシップと能力構築を強化するために行動することを求める。

27. 不拡散の資金提供および輸送を防止し、輸出管理を強化し、問題物質を守り、また無形技術移転へのアクセスを制御するために、国家の

当局および立法機関に従い、また国際法に合致して、すべての適切な国内的措置を講じることをすべての国家に対して促す。

28. 決議 1540（2004）に定義されているように、非国家主体に対するあるいは非国家主体による、核兵器の拡散、その輸送手段あるいは関連物質に関わるあらゆる状況を密接に監視し、また適宜、国際の平和と安全の維持を確実とするために必要と思われる措置を取る決意を宣言する。

29. この問題に引き続き取り組むことを決定する。

出典 U.N.Doc. S/RES/1887(2009) 国連広報センター暫定訳

編者註1　前文第1段「核兵器のない世界の状況を生み出すことを決定し」について。原文は "Resolving ... to create the conditions for a world without nuclear weapons" であり、「核兵器のない世界のための条件を創出することを決意し」との訳が、より正確である。暫定訳の場合、安保理は核兵器のない世界という状況、つまり核兵器のない世界そのものを生み出すことを決定したとも解されるが、むしろ、核兵器のない世界実現のための前提となる条件の創出を決意したと解するのがより原文に忠実であろう。

編者註2　主文第5項「NPT第6条に従い、同条約の当事国に対して、核軍備の削減および軍縮に関連する効果的な措置について、また厳格および効果的な国際的な管理の下で一般的および完全な軍縮に関する条約について誠実に交渉を行うことを求め……」について。原文は "Calls upon the Parties to the NPT, pursuant to Article VI of the Treaty, to undertake to pursue negotiations in good faith on effective measures relating to nuclear arms reduction and disarmament, and on a Treaty on general and complete disarmament under strict and effective international control..." であり、NPT第6条に言及した条項であることから、同条公定訳を参照しつつ訳せば、「NPTの締約国に対して、同条約第6条に従い、核軍備の削減および軍縮に関する効果的な措置につき、ならびに厳重かつ効果的な国際管理の下における全面的かつ完全な軍備縮小に関する条約について、誠実に交渉を行なうことを求め」となる。

解題:核不拡散から核廃絶へ

軍縮義務の形成と展開
「誠実な核軍縮交渉」と「核兵器全廃条約」

山田 寿則

1　はじめに
2　国連憲章と軍縮義務
3　全面完全軍縮の議論と核不拡散条約
4　ICJ勧告的意見と核軍縮誠実交渉・完結義務
5　核兵器全廃条約の主張と核軍縮義務の展開
6　おわりに

1. はじめに

　核兵器のない世界の実現を追求するにあたり、核軍縮につき誠実に交渉を行う義務はきわめて重要な地位を占める。核不拡散条約（NPT）第6条に規定されているこの義務は、NPT 締約国が 190 を数え、きわめて普遍化するに至った今日、国際社会において核兵器のない世界実現のための唯一の普遍的な法的基盤だといえる[1]。また、同条は、核軍縮だけでなく、全面完全軍縮に関する条約についても交渉対象としており、この義務は核軍縮のみならず広く軍縮一般に関わる義務として中心的な地位を占めている。

　だが、この義務は、交渉の遂行のみを義務づけており、これを超えて交渉の対象とすべき措置を具体的に規定してはいない[2]。そのため、1970 年

のNPT発効以来40年を経た今日においても、核兵器のない世界はなお遠い将来のこととして語られている[3]。

他方、この義務は単なる交渉の義務ではなく、特定の具体的な行動を要求している義務であるとの主張がある。本書第2部および第3部所収の各論考は、この義務につき検討し、この義務が単なる「交渉義務」にとどまらないことを論じる。とくに、その中心となるのは、モハメド・ベジャウィによる論考である。ベジャウィは1996年に国際司法裁判所（ICJ）が核兵器勧告的意見を出した際の所長であり、ICJ退任後、ハーグ国際法アカデミーにおいて核兵器問題を含む国際法一般について講義を行った[4]。本書所収の彼の論考はこれを基礎としている。

また、このように核軍縮義務は単なる交渉義務を超える行動の義務（実施・方法の義務）であることを基礎にして、核兵器の全面廃絶をもたらす「核兵器全廃条約」に至る交渉を行うべきであるとの主張もなされている。本書第1部の各論考は、この「核兵器全廃条約」に向けた交渉の開始を主張し、あるいはそこに含まれる論点を提起するものである。加えて、本書第2部の「法的覚書」はこの行動の義務が核兵器の全面的廃絶に導く交渉の遂行を要求していることを主張し、この問題について指針を得るべく、ICJによる勧告的意見を再び求めようとするものである。

本稿は以下のことを述べて「解題」としての任を果たしたい。まず、軍縮義務の形成過程に沿って、それぞれの時期において核軍縮義務がどのように理解され議論されてきたかを概観する。同時に、このように形成されてきた核軍縮義務について、本書所収の各論考がいかなる主張をし、その議論が従来の核軍縮義務の理解に対してどのような位置を占めているか、またそこで論じられる課題は何か、について検討する。さらに、このような核軍縮義務に基づき、「核兵器全廃条約」がどのように主張され、そこにどのような議論が生じているかをみることにする。

なお、「軍縮」概念は多義的であり、したがって、「核軍縮」の概念も多義的である[5]。本稿では、「核軍縮」の概念を広義に捉え、狭く核兵器を

撤廃しゼロにすることを意味する場合には「核廃絶」または「核兵器の廃絶」という用語を用いる。

2. 国連憲章と軍縮義務

国連憲章における軍縮義務は、それ以前の連盟規約と比較して明瞭ではなく、明示的軍縮義務は加盟国に課せられていない。

国際連盟規約では、「連盟国ハ、平和維持ノ為ニハ、其ノ軍備ヲ国ノ安全及国際義務ヲ共同動作ヲ以テスル強制ニ支障ナキ最低限度迄縮小スルノ必要アルコトヲ承認ス」（第8条1項）と、連盟国による軍縮であることを明示的に規定していた。連盟規約では、平和維持の方式として集団安全保障体制が不十分ながら採用されており、この制度を前提とし、この制度と両立する範囲ではあるが、連盟国に対して軍縮が要求されていたといえる。

これに対して、国連憲章では、総会および安全保障理事会の任務および権限として軍縮を進めることが規定されるにとどまっている（第11条1項、第26条）。これは、国際連盟と比べて、国際連合においては集団安全保障に、より重点が置かれたためである[6]。連盟規約第8条1項と比べると、憲章規定からすれば、国連加盟国に対してはいかなる軍縮義務も課せられてはいないともみられる[7]。

もっとも、この国連憲章上の加盟国の軍縮義務の存否については、ベジャウィは異なる見解を示す。彼は、国連憲章は加盟国に対して自衛権を損なうことなく軍縮の一般的義務を課しており、軍縮を集団安全保障の確保手段としているとみている[8]。このように、国連憲章それ自体においては、加盟国の軍縮義務の存否をめぐりなお議論が存在する。

国連憲章には核兵器と核軍縮への言及は一切ない。憲章採択の時点（1945年6月26日）では原子爆弾の存在とその脅威は一般には知られていなかった。だが、同年8月の広島・長崎への原爆投下をうけて、国連総会はその

最初の決議から、核軍縮の問題に取り組むこととなった。1946 年 1 月 24 日に採択された国連総会決議 1（Ⅰ）は、「原子エネルギーの発見により生じた問題を処理する委員会の設置」と題するものであり、この決議によって設置される委員会に対して、委任事項として、原子力の平和利用のための原子力管理、「原子力兵器および大量破壊に応用される他の主要兵器の国家の軍備からの撤廃（elimination）」および査察その他の手段による効果的な保障措置などについての提案を行うことを求めている[9]。

　この原子力委員会においては、米国がバルーク案を、ソ連がグロムイコ案を示して議論が行われたが、両者の妥協をはかることができず、同委員会は 1952 年 1 月に解散した。

　ここで注目しておきたいことは、米ソ両国はともに国連憲章の規定をはるかにこえて原子力兵器の撤廃にいたる提案を行っていることと、両者の不一致は主に軍縮の方法をめぐるものであり（米国は管理制度の確立の優先を主張し、ソ連は禁止の確立を優先させた）、原子力兵器の撤廃それ自体には反対していない点である。ベジャウィが指摘するように、国連総会ではその後も、核軍縮の必要性が繰り返し決議されており、この点から見るなら、核兵器の廃絶それじたいは国連創設当初から少なくとも究極的目標としては共有されていたとみることができる。ただ問題は、その実現方法であり、集団安全保障体制からくる軍備維持の必要性や自衛権の要請といった他の見過ごすことのできない要素に照らして、この実現方法と具体的措置をとる義務がどのように影響を受けているかが解明される必要がある。

3．全面完全軍縮の議論と核不拡散条約

　原子力委員会が挫折した後、核軍縮については 1952 年 1 月に安保理の下に設置された軍縮委員会において議論が継続された。しかし、ここでも実質的進展はみられなかった。

　1959 年末国連の内外で軍縮交渉再開の機運が高まった。同年 9 月 17 日、英国が核兵器の廃絶に向けた均衡のある段階制の原則などを内容とする包

括的軍縮案を国連で示し、翌 18 日には、ソ連が 4 カ年ですべての軍隊・軍備を廃止する軍縮計画を提案した。これらをうけて、同年 11 月 20 日国連総会は「全面的かつ完全な軍縮」と題する決議 1378（XIV）をコンセンサスで採択し、「全面完全軍縮の問題は今日世界が直面している最重要の問題であることを考慮し」、「効果的な国際管理の下における全面的かつ完全な軍縮という目標に導く措置が詳細に策定され、できるだけ短い期間で合意されるとの希望を表明」した。

1961 年 9 月 20 日には、米ソの間でいわゆるマックロイ・ゾーリン声明が出され、はじめて東西の両大国が軍縮問題で共通点を見出し、軍縮交渉の原則について合意にいたった。同年 12 月 20 日に採択された国連総会決議 1722（XVI）は、この共同声明を歓迎し、全面完全軍縮の交渉がこの原則に基づくべきことを勧告し、18 カ国軍縮委員会（ENDC）に対して、この原則に基づいて、効果的な国際管理の下における全面完全軍縮の合意に至ることを目的として交渉を行うことを勧告している。

この米ソの共同声明では、軍縮交渉の目標や全面完全軍縮の計画について一致をみた。核兵器をはじめとする貯蔵された大量破壊兵器の撤廃や生産の停止、運搬手段の撤廃のみならず、軍隊の解体を目的に掲げていた（第 3 項）。だが同時に、全面完全軍縮の措置は均衡のとれたものでなければならず、実施のどの段階でもいずれの国家（群）も軍事的優位を得てはならず、すべての国家に平等に安全が確保されるべきものとされた（第 5 項）[10]。ここには、核軍縮と通常兵器の軍縮（通常軍縮）との連関が示されており、通常軍縮の進展が核軍縮の条件となりうることに注目しておきたい。

その後、全面完全軍縮の問題は、ENDC および国連総会において議論されたが、具体的進展は見られなかった。全面完全軍縮は、国連にとっては実際的な政策目標というよりも努力し続ける究極的目標のままとなっている[11]。結局は、軍縮の議論は部分的軍縮措置の議論へと変化していった。

この部分的軍縮措置のひとつが核不拡散条約（NPT）である[12]。1957 年の国際原子力機関（IAEA）の設立に示されるように、1950 年代半ばから

原子力の平和利用の分野で国際協力が進み、これが核兵器の水平的拡散の問題を提起することとなった。1959年、アイルランドの提案に基づく国連総会決議1380（XIV）をひとつの契機として、核兵器の不拡散に関する条約作成の動きがはじまり、これが1968年6月12日の国連総会におけるNPTの採択へと結実した（署名開放は同年7月1日、発効は1970年3月5日）。

NPTは、核兵器国と非核兵器国とを区別し、後者による核兵器の取得を禁じている（第2条）。同時に、原子力の平和利用をすべての締約国の「奪い得ない権利」（第4条1項）と位置づけた上で、非核兵器国に対してIAEAの保障措置を受諾することを義務づけている（第3条）。他方、核兵器国に対しては、他者への核兵器の移譲と非核兵器国による核兵器等の取得を援助すること等を禁じている（第1条）。また、第6条においては、核軍縮交渉を「誠実に行なう」ことを義務づけている。

このNPT第6条は、核軍縮を進めるにあたり、きわめて重要な条文といえるが、核兵器国においては、同条が核廃絶を約束した条文とは必ずしも理解されておらず、これが、長らく論争の的となってきた。第1に、文言上「誠実に交渉を行なう」とのみ規定されている点、第2に、全面完全軍縮に言及している点、この2点が主な論拠となってきた。第1の点については、核兵器国は、交渉の合意にすぎず、これを越えるものではないと解してきた。これに対して、非核兵器国側はあくまでも核廃絶を約束したものとみている。第2の点については、全面完全軍縮の実現には通常兵器の軍縮も必要となるが、核兵器の廃絶が通常軍縮を条件とするならば、通常軍縮の進展の遅れが核軍縮の停滞を正当化する口実となる。核兵器国側は、全面的かつ完全な軍備縮小に関する条約交渉も同時に行うので、その文脈での核軍縮だと解してきた[13]。たとえば、本書シェファ論文で批判される、米国務省核不拡散問題特別代表のフォードは、NPT第6条について、全面軍縮に先行する核廃絶を禁じるものではなく、米国を含む多くの国はかかる措置を疑いなく歓迎するだろうが、核軍縮の先行を義務づけているわけではないと解釈している[14]。また、国連総会が示したNPT交渉の原則でも、核軍縮は全面完全軍縮と並ぶ形で言及されており、この原則

に立ち返ってもなお全面完全軍縮と核軍縮との関連性が議論されうることを見逃してはならないだろう（国連総会決議 2028（XX）2 項(c)）[15]。もっとも、この点についてはピーター・ワイスが、NPT 第 6 条における全面完全軍縮は核軍縮の先行条件ではないと論じている[16]。

他方で、このような解釈をめぐる対立を抱えつつ、NPT 第 6 条が米ソの 2 国間交渉を促す背景となってきたことも事実である[17]。実際、米ソ（ロ）間で結ばれた核軍備管理条約の多くは、NPT 第 6 条に言及している[18]。しかし、NPT 発効後 5 年ごとに開催される再検討会議では、このような核兵器国による NPT 第 6 条遵守の主張に対しては、非核兵器国からの批判がみられる[19]。第 6 条の義務の内容とその実施方法をめぐる対立は今日なお解消してはいない。

4. ICJ勧告的意見と核軍縮誠実交渉・完結義務

冷戦後、核軍縮義務は、国際司法裁判所（ICJ）の勧告的意見により、あらたな展開を見せる。1996 年、ICJ は、核兵器の使用・威嚇の合法性に関する勧告的意見において、核兵器の使用・威嚇の一般的違法性を認めたが、他方で、自衛の極端な状況における核使用・威嚇の法的地位については確定的には判断できないと述べた（105 項［主文］(2) E）。ICJ は、この不確定性がもつ国際法と国際秩序の安定性に対する悪影響を指摘し、これを救う方途として「以前から約束されている完全な核軍縮」を最適な手段として位置づけ、これに検討を加えている（98項）。その結果、ICJ は「厳重かつ効果的な国際管理の下におけるあらゆる点での核軍縮に導く交渉を誠実に遂行し、かつ完結させる義務が存在する」（105 項［主文］(2) F）と結論した。

この ICJ が示した核軍縮誠実交渉・完結義務は、NPT 第 6 条における核軍縮交渉の義務について従来一般になされてきた解釈と比べて、以下 3 点の特徴をもつ。①核軍縮交渉を誠実に行なうだけでなく、それを完結させることまでを義務とした点、②全面完全軍縮から独立した義務として提示

した点、そして、③ NPT 第 6 条の義務の解釈としてだけでなく、慣習法上の義務として言及しているとみられる点、である。以下、やや詳しく検討しよう。

まず、核軍縮交渉を誠実に遂行しかつ完結させる義務とした点である。前述のように NPT 第 6 条においては、核軍縮交渉を「誠実に行なう」ことが明示されているだけで、具体的な軍縮措置への言及がまったくなされていないために、同条の義務の内容が核廃絶を義務づけるものであるかについては解釈上の対立が存在した。ICJ は、核軍縮交渉を完結させる、すなわち核軍縮を達成することを明確に義務として定式化した。

問題は、かかる義務の認定が NPT 第 6 条の義務の解釈として妥当なものであるかどうかである。すでに見たように、従来、NPT 第 6 条は核軍縮交渉のみを義務づけているとの解釈を核兵器国側はとってきたし、わが国の学説においても、第 6 条は核軍縮義務を課すものではなく、法的義務の内容は交渉を行うことである[20]、あるいは、pacta de contrahendo、つまり「後の条約締結のために交渉を誠実にかつ成功を目ざして行なうべき合意」とみるものであって、条約を締結すべき義務ないし現在または将来の条約に加入すべき義務には至らず、それを交渉すべき義務にすぎない[21]、とされてきた。第 6 条の義務が完結義務を含むとするなら、米ロ英仏中の核兵器国は、核軍縮交渉を誠実に遂行し、これを完結させることを条約上義務づけられていることとなり、核兵器のない世界に向けての議論を大きく前進させる可能性がある。

次に、前記義務を全面完全軍縮の文脈から独立して位置づけた点についてである。ICJ は勧告的意見の主文（第 105 項）においては、この義務の存在を全面完全軍縮にまったく言及することなく認めており、このことからこの義務を全面完全軍縮から切り離して認定していることは多くの論者が指摘している[22]。また、「あらゆる点での」核軍縮にも言及しており、通常軍縮を前提条件とすることなく、核兵器の全面的廃絶を達成する義務が存在することを認定したとみることができる[23]。そうであるなら、通常軍縮の停滞は核軍縮措置を促進しない根拠として援用することができなくな

り、核軍縮を推進する立場からすれば望ましいものである。

最後に、核軍縮誠実交渉・完結義務の慣習法性である。ICJ は勧告的意見の本文においては、NPT 第 6 条の解釈として、この義務に言及した（99項）。だが主文（105 項）においては、義務の名宛人を NPT 締約国として特定することなく、単に義務が存在するとだけ述べている。また、本文においても、「国際社会のほぼ全体」や「すべての国」に言及している（100項）。これらのことから、ICJ は前記義務を慣習法上の義務として示しているとも解される。核軍縮誠実交渉・完結義務が慣習法上確立しているとすれば、インドやパキスタン、イスラエルなど NPT 非締約国にもこの義務は及ぶこととなり、国際社会全体の核軍縮を大きく推進する力となることが期待される。しかし、慣習法性をめぐっては判事の間でも見解は分かれており、学説上も慣習法性の論拠の不明確さが指摘されている[24]。

このように、ICJ が示した核軍縮誠実交渉・完結義務は、従来の NPT 第 6 条についての伝統的解釈を越える、いわば核廃絶義務というべき内容を含んでおり、また、NPT というきわめて普遍的な条約に基礎を置く実定国際法上の義務と解される点で、核軍縮を大きく前進させる可能性をもつ。しかし、完結義務をはじめとして、その内容についてはなお不明確さが指摘されており、核兵器国の政策を大きく変更させるにはいたっていない。たとえば、この事件における米国代表であったマテソンは、交渉を完結させる義務は、交渉方法や結果につき具体的内容を欠いているため、米国の核政策に変更を必要とするものではないとしている[25]。

このような事情を背景にすると、ICJ 勧告的意見を出したベジャウィ裁判長自身の見解は一定の重みをもつといえる。以下、本書で示された彼の見解をみてみよう[26]。

ベジャウィは、まず、NPT 第 6 条の誠実交渉義務を「交渉の合意」であるとしたうえで、ラヌー湖事件仲裁判決を引用しつつ、交渉の合意の内容は、「定義される方法により、また実施のための手続により多様である」ことを指摘する[27]。つまり、交渉の合意はその状況（circonstaces）ごとに内

容が異なるというのである。

では、NPT の状況において「交渉の合意」はいかなる内容をもつのか。彼は、以下の 2 つの点を NPT の状況の中に見出し、これに基づき、第 6 条の義務は「核軍縮という非常に明確な結果を達成するために交渉する義務である」と結論している。ひとつは、核軍縮は、1945 年以来コンセンサスのある目的とされている点である。彼は、「これは、核兵器を含む全面完全軍縮の重要性と必要性について国際社会の確信を表明した法的文書の数と質によって示されている」としている。もうひとつは、第 6 条は、明らかに、核兵器を製造も取得もしないという非核兵器国の約束と不可避的に対応しているという点である。彼は、第 6 条の核軍縮義務は、非核兵器国の不拡散義務との均衡から要請されるものであることを指摘し、この義務違反は、NPT に不可欠な規定であると位置づけている。彼は、非核兵器国が合理的に抱いている正当な期待（交渉が速やかに核軍縮協定に至るとの期待）を裏切らないことが核兵器国に要請されているとも指摘する。このように、ベジャウィは、①国連創設以来核軍縮はコンセンサスのある目的であること、② NPT 第 6 条の核軍縮の誠実交渉義務は非核兵器国の不拡散義務と対応関係にあること、この 2 点を主な根拠として、NPT 第 6 条に核軍縮交渉を完結させる義務を見出している。

このように、彼の見解は、まず、誠実な交渉義務についての国際判例を渉猟しつつその内容を確定し、次いで、国連創設以来の核軍縮に関する国連の実行と、NPT 第 6 条起草過程の事情に照らして、NPT の文脈における誠実な交渉義務の内容を確定するところに特徴がある。

しかし、このような交渉義務が完結義務を含むとする議論にはなお検討すべき点があるように思われる。

第 1 に、国連創設当初からの国連の実行に言及して、核軍縮はコンセンサスのある目的であるとし、このことに照らして、NPT 第 6 条の誠実交渉義務は完結義務を含むと解釈する点である。このような国連実行の参照は、核軍縮誠実交渉・完結義務の第 2 の特徴である、全面完全軍縮からの

独立性と矛盾する可能性が生じる。なぜなら、前述のように、この時期の核軍縮は全面完全軍縮の文脈において議論されてきている。これを前提とするなら、NPT 第 6 条の誠実交渉義務および同条の義務の解釈として ICJ が示した誠実交渉・完結義務もまた、全面完全軍縮の文脈に位置づけられることになるからである。NPT 第 6 条起草過程において核軍縮と全面完全軍縮との関係性がどのように扱われていたかについてさらに掘り下げた検討が必要である。

　第 2 に、NPT における不拡散義務と核軍縮義務との均衡に着目して、非核兵器国の正当な期待を保護する要請から核軍縮完結義務を導く点である。これは、ICJ の示した義務が NPT 第 6 条の義務が慣習法化したものであることを主張する場合に、困難を生み出すように思われる。ベジャウィは、NPT の文脈（不拡散義務と核軍縮義務との均衡）において誠実交渉義務を解釈した場合、そこには完結義務が含まれるとしている。問題は、NPT の文脈をはなれて、慣習法の文脈において誠実交渉義務を解釈する場合に、そこに完結義務が含まれるかどうかである。慣習法上、核軍縮交渉・完結義務が存在するというためには、①この義務そのものが単独で慣習法上確立していることを立証するか、または、②不拡散義務と核軍縮義務との均衡関係を前提とした核軍縮誠実交渉義務という NPT 上の規範構造と同様の規範構造が慣習法上も存在することを示すことが必要となる。

　まず①については、NPT 第 6 条についてさえ、前述したように交渉義務の内容それ自体をめぐり議論が存在しており、交渉完結義務が慣習法上確立しているといえるまでの一般慣行と法的確信の集積を立証するのは容易ではないとも思える。ただし、後述するように、この ICJ の示した核軍縮誠実交渉・完結義務については、これを受容するともとれる国連総会決議が圧倒的多数の賛成で採択されてきている。このことも考慮しつつ、さらなる検討が必要だろう。

　次に②については、不平等で差別性を含む NPT 体制に批判的なインドなどの NPT 非締約国が少数ながら存在する。これら諸国にまで NPT 類似の規範構造をもつ義務が及ぶことを論証しなければならない。2009 年 9

月 24 日の安保理決議 1887 において、安保理は NPT 非当事国に対して NPT への加入を求めるとともに、加入までの間 NPT の条文に従うことを求めている（第 4 項）。NPT 非当事国に対して NPT 上の権利義務の遵守を求める規範意識が国際社会に生まれつつあることは確かであるが、NPT における核兵器国と非核兵器国との区別・差別が非締約国にどのように適用されるべきかは、なお検討すべき課題であろう。

第 3 に、完結義務を含む核軍縮交渉義務がいつ成立したとみるかも問題である。ベジャウィは、国連創設当初にまで遡る国際社会の実行を射程にし、NPT 第 6 条が確固たる慣習法上の義務を結晶化・法典化しているとは述べるものの、この完結義務が NPT 成立以前から存在しているのか、NPT 当初から存在しているのか、またはその後の再検討会議を経て形成されてきたものか、明確には示していない [28]。

5. 核兵器全廃条約の主張と核軍縮義務の展開

ICJ 勧告的意見で示された核軍縮誠実交渉・完結義務（核廃絶義務）は、核兵器の廃絶を求める立場からすれば、核廃絶を求める有力かつ正統性のある根拠とみられている。実際、市民社会においては、この義務の実現として核兵器全廃条約の成立を求める運動が展開され、具体的に「モデル核兵器条約」（MNWC）が起草・主張されている [29]。その主張は、市民社会レベルにとどまらず、一部の国家の手により国連総会や NPT 再検討会議の場においても提起されるようになってきた [30]。以下、やや詳しくみておこう。

(1) 市民社会からの挑戦

MNWC の主張の淵源のひとつとしてアボリション 2000 の運動がある [31]。アボリションは、1995 年 4 月 25 日、核廃絶を目指す世界規模のネットワークとして発足した。アボリション 2000 の声明では、「一定の時間枠内で段階的にすべての核兵器の全廃を要求し、実効的検証および執行の規定を伴った核兵器全廃条約に関する交渉をただちに開始し、2000 年までに締

結すること」を核保有国に対して求めた³²。これを受けて、核戦争防止国際医師会議（IPPNW）、国際反核法律家協会（IALANA）、拡散に反対する技術者と科学者の国際ネットワーク（INESAP）等の国際NGOがMNWCの起草に着手し、1997年4月7日には、MNWCが国連本部において発表された³³。さらに、同年10月、コスタリカによって国連事務総長に提出され、国連総会の正式文書として加盟国に配付されている³⁴。

その後、1997年のMNWCを起草したNGOが再び結集してこれを改定する作業を進め、MNWCの改訂版を2007年4月にウィーンにおいて発表した。このMNWCは、コスタリカによって、マレーシアと共同で2010年NPT運用検討会議に向けた第1回準備委員会（2007年4月〜5月開催）において、NPT第6条についての締約国の討議を支援する目的で提出されている（作業文書 NPT/CONF.2010/PC.I/WP.17）。同年12月、コスタリカとマレーシアはこのモデル条約を国連総会第62会期に提出した³⁵。

(2) 国連総会における反応

以上の動きは、国連総会およびNPTという国家間外交のレベルにおける次のような動きと連動している。NPTにおける動きについては、本書第1部の浦田賢治論文で取り上げられている³⁶。本稿では、国連総会における動きをみておく。

まず、国連総会においては、1996年の国際司法裁判所の勧告的意見をうけて、同年から毎年、この勧告的意見のフォローアップ決議（いわゆるマレーシア決議）が採択され、核兵器条約に至る多国間交渉の開始が呼びかけられている。国連総会は、このような多国間交渉を開始することで勧告的意見を実施するよう求めてきた³⁷。

これらの諸決議に共通しているのは、①ICJ勧告的意見において核軍縮誠実交渉・完結義務があることが全員一致で結論されたことを強調し、②「核兵器の開発、生産、実験、配備、貯蔵、移譲、威嚇または使用の禁止および全廃を規定する」核兵器条約の早期締結に至る多国間交渉を開始することでこの義務を履行することを諸国に呼びかけること、この2点であ

る[38]。もっとも、この交渉開始時期については、決議によって相違が見られる。1996年の決議51/45Mから2001年の決議56/24Sまでは、それぞれの決議採択の翌年中での交渉開始を呼びかけているが、2002年決議57/85以降は交渉開始時期を特定していない。

この決議に対する投票行動をみると、毎年20～30カ国が反対票を投じ、20数カ国が棄権している。反対国の中心は米[39]ロ[40]英[41]仏[42]とイスラエルであり、他方で、核保有国のうち中国[43]、インド[44]、パキスタン、北朝鮮[45]は賛成票を投じている。また、イランも賛成票を投じ続けている[46]。新アジェンダ連合の7カ国は、当初からこの決議にほぼ賛成してきている[47]。むしろ日本[48]、韓国[49]、ドイツ[50]、オーストラリア[51]といった諸国が賛成ではなく棄権にまわっていることが注目される。

さらに、この決議は、前記①を規定する条項について2006年まで投票（分割投票）が行われており、その場合では、それぞれ数カ国の反対、棄権がみられるだけである。ほぼ一貫して反対票を投じるのは、米・ロ・イスラエルであり、核保有国のうち中国、インド、パキスタンは賛成票を投じ、英仏も反対ではなく棄権にまわることがある[52]。

このようにみると、核軍縮誠実交渉・完結義務の存在を受容（黙認）する国は核保有国を含めて広がっており、米ロ（およびイスラエル）がその受け容れに反対しているにすぎないといえよう。ICJ勧告的意見で示された核軍縮誠実交渉・完結義務は一般国際法として確立しているといえるかもしれない。ただし、条項の文言を仔細に見ると、義務の存在を再確認するものではなく、ICJ勧告的意見において全員一致でかかる義務の存在が判示されたことを強調するものであるから、かかる事実の強調がただちに賛成投票国の法的確信の表明といえるかどうかは、慎重に検討する必要がある[53]。また、ICJが示した核軍縮義務の内容の理解が核保有国と非核保有国とで異なっている可能性も否定できない。米国でさえ、誠実交渉義務が交渉完結義務を含むものだとの認識を示しているが、ICJが示した義務はNPT第6条と同じ内容だとの言及や、ステップ・バイ・ステップのプロセスこそ唯一現実的なアプローチであると述べていること、ICJの判断が

勧告的意見にすぎないとも指摘していることからすると、核軍縮誠実交渉・完結義務の全面完全軍縮からの独立性と慣習法性を受け入れているとは言いがたい[54]。

(3) 市民社会からの再挑戦

このような状況下で、市民社会からは、核軍縮誠実交渉・完結義務の実施を確保するために、新たな運動が提起されている。

1996年のICJ勧告的意見を求める運動を展開し、MNWCを起草した国際反核法律家協会（IALANA）は、核兵器国による核軍縮義務の履行について法的指針を獲得すべく、ICJに勧告的意見を再度求める運動を準備している[55]。このIALANAが準備している法律問題の主要な点は、①ICJが示した核軍縮誠実交渉・完結義務は、「ある時間枠における核兵器の全面的廃絶に導く多国間交渉の即時開始」を要請するか、②この義務は、1995年の再検討延長会議の際の「原則と目標」および2000年の再検討会議の13項目の実際的措置の実施を要請するか、この2点である。以下、やや詳しくみておきたい。

上記①については、前述した米国のマテソンの見解や国連総会決議に対する各国の態度に見られるような反対の立場が従来から存在する。これに対して、ベジャウィは、核軍縮誠実交渉・完結義務を、いわゆる結果の義務と実施・方法の義務という観点から分析し、NPTにおける誠実交渉義務の内容を明らかにしている。すなわち、あらゆる点での核軍縮を達成するという完結義務は結果の義務であり、誠実な核軍縮交渉義務を実施・方法の義務と捉える。その上で、実施・方法の義務としての「誠実な交渉」義務が要求する交渉の様態とはいかなるものかを、国際判例に照らして明らかにし、NPT第6条は、①核軍縮交渉を有意義なものにすること、②相互に満足できる妥協に至ること、③合意に至るとの目標をもって真摯な努力を行なうことを要求していると指摘する[56]。IALANAが問う「核兵器の全面的廃絶に導く多国間交渉」が、条約採択のための外交会議の開催ではなく、より前段階での討議や準備作業を含む広い意味をもつものだとす

れば、そのような討議の提起に応じないことは「誠実な交渉」の義務の不履行に該当するといいうるかもしれない[57]。

　上記②は、NPT 再検討会議における諸合意の法的地位の問題と関係する。ベジャウィは、国際判例に照らして「誠実な交渉」が要求する内容を明らかにしつつも、同時に、交渉過程でとられる信頼醸成措置の法的地位の曖昧さについても指摘し、すべては状況次第だと述べている[58]。誠実に交渉を行なうことと、その交渉の過程で成立した合意を履行することは別個に観念することができる。この点からすれば、NPT 第 6 条の誠実交渉義務は、再検討会議における諸合意の拘束力を基礎づけず、諸合意の法的拘束力は当該合意が結ばれた事情に基づき異なると見ることもできよう[59]。だが、別個に観念できるとしても、なお、これらの諸合意を第 6 条についての「後にされた合意」（条約法条約第31条）であって、第 6 条の解釈および適用の基準を提供しているとみる立場が主張されている[60]。この立場では、諸合意は第 6 条の解釈基準として参照され、諸合意の不履行は、第 6 条義務の不履行の証拠とみなされうることになる。

　上記①と②のいずれの問題についても、国家の核軍縮交渉への取り組みを法的に評価する基準を確立するという観点からは、ベジャウィらの問題提起をうけとめ、次のような点につき探求を進めることが課題となろう。

　まず、核軍縮の文脈に照らして NPT 第 6 条の交渉義務の意味をさらに明確化することである[61]。この点では、NPT の成立事情を含めたより詳細な研究が必要となる。

　次に、条約の解釈は「当事国の間の関係において適用される国際法の関連規則」（ウィーン条約法条約第 31 条 3(c)）を考慮してなされねばならないことを踏まえれば、NPT 第 6 条の義務の解釈は、国際人道法および国際人権法などの「関連規則」を考慮することも要請される[62]。前述のように ICJ は、国際人道法に照らして核兵器の使用・威嚇は一般的に違法だと結論した。国際人権法の観点からも核兵器の違法性は主張されている[63]。このように、核兵器を規律する国際法の全体の観点から NPT 第 6 条の核軍縮義

務の位置づけをさらに検討する必要がある[64]。

さらに、条約上の義務を越えて、核軍縮誠実交渉・完結義務がどの程度一般法ないしは慣習法化しているかを検討することも重要である。

6. おわりに

以上、核軍縮義務の歴史的形成・展開過程を追いながら、その概念をめぐる議論を概観し、同時に、本書各論考の主張を参照しつつ、提起された主張の位置づけと課題とを検討してきた。誠実に核軍縮交渉を行なう義務はNPT第6条に規定されており、きわめて普遍的な条約法規として確立している。また、4（2）でみたように、ICJが示した核軍縮誠実交渉・完結義務にも同じく普遍的な支持が存在する。これらのことはこの義務が慣習法化していることの論拠のひとつとなる。しかし、これがいかなる具体的措置の実施を要求しているかについては、なお不明確であるとの主張がある。ベジャウィらは、このような主張に対して、核軍縮義務は完結義務という結果の義務を含み、同時に実施・方法の義務として誠実な交渉という特定の行動をとることを要求していると主張する。交渉義務そのものについては、国際判例上一定の解釈が積み重ねられてきており、これに基づくベジャウィの主張は説得力を持っている。この主張からは、先に指摘したような検討課題が派生するのであって、これら課題の克服も「核兵器のない世界のための条件」のひとつと言えるかもしれない。

最後に、このような核軍縮義務の解釈と適用の問題が、市民社会の挑戦により提起され国家からなる「国際社会」において議論され、一定の行動を促している事実に注目しておきたい。「核兵器全廃条約」の主張は市民社会からはじまり、協同する国家群、諸都市がこれに加わり、さらには国連事務総長も加わっている[65]。これに対して、核兵器国側からの応答はまだ十分ではない[66]。

この「核兵器全廃条約」の主張は、一方で、NPT第6条の枠組みを超えて新たな条約の作成という立法を求める活動であり、この限りでは政治

的な運動という側面をもっている。だが、他方では、現行の核軍縮誠実交渉・完結義務の存在を主張し、その履行を求めるという点では、現行法を適用し履行を確保する法的作業の側面をもつ。また特に、モデル核兵器条約などの核兵器全廃に至る工程表を「リトマス試験紙」として位置づけ、その工程表を基準として国家による核軍縮義務の履行を評価する発想と行動には、市民社会の立場からの核軍縮義務の解釈・適用を見出すことができるだろう[67]。もっとも、国家からなる「国際社会」においては、このような市民社会の役割はまだ十分に認識・評価されてはいない[68]。

このような市民社会による国際規範の形成と履行確保の動きを、「緩やかな世界法」の形成という観点から捉えるのが本書第1部の浦田賢治論文である[69]。今日、この市民社会の活動と国際規範との関わりは多様な立場から論じられるようになっている。今日のグローバルな国際社会においては、従来考えられてきた「国際法」や「世界法」という認識枠組みでは捉えきれない規範形成の現象が、核軍縮・廃絶の分野にとどまらず人権や環境などの諸分野で生じている。この現象をどのように認識し、評価するかという問題については、引き続き今後の検討課題とすることとしたい。

付記 本稿は、財団法人政治経済研究所の個人研究費による成果の一部を含んでいる。

註

1 NPTの締約国数は、2003年の北朝鮮による脱退宣言の法的効果の評価と関係する。国連軍縮室のホームページでは190カ国となっている。
⟨ http://www.un.org/disarmament/index.shtml ⟩

2 See, M.I. Shaker, "The Evolving International Regime of Nuclear Non-Proliferation", Recueil des Cours, tome 321, 2006, p. 145.

3 たとえば、オバマ米大統領のプラハ演説を参照。Remarks By President Barack Obama, April 5, 2009, available at ⟨ http://www.whitehouse.gov/the_press_office/Remarks-By-President-Barack-Obama-In-Prague-As-Delivered/ ⟩.

4 その講義録は、次のとおり。M. Bedjaoui, "L'humanité en quête de paix et de développement (I)", Recueil des Cours, tome 324, 2006, pp. 9-529; "L'humanité en quête de paix et de développement (II)", ibid, tome 325, 2006, pp. 9-542.

5 軍縮概念については、藤田久一「軍縮」国際法学会編『国際関係法辞典』三省堂、1995年、197 頁。なお、軍備管理については、元来は主として核軍備競争を制限するための規則を示すものであって、軍備競争を逆行させるための規則を示すものではないとの指摘として、ジョセフ・ゴールドブラット『軍縮条約ハンドブック』日本評論社、1999 年、1 頁参照。
6 黒澤満『軍縮国際法』信山社、2003 年、4-5 頁。
7 藤田久一『軍縮の国際法』日本評論社、1985 年、26 頁および 65 頁以下。
8 本書 178 頁。
9 ベジャウィは、この決議 1（Ⅰ）に注目して、国連成立当初からの慣習法形成に言及している。本書 178 頁。
10 マックロイ・ゾーリン声明については、湯川秀樹他編著『平和時代を創造するために科学者は訴える』岩波書店、1963 年、206-209 頁参照。この声明の英語原文は、さしあたり核時代平和財団の以下のウェブページ参照。"McCloy-Zorin Accords" available at 〈 http://www.nuclearfiles.org/menu/key-issues/nuclear-weapons/issues/arms-control-disarmament/mccloy-zorin-accords_1961-09-20.htm 〉。また、モデル核兵器条約との関連でこの声明を論じるものとして、浦田賢治「解題：『地球の生き残り』について」メラフ・ダータン他著（浦田賢治編訳）『地球の生き残り：解説・モデル核兵器条約』日本評論社、2008 年、307-308 頁；同「モデル核兵器条約の重要争点」『日本代表団（JALANA）の報告書・国際反核法律家協会（IALANA）2009 年ベルリン総会』14-16 頁参照。この報告書は以下から閲覧ができる。〈 http://www.hankaku-j.org/data/ialana/090625_houkoku.pdf 〉。
11 Jozef Goldblat, Arms control: the new guide to negotiations and agreements, 2002, SAGE, pp. 44-46。米ソの全面完全軍縮提案については、藤田久一、前掲書（註 7）、256 頁以下も参照。なお、パン・ギムン国連事務総長も、全面完全軍縮の追求は国連の存在の一部となっていると述べている。本書 295 頁参照。
12 核軍縮についていえば、NPT の他に見過ごすことのできないこの時期実現した部分的軍縮措置としてしては、核実験の禁止と非核兵器地帯の形成があげられる。前者については、1963 年に部分的核実験禁止条約が成立しており、後者については、1967 年に宇宙条約とトラテロルコ条約が、1971 年に海底非核化条約がそれぞれ成立している。
13 第 6 条をめぐる核兵器国と非核兵器国の対立については、阿部信泰「核軍縮・不拡散問題における国際機関の役割と課題」浅田正彦他編『核軍縮不拡散の法と政治』信山社、2008 年、69 頁以下参照。See, James Crawford and Philippe Sands, "Legal aspect of a nuclear weapons convention", African Yearbook of International Law, vol. 6, 1998, pp. 153-179. より詳細に検討するものとして、藤田久一、前掲書（註 7）、110 頁以下、黒沢満『軍縮国際法の新しい視座』有信堂、1986 年、165 頁以下。
14 See, Christopher A. Ford, "Debating Disarmament: Interpreting Article VI of the Treaty on the Non-Proliferation of Nuclear Weapons", The Nonproliferation Review, vol. 14, no.3, pp. 404-405。フォードの見解に対するシェファの反駁は、本書 248 頁以下参照。国連総会でもこの点は議論となっており、後述のマレーシア決議をめぐって、決議提案国のマレーシアが、NPT 第 6 条の義務を全面完全軍縮に結びつける他国の主張に対して反駁し、NPT は核軍縮交渉と全面完全軍縮をともに行なう義務があることを規定するにすぎないと主張している（A/C.1/53/PV.18, 29 October 1998, p. 3）。

15 　同決議2項では、ENDCに対して、核兵器拡散防止のための条約交渉が基づくべき5つの主要原則（(a)～(e)）を示しており、その(c)において、「条約は、全面かつ完全な軍縮および特に核軍縮の達成に向けた一歩となるべきである。」(The Treaty should be a step towards the achievement of general and complete disarmament and, more particularly, nuclear disarmament.) としている。
16 　本書55頁以下参照。なお、浦田賢治「モデル核兵器条約の重要争点」前掲報告書(註10)、16頁にもモデル核兵器条約の観点から同様の指摘がある。
17 　黒澤、前掲書（註6）、8頁参照。
18 　本書179頁以下のベジャウィの指摘を参照。その他NPT第6条に言及する条約として、1972年のABM条約とSALT I暫定協定、1979年のSALT II条約、1987年のINF全廃条約、1991年のSTART I条約、2002年の戦略攻撃能力削減条約などがある。また、現在進捗中のSTART I後継条約交渉もNPT第6条の義務の履行とされる。See, Joint Statement by Dmitriy A. Medvedev, President of the Russian Federation, and Barack Obama, President of the United States of America, Regarding Negotiations on Further Reductions in Strategic Offensive Arm, April 1, 2009, available at 〈http://www.whitehouse.gov/the_press_office/Joint-Statement-by-Dmitriy-A-Medvedev-and-Barak-Obama/〉．また、IALANA 他による法的覚書、本書112頁参照。
19 　第6条の実施をめぐり再検討会議での対立を紹介するものとして、IALANA他による法的覚書、本書111頁以下参照。
20 　黒沢、前掲書（註13）、181頁参照。
21 　藤田、前掲書（註7）、53頁以下参照。藤田は、タクナ・アリカ事件仲裁判決や北海大陸棚事件ICJ判決等のベジャウィも引用する国際判例にも言及している。
22 　For example, see Crawford and Sands, supra. note 13, pp. 161-162, and V. P. Nanda, "International Law, Nuclear Weapons, and Twenty-First Century Insecurity", The Challenge of Abolishing Nuclear Weapons, D. Krieger ed., 2009, Transaction Pub., p. 95.
23 　「あらゆる点での」核軍縮を新しい概念として指摘するものとして、阿部信泰、前掲論文（註13）、69頁。また、NPT第6条の解釈として、全面完全軍縮が先行条件とはなっていないとの主張として、ピーター・ワイス論文、本書55頁を参照。
24 　たとえば、ベジャウィ自身は、この義務の対世的な対抗力と慣習法性を主張している(M. Bedjaoui, Declaration of President Bedjaoui, ICJ Reports 1996, para. 23, p. 52)。これに対して、シュヴェーベル判事は、NPT非締約国の義務としては疑問だとし（S. M. Schwebel, Dissenting Opinion of Vice-President Schwebel, ibid., p. 329)、小田判事は、F項はNPT第6条の再録にすぎないという（S. Oda, Dissenting Opinion of Judge Oda, ibid., p. 373)。また、藤田久一は慣習法性の不明瞭さを指摘する（H. Fujita, "The Advisory Opinion of the International Court of Jusitce on the legality of nuclear weapons", International Review of the Red Cross, no. 316, p. 64)。
25 　See, Michael J. Matheson, "The opinions of the International Court of Justice on the threat or use of nuclear weapons", American Journal of International Law, vol. 91, no. 3, 1997, p. 434. また、NPT第6条に関する米国務省核不拡散問題特別代表クリストファー・フォードの主張とこれに対するシェファの反駁については本書247頁以下を参照。
26 　本書178頁以下、とくに183-187頁参照。

27 本書181頁以下参照。なお、シェファ論文もラヌー湖事件に言及する。本書238頁参照。
28 黒澤満は、NPT第6条の伝統的な解釈とは異なる、新しい解釈をICJが示したとみている。黒澤満、前掲書（註6）、339頁。
29 たとえば、IPBやIALANAの活動について、浦田賢治「解題：『地球の生き残り』について」前掲書（註10）、306-312頁参照。
30 モデル核兵器条約についての詳細は、ダータン他、前掲書（註10）を参照。
31 なお、MNWCの思想的沿革について考察するものとして、浦田賢治「解題：『地球の生き残り』について」（前掲註10）、307-312頁、浦田賢治「2010年NPT再検討会議と核兵器条約の具体化」長崎平和研究、27号、38頁以下参照。浦田賢治論文、本書31頁。
32 アボリション2000の声明の全文訳については、ダータン他、前掲書（註10）、269頁以下参照。また、アボリション2000の詳細は、以下のサイトを参照。
〈 http://www.abolition2000.org/ 〉
33 ユルゲン・シェフランは、同日にNPT準備委員会でプレゼンされたと述べている。J. Scheffran, "A Nuclear Weapons Convention: Path to a Nuclear Weapon-Free World", D. Krieger, ed., supra note 22, p. 174.
34 1997年10月31日付の国連事務総長宛書簡により提出され、11月17日付の公式文書として配布されている（A/C.1/52/7）。なお、この1997年のモデル核兵器条約の邦訳については、浦田賢治編『モデル核兵器条約』（反核法律家別冊1）日本反核法律家協会発行、1997年参照。また、起草の経緯については、浦田賢治「国連総会に提出されたモデル核兵器禁止条約——『松井意見』と併せ読む」浦田賢治編『非核平和の追求—松井康浩弁護士喜寿記念論集』日本評論社、1999年；同「地球立憲主義の政策課題」深瀬忠一他編『恒久世界平和のために——日本国憲法からの提言』勁草書房、1998年参照。
35 UN Doc. A/62/650.
36 浦田賢治「2010年NPT再検討会議と核兵器全廃条約」、本書12頁以下参照。
37 これらの決議は、「核兵器による威嚇または核兵器の使用の合法性に関する国際司法裁判所勧告的意見のフォローアップ」と題されており、これまで以下の決議が採択されている。1996年12月10日の国連総会決議51/45 M、1997年12月9日の決議52/38 O、1998年12月4日の決議53/77 W、1999年12月1日の決議54/54 Q、2000年11月20日の決議55/33 X、2001年11月29日の決議56/24 S、2002年11月22日の決議57/85、2003年12月8日の決議58/46および2004年12月3日の決議59/83、2005年12月8日の決議60/76、2006年12月6日の決議61/83、2007年12月5日の決議62/39、2008年12月2日の決議63/49および2009年12月2日の決議64/55である。1998年と2007年の決議については全文訳が、ダータン他、前掲書（註10）、262頁および287頁以下にある。2009年の決議の全文訳と趣旨説明は、「核兵器をめぐる世界の動き 178」『非核の政府を求める会ニュース』245号（2009年12月15日・2010年1月15日合併号）8頁に掲載されている。
38 1996年決議を除き、①は主文第1項、②は主文第2項で言及されている。1996年決議においては、核兵器ICJ勧告的意見が出た直後の決議であり、ICJの応答に対する謝辞（1項）と同意見に対する留意（take note）が述べられている（2項）。同決議では、①は3項、②は4項で規定されている。

39 たとえば、米国は、2000 年の決議での反対投票に際して、大要次のように述べた。ステップ・バイ・ステップのプロセスこそ、核軍縮分野で意味のある成果を得られるのであり、この高度に複雑な分野での唯一現実的なアプローチだ。勧告的意見は勧告にすぎない。米国は NPT 第 6 条の義務を真剣に受けとめ、2000 年再検討会議でも確認した。核軍縮交渉を完結させる義務があるとの勧告的意見は、NPT 第 6 条の内容と変わるものではない。誠実に交渉を遂行する責務には、本来的に、成功裏に交渉を完了させることを求めることが含まれるからだ、と（A/C.1/55/PV.25, pp. 16-17）。9.11 後の翌 2001 年の決議に際しても、同様の説明をしている（A/C.1/56/PV.18, p. 12）。

40 2006 年決議に対する投票説明で、ロシア代表は、反対の理由はよく知られているとしつつも、すべてに否定的ではないとして、同年の決議については、前文で中央アジア非核兵器地帯条約に触れていることをとりあげて、ロシアは同条約署名を歓迎すること、この条約は核不拡散体制強化と地域の平和・安定の強化を可能とすること、また、核兵器がテロリストの手にわたる危険を低減することを指摘している（A/C.1/61/PV.22, pp. 10-11）。

41 1999 年決議の投票説明では、地球規模での核兵器廃絶へのコミットメントを示しつつ、この目標への検証過程に満足するときに、イギリスの核は多国間交渉の対象となることを繰り返し表明した。また、勧告的意見については、核兵器国の核軍縮義務を含む NPT 上の義務の確認としては歓迎しつつも、決議での意見引用は選択的であるとして決議 1 項については棄権したことを説明。この点と 2 項での翌年での交渉開始の呼びかけが非現実的だとして反対すると説明している（A/C.1/54/PV.23, p. 14）。

42 1996 年決議についての投票説明では、勧告的意見は核使用の違法の主張を是認しておらず、逆に、国連憲章 51 条の自衛の例外状況では核使用・威嚇は合法となりうることを示しているとの解釈をのべ、フランスの核抑止ドクトリンは勧告的意見に合致していると主張している。この決議は、勧告的意見の問題のある解釈をしており、選択的な引用をしていると指摘し、反対票を投じたとしている。3 項（後の決議で 1 項）については、勧告的意見からの選択的引用であり、3 項のアプローチは無効だと述べて反対している。また、この条項の内容（核軍縮義務）についても言及しており、フランスの政策は NPT 再検討延長会議で採択された目標と原則の実施に基づくものだと説明している（A/C.1/51/PV.22, p.4）。

43 1996 年決議の投票説明では、核の先制不使用と消極的安全保証という従来の中国の核政策を繰り返し述べた上で、核使用・威嚇の禁止問題についてのもっとも現実的な解決方法は、法的拘束力のある国際文書の交渉による締結であると指摘し、同決議に賛成するとしている（A/C.1/51/PV.22, p. 7）。

44 1997 年決議の投票説明で、決議前文には NPT への言及があるが、この決議への賛成は NPT に対するインドの姿勢の変化ではないとしつつ、決議 2 項を強調して、これに対してインドがコミットしていることを述べている（A/C.1/52/PV.17, p. 6）。

45 2000 年決議の投票説明では、核兵器の存在が人類に対する最大の脅威であり、核兵器の全廃こそ軍縮問題の優先課題であることを認めている（A/C.1/55/PV.25, p. 14）。

46 1996 年の国連総会第 1 委員会でのイラン代表発言（A/C.1/51/PV.13, pp. 17-19）。

47 もっとも、スウェーデンとアイルランドは 2 項について棄権したことがある。1997 年決議では、スウェーデンは、核軍縮推進の必要性から決議に賛成したが、軍縮会議や多

国間交渉による軍縮努力を反映すべきであり、ICJ は地球規模での核軍縮達成についてのフォーラムを特定してはいないとして 2 項について棄権した（A/C.1/52/PV.18, p.15）。1996 年決議の投票説明では、アイルランドは、4 項（後の決議の 2 項）で規定される手段（核兵器条約交渉）が、核廃絶達成の唯一の手段ではないと指摘しており、やはりこの点が同項への棄権につながっていることを示唆している（A/C.1/51/PV.22, pp. 8-9）。

48　2007 年決議の棄権についての投票説明では、日本は、核兵器の使用は国際法の哲学的基礎を提供する基本的な人道主義に明確に反していると指摘し、核軍縮交渉完了義務があるとした勧告の意見を支持している。しかし、漸進的アプローチを取るべきと信じるゆえに、決議 2 項は尚早と考えるので、棄権すると説明している（A/C.1/62/PV.22, pp. 21-22）。翌 2008 年決議について、日本は第 1 委員会での投票説明において、勧告的意見を支持するとしつつも、同時にステップ・バイ・ステップの軍縮措置を支持していると述べて、棄権した（Press release GA/DIS/3377, 28 October 2008）。

49　1998 年決議では、核を含む大量破壊兵器の不拡散と軍縮について地球規模での努力をさらに進める必要性を認め、究極目標として核兵器の使用・威嚇を禁止する法的文書の必要性に同意するが、完全な核兵器廃絶を時間で縛ることは現実的ではない等として 1 項には賛成しつつも、決議全体は棄権している（A/C.1/53/PV.27, p. 15）。

50　1999 年の投票説明では、核兵器の全廃という目標での核軍縮へのコミットメントを歓迎するが、ステップ・バイ・ステップの過程によらない限り完全核軍縮は不可能だとしている（A/C.1/54/PV.23, p. 17）。

51　1996 年決議の投票説明では、オーストラリアは、核不拡散と、完全核軍縮に向けた漸進的でバランスのとれた措置という 2 つの目標に関与しているとのべて、核兵器条約以前にとるべき多くの措置があると指摘し、棄権している（A/C.1/51/PV.22, pp. 3-4）。

52　2006 年の決議 61/83 における分割投票では、賛成 168、反対 3（米・ロ・イスラエル）、棄権 5 であった。分割投票は 2007 年以降は行われていない。

53　IALANA 他による「法的覚書」でもこの点の判断は慎重である。本書 111 頁参照。

54　米国による投票説明については、註 39 を参照。

55　IALANA 他による「法的覚書」、本書 120 頁以下、また IALANA ベルリン決議、本書 300 頁参照。

56　本書 183 頁。および、より詳細に 190 頁以下参照。

57　なお、中堅国家構想（MPI）の 2010 年 1 月のブリーフィング・ペーパーでは、このように「交渉」の意味を広く捉えた主張をしている。浦田賢治論文、本書 26 頁参照。

58　本書 201 頁参照。

59　NPT 第 6 条の核軍縮交渉義務と再検討会議における「合意」の分離を検討するものとして、李禎之「核軍縮交渉義務の規範構造：NPT 第 6 条と再検討会議における『合意』」国際情報学部紀要（県立長崎シーボルト大学）、7 号、104 頁参照。

60　これに関しては、IALANA 他による法的覚書、本書 114 頁、123 頁、および、シェファ論文、本書 245 頁参照。

61　NPT 第 6 条の解釈に関して文脈的アプローチを説くものとして、シェファ論文、本書 253 頁以下参照。また、ドイツ国内における条約解釈について、ダイスロート論文、本書 277 頁以下参照。

62　条約法条約第 31 条 3 (c) を条約解釈における垂直的統合と水平的統合の原理として考

察するものとして、松井芳郎「条約解釈における統合原理——条約法条約 31 条 3(c)を中心に」坂元茂樹編『国際立法の最前線』有信堂、2009 年、101-135 頁参照。

63　たとえば、ベノウネ「核兵器と国際人権法の交差——誠実な核軍縮交渉義務への含意」、本書 209 頁以下参照。

64　これには ICJ 核兵器勧告的意見が判断を回避した、いわゆる「自衛の極端な状況」における核使用・威嚇の問題と小型核兵器の使用・威嚇の問題が含まれる。ICJ がこの 2 点の判断を回避したことについては、山田寿則・小倉康久「下田事件判決と核兵器勧告的意見の比較考察（2・完）」明海大学教養論文集、14 号、49 頁参照。ベジャウィは、この 2 点のいずれについても核使用・威嚇が違法だとする説を展開しており、注目される。本書 171 頁以下。

65　たとえば、本書第 4 部所収の各資料にそれが示されている。平和市長会議ヒロシマ・ナガサキ議定書、第 62 回年次 DPI/NGO 会議における宣言、パン・ギムン国連事務総長の演説である。

66　たとえば、2009 年 9 月 24 日の国連安保理決議 1887、本書 307 頁参照。また、英国による応答については、浦田賢治論文、本書 37 頁以下参照。

67　リトマス試験紙の議論については、デイビッド・クリーガーとリチャード・フォークによる対談、本書 73 頁参照。1995 年の「原則と目標」および 2000 年の 13 項目の実際的措置は、採択に向けて市民社会からの働きかけがあったもののNPT締約国による合意であるのに対して、核兵器全廃への工程表は、市民社会が独自に掲げる基準である点で、より市民社会の立場を表明したものとみることができるだろう。

68　たとえば、安保理決議 1887 においては、「NPT のすべての目的を推進する市民社会の貢献を留意」（前文）するだけである。本書 309 頁。なお、日本提案による「核兵器の全面的廃絶に向けた新たな決意」と題する 2009 年の国連総会決議 64/47 では「核不拡散・核軍縮に関する国際委員会（ICNND）を含め、核不拡散および核軍縮を促進する、市民社会によって果たされる建設的役割を評価し、さらに奨励する」（主文 17 項）としている。この決議の仮訳を含めて「日本の核軍縮決議案」については以下を参照。
〈 http://www.mofa.go.jp/mofaj/gaiko/un_cd/gun_un/ketsugian.html 〉

69　本書 29 頁以下参照。なお、国際立憲主義についての整理として、山田寿則「『地球憲法』の安全保障関連規定に関する考察——国際立憲主義ないしは地球立憲主義の視点から」政経研究(財団法人・政治経済研究所)、92 号、76-78 頁。また、非国家主体の活動による国際法の変容を検討するものとして、最上敏樹「非国家主体と国際法——法秩序原理の転換に関する試論」国際法外交雑誌、108 巻 2 号、1-27 頁；佐藤義明「国際法の脱国家化と『世界市民法』の生成」坂元茂樹、前掲書（註 62）、45-69 頁参照。

参考文献

本書に関連する最近 10 年間の邦文文献を挙げた。論文に関しては「国際法外交雑誌」各年度の「主要文献目録」も参照した。

単行本

浅田正彦編『兵器の拡散防止と輸出管理――制度と実践』有信堂高文社、2004年

浅田正彦、戸崎洋史編『核軍縮不拡散の法と政治――黒澤満先生退職記念』信山社、2008年

岩垂弘著『核なき世界へ』同時代社、2010年

魏栢良著『原子力の国際管理』法律文化社、2009年

梅林宏道、イ・サムソン編『東北アジア非核地帯』ピースデポ、平和ネットワーク（韓国）、2005年

太田昌克著『盟約の闇――「核の傘」と日米同盟』日本評論社、2004年

岡本三夫著『平和学は訴える』法律文化社、2005年

外務省軍縮不拡散・科学部編『日本の軍縮・不拡散外交（第4版）』外務省軍縮不拡散・科学部、2008年

ジョセフ・ガーソン著、原水爆禁止日本協議会訳『帝国と核兵器』新日本出版社、2007年

金沢工業大学国際学研究所編『核兵器と国際関係』内外出版、2006年

川崎哲著『核拡散――軍縮の風は起こせるか』岩波書店、2003年

木村朗編『核の時代と東アジアの平和――冷戦を越えて』法律文化社、2005年

ロバート・D・グリーン著、梅林宏道、阿部純子訳『検証「核抑止論」――現代の「裸の王様」』高文研、2000年

黒澤満著『軍縮をどう進めるか』大阪大学出版会、2001年

黒澤満著『軍縮国際法』信山社、2003年

黒澤満編『大量破壊兵器の軍縮論』信山社、2004年

黒澤満編『軍縮問題入門（新版）』東信堂、2005年

佐藤栄一著『冷戦後の軍備管理・軍縮』三嶺書房、2001年

澤田昭二著『核兵器はいらない！知っておきたい基礎知識』新日本出版社、2005年
杉江栄一著『核兵器撤廃への道』かもがわ出版、2002年
杉江栄一著『ポスト冷戦と軍縮』法律文化社、2004年
杉田弘毅著『検証・非核の選択』岩波書店、2005年
鈴木真奈美著『核大国化する日本』平凡社、2006年
仙洞田潤子『ソ連・ロシアの核戦略形成』慶應義塾大学出版会、2002年
大量破壊兵器委員会編、西原正監訳『大量破壊兵器 —— 廃絶のための60の提言』岩波書店、2007年
田窪雅文著『核兵器全廃への新たな潮流──注目すべき米国政界重鎮四人の提言』原水爆禁止日本国民会議、2009年
メラフ・ダータン他著、浦田賢治編訳『地球の生き残り──解説・モデル核兵器条約』日本評論社、2008年
デラー、マクジャニ、ボローズ編著、浦田賢治編訳『力の支配から法の支配へ ——オバマは核問題で国際法体制を再構築できるか』憲法学舎発行、日本評論社発売、2009年
冨田宏治、高草木博、野口邦和、李俊揆著『核兵器はなくせるか？ Yes, We Can!!』かもがわ出版、2009年
納家政嗣、梅本哲也編『大量破壊兵器不拡散の国際政治学』有信堂、2000年
新原昭治著『「核兵器使用計画」を読み解く──アメリカ新戦略と日本』新日本出版社、2002年
ジョン・バロース著、浦田賢治監訳『核兵器使用の違法性──国際司法裁判所の勧告的意見』早稲田大学比較法研究所、2001年
ピースデポ・イアブック刊行委員会『イアブック　核軍縮・平和　市民と自治体のために』NPO法人ピースデポ、1998年以降各年版
広島大学平和科学研究センター編『ポスト冷戦時代の核問題と日本』広島大学平和科学研究センター、2001年
広島平和研究所編『21世紀の核軍縮──広島からの発信』法律文化社、2002年
深瀬忠一、上田勝美、稲正樹、水島朝穂編著『平和憲法の確保と新生』北海道大学出版会、2008年
藤田久一、浅田正彦編『軍縮条約・資料集』第3版、有信堂高文社、2009年
水本和美著『核は廃絶できるか──核拡散10年の動向と論調』法律文化社、2009年
山田浩、吉川元編『なぜ核はなくならないのか』法律文化社、2000年

山田浩著『現代アメリカの軍事戦略と日本』法律文化社、2002年
吉田文彦著『証言・核抑止の世紀──科学と政治はこう動いた』朝日新聞社、2000年
吉田文彦著『核のアメリカ──トルーマンからオバマまで』岩波書店、2009年
吉田康彦著『「北朝鮮核実験」に続くもの』第三書館、2006年
吉村慎太郎・飯塚央子編『核拡散問題とアジア──核抑止論を超えて』国際書院、2009年
和田長久、原水爆禁止日本国民会議編『核問題ハンドブック』七つ森書館、2005年

論文

青木節子「大量破壊兵器の拡散阻止に向けての国際法」、城山英明、西川洋一編『科学技術の発展と法』東京大学出版会、2007年
青木節子「非国家主体に対する軍縮・不拡散」世界法年報26号
赤根谷達雄「軍備管理レジームの比較と核兵器禁止レジームの将来展望」新防衛論集28巻4号
浅田正彦「CTBTと条約法条約第18条──未発効条約の署名国と批准国の義務をめぐって」法学教室238号
浅田正彦「NPT体制の危機と対応策の法的評価」法学論叢56巻3=4号
浅田正彦「2007年NPT再検討会議準備委員会──日本外交の面目躍如」外交フォーラム229号
浅田正彦「誰が核軍縮・不拡散を進めるのか── G8の可能性と限界」外交フォーラム254号
浅田正彦「核軍縮・不拡散の課題──オバマ大統領のプラハ演説を手がかりに」軍縮問題資料346-347号
阿部信泰「核不拡散体制再構築の道」外交フォーラム206号
荒井弥信「ABM条約とABM-TMDディアケーション合意」国際公共政策研究5巻1号
五十嵐正博「軍縮の地域的イニシアティブ──南太平洋非核地帯条約とニュージーランド非核地帯法」、藤田久一他編『人権法と人道法の新世紀』東信堂、2001年
石川卓「大量破壊兵器の拡散と米国──ポスト冷戦期における不拡散政策と不拡散レジームの変容」国際安全保障29巻2号
石川卓「核不拡散体制の動揺と米国の拡大阻止」海外事情55巻7=8号

石栗勉「核兵器よさらば —— 中央アジア非核地帯条約の意味」世界 766 号
一政祐行「第 3 回 CTBT 発効促進会議を迎えるウィーンから」外交フォーラム 182 号
伊藤一長「核兵器廃絶に向けての提言」軍縮市民 1 号
弥永万三郎「国連改革、地域統合、核、国際法」高知短期大学社会科学論集 88 号
弥永万三郎「米軍事戦略と核軍縮の到達点」高知短期大学社会科学論集 89 号
弥永万三郎「北朝鮮の核実験強行と国連安保理決議」高知短期大学社会科学論集 92 号
梅林宏道、沈丁立、姜政敏「提言・東北アジア非核兵器地帯条約」論座 114 号
梅本哲也「大量破壊兵器の拡散と不拡散——概説」新防衛論集 28 巻 4 号
浦田賢治「核兵器廃絶条約の締結に向けて『モデル核兵器条約』とは何か」日本の科学者 32 巻 12 号
浦田賢治「2010 年 NPT 再検討会議と核兵器条約の具体化——『核兵器廃止の条件を作る（英国外務省文書）』を読む」長崎平和研究 27 号
浦田賢治「国際反核法律家たちは、なにをしようとしているか？ 核兵器条約の締結と国際司法裁判所への再提訴」自由と正義 2009 年 11 月
浦田賢治「2010 年 NPT 再検討会議と核兵器条約の具体化・再論——英国内閣文書を読む」日本の科学者 44 巻 12 号
太田昌克「国連 NPT 完全決裂で空洞化に拍車も」軍縮問題資料 297 号
小笠原一郎「大量破壊兵器の拡散と日本の政策」国際問題 529 号
岡本三夫「核不拡散条約再検討会議決裂を憂う」軍縮問題資料 297 号
小川伸一「米印原子力協力の意義と課題」国際安全保障 35 巻 2 号
落合淳隆「ICJ の核兵器判断に関する管轄権」、立正大学法学会編『立正大学法学部創立 20 周年記念論文集』2001 年
川崎哲「核軍縮の多国間枠組みと日本」国際問題研究所紀要 118 号
木村朗「原爆（核兵器）と劣化ウラン兵器の禁止・廃絶を求めて」長崎平和研究 22 号
ハンス・クリステンセン、田窪雅文訳「被爆国日本は核軍縮の足かせとなるのか」世界 795 号
黒崎輝「アメリカ外交と核不拡散条約の成立」法学 65 巻 5 号
黒澤満「大量破壊兵器とミサイルの不拡散」阪大法学 51 巻 2 号
黒澤満「核不拡散体制と核軍縮—— 2000 年最終文書の履行」阪大法学 53 巻 3=4 号
黒澤満「米国の新核政策『核態勢見直し』の批判的検討」政経研究（日本大学法

学会）39 巻 4 号
黒澤満「北朝鮮の核兵器問題」国際公共政策研究 8 巻 2 号
黒澤満「日本の非核政策と核武装論」阪大法学 54 巻 1 号
黒澤満「2005 年 NPT 再検討会議と核軍縮」阪大法学 55 巻 2 号
黒澤満「核不拡散体制の新たな展開とその意義」阪大法学 56 巻 3 号
黒澤満「米印原子力協力合意と核不拡散」海外事情 54 巻 10 号
黒澤満「軍縮国際法——国際法学からの軍縮の分析」阪大法学 56 巻 6 号
黒澤満「2007 年 NPT 準備委員会——全体的議論と核軍縮」阪大法学 57 巻 4 号
黒澤満「核兵器のない世界のビジョン」阪大法学 58 巻 3=4 号
黒澤満「オバマ政権の核軍縮・核不拡散政策」阪大法学 59 巻 2 号
黒澤満「NPT 再検討プロセスと核軍縮」大阪女学院大学紀要 5 号
小倉康久「核兵器使用の規制について——軍事目標主義の観点から」明治大学社会科学研究所紀要 38 巻 2 号
小倉康久「モデル核兵器禁止条約について」法学セミナー 52 巻 12 号
櫻川明巧「大量破壊兵器の軍縮・不拡散体制」立法と調査 224 号
櫻川明巧「核軍縮と核拡散防止」立法と調査 230 号
佐藤江鈴子「南太平洋非核地帯条約形成過程におけるオーストラリアの核軍縮外交政策」国際公共政策研究 9 巻 2 号
佐藤史郎「NPT における不平等性と核軍縮の論理」立命館国際地域研究 22 号
佐藤史郎「NPT における不平等性と消極的安全保障の論理」立命館大学国際関係論集 5 号
佐藤丙午「核不拡散と日本の安全保障政策」海外事情 557=8 号
澤喜司郎「北朝鮮のミサイル発射と国連安全保障理事会」山口経済学雑誌 56 巻 3 号
高野雅樹「冷戦期の軍備管理とその変化」海外事情 51 巻 6 号
竹内俊隆「クリントン政権の NMD 政策—— ABM 条約と戦略的安定性を中心に」国際公共政策研究 13 巻 1 号
全東震「北朝鮮核実験以後周辺 4 か国の立場と対応」政経研究（日本大学法学会）44 巻 3 号
都賀康子「21 世紀核廃絶への方途」平和研究 27 号
都賀康子「核廃絶における NGO・市民の役割」東京学芸大学紀要第 3 部門社会科学 53 号
土山秀夫「NPT 再検討会議の検証と今後の課題」長崎平和研究 20 号
寺林裕介「北朝鮮核問題『初期段階の措置』合意をめぐる論点」立法と調査 270

号

戸崎洋史「核不拡散体制へのインプリケーション」、『9.11 テロ攻撃以降の国際情勢と日本の対応』日本国際問題研究所、2002 年

中井良則「ブッシュ政権の核不拡散政策と PSI（拡散阻止構想）」成蹊大学アジア太平洋研究 28 号

中島篤之助「核兵器の解体に関する諸問題」日本の科学者 39 巻 3 号

中根猛「日本がリードする核軍縮・不拡散」外交フォーラム 206 号

中村直貴「イランの核開発問題」立法と調査 265 号

中山雅司「核と軍縮をめぐる今日的状況と課題」創大平和研究 2007 年特別号

納家政嗣「大量破壊兵器不拡散問題と国際体系の変化」一橋論叢 123 巻 1 号

西井正弘「テロリストによる核の脅威への法的対応」世界法年報 26 号

西田充「拡散に対する安全保障構想（PSI）」外務省調査月報 2007 年 1 月

等雄一郎「非核原則の今日的論点」レファレンス 57 巻 8 号

広部和也「北東アジアの非核化と国際組織の可能性」成蹊法学 52 号

藤田久一「北東アジアの非核地帯化の条件」軍縮問題資料 254 号

松井一彦「核軍縮に向けた国際社会の取組――現状と今後の課題」立法と調査 300 号

宮坂直史「大量破壊兵器テロリズム諸形態とその展望」国際問題 505 号

宮坂直史「『軍縮・不拡散』問題を理解するために」外交フォーラム 182 号

守谷誠二「『包括的核実験禁止条約（CTBT）交渉開始』に至る経緯」行動科学研究（東海大学）53 号

山田寿則、小倉康久「下田事件判決と核兵器勧告的意見の比較考察」明海大学教養論集 13,14 号

山田寿則「核兵器禁止条約」長崎平和研究 11 号

山田寿則「『地球憲法』の安全保障関連規定に関する考察――国際立憲主義ないしは地球立憲主義の視点から」政経研究（政治経済研究所）92 号

山田寿則「モデル核兵器条約の概要、特徴そして課題」法と民主主義 431 号

山田浩「核拡散防止と核軍縮問題」修道法学 29 巻 1 号

山地秀樹「東アジア非核地帯条約の背景と意義」外務省調査月報 2001 年 3 月

索　引

【あ行】

アイゼンハワー　　80, 219, 225
アトミック・ゼロ・オプション　　157
アフガニスタン　　30, 85, 193, 266, 270
アボリション2000　　326
アミノイル社事件　　122, 239, 243, 245
アムネスティ・インターナショナル　　216, 217
新たな脅威論　　38, 44
アルストン、フィリップ　　220
イスラエル　　13, 15, 63-65, 70, 75, 77, 126, 128, 159, 235, 323, 328
イスラム法　　234
イラク戦争　　30, 217, 259, 265, 266
イラン　　15, 20, 28, 44, 45, 49, 60, 62-64, 107, 248, 296, 328
インド　　13-16, 39, 66, 74-77, 128, 159, 234, 323, 325, 328
ウィーラマントリー、C・G・　　31, 93, 94, 156, 159, 213
ウォール・ストリート・ジャーナル　　28, 59, 82, 158
宇宙　　25, 56, 200, 298, 304
欧州連合（EU）　　42, 202
オコナー、J・F・　　224, 226
オバマ　　19, 21, 23, 27, 28, 32, 37, 42, 46, 51, 55, 59, 62-88, 92, 127, 158

【か行】

カーター、ジミー　　81, 84, 193
化学兵器　　22, 40, 56, 73, 117, 118, 130, 218, 304
拡散に反対する技術者と科学者の国際ネットワーク　　327
核時代平和財団　　20, 70, 73, 79
核戦争防止国際医師会議　　268, 327
核態勢見直し（NPR）　　21, 22, 28, 59, 217
拡大抑止　　22, 25, 28, 31, 60
核テロリズム　　25, 27, 38, 41, 42, 44, 45, 48, 49, 51, 76-78, 118, 159, 295, 298, 299, 309, 312, 313
核の安全保障（核の保全）　　41, 42, 48, 49, 309, 313
核の傘　　38, 59
核不拡散条約（NPT）再検討会議（1995年）　　16, 96, 111-113, 125, 127, 131, 135, 136, 185, 191, 245, 246, 248, 252, 292, 307, 329
核不拡散条約再検討会議（2000年）　　16, 17, 59, 93, 96, 111, 117, 127, 131, 136, 246, 248, 252, 306, 307, 329
核不拡散条約再検討会議（2005年）　　17, 51, 59, 111, 113, 116, 117, 196
核不拡散条約再検討会議2009年準備委員会　　18-20, 59, 63, 86
核不拡散条約再検討会議（2010年）　　12, 13, 18, 20, 21-23, 26, 37, 38, 40,-42, 44, 48, 50, 59, 93, 124, 159, 300, 302, 310
核不拡散条約無期限延長　　16, 63, 185, 245
核兵器全廃条約　　12, 23, 24, 27, 28, 32, 37, 60, 316, 326, 331
核保安地球サミット　　77,
核抑止　　44, 45, 49, 50, 96, 116, 296
カットオフ条約（FMCT）　　17, 20, 22, 23, 36, 39, 43, 46, 60, 65, 126, 127, 245, 246, 300
ガブチコボ・ナジュマロシュ計画事件　　239, 244
壁事件　　102, 122, 125
北朝鮮（朝鮮民主主義人民共和国）　　15, 28, 44, 45, 49, 60, 65, 296, 328
キッシンジャー　　45, 49, 66-69, 72, 158, 294, 297
規約人権委員会　　209-212, 214, 218, 225
9.11事件　　17, 214
教会法　　236
強行規範　　165, 211, 221
クマラスワミ、ラディカ　　222
グラハム、トーマス　　253, 254

クリーガー、デイビッド　20, 62-78
クリーンな核兵器　103, 166, 170, 173, 175, 176
軍事的留保　271, 272
契約的アプローチ　247
ケネディ、J・F・　29, 61, 299
原子兵器機構（AWE）　42
原子力委員会　13, 50, 318
原子力平和利用　16, 17, 38, 85, 105, 254, 318
交渉義務　15, 22, 27, 55, 97, 106-110, 132, 181-185, 208, 223, 240-243, 292, 316, 323-326, 328-331
国際慣習法（慣習国際法）　107, 155, 165, 220, 266, 267, 274, 277, 281, 283, 284
国際原子力機関（IAEA）　15, 20, 22, 38, 39, 41, 43, 44, 105, 113, 118, 137, 200, 201, 298, 309, 311-313, 319, 320
国際人道法　56, 102-104, 155, 164, 171, 172, 213-217, 254, 285, 286, 303, 330
国連安保理決議 984　107
国連安保理決議 1540　118
国連安保理決議 1887　21, 23, 26, 30, 32, 326
国連憲章 2 条　241, 281
国連憲章 11 条　178
国連憲章 33 条　184
国連憲章 51 条　30
国連憲章 94 条　58
国連憲章 96 条　155, 159, 267
国連人権小委員会　214
国連総会決議（1946 年）　13, 318
国連総会決議（1959 年）　320
国連総会決議（1965 年）　241, 321
国連総会決議（2005 年）　246, 252
コスタリカ　97, 117, 154, 297, 327
コソボ紛争　270, 285, 286
コル、ロベール　187, 193, 194, 224
ゴルバチョフ、ミハイル　78, 81

【さ行】
裁判不能　57, 169-171
査察　43, 46, 65, 72, 87, 200, 201, 318
産軍複合体　31
シェーカー、ムハマド　109, 250, 251
シェファ、エリザベス・J　157, 160, 233, 320
ジェンダー　221, 223
市場　259-261, 263
司法部の自己抑制　273
社会的責任を求める医師会議　218
13 項目の実施措置　17, 93, 113, 114, 116, 123, 124, 126, 131, 136, 306, 329
18 カ国軍縮委員会（ENDC）　14, 105, 241, 319
ジュネーブ軍縮会議（CD）　19, 20, 95, 97, 113, 114, 136, 297, 298
条約法に関するウィーン条約（ウィーン条約法条約）　114, 127, 134, 185, 188, 192, 194, 240, 241, 243, 244, 248, 252
ジョンソン、レベッカ　18, 19, 47
地雷　56, 118, 201, 304
新アジェンダ連合　16, 17, 23, 116, 296, 328
信頼醸成措置（CBM）　42, 78, 137, 199, 201, 202, 330
垂直的拡散　116
水平的拡散　320
成果に達する義務（交渉完結義務）　16, 31, 157, 243, 302, 321-329, 331, 332
生物兵器（細菌兵器）　22, 40, 56, 73, 118, 130, 218, 304
世界法　12, 28-30, 54, 61, 332
世界保健機関（WHO）　100, 163, 194, 249
赤十字国際委員会　217
説明責任　83, 298
先制攻撃　76
先制使用　74-76, 107
戦争防止グローバル・アクション　219
戦略核兵器削減条約（START）　28, 56, 60, 112, 113, 115
戦略兵器削減条約後継条約（START Ⅲ）　20, 22, 60, 65, 136, 300
相互確証破壊　31

【た行】
ダイスロート、ディーター　94, 152, 258
対弾道ミサイル・システム制限条約(ABM)　115, 136, 179
大量破壊兵器　43, 112, 118, 130, 134, 178, 179, 208, 215, 219, 265, 294, 295, 298, 299, 307, 319

大量破壊兵器委員会　96, 223, 296
タクナ・アリカ事件　181
中堅国家構想（MPI）　21-26
中東　18, 22, 23, 43, 63-66, 77, 81, 298
朝鮮半島　66
チンキン、クリスティーヌ　221, 252
低線量被曝　31
ドゥアルテ、セルジオ　25
東西研究所　294
トムシャット、クリスチャン　187, 211
トライデント　46

【な行】
南極条約　56, 200
ニカラグア事件　58, 188
二重の基準　15, 64, 65, 86, 87
二重の義務　133, 177, 178
2010への道程　38, 40, 41, 43, 47, 48, 51
ノワク、マンフレッド　210, 211

【は行】
パキスタン　13, 16, 39, 66, 75, 128, 159, 323, 328
パレスチナ　64, 70
パン・ギムン　28, 47, 60, 92, 96, 294
非核兵器地帯　23, 118, 251, 298, 303
非政府組織（NGO）　21, 24, 102, 154, 160, 214, 216-218, 221, 226, 266, 268, 269, 301, 302, 305, 306, 327
非同盟運動　24, 116
ヒューマンライツ・ウォッチ　217
ヒロシマ・ナガサキ（広島・長崎）　54, 57, 75, 90, 91, 317
ヒロシマ・ナガサキ議定書　292
フォーク、リチャード　52-78
フォード、クリストファー　247-250, 252-255, 320
フォローアップ決議（ICJ 勧告的意見の）　97, 116, 117, 130, 327
婦人国際平和自由連盟　223
ブッシュ政権　17, 59, 62, 65, 77
ブラウン、ゴードン　37, 45
文脈的アプローチ　253-255
文民　57, 81, 92, 103, 155, 164, 165, 170-171, 271, 303

平和市長会議　21, 68, 129, 293
ベジャウィ、モハメド　31, 154-157, 160, 162, 209, 223, 225, 316-318, 323-326, 329-331
ベノウネ、カリマ　157, 160, 208
包括的核実験禁止条約（CTBT）　16, 17, 20, 22, 23, 28, 39, 46, 60, 65, 106, 111, 113-115, 118, 126, 127, 136, 201, 222, 245, 246, 253, 298, 300, 302, 310
法規範　152, 153, 253, 264
放射線　103, 170, 173, 174
北海大陸棚事件　107, 121, 182, 238, 239, 244

【ま行】
マックロイ・ゾーリン声明　56, 319
マルテンス条項　57, 165, 171
マレーシア　97, 107, 117, 297, 327
民生用原子力　38, 39, 41, 42, 43, 45
明確な約束（核軍縮の）　17, 25, 113, 131, 136, 246
メイン湾事件　122
メキシコ　14, 24, 107, 109, 301, 306
モール、マンフレッド　212
モデル核兵器条約（MNWC）　28, 38, 46, 47, 73, 117, 118, 326, 327, 332

【や行】
ユエン判事　215
湯川秀樹　31
ヨー、ジョーン　55

【ら行】
ラヌー湖事件　122, 181, 183, 238, 243, 323
レーガン　81, 84
連邦憲法裁判所（ドイツ）　274-276, 280
ロイター、ポール　170, 189
ローマ法　236

【わ行】
ワイス、ピーター　28, 29, 44, 94, 208, 220, 226, 227, 321

あとがき

　国際司法裁判所の勧告的意見が出たあと、日本反核法律家協会 (JALANA) の活動の一環として、「核兵器問題フォーラム」(略称、核フォーラム) が動きはじめた。本書の英語文献の翻訳作業にあたった人々は、それ以後そこで活動を続けてきた。

　だが今回、国際反核法律家協会 (IALANA) のドイツ支部が編集した『核軍縮の法的義務』には、ディーター・ダイスロート判事が書いたドイツ語の論文「国際法の効用と機能」が、英語に翻訳されることなく掲載されていた。そこで思案のすえ、長年の友人である山下威士氏に相談したところ、現に新潟大学副学長という激職にあるにもかかわらず、即座に、自分で翻訳しましょうという返事をいただいた。持つべきものは良き友人である、という言葉の意味をよく味わった次第である。

　本書の翻訳作業の主な分担者は、次のとおり。

第 1 部
　核軍縮と全面軍縮を目指す国際法上の義務　　　浦田賢治
　オバマ大統領と核兵器のない世界：対談　　　　伊藤　勧
第 2 部
　法的覚書　　　　　　　　　　　　　　　　　　山田寿則・伊藤　勧
第 3 部
　序文　　　　　　　　　　　　　　　　　　　　伊藤　勧
　国際法、信義誠実、そして核兵器の廃絶　　　　山田寿則・伊藤　勧
　核兵器と国際人権法の交差　　　　　　　　　　山田寿則・城　秀孝
　誠実な交渉　　　　　　　　　　　　　　　　　小倉康久
　国際法の効用と機能　　　　　　　　　　　　　山下威士
第 4 部
　ヒロシマ・ナガサキ議定書　　　　　　　　　（平和市長会議による仮訳）

国際連合と核兵器のない世界における安全保障　　山田寿則
国際反核法律家協会総会で採択された決議　　　　浦田賢治
国連 DPI/NGO メキシコ会議の提言　　　　　　　山田寿則
国連安保理決議 1887　　　　　　　　（国連広報センター暫定訳）

　本書翻訳の校閲は、山田寿則氏と浦田賢治がすべての原稿について行った。これを参考意見として各担当者に提供した。また本書に収録した外国語文献の翻訳にともなう著作権上の取り扱いなどで、欧米に住む原著者たちが示してくれた友情と厚意に感謝したい。

　憲法学舎は、憲法教育と憲法研究に関する活動を行うため 2005 年 4 月に設立され、以来、私が主宰している。本書は憲法学舎叢書の第 3 号である。『地球の生き残り：解説・モデル核兵器条約』（日本評論社、2008）、および『力の支配から法の支配へ：オバマは核問題で国際法体制を再構築できるか』（憲法学舎発行、日本評論社発売、2009）に続くものである。

　これまで共同作業を続けてきた大内要三氏は「文献目録」を作成してくださった。また本書の制作・発行の作業で力を発揮してくださった。ここで謝意を表したい。

　2010 年 2 月 2 日　早稲田の憲法学舎にて

　　　　　　　　　　　　　　　　　　　　　　　　　　浦田　賢治

編著者・執筆者・訳者の紹介

編著者
浦田賢治 うらた・けんじ
早稲田大学名誉教授、国際反核法律家協会副会長。早稲田大学法学部教授、日本学術会議会員、スウェーデン・ルンド大学客員教授などを歴任。関連する編著書：『モデル核兵器条約』（日本反核法律家協会、1997）、『恒久世界平和のために』（勁草書房、1998）、『非核平和の追求』（日本評論社、1999）、『核兵器使用の違法性：国際司法裁判所の勧告的意見』（早稲田大学比較法研究所、2001）、『地球の生き残り：解説・モデル核兵器条約』（日本評論社、2008）、『力の支配から法の支配へ：オバマは核問題で国際法体制を再構築できるか』（憲法学舎発行、日本評論社発売、2009）

執筆者（掲載順）
ピーター・ワイス Peter Weiss
核政策法律家委員会会長。国際反核法律家協会を創立し初代共同会長、次いで単独会長をつとめた。現在・副会長。国際司法裁判所の核兵器勧告的意見を得るため指導的役割を果たした。

デイビッド・クリーガー David Krieger
核時代平和財団会長。邦訳書は『核兵器の脅威をなくす』（尾崎行雄記念財団、2001）、『希望の選択』（河出書房新社、2001）。

リチャード・フォーク Richard Falk
プリンストン大学アルバート・G・ミルバンク国際法名誉教授、カリフォルニア大学地球・世界研究所客員名誉教授。米国による広島・長崎への原爆投下が国際法違反であると初めて認めた米国大学教授。

C・G・ウィーラマントリー C.G.Weeramantry
国際反核法律家協会会長、ロンドン大学名誉博士。スリランカ最高裁判所判事、オーストラリア・モナシュ大学教授、国際司法裁判所判事を歴任。邦訳書に『核兵器と科学者の責任』（中央大学出版部、1987）、『国際法から見たイラク戦争：ウィーラマントリー元判事の提言』（勁草書房、2005）。

ディーター・ダイスロート Dieter Deiseroth
国際反核法律家協会学術評議会委員、ドイツ連邦行政裁判所判事、法学博士。国際法や憲法などの著作がある。

モハメド・ベジャウィ Mohammed Bedjaoui
国際司法裁判所の判事・所長、アルジェリアの外務大臣、国際法委員会委員を歴任。国際司法裁判所の核兵器勧告的意見で歴史的判断を示す上で裁判所長として重要な役割を果たした。

カリマ・ベノウネ Karima Bennoune
米国・ラトガース大学法科大学院教授。核政策法律家委員会などの理事を務めた。

エリザベス・J・シェファ　Elizabeth J. Shafer
核政策法律家委員会副会長、米国の弁護士、画家。
山田寿則　やまだ・としのり
明治大学法学部兼任講師。ジョン・バロース著『核兵器使用の違法性：国際司法裁判所の勧告的意見』（早稲田大学比較法研究所、2001）、『地球の生き残り：解説・モデル核兵器条約』（日本評論社、2008）の共訳者。

訳者
伊藤　勧　いとう・すすむ
翻訳家。『核兵器使用の違法性』（早稲田大学比較法研究所）の共訳者、『力の支配から法の支配へ：オバマは核問題で国際法体制を再構築できるか』（日本評論社、2009）の訳者。
城　秀孝　じょう・ひでたか
神田外語大学国際法担当講師。『国際法から見たイラク戦争：ウィーラマントリー元判事の提言』（勁草書房、2005）、『地球の生き残り：解説・モデル核兵器条約』（日本評論社、2008）の共訳者。
小倉康久　おぐら・やすひさ
明治大学法学部兼任講師、博士（法学・明治大学）。『国際法から見たイラク戦争：ウィーラマントリー元判事の提言』（勁草書房、2005）、『地球の生き残り：解説・モデル核兵器条約』（日本評論社、2008）の共訳者。
山下威士　やました・たけし
新潟大学法学部教授をへて現在、理事・副学長。法学博士（早稲田大学）。主な著書に、『カール・シュミット研究』（南窓社、1986）、『憲法学と憲法』（南窓社、1987）、『憲法詳論』（尚学社、1989）、『クーデタを裁く』（尚学社、2003）など。

核不拡散から核廃絶へ
軍縮国際法において信義誠実の義務とは何か

2010年4月25日　第1版第1刷発行

編著者　浦田賢治

著　者　ピーター・ワイス、デイビッド・クリーガー、
　　　　リチャード・フォーク、C・G・ウィーラマントリー、
　　　　ディーター・ダイスロート、モハメド・ベジャウイ、
　　　　カリマ・ベノウネ、エリザベス・J・シェファ、山田寿則

発行者　浦田賢治
発　行　憲法学舎
　　　　〒162-0043 東京都新宿区早稲田南町34-201
発　売　株式会社　日本評論社
　　　　〒170-8474 東京都豊島区南大塚2-12-4
　　　　電話：03-3987-8621［営業部］　http://www.nippyo.co.jp/

印刷・製本　KCプリント
© URATA Kenji 2010
ISBN 978-4-535-51775-2　Printed in Japan

JCOPY　〈(社) 出版者著作権管理機構 委託出版物〉
本書の無断複写は著作権法上での例外を除き禁じられています。複写される場合は、そのつど事前に、(社)出版者著作権管理機構（電話 03-3513-6969、fax 03-3513-6979、e-mail: info@jcopy.or.jp）の許可を得てください。

核時代を終わらせるために **憲法学舎叢書** 日本評論社発売

地球の生き残り
［解説］モデル核兵器条約

浦田賢治［編訳］
メラフ・ダータン、フェリシティ・ヒル、
ユルゲン・シェフラン、アラン・ウェア［著］

法律家、技術者・科学者、医師の国際ネットワークが提案、国連文書になった、核兵器廃絶のための基礎文献。全文と詳細な註釈・評論・検証を収録。

A5判 5460円（税込）
ISBN978-4-535-51635-9

力の支配から法の支配へ
オバマは核問題で国際法秩序を再構築できるか

浦田賢治［日本語版編訳］
ニコル・デラー、アージャン・マクジャニ、
ジョン・ボローズ［原書編者］
伊藤勧［訳者］

第1部でオバマの「核廃絶」演説の意義を分析、第2部で国際法を無視したクリントン・ブッシュ政権下の対外政策を分析。オバマ政権の目指すべき方向性を示唆。

A5判 3150円（税込）
ISBN978-4-535-51715-8